CNB
519
개혁주의 관점의 조직신학 해설
신학과 신앙에 대한 체계적 이해

21세기 교회와 신자들을 위한

개혁조직신학

이 광 호

2012년

칼빈아카데미

지은이 | 이광호

영남대학교와 경북대학교 대학원에서 법학과 서양사학을 공부했으며, 고려신학대학원
(M.Div)과 ACTS(Th.M)에서 신학일반과 조직신학을 공부했으며, 대구 효성카톨릭대학
교(Ph.D)에서 비교종교학을 연구하였다.
고신대학교, 고려신학대학원, 홍은개혁신학연구원에서 교수로 사역했으며 지금은 영남
신학대학교, 조에성경신학원, 브니엘신학원 등에서 후진들을 양성하고 있다.
실로암교회에서 목회하고 있으며, 이슬람 전문선교단체인 국제 WIN선교회 회장, 달구
벌기독학술연구회 회장으로 봉사하고 있다.

저서

- 성경에 나타난 성도의 사회참여(1990)
- 갈라디아서 강해(1990)
- 더불어 나누는 즐거움(1995)
- 기독교관점에서 본 세계문화사(1998)
- 세계 선교의 새로운 과제들(1998)
- 이슬람과 한국의 민간신앙(1998)
- 아빠, 교회 그만하고 수펴하자요(1995)
- 교회와 신앙(2002)
- 한국교회 무엇을 개혁할 것인가(2004)
- CNB 501 에세이 산상수훈(2005)
- CNB 502 예수님 생애 마지막 7일(2006)
- CNB 503 구약신학의 구속사적 이해(2006)
- CNB 504 신약신학의 구속사적 이해(2006)
- CNB 505 창세기(2007)
- CNB 506 바울의 생애와 바울서신(2007)
- CNB 507 손에 잡히는 신앙생활(2007)
- CNB 508 아름다운 신앙생활(2007)
- CNB 509 열매 맺는 신앙생활(2007)
- CNB 510 웨스트민스터 신앙고백(2008)
- CNB 511 사무엘서(2010)
- CNB 512 요한복음(2009)
- CNB 513 요한계시록(2009)
- CNB 514 로마서(2010)
- CNB 515 야고보서(2010)
- CNB 516 다니엘서(2011)
- CNB 517 열왕기상하(2011)
- CNB 518 고린도전후서(2012)

역서

- 모슬렘 세계에 예수 그리스도를 심자(Charles R. Marsh, 1985년, CLC)
- 예수님의 수제자들(F. F. Bruce, 1988년, CLC)
- 치유함을 받으라(Colin Urquhart, 1988년, CLC)

홈페이지 http://siloam-church.org

개혁조직신학

CNB 519

21세기 교회와 신자들을 위한 개혁조직신학

A Study on the Reformed Systematic Theology
by Kwangho Lee
ⓒ 2012 by Kwangho Lee

Published by Calvinacademy Publishing House

초판 인쇄 | 2012년 5월 11일
초판 발행 | 2012년 5월 21일

발행처 | 칼빈아카데미
주소 | 서울시 구로구 구로5동 26번지 신도림 포스빌 1702호
전화 | 02-865-9120
등록번호 | 제12-614호
등록일자 | 2008년 12월 17일

발행인 | 장수민
지은이 | 이광호
편집주간 | 송영찬
편집 | 신명기
디자인 | 조혜진

————————————————————————————

총판 | (주) 비전북출판유통
주소 | 경기도 고양시 일산구 장항동 568-17호 (우) 411-834)
전화 | 031-907-3927(대)   팩스 031-905-3927

————————————————————————————

CNB카페 | http://cafe.daum.net/C.N.B.(교회와 성경)

개혁조직신학

A Study on the Reformed Systematic Theology

칼빈아카데미

CNB 시리즈
서 문

CNB The Church and The Bible 시리즈는 개혁신앙의 교회관과 성경신학적 구속사 해석에 근거한 신 · 구약 성경 연구 시리즈이다.

이 시리즈는 보다 정확한 성경 본문 해석을 바탕으로 역사적 개혁 교회의 면모를 조명하고 우리 시대의 교회가 마땅히 추구해야 할 방향을 제시함으로써 교회의 삶과 문화를 창달하는 것을 그 목적으로 하고 있다.

따라서 이 시리즈는 진지하게 성경을 연구하며 본문이 제시하는 메시지에 충실하고 있다. 그렇다고 이 시리즈가 다분히 학문적이거나 또는 적용이라는 의미에 국한되지 않는다. 학구적인 자세는 변함 없지만 궁극적으로 하나님의 나라를 지향함에 있어 개혁주의 교회관을 분명히 하기 위해 보다 더 관심을 가진다는 의미이다.

본 시리즈의 집필자들은 이미 신 · 구약 계시로써 말씀하셨던 하나님께서 지금도 말씀하고 계시며, 몸된 교회의 머리이자 영원한 왕이신 그리스도께서 지금도 통치하시며, 태초부터 모든 성도들을 부르시어 복음으로 성장하게 하시는 성령께서 지금도 구원 사역을 성취하심으로써 창세로부터 종말에 이르기까지 거룩한 나라로서 교회가 여전히 존재하고 있음을 그 무엇보다도 중요하게 여기고 있다.

아무쪼록 이 시리즈를 통해 계시에 근거한 바른 교회관과 성경관을 가지고 이 땅에 진정한 그리스도인의 삶과 문화가 확장되기를 바라는 바이다.

시리즈 편집인

김영철 목사, 미문(美門)교회 목사, Th.M.
송영찬 목사, 기독교개혁신보 편집국장, M.Div.
오광만 목사, 대한신학대학원대학교 교수, Ph.D.
이광호 목사, 실로암교회 목사, Ph.D.

머 리 말

세상이 혼란스럽고 복잡하다. 세월이 흘러갈수록 그 정도가 점점 심해져 간다. 세상은 그렇다치고 교회마저 그렇게 되어가니 신앙이 어린 성도들에게 혼란이 더욱 가중되는 것 같다. 우리의 신앙은 현 시대에 갑작스럽게 제시된 것이 아니라 과거로부터 상속되어 왔다. 교회에 속한 성도들은 그점을 분명히 인식하지 않으면 안 된다. 그래야만 성도로서 확고한 정체성을 가지고 살아갈 수 있기 때문이다.

우리 주변에는 〈조직신학〉이나 〈교의학〉이라는 주제로 나온 책들이 무수히 많다. 도서관이나 서점에 가면 얼마든지 많이 볼 수 있다. 필자는 그것들 가운데 또 한권의 책을 보탠다. 그러나 이 책이 무엇 때문에 출간되어야 하는지 그 이유는 분명하다. 단순히 책장의 한 부분만 차지하고 말 것이라면 굳이 빛을 보고 나올 필요가 없다.

필자가 이 책을 내놓게 된 이유는 중심을 상실한 21세기 우리 시대의 교회와 연약한 성도들을 위해서이다. 방향을 잃고 헤매는 상황이 되어버린 안타까운 세태 가운데 말씀과 역사적 교회를 배경으로 하는 '신학과 신앙의 체계'를 다시 확립하지 않으면 안 된다. 정신을 똑바로 차리지 않으면 세상의 가치와 논리에 함몰되기 십상이다.

개혁주의적인 관점에서 서술한 이 책을 통해 관심 있는 성도들이 필요한 지식과 깨달음을 얻게 되길 원한다. 특히 앞으로 목회를 하게 될 신학생들이 깊은 관심을 가졌으면 한다. 이는 한 사람의 목회자가 교회에 끼치는 영향이 얼마나 큰지 잘 알고 있기 때문이다. 천상의 나라에 소망을 두고 살아가는 독자들이 자신의 신앙을 되돌아볼 수 있는 소중한 기회를 얻게 된다면 더 이상 바랄 것이 없다.

이 책을 내면서 생각나는 많은 분들이 있다. 실로암교회 성도들과 가족에게 감사한 마음을 남긴다. 또한 이 책의 출간을 독려하며 도움을 주신 브라질 상파울로의 서성필, 함혜미 집사님을 비롯한 여러 형제자매들에게 감사드린다. 그리고 책이 출간되기에 앞서 교정을 본 공학영 형제와 졸저의 출판을 위해 여러모로 애쓰신 송영찬 목사님을 비롯한 관계자들에게도 감사의 마음을 전한다.

2012. 봄
황사가 매우 심한 날 실로암교회 서재에서
저자 식

목 차

〈세부목차〉

조직신학의 기본적 이해

Ⅰ. 계시론 (Revelation)

II. 신 론 (Theology)

III. 인간론 (Anthropology)

IV. 기독론 (Christology)

3. 그리스도의 사역 ··· 174
3.1. 그리스도의 삼중직 : 왕, 제사장, 선지자 / 3.2. 그리스도의 낮아지심 / 3.3. 구속(救贖) : 십자가, 부활, 승천, 재림 / 3.4. 은혜 : 자기 자녀들에게 은혜를 베풀고자 그리스도를 죽음에 내어주심 / 3.5. 흠 없는 완벽한 제물 : 하나님의 어린 양 / - ⟨reconciliation과 propitiation⟩ / 3.6. 하나님의 성전으로서 예수 그리스도의 몸 / 3.7. 예수께서 친히 성도들을 위한 거처가 되심

4. 기독론 논쟁 ··· 180
4.1. 아리우스주의자들 / 4.2. 테오토코스 논쟁

5. 기독론 이단 ··· 182
5.1. 영지주의(靈知主義, gnosticism) / 5.2. 피조물로서 '그리스도' / 5.3. 가현설(假現說, docetism) / 5.4. 단성론(monophysitism) / 5.5. 단의론(monothelitism) / 5.6. 별개의 두 인격을 소유한 '그리스도' / 5.7. 양자론(AD optianism) / 5.8. 양태론(modalism) / 5.9. 왜곡된 거짓 초상화 / 5.10. 소위 '역사적 예수'(Historical Jesus) / 5.11. 인본화 된 '예수' / 5.12. 종교다원주의(pluralism) / 5.13. 적그리스도(anti-christs) / 5.14. 윤리의 표상으로서 '그리스도'

V. 구원론 (Soteriology)

1. 하나님의 작정과 계획 ··· 191
1.1. 구원의 근거 / 1.2. 구원의 목적 / 1.3. 구원은 전적인 하나님의 은혜 / 1.4. 하나님의 거룩한 이름과 본성적 사랑이 구원의 기초가 됨 / 1.5. 행위언약과 은혜언약 / 1.6. 죄 사함과 용서 / - ⟨온 몸에 죄악의 끔찍한 죄의 흉터들로 가득 찬 인간⟩ / 1.7. 십자가 사역 : 예루살렘 성전 휘장과 지성소

2. 구원의 서정(the Order of Salvation) ··· 197
2.1. 예정(豫定, Predestination) / - ⟨'선택받은 자와 '언약에 속한 자'⟩ / 2.2. 소명(召命, Calling) / - ⟨하나님의 소명은 언제 발생하는가?⟩ / 2.3. 중생(重生, Regeneration) / - ⟨중생의 시점⟩ / 2.4. 신앙(信仰, Faith) / 2.5. 칭의(稱義, Justification) / 2.6. 양자(養子, AD option) / 2.7. 성화(聖化, Sanctification) / 2.8. 회심(回心, Conversion)과 회개(悔改, Repentance) / 2.9. 견인(堅忍, Perseverance) / 2.10. 영화(榮華, (Glorification)

3. 칼빈주의 5대 교리 ··· 210
3.1. 전적부패(Total Depravity) / 3.2. 무조건적 선택(Unconditional Election) /

VI. 성령론 (Pneumatology)

VII. 교회론 (Ecclesiology)

VIII. 종말론 (Eschatology)

21세기 교회와 신자들을 위한
개혁조직신학

[프롤로그]

이땅에 살아가는 인간들은 자신과 타인을 향한 기본적인 질문을 끊임없이 던지고 있다 : 과연 하나님은 살아 계시는가? 하나님을 믿는다면 그 하나님은 어떤 분이신가? 인간은 하나님을 어떻게 알 수 있는가? 우리가 살고 있는 지구와 천체를 담고 있는 우주공간은 무엇인가? 인간은 누구이며, '나' 는 누구인가? 예수 그리스도는 누구인가? 구원이란 무엇인가? 성령은 어떤 존재인가? 교회란 무엇인가? 최후의 종말은 있는가? 자신이 진정한 성도라는 사실을 어떻게 알 수 있는가? '예수를 믿는다' 는 말의 의미는 과연 무엇인가? 인간이 어떻게 감히 하나님을 '아버지' 라 부르게 되었는가?

하나님의 자녀들뿐 아니라 불신자라 할지라도 사고하는 모든 인간들은 다양한 문제를 두고 끊임없는 질문을 지속하고 있다. 철학哲學과 신학神學 사이에는 분명한 공통점과 차이점이 있다. 양자의 공통점은 인간의 질문을 배경으로 한다는 사실이다. 철학은 그 질문에 대해 개별 인간과 더불어 역사적 집단사회를 통해 이성적인 답변을 찾고자 한다. 따라서 철학자들은 다양한 시대적 환경과 지리적 배경에 따라 상이한 답변을 듣고 제시할 수밖에 없는 한계를 지닌다.

이에 반해 신학은 인간들의 질문에 대해 기록된 성경으로써 답변한다. 이는 사람들이 이성과 경험을 통해 답변하는 것이 아니라 하나님의 말씀을 통해 모든 질문에 대한 답을 찾아나서는 여정이다. 물론 유동성을 지닌 인간은 성경 해석 방법에 따라 자기 입장에서 응답하게 되므로 획일적인 완벽한 답변을 찾을 수는 없다. 신학적 질문과 답변은 시대와 장소를 초월한다. 구약과 신약시대에도 구원의 방편에 대해서는 동일한 본질을 소유하고 있다. 따라서 신학자들은 성경을 통해 시대와 장소를 초월해 일관성 있는 답변을 찾아 나서려는 자세를 유지해야만 한다.

교회의 교사, 즉 목사를 양성하는 현대의 모든 신학교들에서는 조직신학을 필수적으로 가르치고 있는데 그 이유는 무엇인가? 말씀을 가르치며 성도들을 돌보는 직분자인 교사는 단순히 조직신학 과목에 포함된 내용들을 이해하는 것으로 만족해서는 안 된다. 중요한 점은 교회 가운데서 그에 관련된 직접적인 모든 내용을 구체적으로 가르쳐 교육해야 한다는 사실이다.

교회에 속한 모든 성도들은 올바른 신학적 정립을 하지 않으면 안 된다. 성경만 있으면 될 뿐 신학은 불필요하다는 신학무용론神學無用論을 주장하는 자들이 종종 있다. 그러나 그것은 여간 위험한 생각이 아닐 수 없다. 신학은 단순한 학문이 아니라 교회를 세우는 기초가 되며 성경의 교훈을 인간들이 자의적으로 해석하지 못하게 하는 보호적 기능을 하기 때문이다.

조직신학은 마치 성도들의 신앙을 굳건하게 지탱해주는 뼈대와 같다. 튼튼한 뼈대가 없는 건강한 몸을 생각할 수 없듯이 올바른 신학이 결여된 참된 신앙은 기대할 수 없다. 건전한 신학적 가르침에 대한 이해가 부족하면 성숙한 신앙을 소유하지 못해 복음에 견고하지 못할 뿐더러 세상의 헛된 가치에 쉽게 휩쓸리게 될 우려가 있으며 다양한 이단 사상들에 강력하게 대처하기 어렵다.

현대인들은 과거의 전통적인 인간 사회와 비교해 볼 때 비정상적인 환경에 처해 있다. 우리가 경험하는 초 첨단 과학문명은 전통적인 인간들이 볼 때 결코 상식적이지도 않고 일반적이지도 않다. 이는 또한 눈에 보이는 물질세계 뿐 아니라 시각적으로 확인할 수 없는 정신세계에도 직접적인 영향을 끼치고 있다. 따라서 우리가 살고 있는 이 세상에는 첨단과학문명과 더불어 비정상적인 사고에 빠진 무모한 현상이 한없이 전개되고 있다. 나아가 비정상적인 정신적인 사고는 현대 기독교에도 아무런 여과 없이 그대로 침투해 들어와 있는 실정이다.

21세기의 기독교인들은 비정상적인 주변 환경으로 인해 정상성을 잃기 십상인 위기의 상황에 처해 있다. 그런데 문제는 그런 위태로운 환경에 빠져 있는 자들의 자기 중심적인 본성으로 인해 항상 자신이 옳다고 착각하거나 별 문제가 없다고 여긴다는 사실이다. 그러나 우리는 정신을 바짝 차려 객관성 있는 분별을 할 수 있어야 한다. 특히 성숙한 하나님의 자녀들은 신학과 신앙에 대한 균형 잡힌 이해를 하지 않으면 안 된다.

이를 위해 모든 성도들은 말씀과 신학으로 교회가 처한 현실세계를 읽을 수 있는 충실한 훈련을 해야 한다. 이는 세속적인 이성과 과학의 눈을 통해 성경을 읽고자 하는 행위를 거부한다. 우리가 계시된 성경을 근거로 한 조직신학에 깊은 관심을 가지고 그에 대한 탐구를 하는 것은 우리의 신학과 신앙을 확고히 함으로써 지상의 교회를 온전히 세우는 일에 참여하기 위해서이다.

그렇지만 교회와 신학자들의 노력에도 불구하고 지상에 살아가는 성도들은 하나님의 모든 것에 대해 다 알려고 해서도 안 되며 다 알 수도 없다. 나아가 하나님의 세계에 대해 필요 이상의 지나친 궁금증과 호기심을 가져서는 안 된다. 하나님을 경외하는 성도들은 성경에 계시된 내용만큼만 깨달아 알아가야 한다. 하나님께서 그 만큼만 허락하셨기 때문이다. 따라서 건전한 개혁주의적 관점의 조직신학을 통해 교회의 신학과 신앙을 정립할 때도 항상 그 점을 깊이 인식하지 않으면 안 된다.

우리가 여기서 염두에 두어야 할 점은 '조직신학'이라는 말이 근대 이후에 확립된 학문적인 성격을 지닌 용어라는 사실이다. 18세기 이전까지만 해도, 신학에서 조직신학이라는 분화된 영역이 뚜렷하게 존재하지 않았다.[1] 따라서 우리는 어거스틴, 루터, 쯔빙글리, 칼빈 등과 같은 믿음의 선배들을 조직신학을 특별히 전공한 학자들이라 말하지 않는다. 그들은 하나님의 말씀에 의존하며 신앙적 질문에 대한 성경적인 답변에 충실한 신앙인들이었다.

그러므로 우리는 조직신학이라 명명되고 있는 신학의 분야를 성경신학, 교회사, 실천을 위한 신학의 적용으로부터 지나치게 분리하려고 애써서는 안 된다. 도리어 항상 균형 잡힌 참된 신학을 위한 다른 학문분야들과의 연계 속에서 조직신학적 올바른 이해에 접근해 가야만 한다.

불변의 참된 진리를 사모하는 개혁주의 교회에서는 항상 "하나님 중심, 성경 중심, 교회 중심"의 신앙을 강조한다. 이는 세상이나 국가 혹은 직장 중심이 아닐뿐더러, 가정이나 개인 중심의 신앙을 멀리하는 의미를 내포하고 있다. 이 말은 결코 관념적인 사상이나 형식적인 구호에 머무는 것이 아니며 성도들의 일상적인 신앙생활 가운데 구체적으로 적용되어야 할 내용이다.

이런 원만한 신앙을 확립하기 위해서는 성경과 더불어 성령 하나님께서 인도해 오신 역사적인 교회가 보존해 온 정통 신앙고백을 기초로 한 신학의 정립이 요구된다. 신학적 분류를 따르는 조직신학의 특성상 본서의 내용 가운데는 중복된 설명들이 종종 나타난다.

이는 본서를 한 자리에 앉아 처음부터 끝까지 한꺼번에 읽어내려 갈 것이 아니라 부분적으로 펼쳐 이해하는데 도움을 주기 위함이다. 또한 군데

---

1) 미국에서는 대체적으로 조직신학(Systematic theology)이라는 용어를 사용하는데 반해, 유럽에서는 동일한 성격의 학문을 교의학(Dogmatics)이라 부르고 있다. 18세기 중엽까지는 신학연구가 지금처럼 세부적으로 분화되지 않아 대개 신학(Theology)이라는 용어 속에 조직신학적인 모든 내용들이 들어 있었다. 예를 들어, Thomas Aquinas의 『신학대전』(*Summa Theologiae*)과 Melanchton의 『신학논집』(*Loci Praecipue Theologici*) 등이 그렇다.

군데 성경 본문을 인용하여 소개하지만 독자들의 이해를 돕기 위해 극히 일부분만 사용했을 따름이다. 모쪼록 본서를 통해 올바른 신학 정립과 더불어 그 내용들이 구체적으로 적용됨으로써 지상의 교회가 온전히 세워져 가는 일에 도움이 되길 바란다.

조직신학의 기본적 이해

1. 조직신학의 의의

1.1. 왜 조직신학이 필요한가?

우리는 교회에서 조직신학이 과연 어느 정도 필요한지 신중하게 생각해 볼 필요가 있다. 성도들에게 있어서 조직신학에 관한 내용 이해는 선택적이 아니라 필수적인 성격을 지닌다. 이는 모든 교인들이 신학을 전문적으로 연구하는 학도가 되어야 한다는 의미가 아니다. 굳이 조직신학적인 용어들을 많이 사용하지 않는다 할지라도 그에 대한 성경적 개념을 바탕으로 한 올바른 관점을 확립하지 않으면 안 된다. 성경을 배경으로 하는 체계적인 신학적 지식을 갖추게 될 때 건강한 신앙을 소유할 수 있기 때문이다.

1.2. 조직신학의 내용

조직신학은 성경에 기록된 진리를 체계적으로 정리하고 적용하는 학문이다. 이를 위해서는 용어에 대한 분명한 정의가 내려져야 한다. 그렇지만 조직신학이 인간들의 필요에 따라 새로운 교리를 만들어 내는 학문이라 할 수 없다. 타락한 인간들은 항상 하나님의 교훈을 제 멋대로 변형시키려는 경향성을 지니고 있지만, 성실한 교회는 성경을 통해 확립된 참된 교리를 보존할 수 있어야 한다.

나아가 교회는 세태의 변화에 따라 하나님의 교회를 지키기 위해 끊임없는 방어벽을 만들어 나가지 않으면 안 된다. 이는 지속적으로 변천해가는 세상 가운데 존재하는 교회로서 피할 수 없는 당면 과제이다. 따라서 조직신학은 신학자들과 목회자들을 위한 사변적인 학문이 아니라 성도들의 신앙과 삶 가운데 구체적으로 적용되어야만 한다.

1.3. 신학과 신앙

우리는 신학과 신앙의 관계를 올바르게 이해하지 않으면 안 된다. 그 양자는 성도들의 삶 가운데 지속적인 상호작용을 한다. 신학은 인체의 뼈대와 같은 역할을 하며 신앙은 살과 같은 역할을 하게 된다. 건강한 신앙을 소유한 자는 마치 튼튼한 뼈대와 탄탄한 근육질의 살이 서로간의 원활한 관계적 역할을 하는 것과 유사하다.

올바른 신학이 결여된 신앙은 감성에 치우칠 우려가 있으며 건전한 신앙이 결여된 신학은 앙상한 이성주의를 추구할 위험이 있다. 물론 올바른 신학을 소유하거나 참된 신앙을 소유하게 되면 나머지 하나는 자동적으로 따라 올 수 있는 성격을 지니고 있다. 교회는 항상 이에 대해 민감한 신경을 쓰지 않으면 안 된다.

1.4. 신앙의 균형

성도들이 전체적으로 균형 잡힌 신앙을 소유하기 위해서는 건전한 조직신학적인 사고 정립이 필요하다. 이는 신학적 용어를 익히는 것을 일컫는 것이 아니라 신앙의 정체성을 두고 하는 말이다. 성경에는 아담 이래 지금까지 역사를 거쳐 갔던 다양한 사람들의 신앙 형태가 나타나고 있다. 어리석은 자들은 마치 저들의 신앙이 일치성을 보이지 않는 것처럼 억지 주장을 하기도 한다.

그러나 성경에 계시된 참된 믿음의 선배들은 완벽하게 통일된 신앙을 소유하고 있었다. 그들이 BC 2000년경에 살았든지 BC 1000년경에 살았든지 AD 1세기에 살았든지 그들의 믿음은 본질에서 동일하다. 그 믿음의 선배들과 동일한 신앙을 보존 및 유지하기 위해 성경의 교훈을 체계적으로 정리한 학문이 곧 조직신학이다.

1.5. 보편적 신앙

조직신학은 전체적인 성경 이해(tota scriptura)를 위해 요구되는 학문이다. 기록된 성경만을 강조하는 자들 가운데는 주관적인 신앙에 빠져 진정한 성경의 가르침을 버리는 자들이 종종 있다. 그런 자들은 자신의 종교적인 목적을 달성하기 위해 성경의 내용 가운데 부분적인 것을 인용하며 편향적인 신앙을 표출하게 된다.

그렇지만 그런 태도는 매우 위험한 신앙을 유발하지 않을 수 없다. 복음을 떠나 이단 사상에 빠진 자들은 대개 성경의 일부 내용을 강하게 부각시켜 자의적으로 해석하려는 심각한 오류에 빠져 있다. 우리는 역사적 보편의 관점에서 성경을 이해함으로써 균형 잡힌 자세를 견지하지 않으면 안 된다.

1.6. 신학적 상호연관성

모든 인간들은 각자의 주관적인 이성과 경험을 가지고 있다. 그러므로 항상 자기 판단에 따른 주관성에 치우쳐 있을 수밖에 없다. 이에 대한 비판적(critical) 깨달음이 있는 자들은 성경의 교훈을 균형 있게 이해하려는 노력을 기울인다. 따라서 조직신학을 올바르게 연구하여 말씀을 깨닫기 위해서는 조직신학과 성경신학, 교회사, 신학의 적용에 따른 상호 관계를 올바르게 이해해야만 한다. 다른 신학 분야에 대한 이해가 전혀 없거나 그것을 떠난 상태에서는 건전한 조직신학적 관점을 세워 나갈 수 없다.

1.7. 실천적 신학의 적용

조직신학은 단순한 이론에 그치는 학문이 아니라 교회와 성도들 간에 구체적으로 적용되어야 하는 성격을 지니고 있다. 따라서 우리는 성경에 계시된 삼위일체 하나님과 그의 몸된 교회에 대한 깨달음을 기초로 하여 실제적인 신학과 신앙을 확립해야 한다. 그렇지 않으면 생명력을 결여한 단순한 인위적인 신학에 머무를 수밖에 없다.

종교적인 이론과 형식에 치중함으로써 적용능력을 상실한 신학이라면 아무런 소용이 없을 뿐더러 도리어 논쟁만 불러일으키게 될 우려가 있다. 이는 조직신학이 학문적인 형식을 뛰어 넘어 교회와 성도들의 신앙적인 삶의 현실 가운데 구체적으로 적용되어야 한다는 사실을 말해준다. 따라서 계시된 말씀에 조화되는 정당한 이론의 틀을 통해 교회의 기초를 다지게 되는 것은 무엇보다 중요하다.

2. 조직신학을 통한 교리의 발전

과거와 현재에 존재하는 역사상의 모든 지상 교회는 항상 시대의 변천에 따른 신학적 대응을 할 수밖에 없다. 하지만 조직신학과 교리의 발전은 인간들의 연구업적을 통한 상승발전을 의미하지 않는다. 진정한 신학의 발전은 성도들을 세속적인 사조로부터 보호하기 위한 성령 하나님의 적극적인 간섭과 은혜에 근거하고 있다.

따라서 신학과 교리의 정립은 역사 가운데 존재하는 지상 교회에 허락된 하나님의 특별한 은총으로 받아들여져야 한다. 나아가 그것이 타락한 세상에 살아가는 성도들로 하여금 참된 신앙생활을 영위할 수 있는 소중한 방편을 제공해 왔다. 이는 역사 가운데 주님의 교회가 상속되어 가는 소중한 운송 수단의 역할을 감당해 왔음을 말해준다. 우리는 하나님의 선하신 간섭과 인도하심과 그에 대한 신실한 응답이 없이는 교회가 역사 가운데서 원만한 상속을 이어가기 어렵다는 사실을 기억하지 않을 수 없다.

2.1. 아담 이래 율법 이전시대

모세를 통해 율법이 주어지기 전에는 명문화된 계시가 존재하지 않았다. 노아홍수 이전시대는 물론 그후 바벨탑 사건을 거쳐 아브라함을 비롯한 족장시대와 이스라엘 백성이 애굽에 거주하던 시대에도 그러했다. 특히 창세기에 기록된 모든 언약은 하나님의 백성들 가운데 확실한 정체성을 가지는 교훈으로 기능했다. 그 모든 내용들은 조직신학적인 방법으로 후대로 계승되어 갔던 것이다.

2.2. 구약성경시대의 조직신학

구약시대의 이스라엘 백성은 전반적으로 각 시대에 따른 조직신학적 개념을 가지고 있었음이 틀림없다. 당시 특수한 직분자들이 아닌 일반 백성들이 개인적으로 성경을 소장한다는 것은 불가능한 일이었다. 두루마리 성경은 성전을 중심으로 하여 보관되고 계승되었으며 특별한 직분자들만 그것을 읽고 하나님의 말씀을 들음으로써 백성들에게 그 뜻을 전달할 수 있었다.

그러므로 성전에서 종사하는 제사장들과 선지자들은 성경 계시를 배경으로 하는 전체적인 교훈을 통해 성도들에게 삶의 지침을 제시해야만 했다. 당시 일반 백성들에게는 그것이 신앙적인 삶을 위한 유일한 지침이 되었다. 따라서 모든 백성들은 그것을 통해 전반적인 교훈을 받아 신앙생활을 영위했으며 일상적인 삶을 살았던 것이다.

2.3. 신약성경시대

신약성경이 계시되던 사도교회 시대에도 조직신학적 교훈이 존재했다. 예수께서 부활 승천하신 후 시작된 사도시대의 전반기인 AD 30년경부터

50년경까지는 아직 신약성경이 계시되지 않았으며 그후부터 점진적으로 주어졌다. 그 과정을 거쳐 AD 70년 예루살렘 성전 파괴와 더불어 신약성경이 완성되기 전에는 일부 기록계시와 더불어 예루살렘 공의회와 사도들의 언어적 교훈에 상당부분 의존할 수밖에 없었다. 따라서 당시에 조직신학적 개념이 필요했던 까닭은 구약의 교훈과 예수 그리스도의 사역에 대한 의미를 체계적으로 밝힘으로써 사도시대의 모든 성도들이 통일성 있는 신앙을 소유할 수 있었기 때문이다.

2.4. 초대와 중세교회 시대

2.4.1. 사도신경(The Apostle' s Creed)

초대교회 시대에는 지상에 흩어진 모든 교회가 성경책을 가지고 있지 못했다. 그렇지만 성경이 저들에게 요구하는 신앙의 본질은 동일해야만 했다. 따라서 흩어져 있는 전체 교회의 통일성 있는 신앙고백을 위해 사도신경이 허락되었다. 초대교회는 사도신경을 사도적인 신앙고백으로 받아들여 교회 가운데서 공적으로 고백하게 되었던 것이다. 그것은 지상 교회를 위한 하나님의 은총이라는 관점에서 이해되어야 한다.

사도신경은 오늘에 이르기까지 참된 성도들의 입술을 통해 교회의 공예배 가운데서 지속적으로 고백되어 오고 있다. 종종 성경에 직접 기록되지 않은 사도신경을 고백하는 것을 두고 불편하게 생각하는 자들이 없지 않다. 그러나 우리는 교회의 주인이신 하나님께서 자신의 교회를 역사 가운데 온전히 인도해 오시면서 공교회를 통해 허락하신 공적인 고백의 의미를 명확하게 이해해야 할 필요가 있다.

2.4.2. 초대와 중세교회 시대의 고백문서

2.4.2.1. 니케아 신조(Nicene Creed, 325)

하나님의 특별한 간섭 아래 있던 사도교회 시대(AD 30-70) 이후 도래한 초대교회는 상당한 혼란을 동반하게 된다. 하나님께서 인도해 가시는 참된 교회 주변에 이방 종교로부터 유입된 다양한 이단 사상들이 나타났기 때문이다. 그러던 중 AD 313년 콘스탄틴(Constantine) 황제가 기독교를 공인한 후 이 문제가 공개적으로 분출되었다. 그로 말미암아 콘스탄틴 황제가 325년 범 기독교적인 첫 번째 회의를 니케아에서 소집하게 된다.

그 종교회의에서 니케아 신조가 채택되는데 그 내용 가운데 삼위일체 하나님에 관한 의미가 정리되어 있다. 성부, 성자, 성령 하나님의 관계를 말씀을 통해 확인했던 것이다.[2] 그후 381년에 소집된 콘스탄티노플 회의에서는 보다 구체적으로 정리되었다. 특히 성자가 성부와 동일한 본질을 소유하고 계신 분으로서 완전한 하나님이심을 강조하고 있다. 이 신조를 니케아 콘스탄티노플 신조라 부르기도 한다.

2.4.2.2. 칼케돈 신조(The Creed of Chalcedon, 451)

로마제국의 테오도시우스(Theodosius) 황제는 AD 392년 기독교를 국교로 정하는 칙령을 내렸다. 그러나 기독교가 로마제국의 국교가 된 후 교회는 적극적으로 세속화의 물결에 휩쓸리게 되었다. 그로 말미암아 많은 문제들이 발생했지만 그 가운데 그리스도의 인격에 관한 극단적인 이단들이 많이 생겨났다.

따라서 451년 칼케돈에서 모인 범세계적인 기독교 종교회의에서는 아폴리나리우스, 네스토리우스, 유티케스 등이 주장한 단성론과 양성론을 철저히 배격했다. 그리하여 그리스도의 신성은 인성 안에서 혼돈, 변화, 구분, 분리, 혼합되지 않은 채 한 인격으로서 온전한 조화를 이룬다는 신조가 말씀을 통해 확인됨으로써 공식적으로 채택되기에 이르렀다.

---

2) 니케아 회의에서는 주로 성부와 성자에 관련된 논의에 집중된 것으로 볼 수 있지만, 그것이 성령 하나님에 대한 인정을 완전히 제외시킨 것이라 규정지을 수 없다.

2.4.2.3. 아타나시우스 신조(The Athanasian Creed, 5세기 후반)

아타나시우스 신조는 일반적으로 아타나시우스가 어거스틴의 삼위일체론을 계승하여 작성한 신조인 것으로 알려져 있다. 그러나 그것은 5세기 후반 경 교회로부터 공적으로 채택되어 사용된 것으로 보인다. 거기에는 삼위일체 하나님과 그리스도의 성육신에 대한 내용이 포함되어 있다.

성부와 성자와 성령은 삼위일체 하나님이지만 세 분으로 분리된 채 존재하는 것이 아니라 한 분 하나님으로 계신다. 성자는 성부로부터 영원히 나오신 분으로 완전한 신성과 완전한 인성을 소유하고 있다. 이 점은 역사 가운데 존재했던 모든 참된 교회의 분명한 고백으로 자리잡고 있었다.

성자 하나님이신 예수 그리스도께서 인간의 몸을 입고 이 세상에 오셔서 십자가에 달려 돌아가신 것은 창세전에 택하신 자기 백성들을 구원하시기 위해서였다. 그가 죽은 후 사흘 만에 부활하셔서 사십 일간 지상에 계시다가 승천하신 것은 하나님이신 그의 신분을 보여준다. 그가 마지막 날 재림하셔서 최후 심판을 하시게 될 것이다. 이와 같은 내용들이 아타나시우스 신조에 기술되어 있다.

2.5. 종교개혁시대 신앙고백서

2.5.1. 프랑스 갈리칸 신앙고백서(Gallican Confession, 1559)

이 고백문은 프랑스에서 로마 가톨릭교도들로부터 심한 박해를 받던 위그노들이 칼빈의 제네바 신앙고백을 기초로 하여 다소간 수정하여 작성한 문서이다. 프랑스의 개신교도인 위그노들은 내부적인 극심한 박해로 말미암아 외부적으로 큰 영향력을 행사하지는 못했다. 그러나 그들은 고통스럽고 힘겨운 여건 가운데서도 순수한 신앙을 지키고자 애쓴 숭고한 정신을 소중한 유산으로 남기고 있다. 그 고백서는 순결한 신앙정신을 유지하며 오직 예수 그리스도 한 분만 따르기로 작정하고 있는 성도들의 결연한 의지를 잘 보여준다.

2.5.2. 스코틀랜드 신앙고백서(The Scots Confession, 1560)

이 고백문서는 스코틀랜드 최초의 신앙고백서로서, 존 낙스를 비롯한 다섯 명의 목사들에 의해서 작성되었다. 낙스가 스위스 제네바에 머무는 동안 칼빈과의 교제에서 깨달은 말씀들이 깊이 반영되었으며 하나님의 예정과 창조, 예수 그리스도의 성육신과 십자가 사역이 고백되어 있다. 그리고 불가시적인 교회 및 참된 교회의 세 가지 표지로서 순수한 말씀선포, 올바른 성례의 시행, 정당한 권징사역의 실시 등에 관한 내용을 규정하고 있다.

2.5.3. 벨직신앙고백서(Belgic Confession, 1561)

벨직신앙고백서는 네덜란드 지역에서 귀도 드 브레(Guido de Bres, 1522-67)가 작성한 문서이다. 그 내용은 프랑스에서 작성된 갈리칸 신앙고백과 조화되는 내용을 많이 담고 있다. 이는 유럽 북서부의 저지대인 네덜란드와 벨기에 지역에서 심각한 박해를 받던 성도들을 위해 작성한 변증적 고백서라 할 수 있다. 이 문서는 1618년 네덜란드의 도르트에서 개최된 범세계적인 기독교 총회에서 공적으로 채택되었다.

2.5.4. 제2 헬베틱 신앙고백서(The Second Helvetic Confession, 1566)

쯔빙글리의 제자였던 하인리히 불링거는 1562년 개인적인 신앙고백문을 작성했다가 1564년 다시 개정하여 자신의 유언을 덧붙여 교회 앞에 내놓게 되었다. 당시 취리히에는 무서운 전염병이 휩쓸게 되어 그의 부인이 죽는 일이 발생했다. 그러자 자신도 언제 죽을지 알 수 없다는 생각에 사로잡혔다. 그러나 다행히 그는 죽음을 피할 수 있었다.

1565넌 선세후 프리드리히(Friedrich) 3세가 그에게 신앙고백에 관한 요청을 해왔다. 그 무렵 불링거는 정통 신앙의 기준에 대한 지침서로서 이 문서를 제네바로 보내 베자의 동의를 얻고자 했다. 물론 그 문서는 하이델베르크에 있는 프리드리히 3세에게도 보내졌다.

이 신앙고백서는 삼위일체론과 기독론 등 고대의 교리들과 종교개혁을 통해 강조된 교리들과 성경을 유일한 신앙표준으로 삼는다는 중요한 내용이 포함되어 있다. 그리고 성상의 사용을 금지한다는 내용이 들어 있다. 또한 하나님의 섭리와 예정, 교회의 예전에 대한 개혁주의적 교리들을 중요하게 다루고 있음을 눈여겨 볼 필요가 있다.

이 고백문서는 점차 하이델베르크 요리문답과 더불어 스위스의 많은 개혁교회들로부터 전폭적인 지지를 얻게 되었다. 제네바는 물론 헝가리 개혁교회도 이 문서를 채택했다. 그러나 쯔빙글리의 사상에 깊이 빠져있던 스위스 바젤에서는 그 고백문서가 거부당했다. 이 고백서가 초대 교회의 신앙고백에 깊은 관심을 가지고 있으며 역사적 교회의 정통성을 계승하고 있음을 표명하고 있다는 사실은 매우 중요한 의미를 지니고 있다.

2.5.5. 도르트 신경(Canons of Dort, 1618-1619)

16세기 종교개혁시대가 지나가면서 서서히 성경의 교훈을 벗어난 잘못된 신학들이 등장해 교회를 어지럽히기 시작했다. 그 가운데 가장 위험한 사상은 알미니안주의자들의 인본주의 신학사조였다. 그것으로부터 하나님의 교회를 지키기 위한 범세계적인 회의가 네덜란드 도르트(Dort)에서 열리게 되었다.

그때 채택된 도르트 신경에는 흔히 칼빈주의 5대 교리로 알려진 내용들이 담겨있다. 알미니안주의자들의 심각한 오류를 지적한 다섯 가지 핵심 교리는 그후 교회의 중요한 고백적 기틀을 마련하게 되었다. 수많은 논쟁과 연구를 거쳐 작성된 문서이므로 앞서 나온 여러 고백문서들에 비해 체계적이며 논증적인 성격을 지니고 있다.

2.5.6. 웨스트민스터 신앙고백서(Westminster Confession of Faith, 1648)

웨스트민스터 신앙고백서는 스코틀랜드 교회와 잉글랜드 교회 지도자들이 심도 있는 논의 끝에 교회에 내어놓은 합작품으로 이해할 수 있다. 청교도 신학자와 목회자들이 중심이 되어 영국 런던에서 작성한 이 고백문은 스코틀랜드 교회의 언약 사상이 반영되어 있으며, 성도들에게 엄격한 신앙생활을 요구하는 내용이 포함되어 있다. 이 문서는 칼빈주의에 입각한 장로교의 고백을 잘 드러내고 있는 특성을 보여준다. 오늘날에 이르기까지 건전한 교회들은 그때 작성된 전통적 웨스트민스터 신앙고백문서를 채택하고 있다.[3]

2.6. 종교개혁시대 요리문답서

2.6.1. 제네바 요리문답(The Geneva Catechism, 1541)

존 칼빈은 1537년 제네바 교회를 신앙고백적인 교회로 세우기 위해 『기독교 강요』 초판(1534)을 배경으로 하는 제1요리문답서를 작성했다. 그러나 그는 제네바 시의회의 강력한 반대에 부딪치게 되었다. 그리하여 스트라스부르그로 떠나 몇 년간 그곳에서 사역할 수밖에 없었다(1539-41).

나중 제네바 시의회가 다시 그를 청빙했을 때, 교회가 요리문답을 가르칠 수 있는 권한과 교인들을 징계할 수 있는 법적인 근거를 마련해 줄 것을 조건으로 제시했다. 결국 제네바 의회는 칼빈이 제시한 조건을 수락했으며, 그 조건을 수락받아 제네바에 돌아온 후 그는 곧바로 제2요리문답을

---

3) 전통적 웨스트민스터 신앙고백서는 20세기 초엽 자유주의 신학사상의 강한 영향을 받은 미국 장로교회에서 변형을 꾀하게 된다. 그리하여 새로운 웨스트민스터 신앙고백시 〈서문〉에는 자유주의 사상을 반영하여 선포하고 있으며, 전체 33장으로 된 내용을 35장으로 늘렸다. 한국교회의 경우 보수주의 교단인 장로교 합신측과 합동측은 전통적 웨스트민스터 신앙고백서를 채택하고 있는 반면, 진보적 복음주의 노선을 따르는 통합측의 경우 35장까지 있는 개정된 것을 채택하고 있다. 더욱이 이해가 되지 않는 점은 스스로 보수주의적이며 개혁주의적임을 자처하는 고신측에서는 미국에서 개정된 수정 웨스트민스터 신앙고백서를 채택하고 있다는 사실이다. 이는 해당 교단이 고백문서를 채택하는 과정에서 신학적 이해를 결여한 채 분별력 없이 받아들였다는 사실을 말해주고 있다.

작성하게 되었다. 칼빈은 성경의 교훈을 집약한 요리문답서를 제네바 교회에서 체계적으로 가르침으로써 교회를 튼튼하게 세워나갈 수 있었다.

2.6.2. 하이델베르크 요리문답(Heidelberg Catechism, 1563)

이 요리문답서는 경건한 신앙을 소유했던 하이델베르크의 선제후 프리드리히(Friedrich) 3세의 요청에 의해 우르시누스(Zacharias Ursinus, 1534-83)와 올레비아누스(Caspar Olevianus, 1536-87)가 작성했다. 이는 원래 하이델베르크 지역의 교회에 속한 청소년들을 교육하기 위한 목적으로 만들어졌다. 존 칼빈은 이 요리문답서를 간단명료하면서도 경건한 가르침을 담고 있는 매우 탁월한 문서로 이해했다. 하이델베르크 요리문답은 오늘날에 이르기까지 교회가 소유한 가장 탁월한 요리문답서로 인정받고 있으며 개혁주의 교회에서 널리 받아들여지고 있다.

2.6.3. 웨스트민스터 대소요리문답(The Westminster, Larger and Shorter Catechism, 1648)

웨스트민스터 대요리문답은 개혁주의 요리문답서들 가운데 가장 긴 문서로서 장년들을 위한 교육지침서로 작성되었다. 이 문서는 개혁주의 교리에 관한 거의 모든 내용들을 포함하고 있다고 해도 과언이 아니다. 또한 그 내용 가운데는 주기도문과 십계명에 관한 설명이 광범위하게 다루어지고 있다.

또한 웨스트민스터 소요리문답은 대요리문답과 더불어 성경의 교훈에 관한 전체적인 내용을 쉽게 가르치고 배울 수 있도록 작성되었다. 그것은 신앙고백과 교리를 포함한 문답형식을 통한 교육 도구라 할 수 있다. 특히 이 문서는 역사 가운데 지상 교회를 상속해 갈 다음 세대를 교육하는 지침서로서 우리가 믿고 있는 바 성경과 신앙고백의 내용을 균형있게 다루는 특성을 지니고 있다.

2.7. 근래의 개혁주의적 고백문서

2.7.1. 장로교 12신조

장로교 12신조는 원래 영국 장로교회가 인도 장로교회를 위해 작성한 고백문서이다. 나중 한국교회가 채택하게 된 그 문서는 앞서 1904년 선교지였던 인도교회가 신앙고백으로 채택했다. 한편 19세기 후반 한국에 복음이 들어왔지만 공적인 고백문서가 없던 때 한국에서 사역하던 장로교 선교사들은 1907년 조직된 독 노회에서 인도교회가 채택한 12신조를 '서언'만 바꾸어 그대로 받아들였던 것이다.

우리가 관심을 기울이고 보아야 할 점은 한국교회는 초기부터 보편교회적 고백을 받아들였다는 사실이다. 고백문서로 볼 때 영국 장로교 및 인도 장로교와 동일한 고백을 하고 있었던 것이다. 그리고 한국 장로교가 그 문서를 채택하면서 한국에 복음을 전한 모母 교회의 교리적 표준을 받아들인다는 명시적 기술, 그리고 특히 대소 요리문답을 받아들인다는 고백은 매우 중요하게 평가되어야 할 점이다.[4]

12신조는 내용이 짧고 간략하지만 기독교의 근본 교리를 잘 반영하고 있다. 신구약 성경에 대한 절대적인 고백과 삼위일체 하나님에 대한 분명한 명시가 되어 있다. 뿐만 아니라 창조와 인간의 타락, 예수 그리스도의 대속의 사역, 성령의 사역, 구원을 위한 하나님의 예정, 성례 및 종말과 심판에 대해 분명히 서술하고 있다.

이처럼 12신조는 전체적으로 개혁주의적인 근본 신앙을 잘 반영하고 있으며 오늘날까지 다수의 한국 장로교단에서 그 내용을 고백문서로 채택하

---

4) 〈서언〉 : "대한예수교장로회에서 이 아래 기록한 몇 가지 조목을 목사와 강도사와 장로와 집사로 하여금 승인할 신조로 삼을 때에 대한 예수교 장로회를 설립한 모(母) 교회의 교리적 표준을 버리려 함이 아니요, 오히려 찬성함이니 특별히 「웨스트민스터」신도게요서(信到揭要書)와, 성경 대·소 요리문답은 성경을 밝히 해석한 책으로 인정한 것인즉 우리교회와 신학교에서 마땅히 가르칠 것으로 알며 그중에 성경 소요리문답은 더욱 우리 교회 문답책으로 채용하는 것이다."

고 있다. 맨 처음 그 고백을 채택하고 공포하면서 덧붙인 '승인' [5]에서 고백했던 선배들의 신앙을 우리는 잘 상속해 계승하지 않으면 안 된다.

2.7.2. 미국 북장로교가 확인한 기독교 핵심 교리

1910년 개최된 미국 북장로교(UPCUSA) 총회에서는 다섯 가지 중요한 기독교 핵심 교리를 확인하는 결의를 했다. 첫째, 성경의 무오성; 둘째, 예수님의 동정녀 탄생; 셋째, 성경에 기록된 예수님의 기적 인정; 넷째, 예수님의 대속의 죽음; 다섯째, 예수님의 육체적인 부활 등이다. 이는 성경에 계시된 말씀을 기초로 한 불변의 교훈이며 기독교 진리의 뼈대가 된다고 해도 과언이 아니다.

성경에 기초를 두고 있는 이러한 기본적인 교리를 포기하게 되면 지상 교회를 온전히 지킬 수 없게 된다. 그러나 당시 유럽에서는 성경을 고등비평하는 사상이 점차 보편화되어 가고 있었다. 따라서 미국교회가 이런 결의를 하게 된 배경에는 유럽에서 발흥한 자유주의 사상에 대한 경계의 의미를 지니고 있었다.

미국 북장로교에서는 교사인 목사가 되기 위한 기본적인 조건으로 위의 다섯 가지 항목에 대한 고백을 필수적인 것으로 요구했다. 목사가 잘못된 신학사상을 가지게 되면 교회를 훼파하는 자리에 앉을 수밖에 없기 때문이다. 그러므로 당시 프린스톤(Prinston) 신학교의 메이천(Gresham Machen) 교수는 'Christianity and Liberalism' (Erdmans, 1923)에서 자유주의 신학을 가진 자들은 기독교 신자가 아닌 불신자이기 때문에 강력한 대응을 하지 않으면 안 된다는 사실을 강조한 바 있다.

그러나 유럽으로부터 물밀듯이 밀려들어오는 자유주의 사상을 방어하기에는 세태가 이미 기울어져 있었다. 급기야는 1924년 1월, 미국 뉴욕

---

5) 〈승인〉 : "교회의 신조는 하나님의 말씀에 기초하고 하나님의 말씀과 일치한 것으로 내가 믿으며 이를 또한 나의 개인의 신조로 공포하노라."

(New York) 주의 오번(Auburn) 신학교에서 150여 명의 장로교 목사들이 모여 이른바 오번 선언(Auburn Affirmation)을 하기에 이르렀다. 그때의 핵심 논점은, 목사가 될 사람이 위의 다섯 가지 항목을 반드시 준수해야 한다는 법을 폐기하자는 것이었다. 그로 말미암아 자유주의 신학에 대한 문호가 개방되어 버렸다.

당시 그런 심각한 위기의 상황 가운데서 자유주의 사상으로부터 성경의 진리를 사수하기 위해 맞서 싸우던 성도들이 프린스톤 신학교에서 분리되어 나옴으로써 1929년 필라델피아(Philadelphia)에 웨스트민스터(Westminster) 신학교를 세우게 되었다. 그들은 1910년에 미국 북장로교회에 확인된 다섯 가지 핵심 기독교교리를 보존해 나가기 위해 부단히 노력했다. 오늘날 그것을 근본주의 신학사상이라 비판하는 자들이 있지만 우리는 그 진리를 지켜 보존해 나가지 않으면 안 된다.

2.7.3. 캠브리지 선언(Cambridge Declaration, 1996)

1996년 4월 20일 미국 뉴잉글랜드(New England)의 마사추세츠(Massachusetts) 주 캠브리지(Cambridge)에서 'The Alliance of Confessing Evangelicals'에 의해 발표된 '캠브리지 선언'(The Cambridge Declaration)을 주시할 필요가 있다. 그 내용은 종교개혁시대의 다섯 가지 '솔라'(Sola: '오직')로 표현된 역사적 기독교 교리를 다시금 확증하는 내용을 담고 있다. 이는 현대 교회가 빠져 있는 세속적인 경향성과 그 가르침을 분명히 반대하는 것이다. 그 대략적인 내용은 다음과 같다.

첫째, 오직 성경(Sola Scriptura) : 성경의 권위 쇠락(The Erosion of Authority).

① 하나님을 알고 순종하는 데 필요한 모든 내용은 오직 성경 안에 기록되어 있음을 다시금 확인한다. ② 성경의 교훈에 기초한 성도의 양심을 강제할 수 있는 어떤 다른 형태의 인위적인 권위도 인정하지 않는다.

둘째, 오직 그리스도(Solus Christus) : 그리스도 중심의 신앙 쇠락(The

Erosion of Christ-Centered Faith).

① 그리스도와 그의 십자가 위에서 담당하신 대속만이 유일한 구원의 수단임을 다시금 확인한다. ② 예수 그리스도를 통한 구속의 선포와 그것을 듣는 자들의 믿음 이외에 다른 것을 통한 복음이란 존재할 수 없다.

셋째, 오직 은혜(Sola Gratia) : 참된 복음의 쇠락(The Erosion of the Gospel).

① 구원은 성령 하나님의 초자연적 사역임을 다시금 확인한다. ② 구원은 어떤 경우에도 인간의 이성적 판단이나 결단을 통해 이루어질 수 없다.

넷째, 오직 믿음(Sola Fide) : 핵심 교리의 쇠락(The Erosion of The Chief Article).

① 하나님 앞에서 죄를 용서받는 칭의는 오직 그리스도를 통해 믿음으로 얻게 되는 것임을 다시금 확인한다. ② 어떠한 인간적인 선행과 노력으로도 칭의를 받을 수 없으며, 칭의에 인간적인 행위가 개입된다고 가르친다면 올바른 교회라 말할 수 없다.

다섯째, 오직 하나님의 영광(Soli Deo Gloria) : 하나님 중심의 예배 쇠락(The Erosion of God-centered Worship).

① 구원은 궁극적으로 인간이 아닌 오직 하나님의 영광을 위한 것이며, 성도들은 언제 어디에서든지 하나님의 권위 아래서 오직 그의 영광만을 위한 삶을 살아야 한다는 사실을 다시금 확인한다. ② 인간들의 즐거움을 누리는 형식의 예배로서 하나님께 영광을 돌릴 수 없다. 하나님의 율법이나 복음을 설교하지 않는 형식의 예배와 자아개발(self-improvement), 자아회복(self-esteem), 자아충족(self-fulfillment) 위주의 설교가 난무하는 것을 견제한다.

배도에 빠져 타락한 현대에 이와 같은 고백을 확인할 수 있다는 사실은 그나마 다행한 일이 아닐 수 없다. 세상이 아무리 변천해 간다 해도 하나님의 자녀들의 고백은 결코 변할 수 없다. 쇠락한 우리의 시대에도 하나님께서 엘리야 시대에 남겨둔 칠천 명과 같은 보이지 않는 믿음의 용사들이 있음을 항상 기억하지 않으면 안 된다.

2.8. 교회의 지속적인 교리교육

끊임없이 변천해 가는 세상과 그 가운데 존재하는 하나님의 교회는 현실적인 문제에 대한 신학적인 명료한 해석을 지속함으로써 교회를 위한 공적인 규범을 정리해 나가야 한다. 예를 들어 과거에는 존재하지 않았으나 현대에 와서 대두된 동성혼인同性結婚 문제, 불건전한 컴퓨터 게임, 다양한 영상매체, 인터넷 문화, 과도한 프로 스포츠 경기 등 인간의 가치관에 커다란 영향을 끼치는 다양한 문제들에 대해 교회가 성경적인 답변을 하지 않으면 안 된다.

3. 조직신학은 인간의 이성으로 연구할 수 있는 학문인가?

3.1. 신학과 이성

신학은 인간의 오염된 이성을 배경으로 하여 성경을 연구하는 학문이 아니다. 그 대신 성령의 조명과 도우심에 따라 그에 순종하는 마음으로 성경에 계시된 진리를 확인하며 체계화해 나가야 한다. 따라서 조직신학을 연구하는 학자들은 먼저 계시된 성경과 성령 하나님의 도우심을 통해 진리를 탐구하고자 하는 자세를 견지하지 않으면 안 된다.

조직신학은 성경에 계시된 삼위일체 하나님이 그 전체적인 골격을 형성하고 있는 것으로 이해할 수 있다. 이는 조직신학이 인간이 아니라 하나님으로부터 출발하게 된다는 사실을 의미한다. 일반적으로는 인간 역사 가운데 모든 구속사역을 이루어 가신 경륜적 삼위일체 하나님과 삼위 하나님의 역사적 사역에 기초하고 있다.

그러므로 조직신학을 정리할 때 특별계시로 허락된 하나님의 말씀과 일반 자연계시, 그것을 통해 드러난 하나님의 모든 사역과 인간의 본질과 타락 및 회복(인간론), 피조물인 인간의 몸을 입고 이 세상에 오신 성자 하나님이신 예수 그리스도(기독론)와 그의 구원(구원론), 그리고 성령 하나님(성령론)

과 하나님의 피로 값 주고 사신 교회(교회론), 또한 마지막에는 세상의 끝에 연관된 종말론으로 이어지게 된다.[6]

3.2. 신학적 용어가 소유한 의미 이해

우리는 조직신학에서 신론, 기독론, 성령론이라는 용어가 가지는 의미와 한계를 잘 이해해야 한다. 삼위일체 하나님이 과연 인간들이 정의내리고 규명할 대상인가에 대해 겸손한 자세를 견지하지 않으면 안 된다. 신학은 결코 학문적 연구 자체나 학자들의 업적이 그 목적이 될 수 없다.

진정한 조직신학 연구는 지상 교회와 성도들의 올바른 신앙을 위한 확인 작업이어야 한다. 따라서 조직신학에서 신론, 기독론, 성령론이 있는

---

6) 신학자들은 조직신학의 신학적 방법론에 관한 다양한 접근을 한다. 그 가운데는 존재론적 방법을 내세우는 주장이 있다. 이는 삼위일체론으로부터 시작하여 지상의 인간 문제를 다루고 있다. 이를 수정하여 기독론적 방법론을 주장하는 학자들도 있다. 예수 그리스도가 삼위일체 하나님의 가장 구체적인 현현(顯現)으로 보고 그를 출발점으로 삼아 계시론에서 출발해 조직신학연구를 해야 한다고 한다. 이런 주장을 하는 대표적인 학자는 칼 바르트(Karl Barth)이다. 그리고 하나님은 위로부터 수직으로 이땅에 임하는 분이 아니라 그의 종말론적 미래로부터 오시는 분으로 이해해서 종말론에서 조직신학적 연구를 해야 한다는 주장을 하는 학자로서 몰트만(Jürgen Moltmann)을 들 수 있다. 또한 인식론적 방법을 주장하는 학자들이 있는데 이는 아래로부터의 방법을 내세운다. 세계 안에 존재로부터 출발해 위에 계신 하나님과 그의 진리를 인식해야 한다는 것이다. 실존적인 분석을 기초로 해 하나님과 기독교 진리를 찾아야 한다고 주장하는 대표적인 학자는 틸리히(Paul Tillich)이다. 그리고 인간론적 연구 방법에 의존하는 자들이 있다. 그들은 인간의 이성과 경험을 배경으로 하여 역사 변천과 그 가운데 존재하는 교회에 대한 인간들의 요구에 응답하는 연구를 조직신학의 의의로 보고 있다. 칸트(Immanuel Kant)는 인간의 도덕적인 삶으로써 신의 존재 이유를 설명하고자 한다. 또한 슐레이에르마흐(Schleiermach)는 종교의 본질이 인간의 신앙적인 감정에 의존하고 있다고 주장한다. 또한 헤겔(Hegel)은 종교적 관념에서부터 변증법적 추리를 통해 참되고 순수한 개념에 이를 수 있다고 생각했다. 이런 학자들의 공통된 점은 종교에 관한 모든 지식의 근원은 인간의 이성과 오성, 감성, 도덕과 양심에 의해서 얻을 수 있다고 생각하며 그것을 기초로 조직신학적 개념을 제시하고자 한다는 사실이다. 이러한 인간의 주관적인 방법을 통한 신학연구 방법론은 19세기 후반의 신학 전반을 지배하게 되었다. 그러나 타락한 인간의 주관적인 기능이라 할 수 있는 지성, 이성, 오성, 양심, 감정, 의지 등은 결코 하나님과 그의 절대 진리를 파악하는 인식의 원리가 될 수 없다.

것은 성경에 계시된 삼위일체 하나님을 올바르게 깨달아 그 사역에 감사하며 하나님을 온전히 경배하려는 의도에 기인하고 있는 것이다.

3.3. 경청을 통한 교회적 정리

교회는 항상 계시된 성경을 통해 말씀하시는 하나님의 음성을 공적으로 경청해야 한다. 이를 통해 변천해 가는 세상에 대한 교회의 신학적 반응이 나타나게 된다. 지상 교회에 속한 성도들은 그것을 삶의 지침과 지표로 삼는다. 이에 대한 교회의 지속적인 활동 없이는 성도들의 굳건한 신앙을 지탱할 수 없다.

지상 교회는 하나님의 말씀을 소유한 천상에 속한 거룩한 공동체이지만 그에 속한 성도들은 여전히 이 세상에 존재한다. 따라서 성도들은 천상에 속한 교회와 지상에 속한 세속국가와 사회에 동시에 속해 있다. 그 가운데 살아가는 성도들을 위해 교회는 성경을 통한 조직신학적 답변을 제시함으로써 지상의 성도들을 오염된 세속적 가치로부터 보호하게 되는 것이다.

Ⅰ. 계시론(Revelation)

Ⅰ. 계시론(Revelation)

하나님과 인간은 본성석으로 나르다. 더구나 범죄한 인간은 하나님과 그의 뜻에 대해 알 수 있는 아무런 방도가 없다. 인간은 하나님께서 말씀을 통해 자신에 관해 보여주신 만큼 알 수 있을 따름이다. 하나님께서는 그것을 위해 일반계시와 더불어 특별계시를 허락하셨다. 일반계시는 모든 인간들에게 드러난 것이지만 오직 기록된 말씀을 통해서만 그에 대한 온전한 해석이 가능하다. 따라서 올바른 계시관은 신앙을 위한 절대적인 조건이 된다.

1. 하나님의 계시

'계시' 란 하나님께서 인간들에게 친히 보여주시고 알려 주신 것들을 의미한다. 하나님의 계시를 통하지 않은 채 인간들이 영원한 진리에 연관된 것을 알 수 있는 방편은 없다. 모든 시대의 모든 기독교인들은 하나님의 특별한 계시들을 통해 하나님을 알고 섬기며 살아간다. 그러나 각 시대마다 계시의 구체적인 방편들에는 상당한 차이가 났다.

아담으로부터 노아, 아브라함, 모세, 다윗을 이어 예수 그리스도와 그의 몸된 교회가 세워질 때까지 하나님의 계시는 다양하지만 유기적인 형태로 주어졌다. 따라서 각 시대에 처한 성도들은 그에 대한 이해와 더불어 자기가 어느 시대에 살고 있는지 깨달음을 가져야 한다. 하나님의 자녀들은 아담 이래 인간들에게 허락된 다양한 형태의 특별한 계시들에 대한 특성을 이해하는 것이 무엇보다 중요하다.

1.1. 일반계시

일반계시란 이미 모든 인간들에게 제시되어 있는 하나님의 자연계시를 의미한다. 우주 만물 가운데 인간들의 두뇌와 손끝에 의해 만들어지지 않은 모든 것들은 하나님의 존재를 보여준다. 하늘의 해, 달, 별 등 모든 천체들과 지구 위의 동식물들을 비롯한 피조물들은 창조주 하나님의 존재를 말해주고 있다. 사도 바울은 로마에 있는 교회에 편지하면서 그점을 밝히고 있다.

> "이는 하나님을 알 만한 것이 저희 속에 보임이라 하나님께서 이를 저희에게 보이셨느니라 창세로부터 그의 보이지 아니하는 것들 곧 그의 영원하신 능력과 신성이 그 만드신 만물에 분명히 보여 알게 되나니 그러므로 저희가 핑계치 못할지니라"(롬 1:19,20)

사도 바울은 하나님을 알 만한 것이 '저희 속에' 보인다는 사실에 대해 말하고 있다. 이는 '인간들의 마음속'이 아니라 인간들이 살고 있는 자연 가운데 하나님을 알 만한 것이 보인다는 사실에 대한 언급이다. 이 말은 곧 인간이 자연(물자체)과 그 가운데 존재하는 법칙들을 통해 영원한 하나님을 깨달을 수 있어야 한다는 사실을 말해준다. 따라서 인간들은 하나님을 알 만한 것이 존재하지 않는다는 핑계를 할 수 없다.

그럼에도 불구하고 어리석은 인간들은 날마다 눈앞에 펼쳐지는 만물들을 보면서도 그것을 만드신 하나님에 대해서는 아무런 관심을 가지지 않는다. 가시적인 물체들뿐 아니라 눈으로 볼 수 없는 법칙들에 대해서도 역시 그와 마찬가지다. 낮과 밤, 춘하추동春夏秋冬, 그리고 하늘의 천체들의 정교한 운행을 비롯한 모든 법칙들은 하나님의 피조영역에 속한다. 이와 같이 우주에 존재하는 모든 것들은 살아계신 하나님께서 창조하신 작품의 '흔적'이며 하나님의 존재에 대한 실제적인 증거가 된다.[7)

1.2. 특별계시

1.2.1. 일반 구술언어계시

성경에는 종종 하나님께서 직접 특별히 택하신 자들에게 구술언어로 말씀하신 내용들이 나타난다. 하나님께서 친히 아담을 불러 말씀하셨으며 노아, 아브라함, 모세, 다윗 등에게 직접 주신 말씀들은 모두 하나님의 구술언어계시이다. 성경에는 하나님께서 특별한 필요에 따라 자기 백성들을 불러 언어적으로 말씀하신 내용들이 많이 기록되어 있다.

1.2.2. 실체계시

여기에는 성경에 나타나는 구체적인 모든 사건들이 포함된다. 천사들이 사람들 앞에 나타난 사건, 바울이 삼층 천에 올라간 사건, 사도 요한이 천상에 올라가 경험한 모든 내용들 등은 하나님의 실체계시이다. 또한 에녹과 엘리야가 살아있는 몸으로 천상으로 이끌려간 사건도 하나님의 특별한 계시에 해당된다. 뿐만 아니라 노아시대의 홍수 후 무지개가 있게 된 것도 그와 동일한 의미를 지닌다.[8) 이 모든 것들은 인간들의 눈으로 볼 수 있는 가시적인 사건으로 나타났다.

---

7) 모든 피조물들은 마치 하나님께서 남긴 흔적과도 같다. 어느 장소에 인간이 방문하여 그림이나 물건 등을 남긴다면 그것이 곧 사람의 흔적이 된다. 이처럼 우주세계에 남겨진 모든 것들은 하나님의 흔적과 같은 역할을 하게 된다.

8) 우리는 지금도 종종 비온 뒤의 하늘에 걸쳐진 무지개를 볼 수 있다. 그것은 단순한 자연 현상에 그치는 것이 아니라 하나님의 실체계시에 대한 증거를 보여주고 있다.

1.2.3. 기록계시

이는 인간의 언어와 문자로 기록된 하나님의 말씀을 의미한다. 하나님께서 자기 백성을 위해 특별히 허락하신 기록된 계시는 오로지 신구약 성경이 있을 따름이다. 그 외에는 어떤 성경도 존재하지 않는다. 우리는 오직 성경(sola scriptura)을 통해 하나님의 뜻과 그로 말미암는 구체적인 진리를 알아가게 된다.

1.2.4. 인간의 언어와 문자

인간들이 일상적으로 사용하는 말은 하나님께서 허락하신 특별한 은총이다. 인간 이외에 어느 동물도 언어로써 서로간 의사소통을 할 수 없다. 그것은 언어가 인격에 연관되어 있음을 말해주고 있다. 따라서 우리는 하나님께서 인간의 언어를 통해 교회 가운데 인격적인 자신의 뜻을 계시하셨음을 주의 깊게 생각해야 한다.

나아가 인간들이 고안해 만든 글 곧 문자 또한 하나님의 특별은총적인 개념에서 이해하지 않으면 안 된다. 그것은 다른 여타의 창작물들과 크게 비교되는 성격을 띠고 있다. 이는 하나님께서 인간들이 만든 문자를 자신의 말씀을 전달하는 특별한 운송수단으로 삼으셨기 때문이다.

2. 정경

2.1. 신구약 성경 66권

하나님께서 지상에 존재하는 자신의 몸된 교회에 직접 계시함으로써 허락하신 성경은 구약 39권, 신약 27권 등 66권밖에 없다. 이 성경은 일점일획도 틀림이 없는 완벽한 하나님의 계시이다.[9] 이 외에는 어떤 성경도 존

---

9) 오늘날 우리가 가지고 있는 다양한 언어의 모든 성경책들은 원본을 사람의 손으로 필사한 사본을 번역한 책들이다. 우리가 여기서 깊이 유념해야 할 바는, 성경에는

재하지 않는다. 구약시대에 기록된 외경들과 신약시대에 기록된 위경들은 하나님으로부터 계시된 말씀이 아니기 때문에 종교인들이 자신의 목적과 의도를 가지고 집필한 일반 서적과 전혀 다를 바 없다.

물론 그 책들 가운데는 우리에게 다소간 유익을 주는 것들이 있는가 하면 도리어 심각한 해악을 끼치는 것들도 있다. 일반적으로는 구약의 외경들은 우리에게 다소간 유익을 주는 책으로 받아들인다. 하지만 신약시대의 위경들은 도리어 교회와 어린 성도들에게 상당한 해악을 끼치는 책으로 이해한다. 따라서 우리는 그러한 종류의 책들은 주의를 기울여 분별력 있게 읽지 않으면 안 된다.

2.2. 성경의 영감

성경은 신앙인들이 교회에 유익을 주고자 하는 인간적인 의도나 자의적 판단에 따라 기록한 책들이 아니다. 문자로 기록된 성경은 천상으로부터 계시된 하나님의 말씀으로서 성령의 감동에 의해 기록되었다. 이는 '축자영감' 과 '저자영감' 을 포함한다.

성령 하나님께서는 특별히 선택하신 성경 저자들에게 완벽한 영감을 허락하셨다. 그 방편을 통해 백성들 가운데 자신의 말씀을 계시하셨다. 저자

내부적 모순이 발생하는 것처럼 보이는 내용들이 존재한다는 사실이다. 이를 테면 동일한 사건이 분명함에도 불구하고 상당한 차이를 보이는 부분들이 있다. 예를 들어 동일한 사실을 묘사하면서도 각 서책들 가운데는 숫자에 연관된 문제와 사람 이름, 경우에 따라서는 지명에 대해서도 다른 경우를 본다. 자유주의 신학자들과 성경을 비평하는 자들은 그것들을 보며 성경이 진리가 아니라고 주장한다. 그러나 우리는 그것이 도리어 성경의 정경성을 뒷받침하는 매우 중요한 근거를 제공하고 있나는 사실을 알게 된다. 인쇄술이 발명되기 전 성경을 필사하는 자들은 필사 과정에서 선행된 필사본에 대해 자신의 사사로운 견해를 가미시키지 않으려 했다. 그러므로 다른 서책들과 상이한 부분이 보인다 할지라도 그대로 필사했던 것이다. 이는 성경의 권위에 대해 인간적인 평가를 내리지 않으려는 신앙 정신에 근거하고 있다. 그러므로 필사되고 번역된 성경 내부에서 어떤 모순이나 차이가 드러나는 것을 두고 우리는 성경의 정경성을 더욱 신뢰하게 된다.

영감에 대해서는 성경자체가 분명한 증거를 하고 있다. 베드로서신과 바울서신에는 이에 대한 기록이 나타난다.

> "또 우리에게 더 확실한 예언이 있어 어두운 데 비취는 등불과 같으니 날이 새어 샛별이 너희 마음에 떠오르기까지 너희가 이것을 주의하는 것이 가하니라 먼저 알 것은 경의 모든 예언은 사사로이 풀 것이 아니니 예언은 언제든지 사람의 뜻으로 낸 것이 아니요 오직 성령의 감동하심을 입은 사람들이 하나님께 받아 말한 것임이니라"(벧후 1:19-21);
> "모든 성경은 하나님의 감동으로 된 것으로 교훈과 책망과 바르게 함과 의로 교육하기에 유익하니 이는 하나님의 사람으로 온전케 하며 모든 선한 일을 행하기에 온전케 하려 함이니라"(딤후 3:16,17)

사도 베드로와 바울이, 각각 자신의 서신을 통해 기록한 이 말씀 자체가 성령의 영감에 의해 기록된 내용들이다. 우리가 여기서 각별한 관심을 기울여야 할 부분은 위 본문에 기록된 내용이 베드로와 바울 서신에만 국한된 것이 아니라 구약성경과 신약성경 전체를 두고 언급된 말씀이라는 사실이다.

또한 성경의 축자영감에 대한 내용 역시 성경 자체에서 충분히 증언되고 있다. 성경은 하나님께서 특별히 택하신 자기 자녀들을 통해 계시하신 말씀으로서 일점일획의 오류도 없는 완벽한 내용을 담고 있다. 그러므로 그것은 인간들의 이성과 경험을 통한 동의나 승인을 요구하지 않는다. 여러 선지자와 사도들이 구약성경과 신약성경의 다양한 상황 가운데서 이에 대한 증거를 하고 있다.

> "하나님의 말씀은 다 순전하며 하나님은 그를 의지하는 자의 방패시니라 너는 그 말씀에 더하지 말라 그가 너를 책망하시겠고 너는 거짓말 하는 자가 될까 두려우니라"(잠 30:5,6);

　"진실로 너희에게 이르노니 천지가 없어지기 전에는 율법의 일점일획이라도 반드시 없어지지 아니하고 다 이루리라 그러므로 누구든지 이 계명 중에 지극히 작은 것 하나라도 버리고 또 그같이 사람을 가르치는 자는 천국에서 지극히 작다 일컬음을 받을 것이요 누구든지 이를 행하며 가르치는 자는 천국에서 크다 일컬음을 받으리라"(마 5:18,19);

　"내가 이 책의 예언의 말씀을 듣는 각인에게 증거하노니 만일 누구든지 이것들 외에 더하면 하나님이 이 책에 기록된 재앙들을 그에게 더하실 터이요 만일 누구든지 이 책의 예언의 말씀에서 제하여 버리면 하나님이 이 책에 기록된 생명나무와 및 거룩한 성에 참예함을 세하여 버리시리라"(계 22:18,19)

　이와 같이 성경은 글자 하나하나가 하나님으로부터 축자영감된 책으로서 인간들이 더하거나 뺄 수 없다. 만일 그렇게 하는 자들이 있다면 그들은 인간의 이성을 하나님의 말씀 위에 두는 어리석음을 범하는 것이 된다. 그러나 이 의미는 맨 처음 하나님께서 계시하신 원본을 두고 하는 말이며 사본으로 전수되고 번역되는 과정에서 발생하는 번역본의 오류까지도 포함하는 것은 아니다. 따라서 성경의 원본에 가까운 내용을 찾기 위해 성도들이 나름대로의 선한 노력을 기울일 수 있는 것이다.

　우리는 성경을 기록한 여러 저자들이 이에 대한 언급을 하고 있는 것을 눈여겨보아야 한다. 성경저자들은 자신이 기록한 책에 대한 절대성을 주장하기 위해 절대영감에 관한 언급을 하는 것이 아니라 신구약 성경전체에 대한 증거를 하고 있기 때문이다. 그러므로 우리는 성경의 내증을 중요한 증거 근거로 받아들이게 된다.

　그리고 여기서 언급하고 있는 저자영감과 축자영감은 성경을 기록한 자의 인격과 삶의 배경을 완전히 배제한 기계적 영감설을 의미하지 않는다. 기계적 영감설이란 저자 자신은 무엇을 기록하는지도 모르는 채 글을 기록하는 자기의 손만 하나님께 빌려주었다는 식의 개념이다. 우리는 인격적인 하나님을 믿는 자들로서 저자의 인격과 형편이 배제된 채 성경이 기록되었다고 하는 기계적 영감설을 받아들이지 않는다.

3. 정경 계시의 과정 : 누가 성경이 성경임을 확증했는가?

3.1. 구약성경 39권

아담으로부터 노아시대와 아브라함 시대를 거쳐 이스라엘 백성이 애굽에 머물고 있을 때까지는 기록된 성경이 존재하지 않았다. 그때는 하나님으로부터 특별히 계시된 언약을 통해 하나님의 뜻을 깨달아 그를 섬길 수 있었다. 모세시대 이스라엘 민족이 출애굽하여 시내반도에 이른 후가 되어서야 하나님의 기록된 말씀이 백성들 가운데 점차적으로 주어지기 시작했다. 그리하여 모세로부터 말라기 선지자에 이르기까지 39권의 성경 전체가 계시되어 기록되었던 것이다.

그런데 문제는 누가 그 성경이 하나님의 말씀인지 확증할 수 있는가 하는 점이다. 기록된 책이 하나님으로부터 계시된 성경임을 확증하는 일은 매우 중요하다. 저마다 신앙적인 글을 쓰고 나서는 그것을 하나님으로부터 계시받은 성경이라 주장한다면 엄청난 혼란이 야기될 것이 분명하기 때문이다. 따라서 성경이 성경임을 확정할 수 있는 절대적인 권위를 가진 기관의 존재가 필요불가결하다.

모든 구약성경은 구약시대의 성전 제사장 그룹에 의해 판정되고 확정되었음이 틀림없다. 성막과 제사장들은 이스라엘 백성이 출애굽한 후 시내산에서부터 허락되었다. 따라서 성소에서 하나님을 섬기는 제사장들이 있기 전에는 '일반 구술언어계시' 와 '실체계시' 는 존재했으나 기록을 통한 계시는 존재하지 않았던 것이다.

시내광야에서 성막이 건축된 이후 예루살렘 성전이 존재하는 동안에는 제사장들이 그 가운데서 하나님을 섬겼다. 그리고 BC 586년 바벨론 제국에 의해 예루살렘 성전이 파괴되었을 때도 제사장들은 여전히 존재했다. 성전이 파괴되어 성전 제사를 지낼 수 없던 시기에 왜 제사장들이 필요했을까?

이스라엘 왕국이 패망하고 백성들이 이방의 포로로 잡혀가 있을 동안에도 학사 겸 제사장 에스라가 있었던 것은 그에 대한 분명한 증거를 제공해 주고 있다. 물론 에스라 이외에도 포로로 잡혀간 지역에 많은 제사장들이 있었다. 이는 제사장들의 직무 가운데 제사행위 이외에 진리 여부를 판정하는 기능에 밀접하게 연관되어 있기 때문이다. 제사장들의 옳고 그름에 대한 판정을 위한 직무는 매우 중요하다. 구약의 율법에는 그에 연관된 명백한 규정이 나타나고 있다.

> "제사장은 좋은지 나쁜지 그 질을 판정하여야 한다. 제사장이 값을 얼마 매기든지, 그가 매긴 것이 그대로 그 값이 된다"(레 27:12);
> "And the priest shall value it, whether it be good or bAD : as thou valuest it, who art the priest, so shall it be"(Lev. 27:12, KJV)

제사장들은 좋고 나쁜 것에 대한 가치 판정을 했으며 그것을 통해 객관성 있는 가치가 규명되었다. 이는 일반적인 일들에 대해서 뿐 아니라 진리에 연관된 판단에 있어서도 그렇다. 우리는 성경의 정경성 여부에 대한 판정도 제사장들에게 맡겨진 직무로 이해한다. 선지자들을 비롯한 성도들이 기록한 책들이 과연 하나님께서 계시하신 성경이 맞는지 아닌지 확증하는 일은 제사장들에게 맡겨진 특수한 직무였던 것이다.

만일 그렇지 않았다면 모든 사람들이 자기가 쓴 글이 마치 하나님으로부터 영감을 받은 것처럼 주장했을지도 모를 일이다. 나아가 우리가 알고 있는 선지자들이 쓴 글이라 할지라도 그들의 모든 글들이 성경이었던 것도 아니다. 오직 성령에 의해 완벽한 영감을 받은 책만 성경으로 인정받을 수 있었다. 놀랍게도 구약 시대에는 사람들 사이에 기록된 성경에 연관하여 첨예한 논란이 일어난 모습을 찾아볼 수 없다.

우리가 유념해야 할 바는 구약시대 전반에 걸쳐 엄청나게 많은 종교적인 다양한 글들이 기록되었다는 사실이다. 그 가운데는 세련미 넘치고 사람들의 관심을 끌 만한 호소력 있는 글들도 많이 있었을 것이 분명하다. 그러나 인간들의 일반적인 안목에 의한 판단이 정경성 여부를 가늠하지 못한다.

우리는 교회사 가운데 존재했던 사람들 중에는 겉보기의 형식만 보고 구약성경의 어떤 책들의 정경성을 인정하지 않으려 한 자들이 상당수 있었음을 알고 있다. 그들은 아가서나 요나서, 에스더서 등은 정경으로 보기 어렵다는 어처구니없는 주장을 내세웠다. 그들의 이성과 경험적인 안목으로 보기에는 그런 책들이 성경으로 인정받기에 적합하지 않다고 생각했던 것이다.

또한 구약성경 가운데는 내용이 지나치게 짧아 많은 메시지를 담고 있지 않아 보이는 책들도 있다. 오바댜서나 학개서 등이 대표적이다. 그럼에도 불구하고 일반적인 안목으로 볼 때 정경성이 부족한 듯이 보이는 책들이 성경으로 인정받은 것은 제사장 회의에서 그것을 증거했기 때문이다. 제사장 회의에서는 인간들의 신앙적인 관점이나 수려한 문장을 보고 정경을 결정한 것이 아니라 과연 그 책이 하나님으로부터 계시된 것인가에 대한 사실에 따라 확증을 했던 것이다.

3.2. 신약성경 27권

신약성경의 정경성 여부에 대해서는 사도교회 시대의 '예루살렘 공의회'에 의해 확증되었다. 예루살렘 공의회는 유대인들의 배도한 정치 지도 체제인 산헤드린 공회에 맞서는 개념을 지니고 있었다. AD 70년 로마제국의 군대에 의해 예루살렘 성전이 완전히 파괴되기 전의 사도교회 시대에는 예수님의 사도들이 직접 활동하던 시기였다.

당시 개별 사도들보다 더욱 중요한 권위를 가졌던 공적인 기관이 예루살렘 공의회였다. 그러므로 사도들이 해결하기 어려운 어떤 문제를 직면하게 될 때 예루살렘 공의회에 물어 답변을 얻었다. 이에 대한 분명한 깨달음을 가지는 것은 매우 중요하다.

바울과 바나바가 갈라디아 지역에서 하나님의 복음을 전파할 당시 율법의 적용 문제로 인한 신학적 논쟁이 발생했었다. 그럴 때 교회는 사람들의 머리에서 나오는 말의 논쟁을 통해 진실을 결정지으려고 한 것이 아니라 예루살렘 공의회의 판정을 기다렸다. 그래서 그들은 바울과 바나바를 예루살렘으로 보내게 되었다.

"어떤 사람들이 유대로부터 내려와서 형제들을 가르치되 너희가 모세의 법대로 할례를 받지 아니하면 능히 구원을 얻지 못하리라 하니 바울과 바나바와 저희 사이에 적지 아니한 다툼과 변론이 일어난지라 형제들이 이 문제에 대하여 바울과 바나바와 및 그 중에 몇 사람을 예루살렘에 있는 사도와 장로들에게 보내기로 작정하니라" (행 15:1,2)

이때 예루살렘 공의회는 저들이 직면하고 있던 율법의 적용 문제에 대해 분명한 답변을 했다. 그 공의회에는 사도들과 장로들이 회원으로 있는 절대적인 권위를 지닌 사도적 기관으로서 중요한 역할을 하고 있었다. 이처럼 신약성경의 정경성 여부에 대한 판정을 위해서도 예루살렘 공의회의 역할은 절대적이었다.

신약성경 가운데 어떤 책들은 섣보기에 그다지 권위가 있어 보이지 않는 서책들이 있다. 예를 들어 빌레몬서 같은 경우는 공적인 서신이라기보다 개인적인 서신과 같은 느낌이 들고 유다서 같은 경우는 너무 짧게 여겨지기도 한다. 어리석은 자들은 그 짧은 서신에 하나님의 심오한 뜻이 드러나지 않는다고 여긴다. 인간들의 안목에는 그 서신들이 그다지 풍부한 메시지를 담고 있지 않은 것처럼 보이기도 한다는 것이다.

또한 당시에도 신앙과 지식을 갖춘 탁월한 문필가들이 많이 있었기 때문에 나름대로 신앙적인 글들을 많이 남겼다. 그 가운데는 종교적으로나 문학적인 가치를 충분히 가진 것으로 보이는 책들도 있었다. 그러나 그런 책들은 하나님으로부터 계시된 것이 아니라 인간들의 작품이었을 따름이다.

이에 반해 인간들이 볼 때 그다지 대단해 보이지 않는 책들 가운데 하나님의 계시된 글들이 존재했다. 이에 대해서는 예루살렘 공의회가 하나님의 계시 여부를 확증하는 독자적인 기능을 했다. 우리가 예루살렘 공의회의 사도성을 인정하고 받아들이는 것은 정경에 대한 이해를 위해 매우 중요한 일이다.

3.3. 교회의 정경 확인

신구약 성경 66권은 결코 기독교 역사 가운데서 형성된 종교적인 산물이 아니다. 구약성경 39권과 신약성경 27권은 역사상 존재했던 다양한 교회회의들을 통해 결정한 것으로 이해해서는 안 된다. 만일 그렇게 되면 하나님의 계시를 인간들의 토론을 거쳐 손을 들어 합의해 결정한 것으로밖에 보여지지 않기 때문이다.

모든 성경이 각각 계시될 당시에는 정경성 논란이 전혀 없었다는 사실은 여간 놀라운 일이 아닐 수 없다. 그것은 그 성경책들이 하나님으로 말미암았다는 사실이 처음부터 분명히 입증되었음을 의미하고 있다. 그러나 어리석은 자들은 권위 있는 교회회의가 정경을 결정한 것으로 이해하려고 한다. 그런 자들은 구약성경 39권은 AD 90년 예루살렘 인근의 얌니아(Jamnia)에서 있었던 랍비회의에서 결정되었으며, 신약성경은 363년 라오디게아 종교회의와 AD 393년 히포 종교회의 등 중요한 회의를 거쳐 마침

내 397년 칼타고 회의에서 정경이 최종 결정되었다고 주장한다.

하지만 그런 생각은 여간 위험한 주장이 아닐 수 없다. 그것은 결국 인간들이 유대교와 기독교를 위해 정경을 확정지은 것으로 간주될 우려가 있기 때문이다. 우리가 고백하는 것처럼 신구약 성경은 인간들이 모여 논의와 토론을 거친 끝에 거수를 통해 결정지은 것이 아니다. 우리가 얌니아 회의나 칼타고 회의의 역할을 인정한다면, 그들은 구약과 신약의 정경을 결정한 것이 아니라 구약시대의 제사장 회의와 신약시대의 예루살렘 공의회가 하나님의 계시로 확증한 책들을 다시금 공적으로 재확인했다는 사실 정도이다.

우리가 분명히 기억해야 할 바는, 구약시대 성경계시가 진행되던 시기에 기록된 신앙적인 다양한 글들과 1세기에 기록된 예수님에 관련된 모든 신앙적인 글들이 성경으로 채택될 가능성이 있었던 것이 아니라는 점이다. 누가(Luke)가 증거하는 바와 같이 사도교회 당시에 예수님의 사역을 직접 목격한 성도들의 신앙적인 글들이 많이 있었다(눅 1:1-4, 참조). 그것들 가운데는 내용과 문체에 있어서 탁월한 것들이 많이 있었을 것이 틀림없다. 하지만 그 내용이 아무리 훌륭하고 아무런 문제가 없어 보인다고 할지라도 그것 자체로서 하나님으로부터 계시된 말씀이라 할 수 없는 것이다.

4. 계시의 종료

4.1. AD 70년 예루살렘 성전파괴의 의미

하나님의 기록계시인 모든 성경은 AD 70년 예루살렘 성전이 완전히 파괴되기 전에 완성된 것으로 이해된다. 로마제국에 의한 예루살렘 성전의 최종 파괴는 아브라함과 모세와 다윗 언약의 성취를 의미할 뿐 아니라 예루살렘 공의회의 의무가 완성되었음을 말해주고 있다. 구약성경 39권과 신약성경 27권이 완성됨으로써 하나님의 기록계시가 완료되었던 것이다.

4.2. 보편교회를 위한 계시의 완성

하나님의 기록계시는 예루살렘 성전의 파괴와 더불어 사도교회 시대가 끝남으로써 완성을 이루게 된다. 우리가 일반적으로 일컫는 '계시의 종료'라는 말뜻은 계시의 완성을 의미한다. 이는 역사상의 보편교회가 시작될 때부터 완전한 하나님의 말씀을 소유하고 있었음을 보여준다.

그러므로 사도교회 이후 보편교회가 처음부터 소유했던 성경책은 완성된 것이었다. 이 말은 보편교회가 처음부터 오늘에 이르기까지 동일한 완성된 하나님의 말씀을 소유하고 있었음을 의미한다. 보편교회 시대에는 기록계시가 점진적으로 허락된 것이 아니라 처음부터 완성된 기록계시를 통해 진리를 소유하게 되었다.

4.3. 계시의 보편성

우리는 계시의 보편성을 올바르게 이해해야만 한다. 성경은 대략 1,600여 년에 걸쳐 다양한 시대의 환경적 배경을 지닌 성도들에 의해 기록되었으나 보편적인 의미를 지닌다. 이는 계시된 하나님의 말씀이 모든 시대 모든 백성들에게 그대로 적용된다는 사실을 의미하고 있다. 각 성경은 맨 처음 그것을 직접 받게 될 성도들만 대상으로 제한하지 않았다. 이 말은 성경이 역사와 장소를 초월하여 모든 하나님의 자녀들에게 공히 주어졌다는 사실을 말해주고 있다.

5. 성경 해석을 위한 기본적인 방법

하나님께서는 다양한 시대 다양한 사람들을 통해 자기 백성들에게 자신을 드러내시며 진리를 계시하셨다. 따라서 우리는 성경이 기록될 당시의 상이한 역사와 지리적 배경을 최대한 이해할 수 있어야 한다. 그에 연관된 시대적인 상황을 무시한다면 하나님의 뜻을 벗어나 성경을 자의적으로 해석하게 되는 오류에 빠지기 쉽다.

그러므로 우리는 성경 전체를 언약적인 관점에서 이해하는 것이 성경을 해석하는 기본 원칙이라는 사실을 기억해야 한다. 또한 하나님께서 관여하시는 역사 가운데 발생하는 계시의 점진성을 염두에 두지 않으면 안 된다. 그리고 성경 본문을 근거로 하는 상호 해석을 도모할 수 있어야 한다. 그렇지 않으면 이성적 오류에 빠져 성경을 해석하게 될 위험에 빠지게 된다. 이는 결국 윤리적인 추론에 집착하게 만들 수밖에 없다. 올바른 성경 해석을 위한 간단한 예를 하나 들어 본다 :

한 가정에 다섯 명의 남매가 있다. 동일한 부모로부터 출생했지만 변화하는 가정형편 가운데 다른 해에 출생한 다섯 자녀들은 제각각 성격과 취향이 다르다. 큰 아들은 음식을 지나치게 탐하는데 반해 작은 아들은 음식을 거의 먹지 않아 부모의 속을 썩이고 있다. 그 두 아들이 서로 다른 지역에 멀리 떨어져 살고 있는데 아버지가 두 아들에게 편지를 썼다. 큰 아들에게는 음식을 탐하여 너무 많이 먹지 말라는 질책 섞인 내용을 담고 있는 편지를 썼으며, 작은 아들에게는 음식을 가능한 한 많이 먹어야 한다는 간절한 마음을 담은 내용의 글을 썼다.

그리고 셋째 딸은 좀처럼 밖으로 나가지 않아 친구가 거의 없고, 넷째 딸은 항상 밖에 나가 놀기를 좋아해 친구들이 너무 많다. 아버지가 셋째 딸에게 편지하면서 제발 집 바깥으로 나가 많은 친구들을 사귀며 놀도록 요구한 반면, 넷째 딸에게는 제발 밖으로 나가 여러 친구들과 어울려 다니며 놀지 말고 집안에 다소곳이 있는 훈련을 하라는 명령조의 내용의 편지를 쓰게 되었다. 남은 막내아들에게는 형들과 누나들의 좋은 점과 나쁜 점을 가려 받아들이도록 권면하는 편지를 썼다.

우리가 분명히 이해해야 할 바는 아버지는 첫째 아들과 둘째 아들에게 서로 다른 요구를 하는 것 같지만 사실은 동일한 마음으로 편지를 썼다는 사실이며, 셋째 딸과 넷째 딸에게 겉보기에 서로 상이한 요구를 하는 것 같지만 사실상 동일한 사랑으로 저들에게 편지를 쓰고 있다는 사실이다. 그리고 막내아들에게 한 말은 사실상 모든 자녀들에게 교훈하고자 하는 내용을 담고 있다.

그런데 문제는 그 다음 세대의 손자 손녀들과 또 그 다음 세대의 증손자 증손녀 및 자자손손들이다. 그들은 오래전에 살아계셨던 할아버지가 이미 저들의 조상이 되어 있는 그의 자녀들에게 쓴 글들을 올바르게 읽고 자기에게 적용해야만 했다. 그러나 이기적인 후손들은 개인적인 목적을 위해 편지글을 읽으면서 자의적으로 해석하여 적용하는 일들이 생겨나게 되었다.

즉 음식에 대한 탐심이 많아 과식하는 자손들은 옛날 할아버지가 음식을 많이 먹으라고 기록한 내용을 들먹이며 자기 욕구를 위한 근거로 삼고, 입이 짧아 음식을 먹기 싫어하는 자손들은 자기에게 유리해 보이는 내용을 찾아 자기를 변명하기에 급급하다. 또한 친구를 만나고 만나지 않는 문제에 있어서도 자손들은 자기가 하고 싶은 대로 할아버지의 말씀을 찾아 임의로 적용하고자 했던 것이다. 그리고 할아버지가 막내에게 쓴 글은 가까이 대하기를 좋아하지 않는다. 그렇게 하는 것은 할아버지의 뜻을 정반대로 읽고 해석하는 것에 지나지 않는다.

우리가 성경을 읽고 해석하는 데 있어서도 이와 동일한 분위기가 적용된다. 우리는 여러 믿음의 선배들에 의해 역사상 다양한 시대 다양한 사람들을 향해 기록된 성경을 전체적으로 읽고 그 의미를 파악해야 한다. 그렇게 하지 않으면 이기적인 자세로 성경을 잘못 해석하여 아전인수我田引水 격으로 받아들일 우려가 있기 때문이다.

그러므로 개혁주의 교회에서는 성경으로 성경을 해석해야 한다는 원리를 철칙으로 받아들이고 있다. 이는 성경의 특정한 구절로서 다른 본문을 해석한다는 뜻에 국한되지 않는다. 이 말의 진정한 의미는 전체 성경으로써 각 성경의 내용들을 해석해야 한다는 사실을 말해주고 있는 것이다.

✽ 〈문자주의 해석의 위험〉

하나님으로부터 계시된 성경을 '문자적으로' 해석하는 것은 매우 중요하다. 이를 벗어나 본문을 단순한 상징으로 간주해 유추하려는 태도는 주의해야 한다. 그러나 '문자주의'만을 지향해서는 안 된다. '문자적으로' 해석한다는 말이 성경 본문에 충실한 자세를 유시해야 한다는 사실을 의미하는 데 반해 '문자주의'라는 말은 글자 하나하나에 얽매여 액면 그대로 받아들인다는 입장을 뜻한다.

그럼에도 불구하고 신앙이 어린 자들 가운데는 '문자주의'를 따르는 것이 마치 성경을 더 온전히 받아들이는 것으로 오해하는 경우가 있다. 만일 문자주의를 따르게 되면 개인의 목적에 따라 성경을 자의적으로 인용하여 주장하게 될 심각한 우려가 생긴다. 따라서 우리는 문자주의를 배제하는 가운데 성경에 기록된 문자를 올바르게 해석함으로써 하나님의 뜻을 알아가야만 한다.

✽ 〈QT의 유용성과 위험성〉

QT는 'Quite Time'의 준말로 성경말씀을 묵상하는 것을 의미한다. 현재 한국교회의 경건을 추구하는 성도들 가운데는 날마다 QT를 하는 자들이 많다. 이는 매우 긍정적인 현상이라 말할 수 있다. 하나님의 말씀을 읽고 깊이 묵상하는 일은 성도들이 행해야 할 마땅한 의무이기도 하다. 그러나 그날 읽고 묵상하는 성경 본문을 자신의 삶에 직접 적용하려는 태도는 지양되어야 한다.

한국에는 QT를 돕기 위한 많은 월간지들이 정기적으로 발간되고 있다. 만일 어느 성도가 그날 읽은 본문을 그날 자신에게 구체적으로 적용하려 하게 되면 어느 출판사에서 나온 'QT집'을 선택하느냐에 따라 삶에 대한 말씀의 적용에 차이가 날 수밖에 없다. 그렇게 되면 주관적인 성경 해석을 하게 될 심각한 위험이 따른다.

그러므로 우리는 날마다 QT를 하되 그 본문을 그날그날 자기에게 구체적으로 적용하려는 자세를 가져서는 안 된다. 그 대신 어느 본문을 선택해 읽든지 성경의 전체적인 교훈에 조화시켜 주어진 말씀을 이해할 수 있어야 한다. 건전한 QT를 통해 성도들의 신앙이 살찌는 것은 매우 중요하다.

6. 계시론 이단

6.1. 자유주의 사상

배도에 빠진 타락한 인간들은 하나님의 말씀이 인간의 검증을 받아야 되는 것처럼 생각한다. 성경을 부당하게 비평하는 자들은 인간의 이성을 통한 자신의 승인을 받지 않고는 성경이 하나님의 말씀으로 기능할 수 없는 것으로 만들어 버렸다. 하나님 앞에서 이보다 더 오만방자한 태도는 없다.

오만한 자유주의자들은 하나님의 말씀을 고등비평(High Criticism)한다. 그들은 자신의 이성과 경험으로 이해되지 않는 성경의 내용들에 대해서는 받아들이지 않는다. 나아가 어떤 내용들에 대해서는 적극적으로 배척한다.

예를 들어 창세기 1장의 천지창조에서 하나님이 나흘 째 태양을 만들었는데 그전에 이미 낮과 밤이 있었다는 것은 결코 논리적이지 않다는 것이다. 에녹이 살아있는 몸으로 승천한 일이나 노아홍수 역시 마찬가지다. 또한 모세시대 홍해가 갈라진 사건과 만나와 메추라기, 구름기둥과 불기둥이 존재하던 40년간의 시내반도의 기적을 비웃음거리로 만든다. 그런 자들은 성경에 기록된 신구약 시대의 모든 믿음의 선배들이 그에 관한 기록을 잘 알고 있었지만 그들 가운데 어느 누구도 그것을 문제 삼거나 의심하지 않았다는 사실을 전혀 염두에 두지 않고 있다.

신약성경에 기록된 본문에 대한 그들의 자세 역시 마찬가지다. 예수님의 동정녀 탄생, 예수께서 행하신 다양한 이적들, 십자가 사건 이후의 부활 및 승천사건을 믿지 못하겠다는 것이다. 그런 사람들은 하나님으로부터 계시된 성경을 인간의 이성으로 난자질하는 심각한 오류에 빠져 있다. 하나님을 욕되게 하는 명백한 이단자들이 아니고서는 결코 그렇게 할 수 없다.

6.2. 예언주의 사상

예언주의자들은 하나님의 계시가 오늘날 우리 시대에도 진행되고 있는 것으로 주장한다. 그런 자들은 성경 계시만으로는 진리를 확증하기에 충분하지 않다는 생각을 하고 있다. 따라서 그들과 추종자들은 지금도 하나님으로부터 계시를 받았다는 허황된 주장을 내세워 근거 없는 예언을 하거나 성도들을 미혹하기를 게을리하지 않는다.

하나님의 특별계시는 구약성경에서 예언된 언약적 의미가 완성되는 예루살렘 성전파괴와 더불어 모두 성취되었다. 따라서 신구약성경 66권은 유일한 하나님의 특별계시로서 진리를 드러내기에 충분하며 더 이상 어떤 특별계시도 필요하지 않다. 사악한 자들은 기록된 계시 이외에 하나님의 예언이 지속되는 것처럼 주장하지만 그것은 하나님에 대한 참된 신앙이 아니라 도리어 말씀에 대한 불신에 근거하고 있다.

6.3. 신사도개혁운동

우리 시대에 들어와 발흥한 신사도 운동은 여간 심각하지 않다. 그러한 사상을 가진 자들은 현대를 제2의 사도시대라 부른다. 그들은 2천 년대를 넘어서면서 제2의 사도시대가 시작되었다는 어처구니없는 주장을 한다. 이는 예언주의 사상과 유사하지만 상당한 차이를 보인다. 그런 주장을 하는 자들은 단순한 예언이 아니라 사도시대와 같은 특별계시의 시대가 우리 시대에 또다시 시작되었다고 믿는다.

예언주의자들의 예언이 개인에 의해 예언되는 특성을 지닌다면 제2의 사도시대를 주장하는 자들은 특별한 몇몇 개인이 새로운 특별계시를 받아 하나님의 진리를 전하는 일을 위임받은 것으로 주장한다. 그들은 이를 통해 자신을 특수한 위치에 두고 종교적으로 차별화함으로써 참된 교회를 어지럽히게 된다. 이는 위험천만한 이단사상이며 미국의 피터 와그너(Peter Wagner) 같은 자들이 그 그룹을 주도하고 있다.

II. 신 론(Theology)

II. 신 론(Theology)

성도들은 하나님에 대한 올바른 지식을 소유해야 한다. 참된 신관神觀을 가지지 못하면 유무형의 우상을 섬기는 오류에 빠지게 된다. 성경에 계시된 하나님은 여호와 하나님이며 삼위일체 하나님이다. 그것은 상징적인 용어의 문제가 아니라 구체적인 실상이다. 하나님과 그의 사역에 대해서는 타락한 인간들이 자기 두뇌로 접근해 갈 수 없다. 인간이 하나님을 완벽하게 아는 것은 불가능하지만, 그가 말씀을 통해 계시하신 내용을 올바르게 깨닫지 않으면 안 된다.

1. 하나님과 하나님의 세계

하나님은 어떤 경우에도 인간들의 연구 대상이 될 수 없다.[10) 원래 인간은 하나님의 영광을 위해 만들어진 피조물로서 그의 뜻에 합당하게 살아가야 할 존재이다. 따라서 하나님을 온전히 알고 섬기기 위해서는 그에 대한 올바른 지식을 소유하지 않으면 안 된다.

그렇지만 인간들은 세상에서 형성된 타락한 이성과 경험을 배경으로 하

---

10) 인간은 스스로 하나님에 대해 '알 수 없다'는 전제로부터 신학을 출발해야 한다. 개미가 어떻게 인간의 오장육부를 알 수 있겠는가? 나아가 개미가 인간의 영혼에 대해 연구한다는 것은 불가능한 일이다. 이와 마찬가지로 인간은 하나님에 대해 알 수 없다. 단지 하나님께서 계시해 주신 것만큼만 알 수 있을 따름이다.

여 하나님을 연구하려 한다. 그런 방법을 통해서는 결코 인간이 하나님을 온전히 알아갈 수 없다. 단지 천상으로부터 계시된 거룩한 말씀을 통한 깨달음으로써 하나님과 그의 세계에 연관된 본질을 알아가게 될 따름이다.

1.1. 하나님과 인간

하나님께서는 맨 처음 '자신의 형상'에 따라 인간을 지으셨다. 하나님께서 인간을 창조하실 때는 구체적인 목적을 가지고 계셨다(창 1:26-28). 이것은 인간이 다른 모든 피조물들과 구별되는 특별한 존재임을 말해주고 있다. 따라서 인간은 하나님을 찬양하며 경배하는 가운데 하나님의 피조 세계에 대한 선한 관리자로서 그가 맡기신 모든 일들을 수행해야만 했다. 처음 인간들이었던 아담과 하와는 그와 같은 하나님의 뜻을 잘 알고 있었으므로 자신의 직무를 감당하며 하나님을 온전히 섬길 수 있었다.

그러나 악한 사탄의 유혹을 받아 범죄하게 된 인간은 더 이상 스스로 하나님을 알 수도 없고 찾을 수도 없는 상태에 빠지게 되었다. 하나님을 배반하여 영적인 눈이 완전히 멀어버린 타락한 인간들에게는 신에 대한 왜곡된 자기 인식만 존재하게 되었을 따름이다. 그러므로 하나님을 올바르게 알 수 있는 유일한 길은 천상으로부터 계시된 진리의 말씀과 예수 그리스도를 통한 길밖에 없다.

1.2. 하나님의 원상의 세계

인간은 우주만물을 창조하시기 전의 하나님과 원상의 세계에 대해서는 아무것도 모른다. 우리가 알 수 있는 분명한 사실은 천지창조 이전에도 하나님께서는 인간의 상상을 초월하는 완벽한 세계 가운데 계셨다는 점이다. 인간은 그 사실 자체에 대한 어느 정도의 인식만 소유할 수 있을 뿐이다.

피조물인 인간이 하나님과 그의 세계에 대한 모든 것을 안다는 것은 불가능한 일이며 그렇게 하고자 추구하는 것은 도리어 불경한 일이 될 수 있다. 인간은 단지 계시된 말씀을 통해 하나님께서 보여주신 만큼 그의 존재를 알게 된다. 나아가 하나님의 신실하신 작정과 예정에 연관된 약속을 알고 그에 깊이 감사할 따름이다.

1.3. 창조주 하나님

하나님의 형상을 닮게 창조된 인간이 믿어야 할 대상인 하나님은 과연 어떤 분인가? 분명한 점은 성경에 계시된 하나님만이 유일한 참 신이라는 사실이다. 죄에 빠진 인간들이 두뇌 속에서 상상하는 관념적인 신은 참된 하나님이 아니라 무형의 우상일 따름이다.

타락한 인간들의 개별적인 두뇌와 사회적으로 형성된 집단 두뇌를 통해 만들어진 신은 진정한 신이라 말할 수 없다. 그런 신은 인간들의 목적을 위해 조작된 신에 지나지 않는다. 따라서 인간들은 자신의 기대와 욕망에 따라 하나님을 두뇌 속이나 특정한 사회 내부에 가두어 두려고 하는 오류에 빠져서는 안 된다.

1.4. 하나님의 계시

하나님께서는 계시된 말씀을 통해 창세전에 예정하여 택하신 자기 백성들을 위해 친히 자신을 드러내 보여 주셨다. 하지만 인간은 거룩한 하나님을 직접 눈으로 보거나 손으로 만지지 못한다. 나아가 부패한 자연인으로서는 하나님을 인격적으로 느낄 수도 없다.

하나님께서는 다양한 계시의 방편들을 통해 택하신 백성들로 하여금 자신을 알아가게 하셨다. 따라서 인간은 하나님으로 말미암는 계시를 통하지 않고는 어떤 방법으로도 하나님을 알아갈 수 없다는 사실을 깨달아야 한다. 성도들의 그런 겸손한 자세가 곧 성경에 계시된 길로 인도하게 된다.

그러므로 하나님과 그의 고유한 세계를 인간의 궁금증을 해소하기 위한 연구와 해석의 대상으로 삼으려 해서는 안 된다. 우리는 눈앞에 한없이 펼쳐져 있는 일반 자연계시를 통해 하나님의 흔적을 어느 정도 엿볼 수 있으며 성경에 기록된 말씀으로써 영원한 진리를 분명히 깨달아 알게 된다. 하나님의 계시를 통하지 않은 상태에서 하나님과 그의 피조세계를 알아가려고 노력하는 것은 오만한 인간의 본성으로 말미암는 것에 지나지 않는다.

1.5. 하나님의 세계에 대한 인간 인식의 한계

타락한 인간은 하나님의 존재에 대한 인식의 한계를 지닐 수밖에 없다. 이는 피조물인 인간이 감히 조물주와 그의 지혜를 다 알 수 없음을 의미한다. 이는 마치 미물微物에 지나지 않는 개미가 인간과 인간의 세계를 다 알 수 없는 것과 마찬가지다. 개미가 인간들의 움직임을 보고 그 존재를 인식한다고 해도 인간에 대해서 아는 것은 아니다. 개미는 인간의 행위에 대해 아무런 지식도 가지지 못한다.

예를 들어 개미가 어떤 사람의 짐에 묻어 비행기에 무임 탑승했다고 가정해 보자. 오랜 시간 동안 비행기를 타고 비행기 내부를 여기저기 헤집고 다닌다 할지라도 그에 대한 아무런 인식을 할 수 없다. 분명히 비행기에 타고 있으면서도 인간이 비행기를 어떻게 만들었는지, 비행기 내부 구조가 어떤지, 혹은 비행기가 얼마나 높이 떠서 어느 정도의 속력으로 날아가는지 전혀 알지 못한다.

또한 개미가 사람들이 사용하는 컴퓨터 위를 날마다 기어다닌다고 해도 인터넷 세계에 대해서 조금이라도 아는 것은 불가능하다. 다른 차원의 세계에 대한 체계적인 지적 인식이 발생할 수 없기 때문이다. 이처럼 인간은 하나님에 대해 스스로 알 수 있는 것은 아무것도 없는 존재에 지나지 않는다.

2. 하나님의 존재와 성품

하나님의 존재는 인간들의 인정認定 여부와는 아무런 상관이 없다. 하나님은 인간이 인정한다고 해서 존재하게 되는 것이 아니며, 설령 모든 인간들이 다 부인한다고 해서 하나님의 존재가 사라지는 것도 아니다. 하나님은 인간들에게 자신의 존재를 인정해 달라고 애원할 하등의 이유가 없다. 하나님의 성품 역시 이와 마찬가지다. 하나님의 성품은 고유한 것이며 인간들이 그것을 뒤바꿀 수 있는 성질의 것이 아니다.

2.1. 영적인 존재

하나님은 영적인 존재이다. 이는 인간의 눈으로 볼 수 있거나 이성과 경험적인 감각으로 느낄 수 있는 분이 아님을 말해주고 있다. 어리석은 자들은 하나님이 영이라는 사실을 비실체적인 존재로 여기려는 경향이 있다. 그것은 인간들의 육체와 가시적인 세계에 비견해 언급될 수 있는 말일 뿐이며 실상은 전혀 그렇지 않다. 도리어 육체를 입은 인간은 한시적이며 과정적인 존재로서 실체적인데 반해, 영이신 하나님과 영적인 모든 세계는 영원한 참된 실체이다.

2.2. 삼위일체 하나님

성경에 계시된 하나님은 삼위일체이시다. 인간들이 삼위일체 하나님으로 규정한 것이 아니라 하나님 스스로 성경에 그렇게 계시하고 있기 때문에 우리가 그 사실을 알 수 있는 것이다. 이에 대한 용어는 성경에 직접 명기되지는 않았지만 성경의 가르침을 좇아 초대교회부터 일반적으로 사용되던 용어였다. 보편교회의 첫 번째 공의회인 니케아 회의가 열리기 훨씬 이전에 살았던 칼타고의 감독이었던 터툴리안(155-230경)이 그 말을 사용한

것을 보아 그 사실을 알 수 있다.[11]

삼위일체라는 말은 성부, 성자, 성령 하나님이 각각 3분의 1씩 분할되어 전체가 합쳐 한 하나님이 된다는 의미가 아니다. 우리는 인간의 경험과 이성으로 접근할 수 없는 신비한 존재로서 삼위일체 하나님을 깨달아야 한다.[12] 성자는 성부로부터 영원히 나오시고 성령은 성자로부터 영원히 나오신다.[13] 또한 성부는 성자나 성령이 아니며, 성자는 성부나 성령이 아니다. 그리고 성령은 성부나 성자가 아니다. 그렇다고 해서 하나님은 셋이 아니라 한 하나님으로서 신비하게 존재하는 분이다.

우리는 삼위일체 하나님에 관한 언급을 할 때 내재적(존재론적) 삼위일체와 경륜적 삼위일체라는 구분된 용어를 사용한다. 내재적 삼위일체란 원

---

11) 터툴리안은 〈프락세아스에 반대하여〉라는 글에서 기독교 역사상 최초로 세 분 하나님께서 한 하나님이심을 의미하는 '삼위일체'(trinitas)라는 용어를 사용했다. 그는 삼위 하나님을 '세 위격'(tres persona)이며 '한 본질'(una substantia)이라고 설명한다. 성자와 성령은 각각 2위와 3위이시며 삼위 하나님께서는 한 본질, 한 실재, 한 능력이라는 것이다. 터툴리안은 삼위가 '한 분'(unus)이 아니라 '하나'(unum)이심을 강조한다. 그리고 세 분 하나님은 각각의 활동, 즉 경륜(oikonomia)에 따라 삼위가 구별되지만 그 경륜적 활동이 통일성(unitas)을 가진다고 주장하는데 그것이 곧 경륜적 삼위일체론이다. 또한 그는 'unio'와 'unitas'를 엄격하게 구분한다. 'unio'는 숫자로 '하나' 내지는 '단수'를 의미하는 반면에 'unitas'는 여러 부분이 구분되지만 결코 분리될 수 없는 '단일한 통일체'를 의미하고 있다(참조: 황대우, "터툴리안", 브니엘, 2011.9.1, p.6); 갑바도기아의 세 교부들(나지안주수의 그레고리, 닛사의 그레고리, 가이사랴의 바질)은 삼위일체를 한 usia안의 세 hypostasis, 즉 '한 본질과 세 위격'(mia usia tres hypostasis)으로 표현했다.

12) 삼위일체라는 말의 의미는 '세 분 한 하나님'이라는 뜻이다. 따라서 '삼위'라는 말은 'three persons'와 연관되는 것으로서 '세 사람'으로 이해 가능하다. 그러나 우리가 극히 주의해야 할 점은, 우리와 같은 '사람'을 하나님의 인격에 직접 대비하거나 비유해 추론하고자 해서는 안 된다는 사실이다. 다시 말하자면 삼위를 '세 분'으로 이해한다고 해서 인간의 이성과 경험을 배경으로 하여 접근하지 말아야 한다.

13) 여기서 '영원히 나오신다'는 말의 의미는 시간을 초월한 개념이다. 피조물인 우주와 지구에 살고 있는 인간들의 경험적 인식에 근거해서 이해하려 해서는 안 된다. 우리는 삼위일체 하나님을 시간과 간격을 넘어선 개념에서 깨달을 수 있어야 한다.

래부터 존재하신 하나님에 대한 용어이며, 경륜적 삼위일체란 인간들을 구원하시기 위한 삼위 하나님의 구별되는 사역에 연관하여 표현되는 용어이다.

따라서 삼위일체 하나님은 하나의 본질(usia) 안에 세 위격(hypostasis)을 지닌 존재로서 결코 분리될 수 없다. 동시에 삼위 하나님의 위격이 혼동되어서는 안 된다. 그러나 그는 인간의 이성과 경험으로 짐작되거나 추론될 수 없으며 거룩하고 위대한 본질과 위격을 소유하고 계신다. 그러므로 교회에 속한 성도들은 그것을 통해 인간의 상상을 초월한 크신 하나님을 경배하게 된다.

2.3. 삼위 하나님의 상호관계

믿음의 말씀을 통해 삼위일체 하나님의 존재에 대한 깨달음을 가지고자 하던 선배들은 페리코레시스(perichoresis)라는 용어를 사용해 왔다. 이 말의 의미는 상호점유, 상호침투, 상호내주, 상호교류 등 삼위 하나님의 관계를 드러내는 의미를 지닌다. 우리는 이 내용 가운데 삼위 하나님께서 상호 찬양하는 존재로서 유기적인 관계가 내포되어 있음을 깨달아야 한다.

즉 성부는 성자와 성령을 찬양하며, 성자는 성부와 성령을, 그리고 성령은 성부와 성자를 영속적으로 찬양하고 있다. 성경은 그에 연관된 분명한 증언을 하고 있다. 성자 하나님이신 예수 그리스도께서는 성부 하나님이 자기에게 영광을 돌린다는 사실을 말씀하셨던 것이다. 이는 성부와 성자 하나님이 상호 영광을 돌리시는 관계임을 드러내 보여주고 있다.

"예수께서 대답하시되 내가 내게 영광을 돌리면 내 영광이 아무 것도 아니어니와 내게 영광을 돌리시는 이는 내 아버지시니 곧 너희가 너희 하나님이라 칭하는 그이시라(요 8:54);

"아버지여 창세전에 내가 아버지와 함께 가졌던 영화로써 지금도 아버지

와 함께 나를 영화롭게 하옵소서"(요 17:5)

이 본문을 통해 우리가 알 수 있는 점은 성부와 성자가 상호 영광을 돌리는 관계라는 사실이다. 이는 성부와 성자뿐 아니라 성령 하나님도 동일한 관계에 놓여 있음을 시사해준다. 따라서 성부와 성자와 성령 하나님은 상호 영속적인 영광을 돌리는 관계라는 사실을 알 수 있다.

이렇듯이 하나님은 스스로 역동적인 완벽한 영광을 누리시는 분이다. 이 말은 하나님께서 정적으로 영화로운 상태로 존재한다는 의미와 다르다. 삼위 하나님 사이에는 상호 역동적인 영화가 끊임없이 돌려지고 있음을 말해준다. 인간들이나 다른 어떤 피조물이 특별히 찬양을 돌리지 않는다 해도 하나님은 스스로 영광을 돌리며 누리시는 분이라는 사실을 기억하는 것은 매우 중요하다.

2.4. 삼위일체 하나님의 본질

성부, 성자, 성령 하나님은 나누어질 수 없는 동일한 본질(usia)을 소유하고 계신다. 삼위 하나님은 상호 다른 본질을 소유하고 있는 것이 아니다. 그럼에도 불구하고 이에 대해서는 초대교회 때부터 잘못된 주장을 하는 이단 사상이 고개를 쳐들어온 바였다. 그래서 325년 니케아 회의에서는 이에 대한 신학적인 논의가 이루어졌다.

결국 성경의 교훈에 따라 '호모우시온'(homoousion, 동일본질)이 성경이 계시하는 올바른 입장임을 확인했다. 그 대신 성자 예수님과 성부 하나님은 본질이 동일한 것이 아니라 비슷할 따름이라며 '호모이우시온'(homoiousion, 유사본질)을 주장하는 자들을 이단으로 정죄했다. 그 대표적인 인물은 아리우스(Arius)로서 그로 말미암아 엄청난 혼란이 야기되었다. 그런 자들은 성부와 성자가 유사하기는 하지만 서로간 상이한 본질을 가지고 있는 것으로 주장했던 것이다.

2.5. 전능하신 하나님의 품성

하나님께서는 인간들의 이해와 무관한 고유의 품성을 지니고 계신다. 이는 인간들의 이성이나 경험에 의해 추론되거나 부여되지 않는다. 하나님은 전능全能하신 분임을 성경이 증거하고 있다. 그러나 인간들은 그 전능성에 대해 크게 오해하고 있다. 하나님의 전능성은 인간의 이성과 경험이 아니라 그의 거룩성 안에서만 해석되어져야 한다.

하나님은 악에 대해서는 전적으로 무능한 분이다. 우리 시대에 가장 위험한 부류에 속한 어떤 사람들은 하나님의 전능성을 무분별하게 주장하고 있다. 하나님께서 하시지 못할 일은 아무것도 없다는 것이다. 그러나 하나님은 거짓말이나 악행을 저지를 수 없을 뿐더러, 예수 그리스도를 통하지 않고는 결코 선택한 백성들을 죄로부터 구원하실 수 없다.

2.6. 무소부재하신 하나님

하나님은 무소부재無所不在하신 분이다. 그는 어디든 계시지 않는 곳이 없다. 그러나 우리는 이 말의 의미를 그의 신령한 몸이 세상에 편재해 계신 분으로 생각해서는 안 된다. 어떤 자들은 하나님이 높은 산 위에도 계시며 깊은 바닷 속에도 계시는 것으로 여긴다. 나아가 북두칠성에도 계시며 뜨거운 태양 가운데도 계시는 듯이 주장한다. 하지만 그런 주장은 매우 위험한 상상이 아닐 수 없다.

하나님께서는 천상의 나라에 영화로운 상태로 좌정해 계신다. 그가 무소부재하다는 말은 피조세계 가운데 있는 모는 것들을 하나도 빠뜨림 없이 항상 가까이 지켜보고 계신다는 의미를 지니고 있다. 특히 자기 자녀들을 위해서는 졸지도 않고 주무시지도 않는다. 시편기자는 이에 대해 노래하고 있다.

"여호와께서 너로 실족지 않게 하시며 너를 지키시는 자가 졸지 아니하시리로다 이스라엘을 지키시는 자는 졸지도 아니하고 주무시지도 아니하시리

로다"(시 121:3,4)

시편에 계시된 이 말씀은 인격적인 하나님을 잘 보여주고 있다. 하나님께서는 항상 자기 자녀들 가까이 계시면서 저들을 보호하시는 분이시다. 이는 하나님의 영적인 몸이 만물 가운데 존재한다는 의미가 아니다. 이 말은 우주만물 가운데 하나님의 눈길을 피할 수 있는 곳은 어디에도 없다는 사실을 말해주고 있다.

2.7. 불변의 하나님

하나님께서는 창세전에 작정하신 뜻과 구원하기로 예정하신 백성들에 대한 자기 언약에 신실하신 분이다. 그는 항상 자신의 신실한 언약에 따라 모든 것을 실행하시는 분이며 내키는 대로 임기응변적으로 행동하시지 않는다. 이는 그가 자신의 약속에 신실한 불변의 하나님이라는 사실을 말해주고 있다. 그 불변의 하나님은 결코 자신의 작정과 예정에 대한 언약을 파기하시지 않는다. 그는 자신의 거룩한 이름과 명예를 위해 스스로 하신 약속을 결코 저버리지 않는 분이시기 때문이다.

그러나 이 말이 일상적인 모든 경우에 보편적으로 적용되어 사용되는 개념과는 다르다. 구약시대 히스기야 왕이 병들어 죽게 되어 기도했을 때 하나님께서는 뜻을 돌이켜 응답하여 그의 생명을 연장시켜 주셨다(사 38:1-6). 또한 우리가 죄로 말미암아 사망의 길에 빠지게 될 때 하나님께 간절히 간구하면 그가 진노를 푸시고 돌이켜 은혜를 베푸시기도 한다. 이는 '불변의 하나님' 에 대한 신학적인 개념과 상관없이 하나님의 긍휼하심을 보여주고 있다.

2.8. 사랑과 공의의 하나님

성경은 하나님이 사랑의 하나님이심을 증거하고 있다. 이는 모든 인간들에게 균등하게 적용될 수 있는 용어가 아니라 창세전에 특별히 선택하신 자기 자녀들에게만 해당된다. 이 말은 하나님께서는 자기와 상관이 없는 타락한 세상의 모든 인간들에게 공히 긍휼을 베푸시는 분이 아님을 말해주고 있다. 하나님의 영원한 사랑은 그의 구원의 전 역사 가운데 잘 드러나 있다.

또한 하나님은 공의로우신 분이다. 그는 어떤 경우에도 오염된 상태와 불의를 용납하시지 않는다. 따라서 하나님께서는 사탄과 그에게 속해 있는 모든 악한 세력을 반드시 심판하신다. 하나님의 사랑의 대상에서 벗어난 자들은 공의로운 그의 성품으로 인해 최종적인 심판을 피할 수 없게 되는 것이다.

3. 하나님의 사역

3.1. 하나님의 창조목적

하나님께서는 자신의 고유한 의도에 따라 우주만물과 자기의 형상을 닮은 인간을 창조하셨다. 그런데 그것들을 창조하신 근본적인 의도는 무엇이었을까? 그에 대한 유일한 이유는 피조세계 자체를 위한 것이 아니라 하나님 자신을 위해서였다. 하나님께서는 피조물 자체를 위해 창조사역을 행하신 것이 아니라 하나님 자신을 위해 우주 가운데 존재하는 모든 것들을 창조하셨음을 의미한다. 이는 하나님의 영광에 직접 연관되어 있다. 창조사역을 완성하신 후 하나님께서 흡족한 마음으로 '안식'하신 것은 그에 대한 분명한 증거가 된다(창 2:2).

3.2. 하나님의 작정에 의한 창조

하나님께서는 그의 거룩한 본성상 혼란을 허용치 않는 질서의 하나님이시다. 그는 천지만물을 창조하시면서 임기응변적으로 그것들을 지으시지 않았다. 하나님은 우주와 그 안에 있는 만물들과 인간을 창조하시기 전에 이미 그에 대한 분명한 작정을 하고 계셨다.

우주만물에 대한 작정은 구체적인 실행을 전제하고 있었다. 하나님의 완벽한 작정은 건축물의 설계도와 같은 기능을 동반하게 된다. 따라서 하나님의 창조사역이 있기 전에 이미 그에 대한 모든 구도가 완벽하게 설정되어 있었던 것으로 이해해야 한다.[14] 우리는 인격적인 하나님의 구상과 작정을 통해 존재하게 된 세상이 오직 하나님 자신을 위해서라는 사실을 기억하지 않으면 안 된다.

3.3. 하나님의 창조 기간

인간을 포함한 우주만물은 일순간에 창조되지 않았다. 일반적으로 생각한다면 하나님께서는 단 한마디의 말씀만으로 순식간에 모든 것들을 다 창조하실 수도 있는 분이다. 여러 날 동안 하나씩 지으신 만물들을 분산하지 않고 한꺼번에 창조하실 수 있는 것이다.

그러나 하나님께서는 엿새에 걸쳐 날마다 차례대로 우주만물과 인간을 창조하셨다. 이는 하나님의 작정과 계획 가운데 모든 창조가 이루어졌음을 말해주고 있다. 우리는 여기서 임기응변적이지 않은 하나님을 볼 수 있으며, 동시에 그의 놀라운 사랑을 깨달을 수 있다.

---

14) 이에 대한 이해를 돕기 위해 일반 건축물을 예로 들어 설명하면 이해하기 쉽다. 만일 어떤 사람이 어느 곳에 건축을 하려고 하면 설계도면이 필요하다. 건축설계사는 앞으로 세워지게 될 건물의 외형은 물론 내부구조까지 상세히 설계한다. 그리고 건물의 크기와 층수에 따라 기초를 어떻게 놓을 것이며 어떤 공정과정이 필요한지 상세한 기술을 한다. 그리고 건축물을 세우는 데 필요한 목재나 철근, 시멘트 등의 사용에 대한 구체적인 내용을 기술한다. 그리고 지붕과 문은 몇 개나 들어가야 할지 전기공사는 어떻게 할지 명시하게 된다. 모든 것들에 대한 설계도면이 완성되면 그에 따라 공사를 시작하게 된다. 모든 공정은 전적으로 설계도면에 따라 진행되어야 한다. 하나님의 창조사역도 이와 유사한 것으로 이해할 수 있다. 모든 피조물들은 하나님의 작정에 의해 구체적으로 만들어진 작품들인 것이다.

3.4. 창조세계의 비밀

하나님의 창조세계는 인간의 이해와 인정을 요구하지 않는다. 하나님의 창조사역에는 결코 인간들의 이성으로 접근할 수 없는 내용들이 많이 포함되어 있다. 이에 관해서는 인간의 이성과 경험을 통한 동의를 요구할 필요가 전혀 없다. 인간들은 그에 대한 승인자가 될 위치에 놓여있지 않기 때문이다.

예를 들어 하나님께서는 엿새 동안 천지만물을 창조하시는데 첫째 날부터 낮과 밤이 되풀이 되고 있음을 분명히 언급하고 있다. 그런데 넷째 날이 되어서야 비로소 태양이 창조되었다. 이와 같은 사실은 인간들의 일반적인 이해 범위를 완전히 벗어난다.

즉 일반적인 관점에서 본다면 하루의 낮과 밤은 하늘의 태양빛을 기준으로 하여 구분되는 법인데 태양이 만들어지기 전에 벌써 낮과 밤이 있었던 것이다. 이는 인간의 이성을 통한 이해를 넘어서는 신비의 영역이라 아니할 수 없다. 하지만 하나님께서는 이를 통해 자신의 영역에 대한 인간의 이성적인 접근을 차단하고 있다.

3.5. 우주의 중심, 지구

우리는 우주의 크기를 알지 못한다. 현대 과학주의에 빠진 자들이 그 크기를 재어보려 하지만 그것은 불가능할 뿐 아니라 오만한 태도에 지나지 않는다. 그러나 분명한 사실은 지구가 우주의 중심에 존재한다는 사실이다. 이는 물론 위치상 우주의 가장 중앙에 지구가 자리잡고 있다는 것은 아니다. 그에 대해서는 명확히 알 수 없으니 의미상 지구가 우주의 중심인 것은 틀림없는 사실이다.

그렇지만 우리 시대에 들어와 과학주의자들 가운데는 지구가 우주의 변두리에 자리잡고 있다고 주장하는 자들이 많다. 소위 '지구 변두리론'을 내세우는 자들은 진화론을 강화하는 과정에서 그런 주장을 하게 되었다.

어리석은 자들이 우주와 지구가 우연히 생겨난 것으로 선전하지만, 우리는 우주의 중심에 지구를 두시고 그 가운데 자신의 형상을 닮은 인간들을 두신 하나님을 온전히 기억하지 않으면 안 된다.

3.6. 천체의 기능

하늘과 그 가운데 있는 해와 달과 별들이 존재하는 근본적인 목적은 무엇인가? 물론 그 모든 것들은 하나님의 영광을 위해 창조되었다. 그렇다면 해, 달, 별들의 구체적인 기능은 과연 무엇일까? 그것들은 인간들을 위한 다양한 역할을 하고 있다. 우리는 하나님의 섭리와 더불어 그에 대한 올바른 이해를 할 필요가 있다. 천체의 기능을 전체적으로 살펴보면 다음과 같이 설명할 수 있다.

첫째, 하늘의 모든 천체들은 인간을 비롯한 지구상의 생물들에게 생명을 공급하는 기능에 직접 참여한다. 지구만으로는 어떤 생명체도 생존하지 못한다. 태양빛을 통해 동물이 살아갈 수 있으며 식물들이 자라나게 된다. 만일 날마다 뜨는 해가 없다면 지구위의 어떠한 것도 존재할 수 없다. 물론 지구와 태양계와 은하계 등은 우주의 가장 소중한 내용물적인 부속품처럼 서로 맞물려 있는 것으로 이해된다.

둘째, 모든 천체는 계절과 기후 등을 통한 징조를 나타낸다. 천체를 통한 우주법칙이 지구 위에서의 법칙에 직접적인 영향을 끼치게 된다. 이는 점성술가들이 주장하는 것과는 그 성격이 전혀 다르다. 하늘의 천체는 인간들에게 점성술을 위한 배경을 제공하지 않는다. 그렇게 생각하는 자들은 미신에 빠진 자들일 따름이다.

셋째, 하늘의 천체가 소유하고 있는 중요한 기능 가운데 하나는 인간들을 위한 표지 역할을 한다는 점이다. 날마다 떠오르는 해와 달과 별은 동서남북을 가리켜 준다. 그것은 인간들의 행보에 직접적인 영향을 주고 있다. 이는 피조세계가 질서 가운데 존재함을 보여주며 인간들이 그 가운데 살아감을 말해준다.

넷째, 우주만물은 인간들을 위한 아름다운 장식물(Decoration)로서 기능하게 된다. 특히 밤하늘을 수놓는 별들은 하늘을 쳐다보며 감탄하게 한다. 낮의 해와 밤의 달, 그리고 밤하늘의 숱하게 많은 별들은 인간들에게 엄청난 아름다움을 선사하고 있다. 하나님께서는 인간들이 피조세계의 아름다움을 누리며 살아가도록 배려하셨던 것이다. 하지만 우리 시대에는 안타깝게도 현대문명의 발달로 인해 그 모든 것을 상실한 채 살아가고 있다.

3.7. 천체에 대한 지식의 한계

인간들은 한순간의 예외도 없이 날마다 경험하고 있는 우주에 대해 아는 것이 별로 없다. 현대 과학자들이 우주에 대해 모든 것을 알 수 있는 듯이 주장하는 것은 인간의 오만함에 기인한다. 우주와 천체에 대해 많은 관심을 기울이며 연구하는 자들이 있지만 그들의 지식에는 태생적인 한계가 있다.

하늘의 해와 달과 별은 그것 자체로서 신비감을 지니고 있다. 예를 들어 인간들은 우주 현상들 가운데 가장 근거리에서 발생하는 일식과 월식에 대해서도 그 현상을 경험할 뿐 구체적으로 아는 바가 거의 없다. 일식의 경우 달이 태양을 가린다고 해서 지구가 어두워진다는 것은 현실적인 사실임에도 불구하고 인간의 두뇌로는 납득할 수 없는 부분이다. 나아가 달의 광채의 비밀에 대해서도 마찬가지다. 날마다 보게 되는 천체들이지만 우리는 지극히 부분적인 지식만 소유하고 있을 따름이다.

3.8. 천사에 관한 문제

우리가 피조물들 가운데 잘 이해해야 할 사실 가운데 하나는 천사에 관한 문제이다. 하나님께서는 인간을 창조하시기 전에 천사들을 먼저 창조하셨다. 그런데 언제 어느 시점에 천사들을 창조하셨는지에 대해서는 알 수 없다. 그리고 사탄은 언제 어떤 방법으로 하나님을 배반했는지 모른다.

분명한 사실은 인간이 창조되기 이전에 이미 천사들이 창조되었으며, 그 천사들 가운데는 선한 천사들뿐 아니라 사탄을 비롯한 타락한 천사의 무리가 있었다는 점이다. 그러므로 천사들 가운데는 하나님의 뜻을 온전히 따르는 선한 천사들과 그와 정반대의 성격을 지닌 사탄을 추종하는 악한 천사들이 있다.

천사와 인간의 근본적인 차이 가운데 하나는 언약의 유무와 연관되어 있다는 사실이다. 인간이 천사보다 우월하다고 한 것은 하나님과의 관계에 기인한다. 선택받은 인간은 예수 그리스도를 통해 하나님의 양자가 되어 거룩한 하나님을 직접 아버지라 부를 수 있게 되었지만 천사는 하나님의 사자의 역할을 담당하는 존재이다.

천사들은 처음부터 그 수가 정해져 있었다. 천사들은 인간들처럼 역사 가운데 지속적으로 분만하거나 생겨남으로써 번성하지 않는다. 따라서 사탄의 졸개 역할을 하는 귀신들의 수 역시 처음부터 정해져 있었다. 그 귀신들은 인간들이 유혹될 만하거나 두려워할 만한 탈을 쓰고 인간들에게 나타나는 것이 일반적이다.

우리가 기억해야 할 바는, 선한 천사들은 하나님의 편에서 활동하지만 악한 귀신들은 사탄의 편에서 인간을 파멸로 몰아가기 위해 활동한다는 사실이다. 또한 어리석은 사람들은 귀신이 주로 무서운 밤에 활동한다고 생각하지만 그렇지 않다. 교묘하게 인간을 속이는 귀신들은 어두운 밤에만 활동하는 것이 아니라 사람들이 붐비는 한낮에도 악한 행동을 지속하고 있다.

3.9. 죄인에 대한 심판과 구원을 위한 하나님의 언약

하나님께서는 인간들이 사탄의 유혹에 빠져 범죄하게 되자 그 악한 세력을 심판하시고자 했다. 사탄의 행위는 하나님의 거룩한 영역을 침범한 것과 마찬가지였다. 그러므로 하나님은 사탄에 대한 심판을 통해 창세전에 택한 자기 백성들을 위한 궁극적인 구원을 베풀고자 하셨다.

이는 인간들의 협력이나 동의를 구할 성질의 것이 될 수 없다. 그것은 하나님 이외에는 어느 누구도 시도할 수 없는 일로서 전적인 하나님 자신의 고유한 사역이다. 하나님은 창세전에 스스로 작정하고 예정하신 언약에 따라 일하시는 신실하신 분이다. 그것은 자기의 영화로운 이름에 직접 연관되어 있다.

4. 하나님께서 우주와 인간을 창조하신 의도

4.1. 에덴동산 창설과 인간들에게 주어진 임무(신론적 측면)

하나님께서는 우주만물을 먼저 창조하신 후 에덴동산을 창조하셨다. 이는 그 동산이 인간의 삶을 위해 특별히 조성된 공간이라는 사실을 말해주고 있다. 에덴동산은 우주만물을 관리하는 인간들을 위해 창조된 거주공간이었다. 그러므로 그곳은 아담의 사유재산私有財産이 아니라 하나님의 소유였다. 나중 아담과 하와가 범죄한 후 그곳으로부터 쫓겨난 것은 그에 대한 증거가 된다.

그런데 아담과 하와가 그곳에 살면서 무엇을 했을까? 마냥 즐겁게 먹고 마시며 생활하는 것이 과연 저들의 모든 삶이었을까? 하나님께서 자신의 형상대로 인간을 창조하신 목적은 자신이 창조하신 피조세계를 다스리도록 하기 위해서였다.

따라서 처음 인간들은 에덴동산에서 하나님으로부터 중요한 과업을 위임받고 있었다. 그것은 하나님의 뜻에 따라 그가 창조하신 우주만물을 다스리며 관리하는 일이었다. 하나님께서는 자신의 형상을 닮은 인간들에게 모든 피조세계에 대한 통치와 관리를 전적으로 위임하셨던 것이다.

"하나님이 가라사대 우리의 형상을 따라 우리의 모양대로 우리가 사람을
만들고 그로 바다의 고기와 공중의 새와 육축과 온 땅과 땅에 기는 모든 것
을 다스리게 하자 하시고 하나님이 자기 형상 곧 하나님의 형상대로 사람을
창조하시되 남자와 여자를 창조하시고 하나님이 그들에게 복을 주시며 그
들에게 이르시되 생육하고 번성하여 땅에 충만하라, 땅을 정복하라, 바다의
고기와 공중의 새와 땅에 움직이는 모든 생물을 다스리라 하시니라"(창
1:26-28)

이는 자신의 형상을 닮은 인간에 대한 하나님의 전적인 신뢰에 기초한
다. 만일 그 인간들을 향한 두터운 신뢰가 없었다면 하나님께서 자신의 피
조세계에 대한 통치와 관리를 맡기지 않으셨을 것이 분명하다. 우리는 창
세기 1장 28절에서 아담에게 허락하신 '복'의 개념을 잘 이해할 수 있어야
한다. 우리가 주의 깊게 생각해 보아야 할 점은 그 복은 아직 인간이 범죄
하기 전에 하나님께서 주셨다는 사실이다.

우리 시대에 일반적으로 생각하는 복은 인간의 타락으로 인해 맛보고
경험한 저주와 괴로움, 증오, 질병, 고통 등의 반대편에 존재하는 개념으로
서의 복이다. 그러나 범죄하기 전에 인간들이 하나님으로부터 복을 받았
다는 것은 하나님과 형성된 특별한 관계와 신뢰를 의미한다. 악한 인간들
은 사탄의 유혹을 받아 그것을 파기함으로써 사망의 수렁에 빠지게 되었
던 것이다.

4.2. 영광을 받으시는 하나님

하나님께서는 자신의 영광을 위해 우주만물을 창조하셨다. 그리고 자
기의 형상을 닮은 인격적인 인간을 만드셨다. 그러므로 하나님은 자기가
만든 피조세계를 보고 기뻐하셨으며 인간들로부터 경배받기를 원하셨다.

"천지와 만물이 다 이루니라 하나님의 지으시던 일이 일곱째 날이 이를

때에 마치니 그 지으시던 일이 다하므로 일곱째 날에 안식하시니라 하나님이 일곱째 날을 복 주사 거룩하게 하셨으니 이는 하나님이 그 창조하시며 만드시던 모든 일을 마치시고 이 날에 안식하셨음이더라”(창 2:1-3)

하나님께서 엿새 동안 우주만물을 창조하신 후 일곱째 날에 쉬신 것은 인간들처럼 피곤했기 때문이 아니었다. 그가 쉬셨다는 사실은 자신이 창조한 세계를 보시며 만족해 하셨다는 것을 의미한다. 이는 곧 하나님께서 피조세계를 통해 영광을 받으시는 모습을 보여주고 있는 것이다.

4.3. 계획대로 실행하시는 하나님

하나님께서는 창세전부터 계획하신 대로 모든 것을 하나하나 실행해 가시는 분이다. 그는 인격적인 존재로서 결코 그때그때 생각나는 대로 임기응변적으로 행동하시지 않는다. 하나님은 무계획한 상태에서 아무렇게나 생각나는 대로 일하시지 않는다. 그는 선한 인격을 소유하신 완벽한 분이시기 때문이다.

우리는 그런 하나님의 고유한 성품과 사역을 통해 하나님을 전적으로 신뢰하게 된다. 하나님의 계획에 속한 사역이 아니라면 모든 것이 불안정해질 수밖에 없다. 따라서 교회에 속한 성도들은 약속에 신실한 하나님의 완벽한 계획 가운데 진행되는 구원 사역에 직접 참여하며 그것을 소망으로 누리게 되는 것이다.

4.4. 에덴동산의 선악과

하나님께서 에덴동산 중앙에 선악과나무를 심어두신 것은 매우 중요한 의미를 가지고 있다. 그것은 인간을 시험하고자 한 것이 아니라 하나님의 사랑과 은혜의 표지였다. 아담은 하나님의 통치위임에 따라 우주만물을 다스릴 때 하나님의 뜻 가운데 순종해야 했다. 인간들 마음대로 권리행사를 하려는 듯이 행동해서는 안 되었다.

한편 어리석은 인간들은 그에 대해 엉뚱한 해석을 한다. 열매를 따먹으면 죽게 될 그 나무를 에덴동산 중앙에 심어 둔 것은 하나님의 잘못이라 여긴다. 그런 자들은 하나님께 죄의 원인이 있다는 식으로 생각한다. 그들은 하나님이 선악과나무를 심지 않았다면 인간이 타락하지 않았을 것이라는 주장을 하고 있는 것이다.

하지만 그런 생각은 근본적으로 잘못되었다. 그렇게 되면 마치 하나님께서 인간의 범죄를 방지하지 않은 책임을 져야 하는 것처럼 여겨질 수 있다. 그러나 하나님은 동산중앙에 선악과나무를 심어두심으로써 인간들이 우주만물을 다스리면서 자신의 판단대로가 아니라 하나님의 뜻에 따라 순종하도록 하셨다.

그러므로 인간들은 에덴동산을 오가며 항상 하나님께서 금하신 그 나무를 보는 가운데 하나님의 언약을 기억할 수 있었다. 그것은 인간을 위해 하나님의 뜻을 드러낸 사랑과 은혜의 표시였다. 그러나 인간은 사탄의 유혹을 받아 하나님의 신뢰를 저버리고 그가 맡기신 모든 피조세계를 끌어안고 죄의 세계로 떠나갔다. 따라서 아담이 하나님의 요구를 범한 것은 전적으로 인간의 책임이 될 수밖에 없다.

4.5. 하나님의 언약과 인간의 범죄

하나님께서는 애초부터 창세전에 택하신 자기 자녀들의 삶을 영원토록 보장하시기로 작정하고 계셨다. 그런데 인간은 사악한 사탄의 유혹에 끌려 타락의 늪에 빠지게 됨으로써 자신을 상실하게 되었다. 하나님께서는 인간의 한계를 잘 알고 계셨기 때문에 에덴동산에 살고 있는 아담과 하와에게 행위언약을 주셨다. 이는 에덴동산 중앙에 있는 선악과를 따먹지 말라는 단호한 명령이었다.

우리가 여기서 분명히 기억해야 할 바는 행위언약의 성격이다. 하나님께서는 인간들에게 무엇을 하도록 적극적인 명령을 하신 것이 아니라 특정한 일을 하지 말라는 소극적인 금령을 내리셨다. 이 양자 사이에는 엄청난 차이가 난다. 무엇을 해야 하는 적극적인 명령을 수행한다는 것은 억압받는 성격을 지닌다. 그러나 금령에 대한 순종은 그 원칙만 지킨다면 자유로운 상황을 유지할 수 있다. 하나님께서 아담과 하와에게 금령을 내리신 것은 인간에 대한 하나님의 신뢰와 사랑에 기초한다.

아담과 하와가 선악과를 따먹음으로써 자신을 완전히 배신했음에도 불구하고 하나님께서는 저들을 위해 또다시 은혜언약을 허락하셨다. 그것은 인간이 하나님을 향해 범죄했을 때조차 하나님은 자신의 신실함으로 인해 그들을 은혜로 구원하시겠다는 약속이다. 이는 여자의 몸을 통해 하나님의 메시아를 보내 아담을 유혹해 파멸에 빠뜨린 사탄의 세력을 응징하고 자기 백성들을 구원해내겠다는 하나님의 분명한 의지를 보여준다(창 3:15).

5. 인간의 타락으로 인해 오염된 세계

5.1. 우주만물의 오염과 자연법칙의 손상

인간의 범죄는 인간 자신뿐 아니라 모든 피조세계에 악한 영향을 끼치게 되었다. 우주는 죄로 말미암아 완벽한 하나님의 자연법칙마저 그 기능에 손상을 가져오게 되었다. 우주 만물의 오염과 기능의 마비는 심각한 결과를 초래할 수밖에 없었다.

이는 마치 정교한 기계의 중요한 한 부품에 문제가 생기게 되면 전체 기계가 망가뜨려지는 것과 유사한 논리이다. 어떤 기계가 망가지게 되면 작동에 문제가 생길 뿐 아니라 위험한 도구가 될 수 있다. 이처럼 자연법칙에 문제가 발생함으로써 우주에 변화가 일어나게 된 것이다.

여기서 우리가 기억해야 할 점은 자연의 세미한 노래 소리를 들을 수 있는 인간의 귀가 막혀버린 사실과 자연의 움직임이 아름다운 소리가 아니라 파열음을 내게 되었다는 사실이다. 원래는 아름다운 자연의 소리가 있었음이 분명하다. 그러나 그것은 이제 듣기 거북한 소리로 변했으며 인간들은 우주의 장엄한 소리뿐 아니라 세미한 자연의 소리마저 듣지 못하게 되었다.

범죄하기 전의 아담과 하와는 하늘의 별들이 움직이는 소리, 꽃들이 다양한 향기를 발산하며 뿜어내는 아름다운 소리를 들을 수 있었을지도 모른다. 아마도 진달래와 벚꽃, 봉선화와 나팔꽃, 국화와 코스모스, 동백꽃의 소리가 감미롭게 들렸을 것이다. 어쩌면 지금도 원래의 아름다움과는 다를지라도 나름대로 그 소리를 내고 있을지 모른다. 단지 인간의 청력을 통해 그 소리들을 듣지 못할 따름일 수 있는 것이다. 시편 기자는 그에 관한 노래를 하고 있다.

> "온 땅이여 여호와께 즐거이 소리할지어다 소리를 발하여 즐거이 노래하며 찬송할지어다"(시 98:4);
>
> "그 때에 새벽 별들이 함께 노래하며 하나님의 아들들이 다 기쁘게 소리하였었느니라"(욥 38:7);
>
> "여호와께서 이 일을 행하셨으니 하늘아 노래할지어다 땅의 깊은 곳들아 높이 부를지어다 산들아 삼림과 그 가운데 모든 나무들아 소리내어 노래할지어다 여호와께서 야곱을 구속하셨으니 이스라엘로 자기를 영화롭게 하실 것임이로다"(사 44:23);
>
> "내가 또 들으니 하늘 위에와 땅 위에와 땅 아래와 바다 위에와 또 그 가운데 모든 만물이 가로되 보좌에 앉으신 이와 어린양에게 찬송과 존귀와 영광과 능력을 세세토록 돌릴지어다 하니 네 생물이 가로되 아멘 하고 장로들은 엎드려 경배하더라"(계 5:13,14)

성경을 기록한 믿음의 선배들의 증거를 우리는 소홀히 듣지 말아야 한다. 우리는 '온 땅과 하늘의 천체들, 나무와 풀들이 여호와를 향해 즐겁게 노래한다' 는 말씀을 단순한 상징으로 보아서는 안 된다. 거기에는 인격적인 표현은 아닐지라도 상징 이상의 실제적인 의미가 내포되어 있기 때문이다. 이는 원래의 우주만물의 기능과 더불어 세계의 존재의미를 보여주고 있다. 인간이 범죄함으로써 그 기능에 이상이 발생했던 것이다.

그렇지만 그로 인해 자연의 모든 법칙들이 완전히 폐기된 것은 아니다. 상당한 문제가 발생했음에도 불구하고 우주는 여전히 하나님의 섭리 가운데 돌아가고 있다. 그것이 인간들에게 일반은총으로 작용하고 있는 것이다. 법칙의 부분적 파괴에도 불구하고 우주만물의 놀라운 법칙은 하나님의 존재를 어느 정도 알게 해준다.

하지만 그것은 궁극적으로 정리되고 회복되어야 할 대상이다. 지구상에 무서운 지진이나 화산폭발이 일어나는 것은 아담의 범죄로 인해 자연법칙이 손상된 결과라 할 수 있다. 따라서 하나님께서는 처음 하늘과 처음 땅을 심판하신 후 새 하늘과 새 땅을 창조하시기로 작정하시게 되었다. 예수 그리스도의 재림과 심판 이후에는 하나님의 자녀들에게 이전과 다른 새로운 세계가 예비되어 있었던 것이다(사 65:17; 계 21:1).

5.2. 지구의 오염

아담과 하와의 범죄는 인간의 거주공간인 지구에 부정적인 엄청난 변화가 일어나게 했다. 원래의 아름다운 지구는 하나님의 섭리와 은총으로 말미암아 인간들에게 많은 것을 무상으로 공급했지만 거기에 심각한 문제가 발생한 것이다.

지구의 땅은 그 전에 없던 가시와 엉겅퀴를 내게 되었다. 이는 인간들뿐 아니라 지구 위의 만물이 저주 아래 놓이게 되었음을 의미한다. 인간의 타락으로 인해 인간의 죽음뿐 아니라 자연적인 재난이 동시에 예고되었기 때문이다. 창세기에는 그에 대한 사실을 분명히 말하고 있다.

"아담에게 이르시되 네가 네 아내의 말을 듣고 내가 너더러 먹지 말라한 나무 실과를 먹었은즉 땅은 너로 인하여 저주를 받고 너는 종신토록 수고하여야 그 소산을 먹으리라 땅이 네게 가시덤불과 엉겅퀴를 낼 것이라 너의 먹을 것은 밭의 채소인즉 네가 얼굴에 땀이 흘러야 식물을 먹고 필경은 흙으로 돌아가리니 그 속에서 네가 취함을 입었음이라 너는 흙이니 흙으로 돌아갈 것이니라 하시니라" (창 3:17-19).

성경은 인간의 타락이 땅의 저주를 몰고 왔음을 밝히고 있다. 그 결과 땅이 인간의 삶에 방해가 되는 가시덤불과 엉겅퀴를 내게 되었다. 그런 것들은 거룩한 하나님으로 인해 발생한 것이 아니라 하나님의 저주로 말미암아 사탄으로 인해 생겨났다. 하나님의 적극적 보존과 보호가 사라짐으로써 그런 것들이 생겨나게 되었던 것이다.

우리가 여기서 주의 깊게 생각해 보아야 할 점은 저주받은 땅이 가시와 엉겅퀴 같은 악한 식물들을 냈을 뿐 아니라 동물에 있어서도 그와 동일한 결과가 일어나게 되었다는 사실이다. 원래는 아름다운 식물과 마찬가지로 아름다운 동물들만 있었지만 더러운 미생물들을 비롯해 추악한 생명체들이 생겨나게 되었다. 나아가 인간들에게 있어서도 마찬가지다. 원래는 하나님의 형상을 닮은 아름다운 인간들만 있었지만 사탄으로 말미암는 악한 인간들이 생겨나게 된 것이다.

이뿐 아니라 죄가 가져온 것은 절대 미美에 대한 개념이 사라지고 오염된 변형이 일어났다는 사실이다. 범죄한 인간들이 살고 있는 인간세계에는 더 이상 절대적인 아름다움이란 존재하지 않게 되었다. 현실적인 시각으로 본다면 타락한 인간들의 눈에 아름답게 비쳐지는 것들이 많이 있다. 그러므로 우리는 자연과 꽃의 다양한 모양과 색상들을 통해 아름다움을 느낀다. 그 느낌 자체가 거짓이 아님은 물론이다.

그런데 그 아름다움은 타락한 인간들에게 조화되는 상대적인 현상일 따름이다. 그것은 절대적인 아름다움과는 거리가 멀다. 하지만 절대적인 아름다움이 아닐지라도 타락한 인간의 본성에 조화되는 것들이 아름다움으로 인식되는 것이다.

이에 대해서는 분명한 증거들이 많이 있다. 예를 들어 어린아이들이 느끼는 아름다움과 청년이나 노년, 성인들이 느끼는 아름다움 사이에는 커다란 차이가 난다. 그리고 남녀 사이에도 아름다움에 대한 인식에는 많은 차이가 난다. 이는 곧 인간들에게 절대적인 미가 존재하는 것이 아니라 인간들에게 상대적으로 인식되는 미에 대한 기준이 작용하고 있음을 말해주고 있다.

나아가 인간과 다양한 동물들이 아름다움에 대해 느끼는 것은 제각각 전혀 다르다. 인간들이 대체적으로 아름답다고 느끼는 것에 대해 동물들에 따라서는 전혀 그렇지 않다. 또한 인간들이 추하고 더럽다고 느끼는 것을 동물들 가운데는 진한 아름다움으로 느끼는 경우도 많이 있다. 이는 절대미가 존재하지 않는 반면 인식상의 상대적인 미가 존재한다는 중요한 증거가 된다.

5.3. 지구 : 죽음의 공간, 참 생명이 존재하지 않는 영역

지구는 사망의 공간이다. 이는 인간들에게만 해당되는 것이 아니라 모든 피조물에 공히 적용된다. 따라서 죄로 오염된 지구 위에는 아예 참 생명이 존재하지 않는다. 사람들의 눈으로 보기에 생명이 있어 살아있는 것으로 간주되는 모든 것들은 현상적인 생명만 가지고 있을 따름이다.

즉 타락한 세상에 살아가는 모든 인간들은 외형상 살아있는 것처럼 보이지만 실상은 죽은 존재들이다. 지구 위의 모든 동물들과 식물들도 마찬가지다. 우선은 겉보기에 생명력이 있어 보이지만 그것들에게는 진정한 생명이 존재하지 않는다. 인간이든 동물이든 식물이든 일반적으로 생명체라고 불리는 모든 것들이 언젠가는 죽을 수밖에 없다는 사실은 그 가운데 진정한 생명이 존재하지 않는다는 사실을 말해주고 있다.

우리는 생명체라 여겨지는 지구 위에 존재하는 모든 생물체들이 죽음으로 휘감겨져 있다는 사실을 기억해야 한다. 생명이라고 생각되는 요소에 그보다 훨씬 강력한 죽음이 내재되어 있기 때문이다. 따라서 지금은 살아있는 듯이 보이지만 내일은 죽어있을 수밖에 없다. 현재적 개념에서는 살아 움직이지만 미래완료적인 개념에서는 죽은 존재일 수밖에 없는 것이다.

그러므로 지구 위에는 진정한 생명이라는 것이 아예 존재하지 않는다. 죽여 보아서 죽게 된다고 하는 것은 그 생명체가 소유한 현상적인 생명이 진정한 생명이 아니라는 사실을 증거해 주고 있다. 예수 그리스도께서 자기를 유일한 참 생명으로 선포하셨던 것은 그와 연관된다.

> "예수께서 가라사대 내가 곧 길이요 진리요 생명이니 나로 말미암지 않고는 아버지께로 올 자가 없느니라"(요 14:6)

영원한 생명의 근원은 우주만물을 창조하신 하나님이다. 그 생명에 도달할 수 있는 길은 오직 예수 그리스도 한 분밖에 없다. 예수께서 자신을 유일한 길과 진리와 생명으로 선포하신 것은 절대적인 배타성을 지니고 있다. 이는 그 이외에는 지구위에 어떤 생명도 존재하지 않는다는 사실을 말해 준다. 죽음의 공간인 지구에 갇혀 살고 있는 우리는 이에 대한 분명한 깨달음을 가지지 않으면 안 된다.

6. 신론에 관한 대표적인 이단들

6.1. 양태론(modalism)

양태론은 동일한 한 분 하나님이 목적과 의도에 따라 성부로 나타나기도 하고 성자, 혹은 성령으로 번갈아 나타난다는 주장이다. 한 사람이 가정에서는 아버지, 직장에서는 사장, 동네에서는 이웃 아저씨로 불리는 것처럼 하나님도 한 분이지만 서로 다른 양태로 나타난다는 것이다. 또 다른 예는 하나님이 마치, 동일한 전기가 그 용도에 따라 빛을 내기도 하고, 힘을 가지기도 하며, 열을 내기도 하는 것처럼 상이한 역할을 하는 것과 같다는 주장도 양태론적인 설명이다. 그러나 그것은 매우 위험한 이단적인 사상이다.

6.2. 범신론(Pantheism)

우리가 매우 조심스럽게 생각해야 할 점은 하나님의 무소부재無所不在에 관한 문제이다. 우리 주변에는 하나님은 어디든지 계시지 않은 곳이 없다는 말의 뜻을 잘못 이해하는 자들이 많이 있다. 그런 자들은 하늘의 별들의 세계 가운데도 하나님이 계시며 태평양 바다, 히말라야 산맥 어디든지 하나님이 계시는 것처럼 이해한다. 그들은 하나님의 영적인 몸 자체를 염두에 두고 하나님이 모든 곳에 존재한다고 믿는 것이다.

그러나 하나님이 어느 곳에나 계신다고 하는 말은 하나님의 눈길과 손길을 피할 수 있는 곳은 아무데도 없다는 의미이다. 자칫 잘못하면 기독교적 범신론에 빠질 우려가 있다는 사실을 기억해야 한다. 이는 물론 일반 범신론에서 하나님과 전체 피조세계를 동일시하는 경향이 있는 것과 대조적이다. 우리는 하늘에 계신 하나님께서는 피조세계의 모든 것을 하나도 남김없이 감찰하고 계신다는 사실을 기억하지 않으면 안 된다.

6.3. 만유재신론(Panentheism)

만유재신론에서 신은 모든 것의 원인인 동시에 결과가 된다. 따라서 인간과 연관된 하나님은 시간의 영향을 받지 않을 수 없다. 이러한 사상을 가진 자들은 이 세상으로부터 완전히 분리 독립된 하나님을 받아들이지 않는다. 이는 우주만물이 신 안에 존재한다는 사상과 밀접하게 결부되어 있기 때문이다.

따라서 그 안에 살고 있는 인간은 신과 함께 공동의 창조자로서 역할을 하게 된다. 이러한 사상은 화이트 헤드(Wilfred N. Whitehead)로부터 출발한 과정신학으로 발전하게 되었다. 그들은 하나님이 항상 세상과 상호관계성을 유지하고 있으므로 세상의 모든 것을 경험하며 그것을 통해 끊임없는 변천이 이루어진다는 주장을 한다. 그들의 관점에서는 세상의 발전은 곧 신의 발전과 밀접하게 연계되어 있다.

6.4. 이신론(Deism)

이신론은 하나님이 우주만물을 창조하신 후에는 더 이상 아무런 간섭을 하지 않고 저절로 움직이도록 내버려 두셨다는 주장이다. 이신론에서는 하나님과 피조세계를 완전히 분리시키고 있다. 예를 들어 시계를 만든 기술자가 그 시계를 돌아가게 만든 후에는 계속 돌보지 않아도 그것이 스스로 알아서 작동하는 것과 동일한 이치이다. 그러나 그것은 여전히 우주를 다스리며 자신의 뜻을 드러내시는 하나님을 멸시하는 악한 이단사상에 지나지 않는다.

6.5. 말시온주의(2세기)

말시온주의자들은 구약의 신과 신약의 신을 분리하여 생각했다. 구약의 신은 무서운 신이며 신약의 신은 은혜의 신이라는 식으로 이해했던 것이다. 그러나 그것은 매우 잘못된 이단사상이다. 인간과 우주를 창조하신 하나님은 어제나 오늘이나 내일이나 영원토록 불변하시는 동일한 하나님이시기 때문이다. 문제는 우리 시대에도 그와 같은 사고를 하는 자들이 상당수 있다는 사실이다.

6.6. 삼신론(tritheism)

삼신론자들은 삼위일체 하나님을 인정하지 않는다. 그들은 성경에 기록된 성부 성자 성령이 서로 분리되는 별도의 독립된 하나님이라 주장한다. 그 이단자들은 또한 본질에 있어서의 일치를 부정하며 각각의 신적인 존재를 인정하고 있다. 그들은 세 하나님이 서로간 협조 관계에 있는 듯이 여긴다.

6.7. 사신신학死神神學

현대과학과 더불어 전통적인 종교에 회의를 느낀 인간들은 소위 '신은 죽었다' 는 선포를 하기에 이르렀다. 나아가 인간들에게 더 이상 신이 존재할 필요가 없다는 생각을 하게 되었다. 20세기에 있었던 두 차례의 세계대전을 경험한 유럽과 미국 사회의 지식인들 가운데서 전통적인 하나님에 저항하는 움직임이 일어났다.

특히 1960년대 이후에 미국에서 태동한 사신신학은 사실상 하나님의 존재를 부정했다. 뿐만 아니라 인간들의 두뇌를 장악하고 있는 신적인 관념을 제거함으로써 자유와 쾌락을 만끽하고자 했다. 그들의 눈에는 초월적이며 형이상학적인 신은 무의미하며 인간을 위한 실용주의적인 종교만 필요했을 따름이었다.

6.8. 조작신造作神주의

어리석은 인간들은 자기가 원하는 신들을 스스로 만들어내고 있다. 타락한 인간의 종교성이란 자신의 욕구를 채우기 위해 신들을 창출하는 행위를 거듭한다. 그것은 개인적이기도 하거니와 사회성을 띠고 있다. 개별 인간들은 집단을 이루어 저들의 목적에 부합하는 신들을 창출해 내고 그에게 경배하는 것이다.

문제는 이러한 사상이 기독교 내부에서도 끊임없이 발생한다는 사실이다. 그들은 성경에 계시된 하나님만으로 만족하지 못하고 다른 개념의 신으로 적절히 변형시키게 된다. 그런 사람들은 형식상 기독교인의 명분을 가지고 있지만, 실상은 인위적으로 조작한 기독교적 신을 만들어 두고 우상화된 그 신을 열심히 섬기고 있는 것이다.

6.9. 창조론에 대한 왜곡된 주장들

하나님의 복음을 알지 못하는 사람들 가운데서도 종종 창조론을 주장하는 자들이 있다. 예를 들어 이슬람교와 같은 이교에서도 신이 모든 것을 창조했다는 창조론을 믿는다. 그러나 그들의 주장은 성경에서 말하는 창조론과 근본적으로 다르다.

나아가 현대 기독교 신학자들 가운데는 유신론적 진화론을 주장하는 자들도 상당수 있다. 그런 사람들은 성경을 인간의 과학주의 아래로 내몰고 있다. 그들은 진화론을 받아들이면서 그 자리에 하나님을 끼워 넣으려 한다. 그런 자들은 하나님의 창조목적을 등한시하며 죄와 용서에 관한 온전한 구속사를 받아들이지 않는다.

또한 근래에 등장한 지적설계론과 같은 사상은 도리어 교묘한 방법으로 성도들을 혼란스럽게 한다. 그런 주장을 하는 자들은 알 수 없는 어떤 지적인 존재에 의해 우주와 모든 생명체들이 설계되었다고 본다. 신앙이 어린 교인들은 그것이 마치 기독교를 지지하는 것인 양 착각한다. 그러나 우리는, 그들이 성경을 받아들이지 않으며, 우주만물을 창조하신 여호와 하나님과 그의 사역을 믿기 때문에 그런 주장을 하는 것이 아니라는 사실을 염두에 두지 않으면 안 된다.

6.10. 뉴에이지(New Age) 운동

뉴에이지 운동이란 폭넓은 개념이기는 하지만 대개 20세기 이후에 생겨난 세속 종교에 배경을 둔 영적인 운동으로 이해할 수 있다. 그 운동의 영향을 받은 자들은 범신론자로서 유일신 사상을 부인한다. 또한 신을 인격적인 존재가 아니라 특정한 에너지라 주장하며 종교적인 명상을 강조하기도 한다.

그들의 두드러진 특색 가운데 하나는 일반 종교적인 영성을 추구하는 경향성을 띠고 있다는 사실이다. 이런 불건전한 사조는 현대 기독교에 심각한 해악을 끼치고 있다. 그와 같은 양상은 외형상 관상기도나 명상기도라는 명분을 앞세워 교회 가운데 다양한 모습을 띠고 침투해 들어와 있는 실정이다.

Ⅲ. 인간론(Anthropology)

III. 인간론(Anthropology)

인간의 근본적인 존재 목적은 무엇인가? 하나님이 계시지 않은 상태에서도 인간에게 삶의 의미가 과연 발생하는가? 인간은 하나님의 영광을 위해 지음 받은 존재이다. 그러나 그 말은 단순히 존재 자체를 의미하지 않는다. 인간이 하나님의 영광을 충족시키기 위해서는 맨 처음 요구하셨던 세상에 대한 통치명령에 순종했어야 했다. 그러나 인간의 범죄로 말미암아 그것이 무너져 버렸다. 이제 인간이 다시금 그것을 회복하기 위해서는 예수 그리스도로 말미암는 구속과 그를 통한 하나님에 대한 온전한 순종이 이루어질 때 가능하다.

1. 인간의 존재

인간은 전체적인 관점에서 보아 크게 셋으로 나누어 생각해야 한다. 첫째, 하나님이 창조하신 후 범죄하기 전의 순수한 인간; 둘째, 사탄의 유혹에 빠져 범죄함으로써 타락한 인간; 셋째, 예수 그리스도를 통해 구원받은 인간이다.

1.1. 타락한 인간은 자신이 누구인지 알고 있는가?

죄에 빠진 인간은 자기 자신이 누구인지 알지 못한다. 단지 자신의 경험과 오염된 이성을 통해 주관적인 자신을 규정할 따름이다. 그 결과 인간은 자기 자신을 과대평가함으로써 심각한 과대망상증에 걸려 있다.

그러므로 인간이 자신의 존재 의미에 대해 알기 위해서는 반드시 인간의 조상인 처음 사람 아담에 관한 분명한 이해가 있어야 한다. 아담이 하나님으로부터 어떤 신뢰를 받은 존재였는지, 또한 그런 상황에서 인간이 어떻게 하나님을 배반하고 악한 사탄의 편으로 넘어갔는지 알아야 한다. 그것으로 말미암아 인간이 처참하게 된 상황을 분명히 이해하지 않으면 안 된다.

그리고 인간은 자신을 올바르게 알기 위해서 두 번째 아담인 예수님에 대한 깨달음이 있어야 한다. 죄로 말미암아 멸망에 빠진 인간을 구원하시기 위해 두 번째 아담인 예수 그리스도가 이땅에 오시게 된 사실을 알아야만 한다. 그가 자기 자녀들을 위해 첫 번째 아담이 저지른 죄악을 말끔히 해결하셨기 때문이다.

따라서 첫 번째 아담과 두 번째 아담에 관한 올바른 이해가 없는 한 인간은 결코 자신을 알 수 없다. 아무리 명석한 두뇌를 가진 학자라 할지라도 스스로는 자신을 알 수 있는 길이 없다. 인간은 개별 인간과 인간 사회를 부지런히 조사하고 연구함으로써 자신의 존재를 파악할 수 있는 것이 아니라 성경에 계시된 첫 사람 아담과 인간의 몸을 입고 이 세상에 오신 두 번 째 아담인 예수 그리스도를 통해 자신의 존재를 알게 된다.

1.2. '하나님의 형상'을 닮은 인간

하나님께서는 이 세상에 수많은 종류의 생명체를 창조하셨다. 그 가운데는 식물도 있지만 움직이는 많은 동물들이 있다. 그 모든 것들은 단순한 하나님의 피조물들이다. 그것들 자체가 궁극적인 가치를 가지는 것은 아니다.

그런데 인간은 다른 피조물들과는 달리 독특한 성격을 지니고 있다. 이는 하나님께서 자신의 형상에 따라 특별한 목적을 가지고 인간을 지으셨기 때문이다. 따라서 원래 인간은 다른 어떤 피조물과도 구별되는 인격적인 존재이다. 하나님의 형상에 연관된 올바른 이해를 하지 않고는 인간의 존재 의미를 파악할 수 없다.

하지만 이 세상의 모든 인간들이 예외 없이 '하나님의 형상'을 소유하고 있는가 하는 점에 대해서는 신중하게 생각해 보아야 한다. 이는 하나님과 상관없는 불신자들에게는 성경이 말하는 '거룩한 하나님의 형상'이 존재하지 않기 때문이다. 그 대신 저들은 '타락한 아담의 형상'만 지니고 있다. 이에 대해서는 당사자들이 가장 잘 인식하고 있다. 하나님을 부인하는 불신자들에게 삼위일체인 여호와 하나님의 형상을 지녔는지 물어보면 그들은 결코 아니라고 답할 것이 분명하다.

그 형상은 예수 그리스도로 말미암아 거듭 태어난 성도들에게 회복되어 원활하게 기능하게 된다. 창세전에 하나님의 예정에 따라 선택을 받았으나 아직 거듭 태어나지 않은 자들에게는 그 형상이 잠재하고 있을 따름이다. 따라서 하나님의 부르심을 받아 그의 은혜에 참여하게 될 때 비로소 아담으로 인해 파괴된 하나님의 형상이 예수 그리스도를 통해 온전히 회복되는 것이다.

1.3. 하나님을 경배해야 할 인간

인간은 원래 하나님의 말씀에 순종하며 인격적으로 그를 경배해야 할 존재로 지음 받았다. 따라서 인간은 자신이 아닌 하나님의 영광을 위해 존재하며 살아갈 때 그 진정한 의미가 드러나게 된다. 이는 인간을 제외한 다른 생명체들이 인격적으로 하나님을 섬길 수 없다는 사실을 말해주고 있다. 인간 이외의 모든 피조물들은 자연의 한 부분이라 할 수 있으나 인간은 하나님께 속한 존재이기 때문이다.

인격을 소유한 원래의 인간은 다른 우주 만물과 달리 자연의 한 부속품과 같은 성격이 아니라 하나님으로 말미암아 하나님께 속한 특별한 존재이다. 그러므로 인간은 주어진 법에 따라 인격적으로 하나님을 경배하며 영광을 돌려야 한다. 이는 하나님에 대한 순종과 섬김이 인간의 자발적인 의도에서 발생하는 것이 아니라 하나님의 뜻에 달려 있음을 말해준다. 이와 같이 할 때 하나님의 영광의 대상으로서 인간의 존재의미가 선명하게 드러날 수 있게 된다.

그렇지만 이 말은 인간들이 하나님께 영광을 돌리면 그가 영광을 받고 그렇지 않으면 영광을 받지 못한다는 의미와 다르다. 설령 인간들이 하나님께 영광을 돌리지 않는다 할지라도 그는 여전히 스스로 영광을 취하시며 영광 가운데 존재하신다. 하나님은 인간들이 돌리는 영광에 의존해 영광을 받으시지 않는다. 우리는 인간들이 하나님께 영광을 돌리는 사실적 실제와는 별개로 존재하는 하나님의 영광에 대한 이해를 해야 한다.

1.4. 인간의 생활양상의 변천

원래 인간은 자신의 생존을 위해 땀 흘려 노동하는 존재가 아니라 창조주 하나님을 찬양하며 살아가는 특별한 인격자로 지음을 받았다. 인간은 하나님께서 지으신 자연 공간에서 마음껏 걷고 뛰어다니며 하나님이 자신에게 맡기신 사명을 감당해야 하는 존재였던 것이다. 그렇게 하는 동안 하나님의 피조세계를 관리하며 감사와 찬송을 돌리는 가운데 하나님을 섬겼다.

그러나 인간이 범죄하여 타락한 후로는 생존을 위해 불필요한 방향으로 두뇌를 사용하지 않으면 안 되었다. 좀 더 많은 양의 수확을 거두어들이기 위해 머리를 짜내며 노동해야 했다. 또한 비나 눈 등을 비롯한 자연재해를 막기 위해 부단한 대비책을 강구하지 않으면 안 되었다. 그렇게 하지 않으면 오염된 환경조건의 세상 가운데서 버티며 살아갈 수 없었기 때문이다.

현대에 들어와서 인간들이 책상머리에 앉아 연구하거나 실내의 폐쇄된 공간에서 일할 수밖에 없는 환경이 된 것은 원래 인간의 생활 양상과는 크게 차이나는 것이다. 따라서 하나님을 알게 된 성도들은 삶속에서 하나님의 섭리를 깨닫기 위해 피조세계에 대한 이해와 더불어 자연을 더욱 가까이 할 필요가 있다.

1.5. 창조사역을 통한 가정과 혼인

인간은 원래부터 자손을 번식해야 할 인격적 존재로 지음받았다. 하나님께서 창세전에 그리스도 안에서 택하신 백성이 있었다는 사실은 지구상에 많은 인간이 살게 되어 있었음을 말해주고 있다. 물론 인간이 범죄하지 않았다면 어떤 방편을 통해 수많은 인간들이 존재하게 되었을까 하는 문제에 대해서는 우리가 구체적으로 알 수 없다.

그럼에도 불구하고 천지창조 전에 이미 땅위에 하나님의 형상을 닮은 많은 인간들이 살도록 계획되어 있었다는 점은 분명하다. 물론 그것은 아담이 범죄하기 전부터 허락된 가정을 통해 인간들이 번성했을 것이라는 사실과 연관되어 있다. 이는 남녀의 혼인을 통해 인간들이 출생하게 되었으리라는 점을 의미한다.

인간이 범죄한 후부터 부부간의 혼인관계를 통해 가인과 아벨을 비롯한 초기 인간들이 태어나게 된다. 남녀간에 맺어지는 부부관계는 하나님의 짝지어 주심에서 출발한다. 그것은 가정이 인간의 본능적 필요에 의해서가 아니라 하나님의 섭리와 경륜에 기초한다는 사실을 말해주고 있다.

원리적인 측면에서 볼 때 남녀간의 혼인은 인간들의 독단적인 선택과 합의에 의해 결정되는 것이 아니다. 나아가 혼인의 목적이 인간들의 쾌락과 행복을 누리기 위한 방편이 될 수도 없다. 물론 사람들은 가정을 통해 즐거운 삶을 누리기를 원한다. 그러나 그것 자체가 혼인의 근본적인 목적이 되지 않는다.

* 〈가정과 혼인의 중요한 목적〉

하나님께서 세우신 가정은 불신자의 가정과 다르다. 성도의 가정은 원리적으로 보아 상속을 위해 후손을 출산하는 것과 연관되어 있다. 이는 결코 일반적인 관점에서 하는 말이 아니다. 모든 인간들의 자녀 출산에 대한 것을 두고 포괄적으로 말하지 않는다. 중요한 점은 혼인이 하나님의 택한 백성들을 위한 상속의 거룩한 방편이 된다는 사실이다. 이를 통해 하나님께서 창세전에 택하신 하나님의 자녀들이 세상에 태어나 하나님의 뜻을 이루어 가게 되는 것이다.

가정에 관한 창조적 의미는 오늘날 우리 시대에도 그대로 나타난다. 따라서 교회에 속한 성도의 가정은 믿음을 상속해 가는 기초적인 기능을 하게 된다. 가정의 가장(家長)에게 허락된 가장 소중한 역할은 가족을 올바른 믿음으로 인도하는 일이다. 그 사명을 온전히 감당하기 위해 가장은 가정에서 하나님의 말씀과 올바른 교리를 가르치며 지도할 수 있어야 하며 온 가족은 그에 순종해야 한다. 그런 가정들이 하나로 모여 주님의 교회를 구성하기 때문이다.

* 〈혼인은 선택인가, 예정인가〉

이는 결코 쉽지 않은 난제이긴 하지만 매우 중요한 문제가 아닐 수 없다. 원리적인 측면에서 볼 때 혼인은 개인적인 선택이 아니라 하나님의 창세전 예정에 속해 있는 것으로 이해해야 한다. 이는 하나님께서 친히 관여하여 짝지어주신 부부를 통해 예정된 자녀들이 출생하기 때문이다. 만일 부부가 서로간 개인적인 취향과 판단에 따라 배우자를 선택했다고 하면 그 자녀들은 우연의 산물이 될 심각한 우려에 빠지게 된다.

우리는 맨 처음 사람 아담과 하와가 서로간 선택을 통해 부부가 된 것이 아님을 기억해야 한다. 저들의 선택여부와 상관없이 하나님께서 그들을 부부로 맺어주셨다. 이 원리는 오늘날의 성도들에게도 적용되어 이해되어야 한다. 죄에 빠진 인간들은 그 원리로부터 벗어나려는 속성에 빠져 있지만 하나님의 섭리와 경륜이 그 가운데 역사하게 된다는 사실을 받아들이지 않으면 안 된다.

우리 시대에 유행하는 가장 큰 폐해 가운데 하나는 인간들이 배우자를 자의에 따라 선택하게 된다는 주장이다. 만일 그런 사고가 강력하게 고착되면 어떤 잘못된 판단으로 말미암아 배우자를 올바르게 선택하지 못했다는 생각이 끼어들 수 있다. 그러나 그런 생각은 결코 바람직하지 않다. 하나님께서 자기 자녀들을 위해 부부로 짝지어주시는 것은 사후에 그렇게 하는 것이 아니라 창세전에 이미 그렇게 하셨음을 의미한다.

＊〈교회와 성도의 이혼불능〉

하나님의 자녀들은 어떤 경우라 할지라도 이혼을 해서는 안 된다. 하나님께서 짝 지어주신 것을 사람의 형편이나 판단에 따라 무효화시킬 수 없다. 이에 대해서는 혼인 당사자이든 타인이든 어느 누구에게도 그렇게 할 수 있는 권리가 주어지지 않았다.

현대신학은 남편이나 아내 가운데 한 쪽이 이단사상에 빠지거나 성적인 부정을 저질렀을 경우에는 이혼을 허용하고자 하는 경향이 있다. 그러나 그것은 결코 올바르지 않다. 신약성경에 기록된 이혼에 관련된 모든 교훈들은 이혼의 가능성을 시사하고 있는 것이 아니라 도리어 이혼 불가를 교훈함으로써 가정을 보호하고자 하고 있다.

일반적인 관점에서 본다고 해도 만일 그런 논리가 성립되려면 이단사상에 빠진 가족은 집안에서 축출해야 하며 성적인 범죄를 저지른 자 역시 가정에서 쫓아내야 한다. 그러나 성경은 그렇게 하도록 가르치고 있지 않다. 이처럼 그런 것들이 가정을 해체하는 합당한 사유가 될 수 없으며 성도의 이혼은 어떤 경우에도 불가하다.

현대교회와 성도들에게 있어서 가장 안타까운 문제 가운데 하나는 혼인과 이혼 과정에 대한 근본적인 오해를 하고 있다는 사실이다. 건전한 교회에 속한 성도들은 마땅히 교회의 허락을 받아 혼인을 해야 한다. 이를 위해 당회는 성도들의 혼인에 깊은 관심을 가지고 올바른 판단을 하지 않으면 안 된다.

그런데 문제는 교회의 특별한 허락을 받아 혼인을 한 교인들이 이혼을 위해서는 교회가 아니라 엉뚱한 곳에 가서 허락을 받으려 한다는 사실이다. 그들은 어리석은 세속국가의 법정을 찾아가 이혼을 위한 판결을 받고자 한다. 그것은 하나님의 교회를 무시하는 행위이며 잘못된 처사에 지나지 않는다. 따라서 이혼한 상태에 있는 것은 곧 불법 상태에 있음을 의미하고 있다.

교회에 속한 성도들은 교회의 허락을 받아 혼인하게 되며 국가의 허락을 받지 않는다. 남녀성도가 혼인을 하게 되면 자동으로 교회에 등재되며, 국가에는 사후 혼인신고를 함으로써 법적으로 인정받게 된다. 그러므로 부부간의 어려움이 있을 경우 당연히 그 혼인을 허락했던 교회, 즉 당회를 찾아가 판단을 받아야 한다. 물론 건전한 당회라면 성도의 이혼을 허용하지 않는 대신 그 어려움을 극복할 수 있는 신앙적인 대안을 제시하게 된다.

1.6. 인간의 생명문제

인간의 생명은 하나님으로 말미암아 제공되었다. 인간이 자신의 생명을 스스로 창출해 내는 것으로 말할 수 없다. 따라서 인간의 생명에 대한 존엄성은 하나님의 인격에 연관되어 있다. 이는 인간의 생명은 하나님께 속한 것이라는 의미를 지니고 있음을 말해준다. 그러므로 성경은 인간이 인간의 생명을 박탈하는 살인을 금하고 있다.

하지만 범죄한 인간들은 인간의 생명을 사회적 관점에서 정의내리고자 한다. 인간 사회를 위해 필요하지 않고 반사회적인 인간이라 판단되면 그 생명을 제거할 수 있는 것으로 보는 것이다. 대다수 국가들이 채택하고 있는 사형제도와 전쟁 살인이 이에 관한 대표적인 경우들이다.

그러나 인간은 어떤 경우라도 인간의 생명을 박탈할 수 없다. 그것은 하나님에 대한 범죄행위이다. 인간의 생명이 하나님께 속한 것이라면 하나님 이외에 어느 누구도 그것을 제거하려해서는 안 된다. 아무리 악한 자의 생명이라 할지라도 인간들에게 그 생명을 박탈할 수 있는 대행 권한이 주어지지 않았다.

태중에 있는 아기의 생명은 당연히 보호되어야 하며, 전쟁 중인 군인이라 할지라도 적군의 생명을 마음대로 박탈해서는 안 된다. 이 모든 것들은 무서운 살인 범죄행위가 되기 때문이다. 우리는 모든 인간의 생명이 하나님의 손에 달려 있다는 사실을 분명히 기억해야만 한다.

✱ 〈인위적 수명연장과 자살문제〉

현대는 과거에는 상상조차 할 수 없을 정도로 의술이 발달되었다. 그러다보니 곧 죽을 수밖에 없는 사람들에게 다양한 의료 보조기구들을 동원해 인위적으로 수명을 연장시키는 경우가 많이 있다. 나아가 다른 사람들의 장기기증과 이식을 통해 인간의 생명을 연장시키기도 한다.

그러나 원리적인 측면에서 볼 때 이런 일은 그다지 바람직한 것이라 말할 수 없다. 통증을 줄이기 위한 방편이 아니라 보조기구들을 통한 수명연장은 전혀 예기치 못한 총체적인 일들을 유발시킬 수 있다. 원래 사람은 이땅에 태어나 자기 수명만큼 살다가 죽는 것이 자연스럽다.

그럼에도 불구하고 보통 인간들은 자기의 수명을 늘이기 위해 안간힘을 쓰는 것이 일반적이다. 그러나 그것은 빈부(貧富)에 따라 엄청난 차이가 난다. 경제적인 여유가 있는 부자들은 그렇게 하기에 용이한가 하면 그렇지 않은 가난한 사람들에게는 그것이 부러움의 대상이 될 따름이다. 가난한 자들은 설령 수명을 연상시키려는 욕망이 있다고 해도 자신을 위한 아무린 조치를 할 수 없다.

또한 자신의 수명을 조금이라도 더 연장시키기 위해 몸부림치는 자들이 있는가 하면 스스로 생명을 끊어 자살하는 자들도 많이 있다. 그런 행동은 결코 있어서는 안 될 악한 행동이다. 자살을 한다는 것은 타인을 살인하는 것과 동일한 범죄행위일 뿐 아니라 하나님께 저항하는 두려운 행위가 된다. 자살은 자기 자신과 하나님에 대해 범죄를 저지르는 행위와 마찬가지다.

인간의 생명은 이땅에 살아가는 동안 자기 자신의 소유물이라 할 수 없다. 생명의 진정한 주인은 그것을 공급하신 하나님이다. 나아가 일반 윤리적인 관점에서 본다면 생명을 허락한 그 부모가 주인이라 할 수 있다.

따라서 모든 인간은 자기의 생명을 신실하게 잘 관리하는 자세를 유지해야 한다. 자신만의 소유가 아닌 생명을 스스로 살해하는 것은 무서운 범죄행위가 되지 않을 수 없다. 따라서 자살은 일반적인 살인과 마찬가지로 어떤 경우에도 발생해서는 안 될 악행이다.

1.7. 인간과 천사(인간론적 측면)

우주공간에 인격을 가진 피조물은 인간과 천사밖에 없다. 천사들 가운데는 하나님의 뜻에 순종하는 천사들이 있는가 하면 사탄을 우두머리로 한 타락한 천사들이 있다. 성경은 인간이 창조되기 전에 이미 천사들이 존재했음을 증거하고 있다(욥 38:6,7). 천사들은 원래 거룩한 존재로 지음 받았다. 하지만 일부 천사들의 타락 과정에 대해서는 우리가 구체적으로 알지 못한다. 단지 그렇게 된 현실적인 상태에 대해서만 성경의 교훈을 좇아 알 수 있을 따름이다.

천사와 달리 인간들은 창세전부터 이미 하나님과 언약관계 속에 놓여 있었다. 하나님께서는 자신의 형상을 닮은 인간을 언약 가운데 창조하셨으며, 자신을 배반하고 타락했을 때조차 언약 안에서 구원을 작정하고 계셨다. 하나님과 인간 사이에 처음부터 언약관계가 존재한다는 사실을 깨닫는 것은 매우 중요하다.

이에 반해 천사들은 애초부터 하나님과 언약관계에 놓여 있지 않았다. 그 천사들은 처음부터 수가 정해져 있었으며, 인간들과 달리 번성하지 않으므로 총수總數가 증가하거나 줄어들지 않는다.[15] 천사들은 태어나거나 죽지 않기 때문이다. 또한 그 천사들에게는 하나님으로부터 허락된 언약

---

15) 웨스트민스터신앙고백서 제5장 4항; 이광호, 웨스트민스터신앙고백, 서울 : 도서출판 깔뱅, 2010, pp.106-108, 참조.

이 없다. 그러므로 그들을 위한 구속이라는 개념도 존재하지 않는다. 그들은 언약의 대표 없이 개별적으로 하나님 앞에 서게 되는 것이다.

일반적으로 귀신은 실제로 존재하며 활동하고 있는데 반해 천사는 그렇지 않다는 잘못된 사조에 빠져 있다. 분명한 사실은 지금도 천사들이 영적인 상태로 우리 가까이서 활동하고 있다는 점이다. 천사가 영적인 존재라고 말하는 것은 비실체라는 의미가 아니다. 그들은 인간들의 눈에 보이지 않지만 실체적인 모습을 소유하고 있다. 그 천사들은 지금도 하나님의 명령에 따라 어떤 형식으로든 활동하고 있는 것이다.

귀신들의 존재 역시 마찬가지다. 사탄과 귀신들은 우리 주변에서 끊임없이 활동하고 있다. 그들의 수 역시 천사들의 수와 마찬가지로 정해져 있다. 흔히 사람들이 귀신을 보았다고 주장하는 것은 귀신의 존재 자체가 아니라 인간들의 눈에 그런 식으로 나타나 어지럽히는 현상을 본 것이다. 귀신들은 인간들의 형편에 따라 다른 특별한 형태의 탈을 쓰고 나타난다.

2. 하나님께서 맡기신 사역

2.1. 피조세계에 대한 관리

범죄하기 전의 인간은 하나님과 피조세계 사이를 어느 정도 연결하는 기능을 하고 있었다. 하나님께서 인간을 창조하신 중요한 의도 가운데 하나는 인간들에게 자신이 지으신 모든 창조세계에 대한 관리를 맡기기 위해서였다. 인간이 하나님의 형상에 따라 지음을 받았다는 사실은 그기 하나님의 대리자가 되어 우주만물을 다스리며 관리히는 여할을 하게 됨을 말해 준다. 그것은 하나님과 인격적인 관계에 놓여있는 인간에게 허락된 놀라운 복이 아닐 수 없다.

"하나님이 가라사대 우리의 형상을 따라 우리의 모양대로 우리가 사람을 만들고 그로 바다의 고기와 공중의 새와 육축과 온 땅과 땅에 기는 모든 것을 다스리게 하자 하시고 하나님이 자기 형상 곧 하나님의 형상대로 사람을 창조하시되 남자와 여자를 창조하시고 하나님이 그들에게 복을 주시며 그들에게 이르시되 생육하고 번성하여 땅에 충만하라, 땅을 정복하라, 바다의 고기와 공중의 새와 땅에 움직이는 모든 생물을 다스리라 하시니라" (창 1:26-28)

우리는 맨 처음 인간들인 아담과 하와에게 피조세계를 다스리는 중요한 임무가 주어졌다는 사실을 가볍게 여겨서는 안 된다. 그것은 인간 스스로 의도하거나 자원한 것이 아니라 전적으로 하나님께서 맡기신 사역이었다. 따라서 지구 위에 존재하는 동물과 바다의 물고기, 공중의 새들뿐 아니라 모든 피조세계가 인간의 통치를 받아야만 했다.

우리가 여기서 눈여겨 보아야할 점은 인간들이 범죄하기 전에 벌써 하나님께서 인간들에게 '복'을 주셨다는 사실이다. 이 복은 인간들이 일반적으로 생각하는 식의 복과는 근본적으로 다른 성격을 지니고 있다. 그 복은 인간들이 범죄한 후 경험하게 된 저주와 증오, 슬픔이나 고통과는 아무런 상관관계를 가지지 않는다. 그때 주어진 복은 인간이 하나님과의 인격적인 관계를 소유함으로써 전적인 신뢰를 받아 그의 피조세계를 통치하도록 위임받았다는 사실에 밀접하게 연관되어 있다.

2.2. '자유의지' 문제

'자유의지'란 인간이 마음대로 판단하고 행동할 수 있는 자유로운 해방의지와는 상당한 차이가 난다. 하나님께서 인간에게 허락하신 자유의지는 인간 자신을 위해서가 아니라 하나님을 위해 사용되어야 할 인간의 판단의지를 의미하고 있다. 하나님을 온전히 섬기며, 피조세계를 관리하도록 맡기신 사명을 다하는 인격자로서 인간에게 특별한 자유의지를 허락하셨던 것이다.

하나님께서는 자신의 형상을 닮은 인간을 전적으로 신뢰하셨다. 따라서 하나님의 피조세계를 기계적으로 통치하도록 인간들에게 맡기신 것이 아니라 하나님의 뜻 가운데서 자율적으로 다스리도록 위임하셨다. 이는 피조 세계 위에서 허락된 인간의 특별한 위상을 말해 주고 있다.

그리하여 인간은 하나님을 기계적으로 섬기는 것이 아니라 자유로운 질서 가운데 그에게 인격적인 찬양과 경배를 돌릴 수 있었다. 이로 말미암아 하나님에 대한 인간의 찬송이 풍성하게 우러날 수 있게 되었다. 이는 하나님과 인간 사이에 인격적인 신뢰 관계가 형성되어 있었음을 의미한다.

그러나 인간에게 허락된 자유의지가 아담과 연관하여 죄를 지을 것인지 말 것인지에 대해 스스로 결정할 수 있는 성격으로 규명짓는 것은 옳지 않다. 만일 그런 논리가 성립된다면 다시금 하나님을 선택해 돌아설 수 있는 자유의지가 인간에게 있는 것처럼 되어 버린다. 그러나 성경은 인간들에게 하나님을 선택할 수 있는 권리를 주신 것이 아니라 하나님께서 친히 자기 자녀를 선택하셨음을 언급하고 있다.

3. 인간의 죄와 만물의 오염

3.1. 죄의 근원 문제

우리가 죄의 문제를 논할 때는 인간의 이성과 경험을 기초로 하는 윤리적 기준으로써 판단하려 해서는 안 된다. 그 대신 하나님과 그의 말씀에서 출발해 죄의 문제를 짚어나가야 한다. 사탄의 유혹에 빠진 인간은 하나님을 배반하고 범죄함으로써 처참한 죽음의 상태에 놓이게 되었다.

아담이 범한 죄는 인간뿐 아니라 하나님께서 창조하신 모든 우주만물을 한꺼번에 오염시켰다. 그 죄는 하나님으로 말미암는 것이 아니라 전적으로 사탄과 인간에 의해 발생한 것이었다. 거룩한 하나님께는 더러운 죄의 속성이 전혀 존재하지 않는다. 따라서 그로부터 죄가 형성되거나 발생하는 것은 불가능한 일이다.

3.2. 죄란 무엇인가?

아담의 범죄로 인해 그에게 속한 모든 자손들은 타락한 죄인이 될 수밖에 없었다. 따라서 하나님께서 더 이상 인간을 의로운 존재로 보시지 않았다. 거룩한 하나님의 속성에 조화되지 않은 상태 자체가 죄악이다. 그러므로 하나님께서는 사탄의 편에 선 모든 인간들을 불의한 존재로 보게 되었다.

우리 주변에는 종종 '죄의 유전'을 주장하는 자들이 있는 것을 보게 된다. 아담의 죄성이 그의 자손들에게 지속적으로 상속되어 간다는 것이다. 그렇게 되면 죄에 어떤 형태이든 물질적인 성분이 들어있다는 의미가 된다. 이는 물론 우리가 일반적으로 생각하는 물질적 성분이 아닐지라도 무형적인 어떤 물질적 성분을 이야기하는 것이다.

하지만 우리는 그와 같은 이론을 받아들일 수 없다. 만일 그런 논리를 펴게 되면 인간뿐 아니라 동물을 비롯한 다른 모든 생명체들에게도 그와 유사한 성분이 있어서 유전되는 것으로 보아야 하기 때문이다. 그러나 죄는 독특한 물질적인 성분을 지니고 있지 않다. 일반적인 죄의 경우 그렇게 인식될 수 있을지 모르지만, 성경에 언급된 근원적인 죄는 하나님께서 의롭게 보시지 않는 상태를 두고 말한다.

3.3. 악한 관리자로 말미암는 우주만물의 오염

아담이 범죄한 것은 아담 개인에게만 머무는 것이 아니며, 인간이 타락한 것은 한 사람의 문제에 국한되지 않는다. 아담이 더러운 죄에 빠지게 되자 그에게 속한 후손들뿐 아니라 모든 피조세계도 그와 함께 오염될 수밖에 없었다. 따라서 인간이 살아가는 땅이 오염되었으며 자연법칙에도 손상이 갈 수밖에 없었다.

"아담에게 이르시되 네가 네 아내의 말을 듣고 내가 너더러 먹지 말라한 나무 실과를 먹었은즉 땅은 너로 인하여 저주를 받고 너는 종신토록 수고하여야 그 소산을 먹으리라 땅이 네게 가시덤불과 엉겅퀴를 낼 것이라"(창 3:17,18)

우주만물을 다스리는 하나님의 관리자로 임명받은 아담의 배신으로 인해 피조세계도 고유한 아름다움을 상실하고 오염되었다. 따라서 타락한 인간들은 이 세상 가운데서 자연과 투쟁하며 살아가는 존재가 되어버렸다. 이는 사탄의 것이 되어 버린 우주는 하나님 보시기에 더 이상 선하지 않다는 사실을 증명해주고 있다.

✳ 〈 '일반은총론' 에 대한 비판적 이해〉

우리가 일컫는 '일반은총' 이란 하나님을 믿는 자나 믿지 않는 자들 모두에게 구별 없이 똑같이 베풀어지는 긍정적인 상태를 의미한다. 이를테면 하늘의 태양 빛이나 때에 따라 내리는 비는 모든 사람들에게 공히 임한다. 하지만 그런 현상들을 하나님의 은총으로 볼 것이냐 하는 문제는 그리 간단하지 않다.

그런 것들은 자연적인 현상일 뿐 진정한 의미에서 일컬어지는 하나님의 은총이라 말할 수 없다. 하나님을 믿지 않는 자들이 겪는 것이라면 그것은 도리어 궁극적인 저주와 연관되어 있다. 나아가 사람들은 인간들의 도덕적 성품도 일반 은총적인 관점에서 이해하려고 한다. 과언 죄에 빠진 인간의 성품 가운데 진정한 하나님의 은총이 남아 있는가?

우리는 성경의 교훈에 따라 인간의 전적 타락과 부패를 받아들이고 있다. 악한 인간들에게는 하나님께서 원하시는 거룩한 도덕적 성품이 전혀 남아있지 않다. 따라서 인간들의 눈에 도덕적으로 비쳐지는 성품은 저들의 성향일 뿐 진정한 은총으로 받아들일 수 없다. 우리는 그런 것들을 하나님의 일반은총이 아니라 일반 섭리적 관점에서 이해해야 한다.

3.4. 하나님을 배신한 파렴치한 도둑

하나님의 형상을 닮은 인간은 사탄의 유혹을 받아 자기에게 모든 피조세계를 위임한 거룩하신 하나님을 배신했다. 사탄이 동산 중앙의 선악과를 따먹도록 유혹했을 때 아담과 하와는 그에 넘어갔다. 이는 우주만물을 하나님의 간섭을 받지 않고 제 멋대로 통치하고자 하는 인간의 욕심 때문에 발생한 문제였다.

그러므로 아담은 하나님을 배신하면서 하나님께서 자기에게 맡기신 온 피조세계를 끌어안고 사탄에게로 넘어갔다. 이는 하나님께서 창조하신 세계를 관리하던 인간이 그것을 악한 사탄에게 갖다 바친 것을 의미한다. 따라서 아담의 관리아래 있던 하나님의 모든 피조세계는 그대로 사탄의 장중으로 넘어가게 된 것이다. 사도 바울은 에베소 교회에 편지하면서 그에 연관된 언급을 하고 있다.

> "그 때에 너희가 그 가운데서 행하여 이 세상 풍속을 좇고 공중의 권세 잡은 자를 따랐으니 곧 지금 불순종의 아들들 가운데서 역사하는 영이라"(엡 2:2)

사도 바울은 여기서 아담을 유혹한 사탄이 전체 피조세계를 의미하는 공중의 권세를 잡게 되었음을 언급하고 있다. 아담이 하나님의 모든 피조세계와 더불어 사탄에게 넘어감으로써 우주만물은 사탄의 통치 아래 놓이게 되었던 것이다. 이는 아담의 범죄가 단순한 마음의 배신을 넘어서는 우주적인 엄청난 사건이었음을 말해준다. 그는 하나님의 신뢰를 저버렸을 뿐 아니라 하나님의 소유를 훔친 도둑으로 전락했다. 따라서 인간은 하나님의 피조세계를 통째로 도적질한 배도한 도둑이 되어 버렸다.

이렇게 하여 인간의 조상이 되는 아담은 거룩하신 하나님을 배신하게 되었다. 모든 인간의 대표자인 그는 심정적으로만 하나님을 배신했을 뿐 아니라 하나님께서 모든 창조사역을 마치신 후 기쁨의 대상으로 여기셨던 피조세계를 사악한 사탄에게 넘겨버렸다. 이로 말미암아 그후에 출생한 인간들은 하나님을 배신하고 그의 피조세계를 도둑질한 아담을 조상으로 두게 되었다. 따라서 그의 모든 자손들은 하나님을 배신한 자가 되었으며 사악한 도둑의 자식이 되어버린 것이다.

4. 죄의 결과

4.1. 사망의 도래

많은 기독교인들은 자신이 하나님 앞에서 죄인이라는 사실을 끊임없이 고백하고 있다. 그러나 그것은 형식적인 입술의 언어가 아니라 실제적이며 구체적이어야 한다. 자칫 잘못하면 인간들은 자신을 죄인이라 고백하면서 '낭만성 죄인'으로 드러내게 될 우려가 있다. 자기가 죄인이라는 사실은 인정하지만 구체적으로 얼마나 사악한 죄인인가에 대해서는 무지한 것이다.

하나님께서 맨 처음 아담과 하와를 비롯한 피조세계를 창조하셨을 때 그곳에는 사망이란 개념이 아에 존재하지 않았다. 죄가 없는 곳에는 사망이 발붙일 수 없었기 때문이다. 그러나 아담이 사탄의 유혹을 받아 범죄함으로써 무서운 사망이 온 세상을 뒤덮어 버리게 되었다. 사도 바울은 이에 대한 분명한 기록을 남기고 있다.

"이러므로 한 사람으로 말미암아 죄가 세상에 들어오고 죄로 말미암아 사망이 왔나니 이와 같이 모든 사람이 죄를 지었으므로 사망이 모든 사람에게

이르렀느니라"(롬 5:12)

아담의 범죄행위는 개인의 사사로운 문제에 지나는 것이 아니었다. 그의 행위는 인간뿐 아니라 세상과 우주만물 전체에 저주의 악한 영향을 끼치게 되었다. 그로 말미암아 세상에 사망이 들어오게 된 것은 모든 피조세계가 하나님으로부터 완전히 단절되었음을 말해주고 있다.

따라서 지구상에 존재하는 모든 생물은 일시적인 생명체일 뿐 죄와 사망 아래 놓여있게 되었다. 오늘 살아있어 보이는 그 생명체들은 내일이 되면 죽을 수밖에 없다. 진정한 생명은 죽음과 아무런 상관이 없으므로 죽인다고 해도 결코 죽지 말아야 한다. 그래야만 진정한 생명이라 할 수 있기 때문이다.

4.2. 인간의 타락과 전적부패

사탄의 유혹을 받아 죄에 빠진 인간은 전적으로 타락한 존재가 되어 버렸다. 이는 인간이 완전히 부패하게 되었음을 의미한다. 따라서 타락한 인간은 더 이상 거룩한 하나님과 교제를 지속할 수 없는 존재로 전락해 버린 것이다. 그런데 죄의 위험한 특성 가운데 하나는 인간으로 하여금 전적으로 부패한 자기 자신의 모습을 보거나 인식하지 못하게 한다는 사실이다.

이성과 경험에 익숙한 인간은 끊임없이 자기에게 맞는 새로운 가치를 창출해 내게 된다. 그것은 개인의 인식뿐 아니라 사회의 집단적 인식에 절대적인 영향을 끼칠 수밖에 없다. 그런 것들이 역사 가운데 누적되어 세상에서의 윤리를 형성하여 자신과 사회를 가늠하는 잣대의 기능을 한다.

그렇게 되면 타락한 인간이라 할지라도 완전히 부패한 것이 아니라 그래도 어느 정도 선한 것이 남아 있는 존재로 착각하도록 만든다. 그것은 죄의 결과로서 모든 인간들이 그에 속고 있는 것이다. 그에 대한 근본적인 오해를 하는 자들은 인간이 악한 것은 사실이지만 그래도 자신에게는 어느 정도 선한 부분이 남아 있는 것으로 착각하게 된다.

그러나 타락한 인간에게는 부패하지 않은 요소가 전혀 남아 있지 않다. 인간들의 자기 판단이나 진단과 상관없이 인간은 완전히 부패한 존재이다. 그럼에도 불구하고 인간들은 자기에게 어느 정도 남아 있다고 여겨지는 선한 부분을 찾아내어 그에 의존하고자 하는 속성을 지니고 있다. 하지만 인간들이 아무리 선한 것이라 주장할지라도 하나님 보시기에 의롭지 않다면 불의한 죄일 수밖에 없다. 하나님의 자녀들은 이에 대한 올바른 의미를 깨닫지 않으면 안 된다.

4.3. 지렁이, 구더기, 벌레와 같은 인간

세상 사람들은 형식적으로나마 인간의 존엄성을 이야기한다. 이는 물론 틀린 말이라 할 수 없다. 세상의 윤리를 기준으로 하여 다른 동물들과 비교해 볼 때 인간은 '만물의 영장'이라 할 수 있다. 하지만 우리 시대에는 진화론자들에 의해 이 모든 것들이 일거에 거부되고 있는 실정이다.

그런데 성경은 타락한 인간들 자체를 존귀하게 보지 않는다. 하나님을 배반한 인간은 도리어 벌레만도 못한 존재이다. 인격을 소유한 인간은 하나님을 직접 배신했지만 다른 모든 피조물은 인간의 범죄로 인해 오염되었을 따름이다. 따라서 성경은 인간이 어떤 존재인가 하는 것을 분명히 말하고 있다.

> "지렁이 같은 너 야곱아"(사 41:14);
> "무덤더러 너는 내 아비라, 구더기더러 너는 내 어미, 내 자매라 할찐대"
> (욥 17:14);
> "하물며 벌레인 사람, 구더기인 인생이랴"(욥 25:6)

하나님의 거룩성에 대한 근본적인 깨달음이 있는 성도들에게는 이 말이 지극히 당연하게 들린다. 그 거룩한 하나님께서 더러운 벌레에 지나지 않는 인간들에게 은혜를 베푸신 것은 엄청난 사랑에 근거한다. 하나님의 자녀들은 범죄한 인간이 얼마나 처참한 상태에 놓여있는가 하는 점을 분명히 깨닫지 않으면 안 된다.

인간은 그 자체로서 흉측한 죄 덩어리이다. 출생하고 난 이후부터 지속적으로 범죄한 끔찍스런 죄의 흔적들이 자신의 삶 가운데 그대로 축적되어 있다. 이는 마치 인간의 온 신체에 칼자국이 나 있고 무서운 질병으로 인해 얼굴을 비롯한 모든 지체가 완전히 일그러져 있는 모습과 흡사하다. 만일 우리 앞에 그런 사람이 나타난다면 무섭기도 하고 징그럽기도 할 것이다.

그런데 우리 자신의 모습이 곧 그러하며 모든 인간들의 삶이 예외 없이 그와 같은 모습을 띠고 있다. 설령 과거의 험한 삶을 완전히 청산하고 오늘 괜찮아 보이는 사람이 있다고 할지라도 그 삶의 모습 가운데는 더러운 죄의 흔적을 그대로 지니고 있다. 이에 대한 올바른 깨달음을 가지게 될 때 비로소 하나님의 진정한 은혜를 깨닫게 되며 본질적인 겸손을 소유할 수 있게 된다.

4.4. 하나님에 대한 범죄자

아담의 후손인 인간들은 본성상 하나님에 대해 악의에 가득 찬 범죄자이다. 어리석은 자들은 자기의 도덕적인 행동을 내세우며 하나님께 직접 범죄한 적이 없다고 착각한다. 인간의 악한 속성으로 인해 이웃에게 약간의 윤리적인 범죄를 저질렀을지라도 하나님을 향해 직접적인 죄를 지은 적이 없다고 믿는 것이다.

따라서 어리석은 인간들은 자기가 범한 죄의 범위를 스스로 정하기를 즐거한다. 그들이 입버릇처럼 떠올리고 있는 죄란 자신의 사고와 행위에 국한되어 있다. 그것은 자신을 핑계하려는 '낭만성 죄' 에 지나지 않을 우려가 있다. 하지만 우리가 진정으로 깨달아야 할 바는 모든 인간은 하나님에 대한 사악한 범죄자라는 사실이다. 이는 하나님으로부터 엄한 징벌을 받아야 할 존재임을 의미하고 있다.

거룩하신 하나님께서 자기에게 범죄한 자들에게 벌을 내린다는 것은 곧 '죽음'을 의미한다. 죄를 알지 못하는 하나님의 심판은 '죽음' 이외에 다른 징벌은 있을 수 없다. 물론 예수 그리스도께서 이 문제를 해결하시게 되지만 아담의 자손인 모든 인간들은 하나님의 진노아래 놓여있는 존재인 것이다.

4.5. 이성의 감옥에 갇힌 인간

타락한 인간은 하나님과 자기 자신에 대해서 뿐 아니라 하나님께서 창조하신 모든 피조세계에 대해서도 본질적 지식을 소유하지 못한다. 이는 인간은 스스로 빠져 나올 수 없는 자신의 타락한 이성에 갇혀 살아가는 존재가 되어 버렸기 때문이다. 그것은 결국 항상 자신의 판단이 옳다고 착각하도록 만들어가게 된다.

그렇게 되면 인간은 객관적 진리에 관심을 가질 수 없게 된다. 우주만물을 창조하신 하나님이 살아계심에도 불구하고 인간은 자신의 판단과 해석을 우선시하는 심각한 오류에 빠지게 되는 것이다. 이는 결국 인간으로 하여금 계시된 말씀을 통해 하나님의 음성을 듣는 것을 방해함으로써 오만한 판단자가 되게 한다.

4.6. '하나님의 뜻'을 변질시키는 인간

여호와 하나님은 어제나 오늘이나 내일이나 영원토록 동일한 분이다(히 13:8 참조). 그의 영원한 뜻은 세상의 변천에 따라 가변적인 상황에 놓이지 않는다. 이는 하나님께서 원하시는 근본적인 뜻이 언제나 동일함을 의미한다. 따라서 그가 자기 자녀들에게 바라시는 것은 이미 확고부동하게 정해져 있다. 그에 대한 모든 것은 계시된 그의 말씀 가운데 분명하게 나타나 있다.

그렇지만 범죄한 인간들은 계시된 말씀을 통해 하나님을 알려 하지 않는다. 하나님을 알지 못하는 불신자들에게는 그런 사고 자체가 아예 없다. 지상의 교회에 속해 있다고 할지라도 어리석은 자들은 성경에 계시된 말씀이 아니라 인간의 이성과 경험을 통해 하나님의 뜻을 변질시키고자 하는 위험한 속성을 지니고 있다.

그렇게 되면 하나님을 기쁘게 하려는 생각을 하면서도 인간들의 기호를 배경으로 하는 판단에 의존하고자 한다. 인간들이 좋아하는 것을 하나님께서도 좋아할 것으로 규정짓고자 하는 것이다. 그러나 타락한 인간들이 스스로 개입하여 하나님의 뜻을 만들거나 변질시키려 해서는 안 된다. 특히 위험한 것은 종교성이 강한 다수의 인간들이 저들의 종교적인 의도를 하나님의 뜻인 양 고착화 시키려는 태도이다. 우리는 타락한 인간들에게는 하나님의 뜻을 조작하려는 속성이 존재한다는 사실을 기억하지 않으면 안 된다.

4.7. 하나님께 덤비는 존재

사악한 인간들은 과거뿐 아니라 지금 현재도 끊임없이 하나님께 저항하며 덤벼들고 있다. 이는 불신자들뿐 아니라 하나님의 자녀들 역시 마찬가지다. 하나님께서 요구하시는 본질을 거부하면서 제 맘대로 하겠다는 것은 바로 그에 대한 증거가 되고 있다. 문제는 인간들이 하나님께 끊임없이 덤벼들고 있으면서도 그에 대한 인식을 전혀 하지 못한 채 도리어 그것이 충성인 양 착각하고 있다는 사실이다.

하나님의 은혜를 입고 그의 자녀가 되었다는 기독교인들조차도 하나님께 덤벼드는 행위를 끊임없이 되풀이하고 있다. 하나님보다는 자기의 이성과 경험에 의한 판단이 옳다는 고집을 꺾지 않고 있는 것이다. 어리석은 자들은 그러면서도 자기는 하나님 앞에서 충성을 다하는 존재인 양 어처구니없는 착각을 하고 있다. 때로는 종교적인 방법을 동원해 하나님께 저항하며 덤비고 있으면서도 그것을 통해 자신의 원하는 상급을 받으려는 극도의 어리석음을 범하고 있다.

심지어는 하나님을 예배하는 자리에서도 그와 같은 성품은 그대로 드러난다. 인간들은 자기가 성심껏 드리는 예배라면 하나님은 무조건 그 예배를 받아야만 한다는 듯이 생각한다. 만일 하나님이 그것을 받지 않는다면 윽박지르기라도 할 것 같은 오만한 태도를 지니고 있다. 그런 태도는 인간들의 모든 삶 가운데 점철點綴되어 있다.

우리는 감히 하나님께 덤비기를 계속하는 악한 자들임에도 불구하고 즉시 벌하시지 않고 오래 참으시며 인내하시는 하나님의 은혜를 기억하지 않으면 안 된다. 하나님의 자녀들이 그나마 자기를 낮추며 겸손하게 살아갈 수 있는 것은 전적으로 성령 하나님의 도우심에 의한 것임을 분명히 기억해야만 한다.

4.8. 하나님의 은혜를 적극적으로 거부하는 인간

죄에 빠진 인간들은 하나님의 은혜를 거부하는 속성을 지니고 있다. 그것도 소극적으로 거부하는 것이 아니라 적극적으로 거부한다. 생각과 말로는 하나님의 은혜를 받기를 원한다고 하지만 실상은 전혀 그렇지 않다.

하나님께서 우리에게 베푸시는 절대적인 은혜와 인간들이 원하는 변형된 은혜 사이에는 엄청난 간격이 있다. 인간들은 하나님으로부터 주어지는 선하고 유익한 은혜보다는 자기가 원하는 욕망적 은혜를 하나님께 요구한다. 하나님께서 주시는 은혜는 불필요한 것으로 간주해 버리는 것이다.

그 대신 자기가 세상에서 소유하고자 하는 은혜를 베풀어 달라고 강요한다. 하나님께서 주시고자 하는 참된 은혜가 아니라 자기가 받고 싶은 것을 강력하게 원하는 것이다. 이는 하나님의 은혜를 적극적으로 거부함으로써 무용화無用化시키려는 악한 인간의 모습이다. 이러한 모습은 죄에 물든 오늘날 우리의 모습과 다르지 않다.

4.9. 하나님을 멸시하는 존재

죄에 빠진 인간들은 무의식중에 하나님을 멸시하고 있다. 하나님을 알지 못하는 자들의 그러한 행동보다 하나님의 자녀라 하면서 그렇게 하는 자들이 더욱 가증스럽다. 그런데 그런 가증스런 자들이 바로 우리 자신일 수 있다. 그럼에도 불구하고 악한 인간들은 그에 대한 깨달음이 거의 없다. 하나님의 백성들인 우리 역시 예외가 아니다.

예를 들어 하나님을 경배하는 공예배에 마음대로 결석을 하거나 지각을 하는 것은 하나님을 멸시하는 행위라 하지 않을 수 없다. 하나님의 자녀라 주장하면서 참된 예배를 가볍게 여기거나 등한시 하는 것도 그와 마찬가지다. 하나님의 뜻에 따라 진정으로 경외하는 마음 없이 제 맘대로 예배하는 것도 그렇다.

또한 일반적인 경우에도 인간들은 하나님을 멸시하는 일을 대수롭지 않게 생각하며 행동한다. 인간들은 무언가 나쁜 짓을 하다가 누군가 가까이 오게 되면 즉시 중단하는 것이 자연스럽다. 어린아이들이 친구와 싸움을 하다가도 선생님이나 부모님이 오는 것을 알게 되면 즉시 싸움을 그친다. 양식을 갖춘 자라면 자기보다 손윗사람 앞에서는 언성조차 높이지 않는다.

만일 부모님과 어른들을 바로 옆에 두고 젊은 부부가 큰 소리로 싸운다면 그것은 어른들을 멸시하는 것과 다를 바 없다. 하지만 바로 앞에 부모님이 앉아 계시는 상태에서 실제로 심한 부부싸움을 하는 자들은 별로 없을 것이다. 결코 그런 일이 있어서는 안 된다. 그래서 항상 어른들과 함께 있는 것이 안정된 삶을 이어가는 방편이 될 수 있다.

성도들이 기억해야 할 바는 하나님의 자녀들은 항상 하나님과 한자리에 있다는 사실이다. 인간이 그 상황을 구체적으로 인식하든지 인식하지 못하든지 간에 그것 자체는 그다지 중요하지 않다. 중요한 것은 우리는 거룩하신 하나님이 잠시도 우리 곁을 떠나지 않고 항상 우리와 함께 계신다는 사실을 고백하고 있다는 점이다.

만일 우리의 고백이 진심이라면 우리는 항상 '하나님 앞에'(Coram Deo) 서 있다. 우리가 나쁜 짓을 할 때도 하나님은 바로 옆에 계시며 누군가와 심한 싸움을 할 때도 하나님은 우리 가운데 계신다. 아무도 모르게 혼자 마음속으로 범죄할 때도 하나님께서는 우리의 심령을 꿰뚫어 보신다.

그러므로 성숙한 성도들은 함께 계시는 하나님 때문에 아무렇지 않은 듯이 죄를 지을 수 없다. 그럼에도 불구하고 우리는 끊임없이 하나님 앞에서 동일한 범죄를 되풀이하고 있다. 이에 대한 분명한 사실을 깨닫게 될 때 우리를 위해 오래 참으시는 하나님의 사랑과 은혜를 진심으로 감사하게 된다.

4.10. 하나님을 이용하려는 존재

이기적인 인간들은 말로는 하나님을 섬긴다고 하면서 실제로는 자기의 욕망을 위해 하나님을 이용하고자 하는 속성을 지니고 있다. 그런 자들은 열심히 기도하는 겉모습을 보이지만 하나님께서 자기의 요구를 들어주지 않으면 언제든지 모든 것을 그만 두려 한다. 그들은 하나님이 자기를 위한 실용적인 가치가 있을 때만 자신의 하나님으로 모시고 섬기려 하기 때문이다.

종교적인 신앙을 자기의 목적을 위한 방편으로 삼으려는 자들은 하나님을 위해 무언가 행해야만 한다는 어색한 감정을 가진다. 전능하신 하나님은 인간들의 도움을 필요로 할 만큼 나약하지 않다. 그럼에도 불구하고 하나님의 사역에 앞서 지례 나섬으로써 그로부터 인정을 받으려 한다. 그들은 그것을 통해 하나님으로부터 자기가 원하는 적절한 보상을 받고자 하는 욕망을 가지고 있는 것이다.

4.11. 인간은 항상 하나님께 들키는 존재

죄에 빠진 인간은 자신의 형편에 대해 철저하게 무지한 존재이다. 그러므로 자기가 어느 정도 위선자인지조차 알지 못한다. 인간은 항상 하나님 앞에 완전히 벌거벗겨진 채로 서 있다. 이는 자기가 스스로 행하는 모든 악행뿐 아니라 아무도 모르게 혼자 마음으로 저지르는 범죄조차도 항상 들키고 있다는 사실을 말해주고 있다. 그럼에도 불구하고 죄에 빠진 인간은 그에 대해 철저히 무지하다. 그러므로 사악한 인간들은 자신의 처참하고 부끄러운 상태에 대해 별다른 감정조차 없다.

상식적인 인간이라면 자기가 금방 더러운 범죄를 저지른 현장에서 다른 사람들 앞에 거룩한 척하며 큰소리칠 수 없다. 아무도 보는 사람이 없는 줄 알고 파렴치한 악행을 저질렀는데 그것을 목격한 사람들이 있었다면, 그것을 무시하고 자기는 마치 그렇지 않은 듯이 정의감을 표출하며 다른 사람들을 질책할 수 없다. 만일 그렇게 하는 자가 있다면 그는 근본을 알지 못하는 위선자일 따름이다.

그런데 우리 자신이 바로 그런 역겨운 인간이라는 사실을 깨닫는 것은 매우 중요하다. 자신의 모든 악행을 샅샅이 알고 계시는 하나님 앞에서 자기는 마치 그렇지 않은 듯이 행동한다면 어떻게 될까? 나아가 다른 사람들에게 자신의 내면을 깊이 감춘 채 형식상 자랑스럽게 내세운다면 그보다 더 가증스러울 수 없을 것이다.

4.12. 자신에 대해 착각하는 존재

인간은 자신에 대해 엄청난 착각을 하고 있는 존재이다. 모든 개별 인간들은 그와 같은 착각에 빠지기 십상이다. 인간들은 항상 자기를 인정해 주는 사람들과 만나 교제하기를 좋아한다. 이것은 인간의 본성에 해당된다. 어느 누구도 자기를 싫어하고 비판하는 사람과 되풀이하여 만나 오랫동안 교제하기를 좋아할 리 없다.

그러므로 자기가 늘 만나는 이웃은 대개 자기를 인정해주고 자기에게 좋은 말을 해준다. 실제로 좋은 점들을 부각시켜 말하기도 하지만 때로는 마음상하지 않도록 마음에 없는 거짓으로 그렇게 말해주기도 한다. 어쨌거나 그런 사람들을 만나 교제하게 되면 유쾌하게 되는 것이 사실이다.

인간들은 그렇게 하는 동안 자기 스스로를 세뇌시킨다. 다른 사람들의 좋은 말을 듣고 자기가 마치 그런 사람인 양 착각하게 된다. 그런 생활을 되풀이 하면서 인간은 스스로 자기를 괜찮은 자로 인정하며 승인하게 되는 것이다.

그러나 그것은 매우 위태로운 착각이다. 자기가 어떤 사람인지 알기 위해서는 자기에게 우호적이고 좋아하는 자들의 말을 들을 것이 아니라 도리어 자기에게 적대적이며 형편없다고 판단하는 자들의 자기에 대한 이야기를 귀담아 들어야 한다. 그들의 말이 훨씬 더 객관성 있는 올바른 평가일 수 있을 것이기 때문이다.

더구나 우리는 죄에 가득한 자신의 모습을 가장 잘 알고 계시는 하나님을 분명히 의식하지 않으면 안 된다. 그는 우리의 일거수일투족을 살피고 계신다. 나아가 이 세상의 어느 누구도 알 수 없는 우리의 속마음까지도 훤히 꿰뚫어 보시는 분이다. 성숙한 신앙인이라면 하나님 앞에 존재하는 자기에 대해 근본적인 착각을 하지 않도록 주의해야 한다.

4.13. 하나님의 것을 탈취하는 인간

모든 인간들은 예외 없이 본성적으로 탈취자이다. 저들은 다른 사람들의 것이 아닌 하나님의 것을 탈취하고 있다. 하지만 그들은 자기가 탈취자란 사실조차 까마득히 모르는 채 살아가고 있다. 그것이 저들의 마음을 편하게 해주며, 윤리적인 삶의 의미를 부각시키는 역할을 하게 된다.

그러나 하나님의 자녀인 우리는 자신이 탈취자에 해당된다는 사실을 분명히 깨달아야 한다. 이는 과거에 있었던 한두 번의 행동을 두고 하는 말이 아니라, 지금도 끊임없이 되풀이 되고 있음을 기억해야 한다. 지금도 우리는 감히 하나님의 것을 탈취하고 있는 존재인 것이다.

우리의 신앙적인 고백은 어떤가? '나 자신'은 예수 그리스도의 피로 값 주고 사신 바 된 하나님의 것이며, '나의 유무형의 모든 소유'는 나의 것이 아니라 하나님의 소유라고 말한다. 우리 가운데 이에 대해 아니라고 부정할 자가 있는가? 만일 그런 사람이 있다면 진정한 하나님의 자녀라 말할 수 없다.

그런데 문제는 '나 자신'은 '하나님의 것'이라 주장하면서 실상은 자기 자신을 위해 살아가고 있다는 사실이다. 내가 하나님의 것이라면 더 이상 나를 위해 살 것이 아니라 하나님을 위해 살아야만 한다. 하나님의 것이라 하면서 자신을 위해 산다면 나는 나를 하나님으로부터 탈취하는 것이 된다.

우리가 가진 유무형의 모든 소유물도 이와 마찬가지다. 내가 가진 모든 것들은 하나님의 소유이다. 개별 성도들이 가진 재물과 능력과 지식을 비롯한 모든 것들은 전부 주님의 것이다. 그것들 가운데 하나님과 상관없는 개인의 소유는 아무것도 없다.

하나님께서는 그 모든 것들을 하나님 자신의 목적을 위해 사용하도록 각 개인에게 맡겨두신 것들이다. 그러므로 우리는 하나님께서 맡기신 것들을 하나님과 그의 백성들을 위해 사용해야 할 의무가 있다. 우리는 선한 관리자가 되어 그것을 지혜롭게 잘 사용하지 않으면 안 된다.

만일 누군가 자기가 관리하고 있는 모든 것들을 하나님의 소유라 말하면서 자기 개인의 욕망을 위해 사용한다면 그것은 악한 탈취행위가 된다. 그런데 하나님의 자녀라 할지라도 죄에 빠진 인간은 근본적으로 그로부터 완전히 벗어날 수 없다. 그러므로 우리는 자신의 나약함을 깨달아 알고 하나님의 은혜를 간구하게 되는 것이다. 성도들은 하나님의 것을 자기의 소유인 양 우기며 자기 마음대로 사용하는 행위보다 위험한 태도가 없다는 사실을 올바르게 깨닫지 않으면 안 된다.

5. 타락한 인간의 삶의 현장과 현상

5.1. 인간은 죄의 노예

인간들은 이 세상에서 자신이 의도하는 대로 살아갈 수 없는 존재이다. 단지 자신이 설정한 목적을 향해 마치 조각 맞추기 하듯 살아갈 따름이다. 그에 대한 모든 과정과 결과를 통해 다양한 평가를 내리지만 그것 자체로서는 아무런 의미가 없다.

타락한 인간은 죄의 노예로 전락할 수밖에 없었다. 죄는 인간 위에 군림하는 존재가 되어 인간을 사탄의 의도대로 이끌어 간다. 이 말은 인간은 죄의 이끌림에 따라 그에 순종할 뿐 인간 자신이 삶의 주체가 될 수 없음을 의미하고 있다. 죄에 빠진 인간은 타락한 자신의 노예가 되어 있는 것이다. 따라서 죄의 멍에를 벗어나지 않는 한 인간은 죄의 노예의 신분을 벗어나지 못한다.

5.2. 욕망의 노예

죄로 물든 인간은 본성적으로 욕망의 노예가 되어 있나. 타락한 본성에서 발생하는 욕망은 인간을 자유롭게 두지 않는다. 자기의 욕망이 충족될 경우 인간은 만족스러워하지만 그렇지 않을 경우 불만을 가지게 된다. 이는 부정적인 것들에만 국한되는 것이 아니다. 나쁜 욕망뿐 아니라 일반적이고 긍정적인 욕망이라 할지라도 그것이 인간을 지배한다는 측면에서는 동일한 성격을 지닌다.

인간은 잠을 자고 싶어 하고 맛있는 음식을 먹고 싶어 할 때 그 욕망을 채워주어야만 스스로 만족스러워 한다. 만일 그것을 위한 흡족한 환경이 조성되지 않으면 지속적으로 그것이 충족되기를 바라며 추구하는 노력을 지속한다. 따라서 그렇게 되지 않는 한 강한 욕구 불만이 일어날 수밖에 없다.

우리가 깨달아야 할 점은 그 욕망에 대한 충족감은 일시적인 성격을 지니고 있다는 사실이다. 잠시 어떤 욕망을 충족시켰다 하더라도 그 만족감은 곧 사라지게 된다. 배가 고파 음식을 먹게 되지만 얼마가지 않아 또다시 배가 고파지는 것과 동일한 이치이다. 또한 특정한 욕망을 어느 정도 성취했다고 판단되면 그로부터 또 다른 욕망이 생겨나게 된다. 죄에 빠진 인간은 결국 끊임없이 욕망의 지배를 받는 노예가 되어 한 평생 살아가는 존재에 지나지 않는 것이다.

5.3. 자기의 취향에 맞는 신을 조작하기에 바쁜 인간

타락한 인간들은 창세전부터 존재하는 진정한 하나님이 아니라 자기의 기호에 맞는 신을 창출하기 위해 부단한 노력을 기울인다. 그렇게 함으로써 자기의 종교적인 만족을 구가하게 된다. 이는 불신자들뿐 아니라 어리석은 기독교인들 역시 마찬가지다. 그들은 성경에 계시된 하나님이 아니라 인간의 구미에 맞는 신을 만들어 내고자 한다.

인간들은 그리스도에 대해서도 그와 같은 미련한 태도를 버리지 못한다. 그들은 인간들의 취향에 맞는 신과 그리스도를 찾아 나선다. 그 사람들은 하나님께서 보내신 성경에 계시된 예수 그리스도를 만족스럽게 여기지 않는 것이다.

그렇게 해서 생겨난 조작된 신과 그리스도는 참된 진리와 상관없는 무형의 우상에 지나지 않는다. 하지만 그들은 그런 신을 만들어 섬기면서 종교적으로 만족스러워 한다. 인간들이 특정한 재료를 가지고 만든 가시적

형상을 가진 우상들보다 더욱 사악한 것은 인간들의 기호를 위해 조작한 보이지 않는 영적인 종교현상들이다. 이에 대한 명확한 깨달음이 없으면 참된 하나님으로부터 멀어질 수밖에 없다.

5.4. 이웃의 착취자로 길들여진 인간

죄에 빠진 인간은 본성과 본능적으로 다른 이웃들에게 돌아가야 할 것들을 착취하는 존재이다. 그러나 남의 것들을 착취하면서도 그에 대한 아무런 반성적 인식조차 없다. 인간들은 유무형의 힘과 실력을 도구로 사용하여 이웃이 가져가야 할 것을 자기의 것으로 만들기를 즐겨한다.

세상의 논리는 그것을 도리어 당연한 것으로 주장하고 있다. 하지만 여러 사람들이 균등하게 나누어 가져야 할 것들을 개인의 힘과 능력을 동원해 독점하게 된다면 그것은 타인의 것을 착취하는 것과 다르지 않다. 이에 대해서는 기독교인들이라 해도 전혀 예외가 될 수 없다.

그럼에도 불구하고 신앙이 어린 교회는 성도들의 개별적인 능력을 통해 더 많이 소유하는 것을 두고 하나님의 복으로 간주하려는 것이 왜곡된 우리의 실정이다. 물론 현실에 비추어 볼 때 그에 대한 실제적인 적용은 쉽지 않다. 하지만 성숙한 성도들은 적어도 그에 대한 비판적 사고를 가지지 않으면 안 된다.

5.5. 고슴도치 같은 인간

죄에 빠진 인간들은 예외 없이 마치 고슴도치와 같이 온 몸에 예리한 가시들을 산뜩 덜고 다닌다. 살아있는 인간의 움직임 자체가 주변 사람들을 끊임없이 찌르며 자신도 다른 사람에 의해 찔리게 된다. 따라서 모든 인간은 무의식중이라 할지라도 타인에 대해 공격적일 수밖에 없으며 동시에 항상 인내하며 살아가지 않을 수 없다.

어떤 사람들은 자기는 결코 그렇지 않다고 주장할지도 모른다. 그러나 인간인 이상 그것을 피하지 못한다. 예를 들어 어떤 사람이 자신의 건강을 하나님께서 주시는 복인 양 자랑한다면 병약한 사람을 찌르는 것이 되며, 부자들은 부지중에 가난한 이웃의 마음을 상하게 한다. 또한 어떤 사람이 공부를 많이 해 학벌이 좋다면 자기도 모르는 사이 그렇지 못한 이웃의 마음에 상처를 줄 수 있으며 자식 자랑을 해도 그렇게 할 우려가 있다. 이처럼 인간은 자기도 모르는 사이 항상 주변의 많은 사람들을 찌르며 다닐 수밖에 없다.

5.6. 간음을 즐기는 인간

자연적인 인간은 남들이 알든지 모르든지 은밀한 상태에서 간음을 즐기는 존재이다. 이는 자기가 직접 육체적인 간음행위를 저질렀는가 하는 문제를 넘어서는 개념이다. 우리 가운데 다수는 자기는 결코 간음을 저지른 적이 없다고 주장할 자들이 많이 있을지도 모른다. 과연 그럴까?

인간들의 간악성은 무서우리만큼 간교하다. 자기는 간음과는 아무런 상관이 없는 것처럼 포장하면서 실상은 더러운 간음을 즐기고 있다. 겉으로는 경건한 종교적인 모습을 보이는 듯하지만 속에는 전혀 그렇지 못한 습성이 도사리고 있는 것이다.

첨단과학시대를 살아가는 현대인들에게는 더욱 그렇다. 기독교인들이라 해서 크게 다르지 않다. 우리 시대는 간음을 낭만으로 포장하여 은근히 부추기는 사악한 세대가 되어 있다. 날마다 보게 되는 텔레비전 연속극이나 영화, 소설 등에는 더러운 간음에 관련된 내용이 빠지면 작품이 되지 않을 정도이다.

어리석은 자들은 작품 속의 다른 인간들의 성적인 부정을 보며 은연중에 그것을 간접적으로 즐긴다. 그러나 우리는 그에 대해 여간 민감하게 반응하지 않으면 안 된다. 자칫 방심하게 되면 자신도 모르는 사이 순결한 감정은 무디어지게 되고 그 더러운 세계에 서서히 빠져 들어가기 십상이

기 때문이다. 따라서 성도들은 간음의 위험성을 분명히 인식하고 있어야
만 한다.

✽ 〈간음과 살인〉

간음과 살인 가운데 어느 쪽이 더 무서운 범죄인가? 사람들은 대개 살
인을 가장 무서운 죄로 여기는 경향이 있지만 실상은 간음이 오히려 더
잔혹한 범죄가 될 수 있다. 살인은 한 사람의 생명을 죽이는 행위이지만
간음은 한 가정을 파괴하여 죽이는 범죄 행위가 될 수 있기 때문이다.

만일 어떤 가정에서 가족 중 한 사람이 불행한 살인을 당했다면 나머지
유가족은 엄청난 충격과 고통을 받게 되겠지만 인내하는 가운데 이겨나갈
수 있다. 온 가족이 힘을 모아 위로와 격려를 나누면서 세월이 흘러가면
상처를 치유하여 가족의 원래 사랑을 회복할 수 있는 것이다.

이에 반해 간음의 경우는 전혀 그렇지 않다. 특히 가정을 가진 유부남이
나 유부녀와 간음을 저지른다면 그것은 한 가정을 파괴하는 행위가 된다.
만일 어떤 가정에 그런 일이 발생하게 되면 회복불능의 상태에 놓이게 될
지 모른다. 하나님의 자녀들은 이에 대한 분명한 이해를 하지 않으면 안
된다.

✽ 〈국가 및 사회의 간음에 대한 부당한 인식〉

현대는 인간들의 성적인 간음 행위가 마치 대단한 죄가 아닌 것처럼 인
식하고 살아가는 시대가 되어 버렸다. 현대 세속국가는 남녀의 간음을 법
적인 범죄행위로 간주하지 않으려 한다. 특히 혼인하기 전의 남녀가 간음
을 저지르는 것을 보며 법적인 재제를 가해야 한다고 주장하는 사람은 아
무도 없다.

만일 혼인하지 않은 미혼 청년남녀가 간음죄를 저지르게 되면 저들을
몇 년 동안 감옥살이를 시킨다든지 고액의 벌금을 내도록 해야 한다고 주
장하면 온 사방에서 공격을 가해오는 자들이 넘쳐날 것이 분명하다. 누군

가 그런 주장을 하게 되면 세상으로부터 비웃음을 면치 못할 것이다.

그렇지만 우리는 간음이 범죄라는 사실을 올바르게 인식하지 않으면 안 된다. 퇴폐에 빠진 악한 세상의 경향성은 교회에 속한 성도들의 사고체제 가운데도 이미 깊숙이 침투해 들어와 있다. 그런 사고는 거룩해야 할 교회의 건전한 가치를 엄청나게 훼손하고 있다. 우리는 이에 대해 분명한 해석과 더불어 엄격한 대처를 할 수 있어야만 한다.

5.7. 하나님과 동행하는 삶을 오해하는 자들

하나님의 자녀들은 하나님께서 항상 자기와 동행하고 있음에도 불구하고 그에 대한 인식이 없는 경우가 태반이다. 자신이 처한 분위기가 종교적이거나 기분이 좋아지게 되면 하나님께서 자기와 함께 있는 것으로 인식한다. 하지만 나머지 대부분의 시간에는 하나님이 함께하지 않는 것으로 여기는 경향이 있다. 그런 사람들은 기도하면서 하나님께 자기와 동행해 주시도록 간구한다.

하나님이 이미 저와 함께 계시는데도 불구하고 그것을 믿지 못하고 또다시 함께 동행해 주실 것을 요구하는 것이다. 이 얼마나 우스꽝스러운 일인가? 항상 함께 계시는 분에게 마치 없는 듯이 생각하며 함께 있어 주도록 간구한다는 것은 말이 되지 않는다. 우리는 바로 그런 믿음 없는 인간들에 지나지 않는다는 사실을 기억하지 않으면 안 된다.

5.8. 오염된 아름다움에 취한 인간

죄로 말미암아 오염된 세상에는 절대적인 미美가 사라져 버렸다. 우리의 눈앞에 아름답게 비쳐지는 모든 것들은 타락한 인간의 감성과 취향에 조화되는 것들일 따름이다. 이는 물론 그런 피조물들이 전혀 무가치하다고 말하는 것과 다르다. 그것을 통해 인간이 하나님으로부터 얻을 만한 충분한 교훈들이 있다 할지라도 절대적인 아름다움이 사라졌다는 사실을 동시에 기억하는 것은 매우 중요하다는 것이다.

인간들은 항상 타락한 자신의 안목에 도취되어 있다. 자기 눈에 아름답게 비쳐지는 대상을 아름다운 것이라 여기며 거기에 쉽게 빠져 든다. 오염된 자연에 대해서 즐거움을 느끼게 되면 그것을 좋은 것으로만 치부하게 된다. 나아가 사람의 외모를 평가하는 일에 있어서도 동일한 습성을 버리지 못 한다. 사람의 드러난 형태를 보고 아름다움을 가늠하는 것은 죄로 말미암는 인간의 속성에 기인한다.

5.9. 비교와 콤플렉스

하나님을 배반함으로써 참된 만족을 상실한 인간들은 자기 자신의 본질이 아니라 타인과의 비교를 통해 상대적인 만족감을 취하고자 하는 속성을 지니고 있다. 모든 인간들은 항상 다양한 사회적 집단에 속해 살아가기 마련이다. 그 가운데서 나름대로 형성된 기준에 따라 자기를 인정하는 자들이 얼마나 되는지 눈여겨 살핀다. 자기가 타인으로부터 얼마나 인정받고 있는지 민감하게 반응하고 있는 것이다. 이는 본인이 인식하든지 않든지 상관없이 타락한 인간의 본성상 그렇다.

그래서 인간은 끊임없이 자신과 타인을 비교하며 살아가기에 열중한다. 나아가 타인과 타인을 비교하기를 게을리하지 않는다. 그것을 통해 자기의 삶을 확인하고자 하는 것이다. 따라서 아무리 힘든 경우를 만난다고 할지라도 자신의 우월성을 발견하게 되면 교만하게 되고 열등성을 확인하게 되면 비굴해진다.

그러나 성숙한 성도들은 다른 사람들보다 비교우위에 서는 것을 가치 있는 덕목으로 생각지 않는다. 그저 하나님 앞에서 자기의 죄스런 모습을 분명히 깨닫게 될 따름이다. 그들은 죄악에 가득 찬 인간이 서로간 우열을 가린다고 할지라도 그것이 아무런 의미가 없다는 사실을 잘 알고 있기 때문이다.

6. 성도의 거듭난 이성

6.1. 계시된 말씀을 통한 진리

인간은 타락한 종교성을 지니고 있지만 계시된 하나님의 말씀을 통해 그것을 교정해 나가야 한다. 하나님을 알지 못하는 불신자들뿐 아니라 하나님의 자녀들에게도 여전히 그 악한 속성이 뿌리 깊게 자리잡고 있다.

교회에 속한 성도들은 인간의 부패로 말미암는 그 위험한 속성을 깨달아 항상 하나님 앞에서 자신을 되돌아 볼 수 있는 지혜를 소유해야 한다. 이성과 경험을 도구로 하여 변형된 하나님과 조작된 그리스도를 끊임없이 만들어내고 있는 자신을 스스로 자책하지 않으면 안 된다. 그렇게 함으로써 이 땅에 살아가는 성도들은 계시된 하나님의 말씀을 통해 지속적으로 자신을 개혁해 나가게 되는 것이다.

6.2. 해석의 주체로서 교회에 속한 성도

진리를 소유한 하나님의 자녀들은 세상에서 발생하는 모든 현상들에 대한 해석의 주체가 된다. 이는 말씀의 눈으로 모든 것을 바라보아야 한다는 사실을 말해준다. 성도들은 계시로 주어진 성경을 읽고 그 의미를 깨달아 가는가 하면, 타락한 세상과 그 안에서 발생하는 모든 현상들에 대한 해석을 해야만 하는 것이다. 그것은 인간의 이성과 경험에 근거한 해석을 정당화하지 않는다.

하나님을 알지 못하는 자들도 세상의 정황에 대한 나름대로의 해석을 가하고 있다. 그러나 그들은 자신의 경험에 의해 형성된 이성을 기초로 하여 세상을 해석하려 한다. 그렇지만 교회와 그에 속한 성도들은 그렇지 않다. 세상에 대한 올바른 해석을 하기 위해서는 하나님께서 계시하신 성경 말씀에 대한 기본적인 이해가 없이는 불가능하다.

6.3. 좌표이해의 필요성

성숙한 인격을 갖추지 못한 어린아이들에게는 자기가 어디에 있는가 하는 점은 그다지 중요하지 않다. 어디에 있든지 맛있는 과자와 재미있는 놀이거리가 있으면 그만이다. 이에 대해서는 타락한 모든 인간들에게 해당되는 말이기도 하다. 그들에게는 한평생 배불리 먹을 수 있는 음식과 즐거운 소일거리가 있으면 만족스러워 한다. 그래서 사람들은 그것을 얻기 위해 모든 노력을 아끼지 않는다.

인간들은 궁극적으로 자기가 현재 처한 위치를 정확하게 파악할 수 있어야 한다. 이는 역사적 공간적 의미를 동시에 가진다. 그렇지만 타락한 인간들 스스로에게는 그에 대해 알 수 있는 아무런 방편이 없다. 그들은 자기가 어디에 있는지 모르는 채 길을 잃고 헤매고 있다. 그에 대한 불안감을 없애는 방법이 현실의 만족을 추구하는 것이다.

그러나 하나님의 자녀들은 자신의 존재 위치에 대한 객관적인 지식을 소유하게 된다. 인간들이 살고 있는 지구가 하나님을 배반함으로써 가시적이며 불가시적인 쓰레기장처럼 오염된 영역이 되었다는 사실을 명확하게 인식한다. 모든 것이 오염된 그곳에서는 아무런 궁극적인 소망을 가질 수 없다.

또한 신앙이 성숙한 성도들은 인간의 역사와 그 가운데 살고 있는 자기의 위치를 올바르게 파악할 수 있는 능력을 지니게 된다. 이 세상에서 아무리 배부르고 만족스럽게 살아간다고 할지라도 자기가 처한 위치를 정확하게 모른다면 아무런 의미가 없다는 사실을 알고 있는 것이다. 모든 성도들은 자신이 위치한 시공간의 좌표에 대한 분명한 깨달음을 가져야만 한다.

6.4. '이상한 시대'에 물든 비정상적인 환경

6.4.1. 비정상 시대

현대는 모든 것이 혼탁해진 비정상적인 시대가 되어 버렸다. 현대의 문명과 문화는 점차 인간들을 과거에 비해 더욱 비정상적인 상태로 몰아가고 있다. 비정상적인 것을 정상으로 이해한다면 정상인이라 할 수 없다. 비정상적인 상태를 정상적인 것으로 인식하고 있다면 그것은 비정상적인 것을 드러내고 있을 따름이다.

누구든지 우리 시대를 단순히 살기 좋은 시대라 여긴다면 판단착오라 할 수밖에 없다. 개별 인간, 가정, 사회 등 모두가 전통적인 상식에서 크게 벗어나 있다. 그럼에도 불구하고 현대에 살아가는 인간들은 그것을 전혀 불편하게 여기지 않는다. 도리어 인간들은 현대사회를 누리며 즐기려 하고 있다. 그것을 인생이 누릴 만한 가장 만족스런 삶으로 착각하고 있는 것이다.

현대인들의 이러한 상태는 자신의 비정상성을 입증하고 있는 것과 같다. 따라서 교회는 왜곡된 세상에 대해 여간 민감하게 대처하지 않으면 안 된다. 하지만 세상을 말씀으로 해석하고 진리로 대처해야 할 교회와 성도들마저 세상의 풍조를 좇으며 그것을 탐하며 따라간다는 것은 여간 심각한 일이 아니다.

6.4.2. 첨단과학문명의 세계

현대인들은 대개 이전 시대에 볼 수 없었던 첨단과학의 문명을 경험하며 살아가고 있다. 현대는 교통, 통신, 전기, 전자, 의술 등 모든 분야에서 초 첨단을 향해 달음질친다. 나아가 우주과학, 유전공학, 컴퓨터 과학 등의 발달은 그 끝이 어디일지 모를 만큼 가치해석을 동반하지 않은 채 급속도로 발달해 가고 있다.

오늘날 대도시의 밤에는 온갖 색깔의 네온사인들이 번쩍이며, 하늘에는 커다란 쇳덩어리로 된 비행가 날아다닌다. 사람들은 저마다 손에 스마트폰을 들고 다니면서 온갖 정보들을 실시간으로 수집하는 가운데 멀리 떨어져 있는 사람들과 대화한다. 집안에서는 텔레비전을 틀어놓고 생활하고 있으며 각종 전자제품들은 없어서는 안 될 필수적인 물건들이 되어 버렸다. 거기다가 컴퓨터를 통한 인터넷은 과거의 인간들이 상상조차 할 수 없던 상황을 만들어 가고 있다.

또한 유전공학과 첨단 의술의 발달은 스스로 악의 길을 재촉하고 있다. 인간들이 그것을 통해 하나님의 고유한 영역을 침범하기 시작한 것이다. 의학자들은 성전환 수술을 통해 남자와 여자를 마음대로 바꾸면서 그것이 얼마나 무서운 죄악인지 인식조차 하지 못하는 상태에서 기고만장해 있다. 나아가 우주과학 역시 마찬가지다. 오만하게 된 인간들은 우주를 탐구의 대상으로 여기다가 급기야는 공격의 대상으로 삼고 있다.

그런데 오늘날 우리는 이런 현상들을 보면서 전혀 이상하게 여기지 않는다. 도리어 그것들은 우리에게 있어야 할 지극히 당연한 것들인 양 되어 버렸다. 성숙한 신앙인이라면 마땅히 그에 대한 건전한 의심을 품어볼 수 있어야 한다. 인간들이 그런 것들을 발명하여 누리며 살아가는 것이 과연 자연스러운 일인가? 우리는 초 첨단 과학시대가 이해하기 어려운 이상한 시대라는 것을 깨닫지 않으면 안 된다.

예를 들어 지금껏 지구 위에 살았던 가장 위대했던 과거의 인물 가운데 한 스무 명 정도를 현대사회에 초청한다고 가정해 보자. 거기에는 소크라테스, 플라톤, 아리스토텔레스 같은 철학자들이 포함될 것이다. 또한 줄리어스 시저, 징기즈칸, 나폴레옹 같은 지략이 뛰어난 영웅들도 있다. 뿐만 아니라 한국에서 유명한 세종대왕이나 이순신 장군 같은 사람들도 포함된다.

이런 뛰어난 과거의 인물들을 대형 버스에 대워 머칠 동안 세계의 대도시와 현대의 첨단과학의 실상을 있는 그대로 보여준다면 어떤 일이 발생할까? 그들은 하늘을 날아다니는 쇳덩어리를 보고 놀랄 것이며 통신 문화나 일반 교통문화뿐 아니라 컴퓨터 같은 것을 보고 놀라지 않을 수 없을 것이다. 나아가 의사들이 수술을 통해 아무렇지도 않은 듯이 남녀의 성을 뒤바꾸어 버리는 것을 보면 뒤로 나자빠질 것이 분명하다.

현대의 지구 위에서 발생하는 모든 현상을 경험한 그 사람들을 나중 따로 모아 저들이 본 것에 대한 토론을 부친다면 어떤 결론을 도출하게 될까? 아마도 그들은 저들이 보고 들은 모든 것이 인간들로 말미암는 것이라 결론짓지 않을 것이다. 그들이 본 존재들은 인간이 아니라 다른 특별한 존재라 해석하게 될 것이 틀림없다. 인간들로서는 결코 그럴 수 없다고 판단할 것이기 때문이다.

이처럼 우리는 전통적인 인간의 관점에서 볼 때 도저히 상상할 수 없는 이상한 세상에 살고 있다. 그러면서도 그것이 도리어 당연한 것처럼 인식하고 있다. 현대에 살아가면서 그에 대한 올바른 인식을 하는 것은 매우 중요하다. 그래야만 인간의 삶과 그로 말미암는 본질적인 의미에 접근할 수 있을 것이기 때문이다.

6.4.3. 포스트 모더니즘(Post-Modernism)

자연과학은 인간들의 삶의 편의를 가져왔을지 모르지만 엄청난 정신적 혼란과 상실을 가져왔다. 타락한 인간들의 두뇌와 손에 의해 고안된 것들은 약간의 유익을 가져온 데 반해 훨씬 큰 것을 놓쳐버리게 한 것이다. 현대인들은 눈앞에 보이는 감각적인 만족을 얻은 반면 그보다 훨씬 중요한 정신적인 것을 잃어버렸다.

우리 시대는 그야말로 방향 감각을 완전히 상실한 위기의 시대가 되어 있다. 인간들은 자신이 지금 어디를 향해 나아가고 있는지조차 파악할 수 없게 되었다. 현대는 마치 거칠고 힘센 말이 끌고 가는 거대한 마차와도 같다. 앞자리에 앉아 힘센 말을 몰고 가던 마부와 마차에 심각한 문제가 발생했다. 말이 미쳐서 날뛰게 되자 마부는 손에 잡고 있던 고삐를 놓쳐버린 것이다.

힘센 미친 말은 제멋대로 날뛰고 마부는 더 이상 어떻게 손을 쓸 방법이 없다. 이렇게 가다가는 말과 마차가 낭떠러지에 쳐박혀 모두가 죽을 운명에 처한 것이다. 그럼에도 불구하고 마차 안에 타고 있는 대다수 사람들은 자기에게 발생한 바깥의 심각한 상황을 전혀 인식하지 못하고 있다.

마차 안에는 흥청거리며 술에 취한 사람들이 있는가 하면, 노래방을 만들어 즐기는 자들도 있다. 한쪽 구석에서는 카드놀이에 빠져 있는 사람들도 있다. 그들은 갇힌 공간 안에서 저마다 자신의 즐거움에 취해 있다. 카드놀이에서 돈을 딴 사람들은 흐뭇해하는가 하면 돈을 잃은 사람들은 초조한 빛을 감추지 못한다.

미친 말이 제멋대로 끌고 가는 마차는 오래가지 못할 것이 분명하다. 그러나 그 위험한 상황을 제대로 인식하지 못하는 자들은 마차 안에 갇혀 제각각 자기중심적인 계산에 빠져 있다. 오늘날 우리 시대가 이와 유사하다. 전통적인 삶의 가치관을 상실한 인간들은 마치 고삐풀린 미친 말이 끄는 마차에 타고 있듯이 방향성을 상실한 세상에 속해 살면서 저마다 자기 논리에 취해 있다. 하나님의 자녀들도 그 가운데 포함되어 있다는 사실을 기억하지 않으면 안 된다.

6.4.4. 인간성 파괴 문제

전통적인 사고가 무너진 현대의 상황 가운데서는 인간성이 송두리째 파괴될 위기에 처해 있다. 현대인들은 다른 사람을 의식하지 않고 이기적인 자기 기준에만 매달리게 된다. 극단적인 개성주의와 자기중심성은 모든 것을 포용하는 것 같아 보이지만 실상은 모든 가치를 혼합한다. 그것은 결국 일반적인 관점에서 말하는 보편석 가치마저 해체하게 된다는 점을 시사하고 있다.

가치판단의 기준을 상실한 사회에서는 각자 혹은 개별 그룹의 이기적인 판단이 진리의 자리를 차지하게 된다. 이제는 전통적 보편윤리를 인정하지 않고 상대적 윤리를 강조하는 시대가 되어 버린 것이다. 가정의 해체,

성윤리의 파괴, 동성애와 동성혼인 등은 심각한 지경에 다다르고 있다.

그럼에도 불구하고 어리석은 인간들은 그것을 단순한 사회적 변천으로만 인식하려 한다. 그것이 얼마나 위험한 도구가 되어 가는지 모르고 있는 것이다. 현대사회에 도입된 과학문명의 발달보다 더욱 크게 급변하고 있는 것이 정신사회의 변질이다. 인간들의 과학문명이 인간 사회를 위협하는 도구가 되고 있듯이 우리 시대의 잘못된 사상은 인간들의 정신세계를 근본적으로 파괴하고 있다.

우리는 또한 인간의 생명에 대한 무의식적인 경시풍조를 경계해야 한다. 이와 연관하여 특히 애완동물이나 소위 반려동물의 실상에 대한 심각성을 결코 간과할 수 없다. 애완동물이란 동물애호와 그 성격이 근본적으로 다르다. 우리는 애완동물을 두는 행위는 동물의 입장에서 볼 때 인간을 위한 동물학대의 다른 한 형태에 지나지 않는다는 사실을 염두에 두어야 한다.

나아가 인간들은 동물에 인격성을 부여함으로써 동물과 대화하며 무의식중에 특정 동물의 인간화 작업을 꾀하고 있다. 그것은 점차 인간의 생명을 동물의 생명과 차별 없이 동일한 관점에 두게 된다. 이것이 정신적으로 사상화思想化 되면 넓은 의미에서 볼 때 인간 생명의 경시풍조를 가져올 수밖에 없다. 우리는 급변하는 세상 가운데 살아가면서 인간의 사고가 변화하는 것을 통해 보이지 않는 독성들이 뿜어져 나오는 문제에 대해 민감한 관심을 기울이지 않으면 안 된다.

7. 하나님의 형상을 회복한 성도의 신분과 삶의 자세

7.1. 하나님의 형상을 회복한 자

7.1.1. 하나님의 형상을 통한 인간의 기능회복

하나님의 자녀들에게 있어서 가장 중요한 사실은 예수 그리스도로 말미암아 하나님의 형상을 회복하게 되었다는 점이다. 원래 하나님의 형상대로 지음을 받은 인간이었지만 아담이 범죄함으로써 그 기능을 완전히 상실하게 되었다. 인간이 소유한 하나님의 형상이 완전히 망가진 채 제 기능을 발휘할 수 없었던 것이다.

그러나 완벽한 하나님의 형상으로서 이땅에 오신 예수 그리스도를 통해 창세전에 그의 선택을 받은 백성들은 하나님의 형상을 회복하게 되었다(고후 4:4). 우리가 하나님을 경배할 수 있고 그에게 기도하며 교제할 수 있는 것은 하나님의 형상이 회복된 사실과 직접적인 연관이 있다.

7.1.2. 하나님에 대한 경외심 회복

죄에 빠진 인간들은 하나님을 인격적으로 경외할 줄 모른다. 그들은 하나님을 두려워하며 겁을 집어먹을지언정 진정으로 경외하는 마음을 가질 수 없다. 이에 반해 하나님의 자녀가 된 성도들은 하나님을 진정으로 경외한다.

그렇다면 우리는 어떻게 그를 경외하는 마음을 나타내게 되는가? 교회에 속한 성도들은 인간적인 심성자체를 통해 하나님에 대한 두려움을 가지는 것이 아니라 계시된 그의 말씀을 경외함으로써 그에 대한 마음을 드러내게 된다. 하나님의 형상을 회복한 거듭 난 자들은 하나님의 말씀을 경외함으로써 하나님을 인격적으로 섬기게 되는 것이다.

7.2. 성도들에게 부여된 신분 : 하나님의 자녀, 백성, 송

7.2.1. 하나님의 자녀

예수 그리스도를 통해 구원받은 성도들은 '하나님의 자녀' 가 되었다. 이는 거듭 태어난 출생 관계를 통해 하나님과 부자관계가 성립되었음을 의미한다. 나아가 이 말은 법적으로 완전한 하나님의 양자가 되었음을 입증하는 것이기도 하다. 따라서 성도들은 이제 아무런 거리낌 없이 자유롭게 하나님을 '아바 아버지' 라 부를 수 있게 되었다.

이와 동시에 하나님의 자녀가 된 성도는 하나님의 상속자로 인정받는다. 이 말은 처음 하늘과 땅에 속한 모든 것들을 상실한 인간이 이제 하나님으로부터 새 하늘과 새 땅을 상속받게 되었음을 의미하고 있다. 이는 천상의 나라에 소망을 둔 성도들에게 허락된 가장 소중한 특권이다.

7.2.2. 하나님의 백성

성도가 '하나님의 백성' 이 되었다는 사실은 새로운 정치적 관계에 놓이게 됨을 의미한다. 이는 과거에 사탄이 통치하는 왕국에 속해 있었으나 이제 하나님의 통치영역으로 이동했음을 말해준다. 따라서 모든 성도들은 하나님을 자신의 왕으로 부른다. 이는 단순한 호칭이 아니라 그의 모든 명령에 복종하는 실제적인 상황을 말해주고 있다.

예수 그리스도를 통해 우리의 왕이 되어 주신 하나님께서는 자신의 명령에 복종하는 백성에게 가장 안전한 삶의 영역을 보장하신다. 이를 벗어나서는 결코 참된 생명을 보존할 수 없다. 따라서 교회에 속한 모든 성도들은 하나님의 백성으로써 그의 통치를 현실적으로 받아들이지 않으면 안 된다.

7.2.3. 하나님의 종

'하나님의 종' 이라는 말은 그의 노예가 되었다는 것으로서 경제적인 성격을 내포하고 있다. 그리스도의 은혜를 입은 모든 성도들은 하나님을 자신의 유일한 '주님' 으로 모시고 있다. 이는 예수 그리스도의 피로 말미암아 주인이신 하나님께 팔려간 인격적인 소유물이 된 사실에 연관된 개념이다.

이 말은 개인의 인격에 국한되지 않는다. 여기에는 하나님의 종이 된 자들의 모든 소유는 하나님의 것이라는 고백적 의미를 동반하고 있다. 따라서 성도들은 신실한 하나님의 청지기로서 그가 맡긴 모든 것들을 올바르게 관리해야할 의무가 있다. 그렇게 함으로써 하나님의 충성된 종이 되어가는 것이다.

7.3. 모든 성도들은 하나님의 몸된 교회에 속함

하나님의 성도들은 이 세상에서 홀로 독자적으로 살아가지 않는다. 하나님께 속한 백성들은 하나님께서 예비하신 특별한 영역인 교회공동체에 속해 있을 수밖에 없게 된다. 교회는 지상에 속한 하나님의 왕국 곧 하나님께서 직접 통치하시는 영역이다. 그 교회의 유일한 머리는 예수 그리스도이며, 모든 성도들은 그 머리에 붙어있는 지체들이다. 그러므로 성령으로 말미암아 거듭난 하나님의 백성들은 예외 없이 그의 몸된 교회에 속해 있어야만 한다.

이는 지상 교회에 속한 성도들이 타락한 세상 가운데 살아가고 있지만 이 세상에 속한 자가 아니라는 사실을 말해준다. 만일 기독교인이라 주장하면서 그의 몸된 교회에 온전히 속하지 않았다면 그를 진정한 성도라 말할 수 없다. 설령 겉보기에 훌륭한 기독교인의 모습을 띠고 있다 할지라도 머리인 예수 그리스도의 몸에 붙어 있는 지체가 아니라면 하나님과 상관이 없는 자들이다.

7.4. 천상의 왕국에 속한 자

하나님의 자녀들은 타락한 세상에 살아가고 있으나 거룩한 천상의 왕국에 속한 시민들이다(빌 3:20). 따라서 이 세상의 입장에서 볼 때는 교회에 속한 자들이 그리 달가운 대상이 되지 못한다. 오히려 천국시민은 세상 왕국을 거부하며 그에 저항하는 본성을 지니고 있기 때문이다.

그러므로 타락한 세상에 속한 사람들은 자기가 속한 왕국을 위해 충성을 기울이며 저들의 가치를 적극적으로 추구해 간다. 그렇지만 천상의 왕국에 속한 시민들은 세상에 대해 그렇게 하지 않는다. 그들은 도리어 세상 왕국의 원리를 강하게 거부하며 세상의 가치를 거슬러 행동한다.

이 말은 결코 상징적인 의미에 국한하여 언급되는 것이 아니다. 하나님의 왕국에 속한 백성들은 천상의 왕국에 궁극적인 소망을 두고, 사탄에게 속한 이 세상과 세상의 논리와 가치를 해석하며 천국시민으로서의 삶을 살아야 한다. 그렇게 살아가는 것은 결코 쉬운 일이 아니지만 천상의 왕이신 예수 그리스도의 명령과 성령 하나님의 도우심에 따라 그렇게 살아가게 된다.

7.5. 하나님의 임재

하나님의 자녀들은 항상 하나님과 함께 살아간다. 그러나 많은 경우에 있어서 여전히 죄 가운데 살아가는 성도들은 그 사실을 잊은 채 생활한다. 그러므로 그들은 어리석게도 불필요한 하나님의 임재를 간구한다. 이미 임재해 계시는 분을 향해 또다시 임재를 요구하는 것은 정상적인 신앙에 기인하는 것으로 볼 수 없다.

우리는 하나님께서 항상 우리 가운데 임재해 계신다는 사실을 기억하지 않으면 안 된다. 하나님은 자기 자녀들이 어디에 가든지 어느 곳에 있든지 누구를 만나든지 항상 그 가운데 임재해 계시는 분이다. 우리는 이에 대한 현실적 사실을 결코 잊어버리지 말아야 한다.

7.6. 청지기로서의 사명

교회에 속한 성도들은 하나님을 위한 청지기이다. 자신이 가지고 있는 모든 것은 자기를 위한 개인적인 소유가 아니라 하나님께서 다른 이웃을 위해 맡겨 두신 것들이다. 이는 유무형적인 모든 것들을 포함하고 있다.

따라서 우리가 소유한 지식, 물질, 건강 등 모든 것은 하나님께서 맡기신 것들로 그 주인이 요구할 때 언제든지 그것을 필요로 하는 자들에게 되돌려줄 준비를 갖추고 있어야 한다. 하나님께서 우리에게 다른 이웃을 위해 그것을 사용하도록 요구하실 때 그것을 외면해서는 안 된다. 건강도 돈도 지식도 모두 자기 자신을 위한 것이 아니라 이웃을 위한 것이라는 사실을 이해하는 것은 매우 중요하다.

그러므로 하나님의 청지기로서 자기가 임시로 관리하고 있는 것을 자기만을 위한 것인 양 착각하고 맘대로 사용한다면 남용이 된다. 나아가 자칫 이기적인 목적을 위해서 그것들을 잘못 사용하게 되면 하나님의 것을 도적질하는 악행이 될 수도 있다. 따라서 우리는 하나님께서 맡기신 모든 것들을 하나님의 뜻에 따라 사용하고자 하는 성숙한 신앙인의 자세를 가지지 않으면 안 된다.

7.7. 교회를 위한 삶

예수 그리스도의 피로 말미암아 하나님의 몸된 교회에 속한 모든 성도들은 더 이상 자기 자신을 위해 살고자 하는 세상적인 태도를 버려야 한다. 그 대신 하나님의 교회를 위해 자신의 삶을 살아가게 된다. 이는 일반적으로 말하는 희생정신을 의미하는 것이 아니라 삶의 본질적 성격에 관한 문제와 연관되어 있다.

여기서 교회를 위한 삶이라는 말의 진정한 의미는 교회 조직을 염두에 두고 한 말이 아닐 뿐더러 봉사의 삶을 의미하지도 않는다. 이 말은 하나님께서 허락하신 자신의 모든 삶의 내용이 다른 성도들에게 원활하게 전달되어야 함을 의미한다. 그것이 가시적인 것이든 불가시적인 것이든 모든 것들은 자신의 내부에 머물지 않고 다른 이웃을 위해 유익하게 사용되어야 하는 것이다. 이는 결코 사변적인 구술에 그쳐서는 안 되며 모든 성도들 사이에 구체적으로 드러나 상호 적용되어야 할 사안이다.

7.8. 오염된 세상문화에 대한 교회와 성도의 자세

7.8.1. 문화의 본질

인간은 그 본성상 세상에서 발생하는 문화와 떨어져 살아갈 수 없는 존재이다. 타락한 인간들이 생활하는 사회에는 항상 독특한 문화적 양상이 생겨날 수밖에 없다. 따라서 모든 인간들은 이 세상에 살아가면서 나름대로 다양한 문화들을 접하게 된다. 세상에 존재하는 문화의 특색은 인간들 밖에서 나란히 병존하는 것이 아니라 인간 사회를 지배하는 속성을 지니고 있다.

우리가 여기서 분명히 깨달아야 할 사실은 그 문화가 하나님으로 인해 주어진 것이 아니라 타락한 세상에서 발생한 것이라는 사실이다. 그렇다면 예수 그리스도의 십자가 사역으로 인해 하나님의 자녀가 된 성도들은 세상에 존재하는 그 문화에 대해 어떻게 대처해야만 할까? 그에 대해서는 다양한 주장들이 있다.

7.8.2. 세상의 문화에 순응해야 하는가? : "토착화 신학"

기독교인들은 세상의 문화에 순응해야 한다고 가르치는 신학자들이 있다. 그들이 주장하는 형식상의 논리는 교회가 세상에 속한 사람들을 얻기 위해서 그들과 같이 되어야 한다는 것이다. 그렇게 하지 않으면 세상의 환심을 얻지 못해 복음을 잘 전할 수 없다는 것이다. 하지만 그런 식의 주장은 겉보기에는 문화 수용을 통한 복음의 확장을 이야기하는 듯 하지만 실상은 복음을 양보하게 만드는 위험한 것이라 할 수밖에 없다.

7.8.3. 세상의 문화를 변혁시켜야 하는가? : "복음주의 신학"

어떤 사람들은 기독교인들이 세상의 문화를 변혁시켜야 한다고 주장한다. 그렇게 하기 위해서는 교회가 세상에 적극적으로 뛰어들지 않으면 안 된다. 하지만 그것은 세상의 문화의 특성을 너무 가볍게 보거나 문화의 속성을 모르기 때문에 생겨난 주장이다. 기독교 문화로써 세상의 문화를 변혁시키고자 하면 세상과 타협하는 길을 틔우게 된다. 그렇게 되면 교회가 소유한 진리의 순수성을 훼손할 수밖에 없다.

7.8.4. 세상의 문화를 해석하며 그에 저항해야 하는가? : "개혁주의 신학"

하나님의 자녀들은 세상의 타락한 문화를 하나님의 말씀으로써 해석하며 분명한 자세로 그에 저항해야 한다. 세상은 하나님의 자녀들에게 세속 문화를 주입하기 위해 안간힘을 쓰고 있다. 신앙이 어린 교인들은 세상의 속성을 버리지 못해 세속화된 문화를 더욱 쉽게 받아들이게 된다.

그러므로 교회는 세속문화에 대한 끊임없는 해석을 가하지 않으면 안 된다. 예수님과 그를 따르는 성도들을 박해하며 진리를 파괴하려고 하는 세상이 결코 온전한 문화를 발산할 수 없기 때문이다. 설령 세상에 속한 사람들의 눈에 건전한 문화로 비쳐질지라도 우리는 그것만으로 하나님을 경외하는 참된 문화로 볼 수 없는 것이다.

7.8.5. 역사적 산물로서의 문명과 문화

문명과 문화는 인간들이 남겨놓은 역사적 산물이라는 성격을 지닌다. 이는 마치 인간들의 집단적인 삶의 결과물로서 남겨지지 않을 수 없는 체계를 가진 필연적인 분비물과도 같다. 따라서 지상에 존재하는 건전한 교회는 항상 그것들을 어떻게 인식하며 해석해야 할지 신경을 써야 한다.

이러한 문명과 문화에는 항상 순기능과 역기능이 동시에 존재하기 마련이다. 그런 것들을 즐기며 누리는 방편으로 여긴다면 그것은 역기능을 할 수밖에 없다. 그러나 그것을 통해 죄된 인간의 모습과 욕망에 대한 분명한 해석을 내릴 수 있다면 순기능적이라 말할 수 있다. 하지만 이러한 입장은 문명과 문화를 통해 인생을 누리려는 자들의 입장과는 정반대적이라는 사실을 기억하지 않으면 안 된다.

8. 인간론에 대한 이단 및 불건전한 사상

8.1. 진화론(Charles Darwin)

인간들이 만들어 낸 가장 사악한 사상 중에 하나가 진화론이다.[16] 진화론자들은 눈에 보이지 않는 미생물이 오랜 세월 동안 진화하여 오늘에 이르렀다고 주장한다. 그것들 가운데 가장 진화된 존재가 인간이라는 것이다. 이는 인간의 존엄성은 물론 인간성 자체를 말살하고 있다.

그들의 논리대로라면 인간이란 아무런 의미도 없다. 지금 인간으로 행세하고 있는 존재가 앞으로 수백만 년이 지나면 어떻게 진화해 가게 될지 아무도 모른다. 나아가 수천수만 년 후가 되면 현재의 두드러진 인간의 모습은 사라질 것이며, 지금의 인간들이 상상조차 할 수 없는 인간으로부터 진화된 괴물이 출현할 수밖에 없다.

진화론은 한마디로 근거 없는 철학적 상상을 근거로 하는 학문적 사술詐術에 지나지 않는다. 그럼에도 불구하고 모든 아이들이 정체성이 확립되기도 전 학교에서 그런 사기 학설을 배워야 한다. 그런데 이보다 더욱 심각한 문제는 자녀들을 사기 학설에 맡겨둔 부모들에게 그 위험에 대한 아무런 인식조차 없다는 사실이다. 따라서 하나님의 교회는 그에 대한 민감한 각성을 하지 않으면 안 된다.

나아가 현대에 들어와서는 소위 '유신론적 진화론' 혹은 '진화론적 창

---

16) 1859년 Charles Darwin(1809-1882)이 '종의 기원'을 1,250부 출간했을 때 그 책들은 곧 바로 매진되었다. 그후 12년이 지난 1871년, 인간의 진화에 연관된 '인류의 유래와 성 선택'(The Descent of Man and Selection in Relation to Sex)이 그에 의해 출간되었을 때 그 영향력은 지대했다. 이는 하나님의 말씀과 진리를 떠난 당시의 안타까운 세태를 여실히 보여주고 있다. 적자생존이론을 배경으로 하는 그 사상은 H. Spencer(1820-1903)에 의해 사회진화(Social Evolution) 이론으로 전개되었으며, 그와 같은 주장은 Adolf Hitler(1889-1945)에게 전수되어 인간 개량을 앞세운 유대인 학살을 시도하게 했다.

조론' 이라는 위험한 사상이 고개를 쳐들고 있다. 이는 일부 기독교 신학자들이 과학주의와 결탁을 시도한 결과이다. 하지만 그들이 주장하는 변형된 학설로서 소위 소진화라는 것은 존재하지 않는다. 단지 부패한 세상 가운데서 이전에 없던 악한 것들이 끊임없이 발생하고 있을 따름이다. 예를 들어 우리 시대에 들어와 생겨나기 시작한 후천성면역결핍증(AIDS), 광우병(BSE), 조류독감(AI) 등이 곧 그런 것들이다. 우리는 그것을 두고 소진화의 결과라 말하지 않는다.

8.2. 원시인과 구석기인의 존재

인간의 과거에는 원시인이라든지 구석기인이라든지 하는 식의 특이한 생물이 존재하지 않았다. 인간의 과거 시대에는 원시시대는 물론 구석기 시대, 신석기 시대가 존재하지 않았던 것이다. 그런 시대구분은 계몽주의 사조에 빠진 인간들이 상상으로 고안해낸 허탄한 주장에 지나지 않는다.

인간은 하나님에 의해 창조될 때부터 문화적이며 문명적인 존재였다. 모든 인간들의 조상인 맨 처음 사람 아담과 하와는 결코 원시인이나 구석기인이 아니었다. 그들은 하나님의 형상을 지닌 특별한 피조물로서 오늘날 우리처럼 감정을 가지고 생각하며 말하며 행동하는 존재였다.

그럼에도 불구하고 어리석은 자들 가운데는 원시인이 있었다고 주장한다. 그것들은 아직 온전한 인간으로 진화하기 전 짐승처럼 움직였으나 점차 직립보행을 하고 도구와 불을 사용했다고 생각한다. 그러다가 점차 이성이 발달하여 좀 더 진보된 언어를 사용하게 됨으로써 복잡한 진화의 과정을 거쳐 오늘날 인간들처럼 되었다는 것이다.

그런 주장을 하는 자들은 오스트랄로피테쿠스(Australopithecus), 자바원인(Java Man), 북경원인(Peking Man), 네안데르탈인(Neandertal Man), 그리말디인(Grimaldi Man), 크로마뇽인(Cro-magnon Man) 등 존재하지도 않았던 것들을 과학의 이름을 빗대어 만들어냈다. 인간들은 그런 엉터리 학설을 마치 과학적인 탐구의 결과로써 알아낸 것인 양 허튼 주장을 하고 있는 것이다.

8.3. 유물론적 인간관

유물론 사상을 가진 자들은 인간이 단백질 덩어리이며 그 이상이 아니라고 간주한다. 그들에게 있어서 인간의 정신은 파생적인 현상일 따름이며 죽으면 모든 것이 끝나게 된다. 유물론적 인간은 영원성에 비추어 볼 때 다른 동물들과 하등의 차이를 둘 필요가 없다. 이는 하나님의 존재를 무시하는 무신론적인 사고의 기초가 된다고 말할 수 있다. 역사적 과정에서 생성된 철학을 배경으로 하는 이런 사상은 알게 모르게 우리 시대 인간들의 생각을 지배하고 있다.

8.4. 삼분설

삼분설이란 인간 존재의 구성요건에 관한 잘못된 추론이다. 그것을 주장하는 자들은 인간이 영과 혼과 몸으로 구성되어 있는 것으로 생각한다. 그들은 나름대로 성경구절을 근거로 제시하고 있다. 사도 바울이 데살로니가 교회를 향해 쓴 편지 가운데 나타난 "너희 온 영과 혼과 몸이 우리 주 예수 그리스도 강림하실 때에 흠 없게 보전되기를 원하노라"(살전 5:23)는 말씀을 그 근거로 삼고 있는 것이다. 거기에는 영과 혼과 몸으로 기록된 것이 분명하다.

하지만 그것은 인간에 대한 삼분설의 근거로 삼을 수 없다. 만일 그런 논리라면 히브리서에 기록된 말씀은 어떻게 해석할 것인가? 히브리서 기자는 "하나님의 말씀은 살았고 운동력이 있어 좌우에 날선 어떤 검보다도 예리하여 혼과 영과 및 관절과 골수를 찔러 쪼개기까지 하며 또 마음의 생각과 뜻을 감찰하나니"(히 4:12)라는 말을 하고 있다. 이 말씀을 근거로 한다면 인간의 구성을 달리 해석해야 할지도 모른다. 인간은 살아 있을 때와 죽음 이후에 분리되는 몸과 영혼으로 나누어져 있을 따름이다.

8.5. '숙명론'과 '심리학'

어리석은 인간들은 숙명론을 내세운다. 모든 것은 하나님의 작정에 달려 있으므로 인간으로서는 어쩔 수 없다는 것이다. 그렇게 되면 인간사에서 발생하는 모든 문제를 하나님께 떠넘기게 되고 인간 자신에게는 아무런 책임이 없는 것처럼 된다. 심지어는 죄를 짓는 것도 하나님이 그렇게 하도록 하셨으니 인간으로서는 어쩔 도리가 없는 것처럼 주장한다. 그러나 성경은 그렇게 말하지 않는다. 하나님께서는 인간을 기계로 창조하신 것이 아니라 인격적인 존재로 창조하셨기 때문이다.

이와 함께 생각해 보아야 할 것은 불건전한 심리학과 더불어 등장한 소위 내적치유에 관한 문제이다. 인간이 살아가는 삶의 중심에는 '심성'心性이 존재하며 그 상태에 따라 모든 것이 결정된다는 것이다. 그것으로 말미암아 생성된 것이 소위 내적치유이다. 그런 주장을 펼치는 자들은 지극히 인간 중심적인 사고를 하게 된다. 죄에 빠진 인간을 구원하실 자는 오직 하나님 한 분밖에 없다는 절대 진리가 아니라 인간의 심성에 따라 삶이 결정되는 듯이 생각하는 것이다.

Ⅳ. 기독론(Christology)

IV. 기독론(Christology)

인간은 하나님을 배반함으로써 헤어날 수 없는 파멸에 빠졌다. 그런 비참한 인간을 구원하실 분은 오직 하나님 한 분밖에 없다. 사랑의 하나님께서는 죄인들을 구원하시기 위해 친히 인간의 몸을 입고 이땅에 오셨다. 그것을 위해 구약 성경은 지속적으로 메시아 예언을 해왔다. 그에 관한 약속은 성경 전체에 나타나고 있다. 오늘날 우리가 '예수를 믿는다'고 하는 것은 구약에 예언된 그 메시아가 곧 나사렛 예수라는 사실을 믿는 것을 의미한다.

1. 그리스도의 본질적 존재 이해

1.1. 삼위일체 하나님

예수 그리스도는 창세전부터 삼위일체 하나님의 한 위격인 성자 하나님이셨다. 그는 창세 이후에 하나님이 된 것이 아니며, 인간의 몸을 입으신 후에 하나님이 되신 것도 아니다. 원래부터 성자 하나님께서 죄에 빠진 인간을 구원하시기 위해 그리스도로서 인간의 몸을 입고 이땅에 오셨던 것이다.

우리가 여기서 주의 깊게 생각해 보아야 할 점은 예수 그리스도께서 인간의 몸을 입고 이 세상에 오셨을 때도 여전히 존재론적 삼위일체로서 한 하나님의 존재는 여전히 유지되고 있었다는 사실이다. 이는 성자이신 예수께서 이 세상에 오심으로써 존재론적 삼위일체 하나님께 아무런 결함이 발생하지 않았음을 말해준다.[17]

다시 말해 삼위일체 하나님 가운데 성자 하나님께서 완전한 인간이 되어 이 세상에 오셨을 때 천상에 존재하는 하나님은 성부와 성령으로만 분리되어 존재한 것이 아니라는 뜻이다. 예수께서 이 세상에 계실 때도 천상의 하나님은 여전히 삼위일체의 신비한 모습으로 존재해 계셨던 것이다. 이에 대해서는 인간의 이성과 판단으로 결코 접근할 수 없는 초월적인 영역에 해당된다.

1.2. 성경에 계시된 그리스도

그리스도는 인간의 상상력에 의해 짐작되시는 분이 아니다. 그는 성경에 계시된 분으로서 성경을 통하지 않고서는 알 수 있는 방도가 없다. 이는 그의 존재에 관한 문제뿐 아니라 그의 성품에 대해서도 그렇다. 나아가 과거와 현재, 미래의 구속사역에 대해서도 성경에 계시된 기록을 통해 알아가게 된다. 따라서 성경의 교훈을 벗어나 예수 그리스도를 재구성하려는 시도는 매우 위험한 인본적인 행위가 아닐 수 없다.

1.3. 인간이 되신 성자 하나님

1.3.1. 완벽한 인성을 지니신 하나님의 아들

창세전부터 삼위일체 하나님으로 존재하시던 성자 하나님께서 남자를

---

17) 칼빈주의자들은 예수님이 성육신하신 후에도 그의 신성은 육체에 제한되지 않은 것으로 믿고 있다. 칼빈은 하나님의 아들이 하늘로부터 내려오셨으나 하늘을 떠나지 않으셨으며, 그가 동정녀의 몸에서 나시고 이땅에서 사시고 또한 십자가에 달려 돌아가셨으나 그는 태초부터 그리하셨던 것처럼 언제나 세상을 가득 채우고 계신 것으로 이해했다(Inst.2.13.4, 참조). 루터파에서는 이를 'Extra-Calvinisticum' 이라 불렀다. 그들은 그런 식으로 이해하면 시공간의 제약을 받는 예수 그리스도의 인성을 약화시킨다고 생각했기 때문이다.

알지 못하는 특별히 선택받은 한 여인을 통해 인간의 몸을 입고 인간들 가운데 탄생하셨다. 동정녀 마리아의 몸을 통해 이 세상에 오신 예수님은 완벽한 하나님이시면서 동시에 완벽한 인간이었다. 칼케돈(Chalcedon) 회의에서는 그리스도의 신성과 인성의 두 본성은 혼합되거나 변화되지 않으며, 두 개로 분리되지 않는 한 인격 안에 두 본성이 존재하는 것으로 이해했다.

그러므로 그는 다른 인간들처럼 배고픔을 느끼며 음식을 먹고 잠을 주무시기도 했다. 또한 여러 제자들과 함께 갈릴리와 예루살렘 거리를 다니셨다. 따라서 예수님의 얼굴을 알아보는 많은 사람들이 그에게 다양한 접근들을 시도했다. 그는 보통 인간들이 가지는 감정을 가지고 웃기도 하고 울기도 하셨다. 그의 육신은 인간들과 완벽하게 같았으나 아무런 죄가 없었으며 썩지 않는 몸을 가지고 계셨다.

✳ 〈성탄절과 12월 25일〉

예수께서 인간의 몸을 입고 이 세상에 출생하신 것보다 더 의미 있고 중요한 사건은 있을 수 없다. 그러나 그가 이땅에 태어난 날짜 자체에 별다른 의미를 두어서는 안 된다. 성경에는 예수님의 제자들조차도 그의 출생일을 축하했다는 기록이 나타나지 않는다.

성탄절은 4세기 초엽 로마제국에서 기독교가 공인된 후부터 12월 25일로 서서히 정착되어 가기 시작했다. 하지만 그 날은 예수께서 출생한 날이 아니라 도리어 로마제국의 이방신 기념일에 연관된다. 일 년 가운데 태양이 비추는 시간이 가장 짧은 이방신에 연관된 그날을 그리스도의 탄생일로 정하기에 이른 것이다.

그러므로 교회사 가운데의 참된 신학자들 중에는 그 날을 지켜서는 안 된다고 말했던 자들이 많이 있었다. 미국의 청교도들은 성탄절을 지키는 행위를 금지했으며 그것을 어기는 자들을 범법자로 간주해 처벌했다. 실제와 무관한 엉뚱한 날을 정해 주님의 탄생을 축하한다는 것은 여간 이상한 일이 아닐 수 없다. 교회는 성자 하나님께서 인간의 몸을 입고 이땅에 오신 사건을 일 년 한 차례 기념할 것이 아니라 날마다 감사해야 한다.

또한 우리 시대에 보편적으로 사용하고 있는 '성탄 축하'라는 말은 결코 바람직한 용어가 아니다. 그것은 주님께서 당하신 엄청난 수난을 염두에 두지 않은 인본적인 부당한 용어에 지나지 않는다. 우리는 예수님의 탄생을 두고 그에게 축하할 것이 아니라, 그가 오셔서 당하신 고통으로 인해 진정으로 '감사'할 수 있을 따름이다.

1.3.2. 부활하신 예수님의 몸

십자가에 달려 돌아가셨다가 부활하신 예수님의 몸은 그 전과 달랐으며 보통 사람들의 몸과 같지 않았다. 그는 몸을 가졌으되 다른 사람들의 육신과 달랐다. 그의 얼굴은 그 전처럼 사람들이 알아볼 수 있는 얼굴이 아니었다. 엠마오로 가던 제자들이 부활하신 예수님과 함께 길을 걸으면서도 그를 알아보지 못했다. 예수님의 다른 제자들도 그를 눈앞에 두고도 곧바로 그의 얼굴을 알아 볼 수 없었다.

나아가 부활하신 그의 몸은 방 안에 있는 제자들에게 나타나실 때 문을 통하지 않고 신비한 모습으로 나타나셨다. 예루살렘에서 갈릴리로 가실 때도 그는 제자들과 함께 먼 길을 걸어간 것이 아니라 특별한 방법으로 가셨다. 또한 부활하신 예수님은 제자들과 함께 일상적인 생활을 하시지 않았다.

그렇지만 그는 갈릴리 해변에서 제자들과 함께 앉아 음식을 먹기도 하셨다. 승천하기 전의 예수께서는 지상에서 활동하시면서 특수한 방법을 통해 하나님의 나라를 선포하셨다. 그때 하나님께서 영안을 뜨게 하신 성도들은 그를 알아보았지만 육신의 눈으로는 그를 알아볼 수 없었다.

✻ 〈교회는 부활절을 지켜야 하는가〉

우리 시대의 기독교는 대개 부활절을 연중 행사 절기로 정착시켜두고 있다. 하지만 예수 그리스도의 부활은 일 년에 한 차례가 아니라 매주일 지켜져야 한다. 물론 고대 교회 가운데서도 부활절을 지켰다는 기록이 없지 않다.[18] 우리가 그것을 긍정적인 면에서 이해한다고 할지라도 당시의 부활절은 행사 위주가 아니라 흩어진 교회의 일치성을 확인하기 위한 방편으로 활용되었음을 기억해야 한다.

부활절이 연중 행사화되는 것은 결코 바람직하지 않다. 그렇게 되면 매주일 기념되어야 할 부활의 진정한 의미가 일 년에 한 차례만 지켜지는 것으로 만족스러워 할 것이 분명하기 때문이다. 그 결과 우리 시대에는 부활절에만 부활에 연관된 찬송을 부르고 있다. 부활절이 아닌 나른 주일날 부활 찬송을 부르는 것이 우리에게 자연스럽지 않게 되어 버렸다. 성탄절이 가까운 12월달에 부활절 찬송을 부르는 것이 과연 부자연스러운가? 우리는 부활의 의미가 매주 드러나야 한다는 사실을 마음속 깊이 새기지 않으면 안 된다.

2. 그리스도에 관한 예언과 구속사적 존재

2.1. '여자의 후손'

아담과 하와가 범죄했을 때 그들은 즉시 세상에 사망을 끌어들이게 되었다. 창세기 1장에 기록된 하나님의 피조세계에 사망의 세력이 들어오게 된 것이다. 하지만 죄에 빠진 인간 스스로는 그 죽음을 이기고 살아날 만

---

18) 부활절은 Easter Day로서 Easter는 중동지역의 이방신 이쉬타르(Ishtar) 곧 성경에 나오는 아세라(Asherah, 출 34:13;신 12:3;왕하 23:14)와 동일한 여신의 이름이다. 로마제국에서 기독교가 공인되자 이방 종교의 축제일이 교묘하게 교회 안으로 스며들어왔다. 결국 콘스탄틴(Constantine) 황제가 주최한 니케아 공의회(the Council of Nicaea)에서는 부활절을 승인하기에 이르렀다. 그러나 초대교회의 속사도들과 교부들은 그 전에 이미 그와 같은 특별한 절기가 제정되는 것에 대해 강한 경계를 했다. 폴리캅(Polycarp, AD 150년 경)과 폴리크라테스(Polycrates, AD 130-196) 같은 인물은 주일 이외에 연중 부활절을 만들어 지키는 것을 반대했던 것으로 알려져 있다. 이는 초대교회부터 인본주의적인 주장을 하는 자들이 있었음을 반증해주고 있다.

한 아무런 방법이 없었다. 이미 악한 사탄의 통치아래 들어간 인간으로서
는 더 이상 아무런 소망도 남아 있지 않았다.

그러나 하나님께서는 자신의 형상을 닮은 인간을 유혹한 사탄의 세력을
응징하고 자기 백성들을 구원하기로 작정하셨다. 그것은 하나님의 거룩한
이름에 의한 약속과 더불어 창세전에 작정하신 그의 뜻에 따른 것이었다.
모세의 율법에는 이스라엘 민족에게 유일한 소망이 될 그에 관한 분명한
약속을 남기고 있다.

> "내가 너로 여자와 원수가 되게 하고 너의 후손도 여자의 후손과 원수가
> 되게 하리니 여자의 후손은 네 머리를 상하게 할 것이요 너는 그의 발꿈치를
> 상하게 할 것이니라"(창 3:15)

하나님의 이 약속은 장래 오시게 될 메시아에 관한 언약이었다. 그가 특
별한 존재인 '여자의 후손'을 타락한 세상에 보내시겠다고 약속하신 것은
악의 세력에 맞선 전투를 하게 될 영원한 왕을 보내시겠다는 의미를 담고
있다. 이는 하나님께서 선택하신 자기 자녀를 유혹한 사탄을 응징하겠다
는 하나님의 엄중한 뜻을 보이신 것으로서 창세전에 맺으신 하나님의 신
실한 언약에 기초한 것이다.

2.2. '아브라함의 씨'

하나님께서는 역사 가운데 전개될 구원사역을 구체화하시면서 아브라
함의 '씨'(seed)를 보내시겠다는 약속을 하셨다. 그가 갈대아 우르에 살고
있던 아브라함을 불러내신 것은 즉흥적이거나 갑작스런 판단이 아니라 셋
(Seth)으로 말미암는 언약적 혈통에 근거한 것이었다. 그때 '땅'과 더불어
'자손'이 약속된 것은 앞으로 오실 메시아에 밀접하게 연관되어 있었다.

아브라함의 몸을 통해 태어나게 될 '그 특별한 사람'은 하나님의 언약

을 성취하는 일을 담당하게 된다. 아브라함이 타락한 세상 가운데서 복의 근원이 되는 것은 바로 그것 때문이다. 창세기에는 그에 대한 분명한 기록이 나타난다.

"여호와께서 아브람에게 이르시되 너는 너의 본토 친척 아비 집을 떠나 내가 네게 지시할 땅으로 가라 내가 너로 큰 민족을 이루고 네게 복을 주어 네 이름을 창대케 하리니 너는 복의 근원이 될지라"(창 12:1,2)

하나님의 아들이신 예수께서 이 세상에 오신 것은 이미 구약성경에 약속되어 온 바였다. 신약성경 맨 앞부분인 마태복음 1장 1절에서는 아브라함의 씨로 오신 예수 그리스도에 관한 내용이 선포되고 있다. 그가 형식상 믿음의 조상 아브라함의 혈통을 통해 태어나신 것은 그에 관한 것을 증명해 보이고 있다. 우리는 예수 그리스도가 아브라함에게 약속된 자손으로 오셨다는 것을 소중히 기억해야 한다.

2.3. '다윗의 자손'

하나님의 약속에 따라 장래 오시게 될 메시아는 다윗 왕의 자손으로 이 땅에 오실 것이 구약의 말씀 가운데 예언되었다. 이는 그가 패망한 다윗 왕국의 혈통을 잇는 왕으로 오시게 된다는 사실을 말해주고 있다. 예수님이 요셉과 마리아의 아들로 태어나신 것은 매우 특별한 의미를 지닌다.

예수님의 부친 요셉은 혈통적으로 볼 때 결코 평범한 일반 시민이 아니었다. 그는 패망한 다윗 왕조의 직계 혈통을 잇고 있었기 때문이다. 요셉의 아내 마리아 역시 다윗의 직계혈통을 지닌 여성이었다. 예수님이 그들의 가정에서 출생한 것은 무너진 다윗 왕조를 재건하는 왕으로서의 존재를 선언하는 의미를 지니고 있다.

2.4. '요셉의 아들 예수 그리스도'

예수님이 베들레헴에서 요셉의 아들로 출생했다는 사실은 매우 중요하다. 그것은 요셉이 목수 직업을 가졌다는 사실 때문이 아니다. 그리고 그가 자기의 아내에게 나타난 의심할 만한 임신에도 불구하고 관대한 마음을 먹은 경건한 인물이었기 때문만도 아니다.

만일 다윗 왕국이 BC 586년 바벨론 제국에 의해 패망하지 않았다면 요셉은 이스라엘 민족의 왕위를 계승할 인물이었다. 하지만 당시 백성들 가운데 요셉을 특별한 인물로 여기는 자들은 아무도 없었다. 그는 다윗 왕의 혈통을 잇는 직계 후손이었지만 그를 패망한 왕가의 혈통을 계승하게 될 자로 인정하는 자는 아무도 없었다.

예수님은 그런 요셉의 아들로서 이땅에 태어났다. 하나님께서 그를 특별히 요셉의 아들로 보내신 것은 그가 패망한 이스라엘 왕국을 다시 세우게 될 왕이었기 때문이다. 그러므로 '요셉의 아들 예수 그리스도' 라는 말은 패망한 왕국을 일으켜 세울 왕이라는 사실을 선포하는 의미를 지니고 있다.

2.5. 동정녀의 몸에서 출생하신 '임마누엘'

예수 그리스도께서는 성령으로 말미암아 마리아의 몸에 잉태되셨다. 그러나 남자의 씨와 전혀 상관없이 동정녀 마리아의 몸에서 출생하셨다. 그는 육체를 지닌 여자의 몸 안에 잉태되셨으나 죄에 물든 그녀의 살이나 피를 이어받지 않고 하나님의 특별한 보호를 받으며 성령으로 인해 태중에서 자라나셨다.

> "보라 처녀가 잉태하여 아들을 낳을 것이요 그 이름은 임마누엘이라 하리라 하셨으니 이를 번역한즉 하나님이 우리와 함께 계시다 함이라" (마 1:23; 사7:14)

성경은 예수님이 구약의 약속에 따라 인간의 몸을 입고 '임마누엘' 하나님이 되셨음을 증거하고 있다. 임마누엘이라는 말의 원뜻은 '하나님이 우리와 함께 계시다' 는 뜻을 지닌다. 하지만 이는 그가 신체적인 실체가 아닌 영적으로 자기 백성과 함께 계신다는 일반적인 의미와는 전혀 다르다.

즉 '임마누엘' 이라는 말이 뜻하는 바는 하나님께서 눈 코 입과 팔다리를 가진 피조물인 인간의 모습으로 이땅에 오셨다는 의미이다. 그러자 어리석은 인간들은 거룩한 하나님을 자기와 같은 인간으로 여겨 모질게 핍박했으며 급기야는 십자가에 매달아 죽이기까지 했던 것이다.

✻ 〈예수님은 인간의 피를 이어 받았는가?〉

특별히 선택받은 한 여인의 몸을 통해 예수님이 세상에 출생하셨지만 부패한 인간의 피와 살을 이어받은 것으로 이해해서는 안 된다. 우선 그는 아브라함과 이삭의 혈통을 이은 요셉의 아들로 출생하셨음에도 불구하고 요셉의 피와 살과는 아무런 상관이 없다. 그렇다면 아기 예수님을 직접 태중에 잉태한 마리아의 피와 살을 이어받았는가?

예수님은 마리아의 피와 살로부터 인성을 취하셨지만 부패한 피와 살을 직접 이어받지 않았다. 그가 살과 피를 지닌 마리아의 태중에 성령으로 잉태되어 그녀의 몸을 통해 영양을 공급받으셨으나 그것은 하나님의 특수한 사역에 의해 이루어졌다. 예수님의 잉태와 출생에 대해서는 인간의 이성과 경험을 배경으로 하는 상식으로 접근하려 해서는 안 된다.

성경은 예수님의 몸은 썩지 않는 거룩한 몸이라는 사실을 분명히 밝히고 있다(시 16:1). 이는 그가 죄성이 전혀 없는 완벽한 인간이었음을 의미한다.[19] 그의 피와 살이 마리아의 것을 이어받은 것이라면 죄 있는 피와

---

19) 어리석은 자들은 예수 그리스도의 완벽한 인간성에 대해 근본적인 오해를 하는 경향이 있다. 그들은 완벽한 인간이기 위해서는 우리처럼 부패한 속성의 살과 피를 소유해야만 하는 양 오해하고 있다. 그러나 예수 그리스도는 죄에 물든 몸을 지닌 '우리와 같은 인간' 이 아니라 '죄 없는 완벽한 인간' 이시다.

살을 이어받은 것이 되며 결국 부패할 수밖에 없게 된다. 따라서 우리는 마리아의 태중에서 아기 예수를 신비하게 양육하신 하나님의 놀라운 뜻을 기억해야 한다.

2.6. '유대인의 왕'

예수께서는 처음부터 이 땅에 유대인의 왕으로 오셨다. 따라서 그가 베들레헴에 탄생하셨을 때, 동방에서 온 박사들은 예루살렘에 있는 헤롯 왕궁으로 들어가 '유대인의 왕'으로 오신 메시아에 대해 선포했다. 그후 그들은 베들레헴에 있는 아기 예수를 방문하여 그에게 왕의 예우를 하여 특별한 예물을 드렸다.

> "유대인의 왕으로 나신 이가 어디 계시뇨 우리가 동방에서 그의 별을 보고 그에게 경배하러 왔노라 … 집에 들어가 아기와 그 모친 마리아의 함께 있는 것을 보고 엎드려 아기께 경배하고 보배합을 열어 황금과 유향과 몰약을 예물로 드리니라"(마 2:2,11)

뿐만 아니라 그는 십자가에 달리시기 전 예루살렘에 입성하실 때 이스라엘 백성들에 의해 다윗의 왕위를 계승한 자로 언약 가운데 인정받았다. 당시 길가에 길게 늘어선 많은 백성들이 종려나무 가지를 흔들며 '호산나 찬송하리로다 다윗의 이름으로 오시는 이여, 찬송하리로다 오는 우리 조상 다윗의 나라여 가장 높은 곳에서 호산나'(막 11:9,10)라고 노래하며 외쳤다.

또한 예수께서 십자가에 달렸을 때 그의 머리 위에는 '유대인의 왕'이라 기록된 패가 부착되었다. 그 글귀는 히브리어와 헬라어와 로마어로 기록되었다. 이는 로마 총독 본디오 빌라도가 여러 언어들을 사용함으로써 부지중에 예수님의 왕 되심을 만방에 선포했음을 말해준다.

"빌라도가 패를 써서 십자가 위에 붙이니 나사렛 예수 유대인의 왕이라 기록되었더라 예수의 못박히신 곳이 성에서 가까운고로 많은 유대인이 이 패를 읽는데 히브리와 로마와 헬라 말로 기록되었더라"(요 19:19,20)

예수님이 '유대인의 왕'이라는 사실이 히브리어, 로마어, 헬라어로 기록된 것은 당시 국내외에서 몰려든 모든 사람들이 그것을 읽을 수 있도록 하기 위함이었다. 이것은 예수님의 왕위가 온 세상을 향해 선포되는 선언적 의미를 지니고 있다. 이는 당시 그 자리뿐 아니라 역사 가운데 살아가는 모든 인간들에게 공개되어 읽혀져야 할 선언적 내용이다.

2.7. '인자' 人子

예수 그리스도는 구약성경에 기록된 인자로서 이땅에 오실 것이 오래전부터 예언되어 왔다. 특히 다니엘서에서는 그 인자를 실제적인 모습으로 드러내 보여주고 있다. 용광로 불에 나타난 인자(단 3:23-25), 벨사살 왕궁의 벽에 예언의 글을 쓴 손가락의 주인(단 5:5), 사자굴에 나타난 천사(단 6:22) 등은 그와 연관되어 있다. 그리스도께서는 구약성경에 예언된 그 인자로서 자기 백성들을 구원하시기 위해 친히 이땅에 오신 것이다.

2.8. 완벽한 '하나님의 형상'

하나님께서는 맨 처음 사람이었던 아담과 하와를 자신의 형상에 따라 지으셨다(창 1:27). 그러나 사탄의 유혹으로 말미암아 인간이 타락함으로써 저들 안에 존재하던 하나님의 형상이 완전히 파괴되어 버렸다. 따라서 타락한 인간들에게 남아 있는 그의 형상은 더 이상 아무런 기능을 할 수 없게 되었다. 예수님은 바로 그것을 회복하기 위해 인간의 몸을 입고 이 세상에 오셨다.

> "그는 보이지 아니하시는 하나님의 형상이요 모든 창조물보다 먼저 나신 자니"(골 1:15);
> "그 중에 이 세상 신이 믿지 아니하는 자들의 마음을 혼미케 하여 그리스도의 영광의 복음의 광채가 비춰지 못하게 함이니 그리스도는 하나님의 형상이니라"(고후 4:4)

예수께서 인간의 몸을 입고 완벽한 하나님의 형상으로서 이땅에 오신 것은 창세전에 택하신 자기 자녀들에게 파괴된 그 형상의 기능을 회복해 주시기 위한 목적 때문이었다. 십자가에 달려 돌아가신 예수 그리스도의 몸을 통해 성도들은 비로소 하나님의 형상을 회복하게 되었다. 하나님의 백성들에게는 그것을 통해 하나님을 온전히 경배할 수 있는 길이 열리게 된 것이다.

2.9. 완벽한 하나님이자 완벽한 인간

인간의 몸을 입으신 예수 그리스도는 완벽한 하나님이자 완벽한 인간으로서 양성을 지니셨다. 그가 성자 하나님이라는 사실을 모르는 자들은 그를 자기와 다르지 않은 보통 사람들 가운데 하나로 볼 따름이었다. 그러나 교회에 속한 진정한 성도들은 그를 완벽한 하나님으로 깨달아 알 수 있었다. 예수 그리스도가 완벽한 하나님이자 완벽한 인간이라는 사실은 거룩하신 하나님과 타락하여 부패한 인간들을 화해시킬 수 있는 놀라운 능력을 소유하고 있음을 말해준다.

3. 그리스도의 사역

3.1. 그리스도의 삼중직 : 왕, 제사장, 선지자

예수 그리스도는 삼중직을 가지고 계신다. 왕직, 제사장직, 선지자직이 곧 그것이다. 이는 구약 성경에 예표된 직분들이다. 예수께서는 다윗 왕조를 잇는 왕이 되어 지금도 교회 가운데서 자기 백성들을 위한 왕으로서 통치하신다. 그리고 그는 직접 제사장이 되어 하나님과 인간 사이에 막혀진 담을 헐기 위해 제사장 사역을 감당하셨다. 또한 선지자로서 하나님의 나라를 소개하셨으며 타락한 세상에 대한 심판과 더불어 자기 자녀들에 대한 구원을 선포하셨다.

3.2. 그리스도의 낮아지심

거룩하신 하나님의 아들이 인간의 몸을 입고 피조세계에 오신 것은 일시적으로 자신의 영광을 내려놓으셨음을 의미한다. 그는 창세전에 택하신 자기 자녀들을 구원하시기 위해 친히 종의 형체를 입고 사람으로 나타나셨다. 그것은 엄청난 고통이 동반됨을 의미하고 있다. 사도 바울은 빌립보 교회에 편지하면서 이에 관한 기록을 남겼다.

"그는 근본 하나님의 본체시나 하나님과 동등됨을 취할 것으로 여기지 아니하시고 오히려 자기를 비어 종의 형체를 가져 사람들과 같이 되었고 사람의 모양으로 나타나셨으매 자기를 낮추시고 죽기까지 복종하셨으니 곧 십자가에 죽으심이라" (빌 2:6-8)

창조주이신 하나님께서 자기를 비어 피조물인 인간의 몸을 입으신 것은 예삿일이 아니다.[20] 우리는 그것이 하나님께서 자기 백성들에게 보여주신 최상의 사랑임을 알고 있다. 그의 낮아지심을 통해 영원한 구원을 이루게

---

20) 현대 신학자들은 빌립보서 2장 7절에 나타나는 '케노시스' (kenosis), 즉 '자기 비움'을 '신성포기'로 해석하고자 한다. 그들은 삼위일체 하나님의 제2위이신 성자께서 전지전능한 신적인 로고스를 포기하거나 버리고 인간의 모든 것을 받아들인 것으로 생각한다. 예수님은 신성을 포기했으므로 인성만 존재한다는 것이다. 그러나 그런 주장은 올바른 것이라 할 수 없다. 그는 인간의 몸을 입었으나 여전히 삼위일체 하나님의 한 위격을 유지하고 계셨기 때문이다.

되었기 때문이다. 그것으로 말미암아 하나님의 자녀들은 진정한 생명을 회복하게 되었다.

3.3. 구속救贖 : 십자가, 부활, 승천, 재림

하나님의 아들인 예수께서 인간의 몸을 입고 이 세상에 오신 목적은 죄에 빠진 자기 자녀들을 구속하시기 위해서였다. 그것을 위해 인간 역사 가운데는 하나님께서 특별히 주도하시는 구속사(Redemptive History)가 흐르고 있었다. 그 중심에는 인간의 몸을 입고 이땅에 오신 예수님의 십자가와 부활 및 승천 사건이 존재하며 그로 말미암아 그가 다시 재림하시게 된다. 교회에 속한 성도들은 이를 통해 구속사 가운데 역사하시는 하나님의 경륜을 깨닫게 된다.

3.4. 은혜 : 자기 자녀들에게 은혜를 베풀고자 그리스도를 죽음에 내어주심

하나님께서는 자기 자녀들에게 은혜를 베푸시는 분이다. 그 은혜는 아무런 역사적 과정 없이 그냥 주어진 것이 아니라 인간들로서는 상상조차 할 수 없는 엄청난 대가를 지급한 결과로서의 은혜이다. 하나님은, 인간들이 자기 주머니 속에 들어있는 물건을 꺼내 누군가에게 선물로 주듯 은혜를 베푸신 것이 아니다.

어떤 사람들은 하나님의 전지전능성에 기초하여 그의 값없는 은혜를 설명하려 한다. 그런 자들은 하나님의 전능하신 능력만으로써 택한 백성들에게 구원의 은혜를 베푸신 것으로 본다. 그러나 그것은 결코 온전한 설명이 될 수 없다.

하나님은 창세전에 택하신 자기 백성들에게 구원의 은혜를 베푸시기 위해 죄 없는 자신의 사랑하는 독생자를 끔찍한 죽음에 내어주셨다. 고통스런 예수님의 십자가 사역은 하나님을 욕되게 한 배신자인 우리의 죄값을 치르기 위한 것이었다. 그러므로 오늘날 우리가 소유한 하나님의 은혜는

그냥 주어진 것이 아니라 예수 그리스도의 엄청난 대가 지불의 결과라는
사실을 깨달아야 한다. 그것이 우리에게 허락된 인간의 상상을 초월하는
하나님의 놀라운 사랑이다.

3.5. 흠 없는 완벽한 제물 : 하나님의 어린양

예수께서는 창세전에 택하신 자기 백성들의 죄를 용서하시기 위해 영원
한 제물로 바쳐질 목적으로 친히 이땅에 오셨다. 예수 그리스도가 하나님
의 어린양이라는 사실은 그가 구약성경에서 그림자로 바쳐진 모든 제물들
에 대한 참된 제물의 실체임을 말해 주고 있다. 구약시대에 제사장들이 성
전에 제물을 바쳤던 것은 장래 오시게 될 메시아에 대한 예언적 성격을 지
니고 있었다. 따라서 세례자 요한은 인간의 몸을 입으신 예수님을 보고 하
나님의 어린양이라 표현했다.

> "요한이 예수께서 자기에게 나아오심을 보고 가로되 보라 세상 죄를 지고
> 가는 하나님의 어린양이로다 내가 전에 말하기를 내 뒤에 오는 사람이 있는
> 데 나보다 앞선 것은 그가 나보다 먼저 계심이라 한 것이 이 사람을 가리킴
> 이라"(요 1:29,30)

하나님의 어린양이신 예수님은 자신의 몸을 내어주어 십자가에 달려 돌
아가셨다. 그것은 속죄제물과 화목제물이 되어 범죄한 인간에 대한 하나
님의 진노를 완전히 해결하셨음을 의미한다. 그는 예루살렘 성 밖에서 십
자가에 달려 돌아가셨으나 동시에 대제사장들만 들어갈 수 있었던 예루살
렘 성전 지성소에 바쳐지셨다. 이는 지구 위의 장소적 개념을 초월한 우주
적인 사건이었다.

> "예수께서 큰 소리를 지르시고 운명하시다 이에 성소 휘장이 위로부터 아
> 래까지 찢어져 둘이 되니라"(막 15:37,38)

예수께서 십자가 위에서 마지막 운명하실 때 성전 내부의 지성소 휘장이 위로부터 아래까지 찢어졌다는 사실은 바로 그점을 보여주고 있다. 그의 생명이 끊어진 것은 단순한 죽음이 아니라 하나님께 거룩한 제물이 바쳐진 현장사건이었다. 지성소 안의 법궤 위에 뿌려진 예수 그리스도의 거룩한 피를 통해 하나님에 대한 속죄제가 완성되었던 것이다.

✳ 〈reconciliation과 propitiation〉

예수님의 몸이 거룩한 하나님의 어린양으로서 하나님께 바쳐짐으로써 하나님과 인간 사이에 화해가 이루어졌다(reconciliation). 그 화목제물을 통해 아담의 범죄로 말미암아 허물어진 관계가 회복되었다. 이와 동시에 하나님께서 원하시는 예수 그리스도의 몸을 바침으로써 그의 진노를 누그러뜨리게 된다(propitiation). 그로 말미암아 그의 무서운 심판을 피할 수 있게 된 것이다.

3.6. 하나님의 성전으로서 예수 그리스도의 몸

구약시대의 하나님은 오직 땅위에 건립된 자신의 성전을 통해 택하신 백성들을 만나셨다. 하나님께서는 아브라함에게 이삭을 제물로 바칠 장소로 지정하신 모리아산(Mt. Moria) 그곳에 거룩한 성전을 세우고자 작정하셨다. 이스라엘 백성을 애굽으로부터 시내광야로 인도해내신 하나님은 그에 연관된 특별한 계획을 가지고 계셨던 것이다.

그 계획은 이스라엘 민족 가운데 하나님의 거룩한 성소를 건립하는 일이었다. 따라서 하나님께서는 먼저 모세에게 명령하여 규례에 따라 성막을 건립하도록 명령하셨다. 그 거룩한 장막은 이스라엘 민족 가운데 존재하는 '하나님의 집' 이 되었다. 그 성막이 다윗과 솔로몬 시대가 되어 예루살렘 곧 아브라함이 이삭을 바쳤던 모리아산 위에 정착되어 세워졌다.

하나님께서는 자신이 특별히 조성하신 언약의 민족 가운데 존재하는 성소에 거하시면서 메시아에 대한 자신의 뜻을 진행시켜 나가셨다. 나중 이 땅에 오신 성자이신 예수님은 이스라엘 백성 앞에서 자신의 몸을 하나님의 성전과 동일시하는 선언을 하셨다. 신약성경은 그에 대한 예수님의 말씀을 분명히 기록하고 있다.

"예수께서 대답하여 가라사대 너희가 이 성전을 헐라 내가 사흘 동안에 일으키리라 유대인들이 가로되 이 성전은 사십 륙년 동안에 지었거늘 네가 산 일 동안에 일으키겠느뇨 하더리 그러나 예수는 성전인 자기 육체를 가리켜 말씀하신 것이라 죽은 자 가운데서 살아나신 후에야 제자들이 이 말씀하신 것을 기억하고 성경과 및 예수의 하신 말씀을 믿었더라"(요 1:19-22)

이렇게 하여 구약시대의 성전의 진정한 의미가 밝혀졌다. 십자가 사역을 완성하신 예수님은 이제 돌로 지어진 성전이 아니라 친히 완벽한 하나님의 성전이 되셨다. 그러므로 그에 속한 모든 자녀들은 구약시대 이스라엘 백성이 성전을 통해 여호와 하나님을 만났듯이 예수 그리스도를 통해 하나님을 만날 수 있게 되었다.

"나를 보는 자는 나를 보내신 이를 보는 것이니라"(요 12:45);
"예수께서 가라사대 내가 곧 길이요 진리요 생명이니 나로 말미암지 않고는 아버지께로 올 자가 없느니라"(요 14:6);
"너희를 영접하는 자는 나를 영접하는 것이요 나를 영접하는 자는 나 보내신 이를 영접하는 것이니라"(마 10:40)

우리가 여기서 반드시 기억해야 할 바는 예수 그리스도를 통하지 않고서 하나님을 알거나 볼 수 있는 자는 아무도 없다는 사실이다. 만일 그렇게 하려고 시도하는 자가 있다면 그것은 하나님을 알지 못하고 있다는 증거가 될 따름이다. 하나님의 유일한 성전이 되는 예수님의 몸에 관한 올바른 이해를 하는 것이 복음의 기초가 된다는 사실을 깨닫는 것은 매우 중요하다.

3.7. 예수께서 친히 성도들을 위한 거처가 되심

예수님의 지상 사역은 단순히 과거에 머물러 있는 것이 아니라 우리 시대에도 여전히 현재적이다. 그는 십자가를 지고 돌아가셨다가 사흘 만에 부활하심으로써 자신을 성도들을 위한 영적인 거처로 내어주셨다. 그가 교회의 머리가 됨으로써 성도들로 하여금 자기 안에 거하도록 하셨던 것이다. 사도 바울은 에베소 교회에 보내는 편지에서 그에 대한 분명한 언급을 하고 있다.

> "그의 안에서 건물마다 서로 연결하여 주 안에서 성전이 되어가고 너희도 성령 안에서 하나님의 거하실 처소가 되기 위하여 예수 안에서 함께 지어져 가느니라"(엡 2:21,22)

이 말씀은 성도들이 예수 그리스도 안에 거하면서 하나의 교회를 이룸으로써 하나님의 거처가 된다는 사실을 말해주고 있다. 오늘날 우리 시대의 교회가 지니는 중요성이 바로 여기에 나타난다. 성도들의 공동체인 교회는 거룩한 하나님의 성전이기 때문에 순결을 보전하지 않을 수 없다. 이는 물론 하나님의 자녀들로 구성된 영적인 처소를 의미할 뿐 예배당 건물을 두고 하나님의 성전이라 말하지 않는다.

4. 기독론 논쟁

4.1. 아리우스주의자들

4세기 초, 알렉산드리아의 주교 아리우스(Arius)는 그리스도가 실제로는 하나님 자신이 아니라 특별한 피조물이라고 주장했다. 그를 따르던 자들은 하나님과 그리스도는 유사한 본질(호모이우시온, homoiousion)을 소유하고 있을 뿐 동일한 본질을 가진 것이 아니라고 주장했다. 나아가 극단적인 아리우스주의자들은 예수 그리스도를 성부와 '전혀 다른 존재'(anomoios)라 선언하기도 했다.

그러므로 아타나시우스(Athanasius)를 중심으로 하는 경건한 신학자들은 그와 같은 이단사상을 가진 자들에 대해 강력하게 반박했다. 따라서 325년에 있었던 니케아공회의에서는 그런 주장을 하는 어리석은 자들을 이단으로 정죄하고, 성부와 성자는 동일한 본질(호모우시온, homoousion)을 소유하고 있음을 기록된 말씀을 통해 확인하게 되었다. AD 381년 콘스탄티노플에서 열린 제2차 공의회에서는 아리우스주의자들의 사상을 엄격히 금지하고 니케아 신조를 다시금 확인하여 승인했다.

오늘날에도 어리석은 인본주의 종교인들 가운데는 여전히 아리우스주의자들의 사상이 존재하고 있다. 이신론(Deism)의 영향을 받아 18세기에 등장한 유니테리언주의(Unitarianism)에서는 단일신론을 주장한다. 그들은 삼위일체 교리를 받아들이지 않으며, 하나님과 예수님은 서로 다른 존재라고 생각한다. 하나님과 그리스도가 동일한 신성을 소유한 사실을 인정하지 않는 그들은 사실상 아리우스주의자들의 후예인 것이다.

4.2. 테오토코스 논쟁

알렉산드리아의 주교였던 씨릴(Cyril)은 마리아에 대해 하나님을 낳은 사람이라는 의미의 테오토코스(Theotokos)를 주장했다. 이는 마리아가 하나님의 어머니라는 의미로서 그리스도의 절대적인 신성을 강조하고 있다.

이에 반해 당시 콘스탄티노플의 주교였던 네스토리우스(Nestorius)는 그에 대해 크리스토토코스(Kristototokos)를 주장하고 나섰다. 이 말은 마리아가 하나님의 어머니가 아니라 그리스도의 어머니라는 뜻이다. 네스토리우스는 예수를 하나님의 신성, 즉 로고스를 품은 존재로서 하나님 자신으로 보지 않았음을 말해준다.

결국 431년에 있었던 에베소 공의회에서는 테오토코스가 성경적이라는 사실을 확인함으로써 네스토리우스의 견해를 이단으로 정죄하게 되었다. 그리고 451년의 칼케톤 공의회에서 테오토코스가 올바른 신학적 견해임을 재차 확인했다. 이로써 그 회의에서 삼위일체론과 기독론에 대한 성경적인 입장이 완전히 정리되었다.

5. 기독론 이단

5.1. 영지주의(靈知主義, gnosticism)

'지식'知識이라는 뜻을 지닌 헬라어 그노시스(gnosis)에 연관된 종교사상인 영지주의는 이원론을 배경으로 하고 있다. 그들은 물질세계를 악한 것으로 간주하는 반면 초월세계를 신성한 것으로 여긴다. 초기 기독교 내부로 침투해 들어온 그 사상은 그리스도의 육체적인 존재를 부인했다. 그들의 관점에서는 눈에 보이는 모든 육체는 악한 것이기 때문이다. 그 추종자들은 초기 기독교 신비주의 운동을 불러 일으켰으며, 오늘날 뉴에이지 운동도 그와 연관되는 것으로 해석하는 것이 일반적이다.

5.2. 피조물로서 '그리스도'

성경의 교훈을 배격하는 자들은 예수님을 전능하신 하나님으로 인정하지 않는다. 4세기 초 알렉산드리아의 아리우스(Arius)는 그리스도가 하나님이 아니라 피조물이라 주장했다. 그는 성경에 계시된 삼위일체 하나님을 받아들이지 않았던 것이다. 그렇다고 해서 예수 그리스도를 보통 인간들과 동일한 수준의 피조물로 본 것은 아니다. 그는 그리스도가 하나님의 특별한 피조물로서 '로고스'라는 주장을 펼쳤다.

5.3. 가현설(假現說, docetism)

가현설을 주장하는 자들은 예수 그리스도가 이 세상에 있을 때 가졌던 육체는 본질상 진짜 그리스도의 육체가 아니라 사람들의 눈에 그렇게 비쳐진 인간의 몸이었을 따름이라 주장한다. 그들은 하나님이 지상에서 인간의 모습으로 나타나 보이다가 십자가 위에서 하늘로 승천했다고 믿는다. 그러므로 그리스도는 십자가 위에서 인간의 몸을 떠났으며, 십자가에서 죽은 자는 그리스도가 아니라 인간 예수라고 생각하는 것이다.

5.4. 단성론(monophysitism)

단성론은 예수 그리스도의 한 위격 안에 신성과 인성이 함께 존재한다는 교리가 잘못되었다고 주장하는 이단교리이다. 유티케스(Eutyches)는 그리스도의 인성은 신성에 흡수되어 '신적인 몸'을 지닌 것으로 주장했다. 그를 따르는 자들은 '성육하신 하나님의 단일한 본성'을 저들의 신앙의 표어처럼 받아들였다. 따라서 예수 그리스도는 한 인격을 가지고 있었으므로 그의 육신에는 하나의 본성, 즉 신성만 존재하는 것으로 인정해야 된다고 주장했다. 단성론은 451년 칼케톤 공의회에서 이단사상으로 정죄되었다.

5.5. 단의론(monothelitism)

단의론이란 정통교리와는 달리 그리스도가 오직 하나의 의지만 가졌다고 주장했던 7세기경에 발생한 이단교리이다. 그것을 따르는 자들은 예수 그리스도는 양성을 가지고 있었지만 하나의 의지만 가졌던 것으로 주장한다. 그리스도는 인간의 의지를 가지고 있지 않았으며 오직 하나님의 의지만을 가진 분이라 생각했다. 그러나 AD 680년에 있었던 콘스탄티노플 공의회에서 이단으로 판정되었다.

5.6. 별개의 두 인격을 소유한 '그리스도'

네스토리우스(Nestorius)주의자들은 그리스도의 신성과 인성의 상호 독립성을 강조했다. 그들은 그리스도가 두 본성을 소유하고 있어서 상호 결합된 두 개의 인격을 가진 것이라 주장했다. 두 본성은 인격적 연합이 아니라 상호 기계적인 관계를 유지하고 있다는 것이다. 이렇게 되면 경우에 따라서는 그리스도가 신성을 지닌 인격자로 반응하기도 하며 인성을 지닌 인격자로 반응하기도 한다. 두 본성을 지닌 한 인격이 아니라 한 그리스도 안에 두 개의 본성과 인격을 지닌 것으로 생각하는 이단사상이다.

5.7. 양자론(AD optianism)

양자론은 예수님이 원래 우리와 동일한 인간이었으나 하나님께서 특별히 그에게 성령을 부어주심으로써 자기의 아들로 삼았다는 주장이다. 그런 사상을 가진 자들은 비록 그가 동정녀 마리아로부터 출생했지만 처음에는 다른 보통사람들과 별반 다를 바 없는 인간이었던 것으로 믿는다.

그러나 요단강에서 요한에 의해 베풀어진 세례를 통해 하나님은 그를 자신의 특별한 양자로 삼으셨다고 본다. 예수님이 소유한 신적인 모든 능력은 그때 임한 비둘기 같은 성령에 의해 제공된 것이다. 따라서 성부만이 유일한 하나님이며 예수님은 그와 동등한 하나님이 될 수 없다고 주장한다.

5.8. 양태론(modalism)

양태론은 동일한 한 하나님이 성부와 성자, 성령의 상이한 양태로 인간들에게 나타난 것으로 간주한다. 그들에게는 삼위일체 교리가 받아들여질 수 없었으며 하나님은 오직 한 분밖에 없다. 그런 사상을 가진 자들은 한 하나님이 인간들을 구원하기 위한 역사적인 과정에서 각기 다른 모습으로 나타난 것으로 생각할 따름이다. 하나님은 구속사의 과정에서 다른 역할을 하는 세 가지의 형태로 나타났다는 것이다.

그들은 하나님이 성부의 모습으로 활동하시다가, 동일한 하나님이 인간의 몸을 입고 예수 그리스도로서 다시금 세상에 나타난 것으로 생각한다. 따라서 양태론을 주장한 사벨리우스(Sabellius)는 예수 그리스도의 고난이 곧 성부의 고난이라 주장했다. 성부와 성자는 양태가 다를 뿐 동일한 존재로 이해하고 있었기 때문이다.

5.9. 왜곡된 거짓 초상화

우리 시대의 많은 사람들은 스스로 예수님의 얼굴을 알고 있다고 생각한다. 그들은 중세 르네상스 시대 이후 화가들이 그린 예수님에 대한 상상화 가운데 가장 그럴듯한 것을 두고 그것을 예수님의 얼굴이라 믿고 있다. 그것은 우리 시대에 들어와서 복제 그림과 영화를 비롯한 영상매체의 영향을 크게 받은 결과이다. 그러다 보니 종교성이 많은 사람들은 그 위험성을 모르는 채 그 그림을 벽면에 장식하거나 가까이 두기를 좋아한다.

그러나 그 초상화는 예수님의 진짜 얼굴이 아니라 인간들의 상상을 통한 거짓 그림일 따름이다. 죄에 빠진 인간들은 예수님을 자기의 취향에 맞는 존재로 묘사하고자 하는 속성을 지니고 있다. 그것은 결국 그런 그림이나 영상을 대하는 자들조차 마치 그것이 실제인 양 착각하게 되는 것이다. 그런 그림은 성도들의 진정한 신앙을 방해하는 역기능을 한다는 사실을 기억하지 않으면 안 된다.

5.10. 소위 '역사적 예수'(Historical Jesus)

인간들은 과거 역사를 자기의 목적에 맞추어 왜곡하기를 게을리 하지 않는다. 그런 자들은 실제로 일어났던 역사적인 사실을 무시하고 자신의 의도에 따라 역사를 조작해 서술하고자 한다. 그것을 마치 사실인양 후손들에게 가르치게 되면 잘못된 거짓 역사가 이념화되어 사람들을 지배하게 된다.

그 가운데 배도에 빠진 인간들은 하나님께서 직접 관여하신 역사조차 근본적으로 왜곡시키려고 한다. 그들은 하나님의 말씀에 기록된 실제로 발생한 역사적 사실을 받아들이는 대신에 인간의 이성과 취향에 맞는 역사를 재구성하고자 한다. 19세기 말에 생겨난 소위 '역사적 예수'는 그 대표적인 경우이다. 특히 많은 사람들이 존경할 만한 인물로 간주되는 슈바이처(A. Schweizer) 같은 인물은 그에 대한 심각한 오류에 빠져 있었다.

자유주의 신학자들은 성경에 기록된 예수님과 그의 사역을 인간의 이성이라는 칼날을 이용해 제멋대로 재단하기에 이르렀다. 경험적 판단에 따라 수긍할 수없는 모든 내용들을 실제로 일어난 사실이 아닌 종교적인 목적을 지닌 신화로 간주해 버린 것이다. 그리하여 생겨난 것이 저들이 만들어 낸 거짓 '역사적 예수'이다. 그러나 우리는 성경에 기록된 예수님과 그의 모든 사역이 진정한 역사적 예수가 이룩하신 실제적 역사라는 사실을 확인한다.

5.11. 인본화 된 '예수'

인본주의에 빠진 인간들은 자기에게 적절한 '예수 만들기'에 적극적으로 나서고 있다. 그런 자들은 친근한 예수를 만들어 인간들에게 제시해 상품화하기 위해 주력한다. 그들은 실제와 아무런 상관이 없는 상황을 만들어 사람들로 하여금 예수님에게 친근하게 다가갈 수 있도록 한다는 명분을 내세우지만 위험천만한 발상이 아닐 수 없다.

'자전거 타는 예수' '축구하는 예수' '수영하는 예수' 등을 앞세워 그림이나 만화, 영상을 통해 묘사하기도 한다.[21] 하지만 그것은 하나님의

---

21) 현대에는 이와 같은 양상들이 다양한 종교들에서 나타나고 있음을 보게 된다. 불교의 부처는 물론 공자와 단군 등을 그런 식으로 묘사하는 것을 주변에서 쉽게 볼 수 있다. 불신자들은 그렇게 할지라도 교회가 예수님을 그런 식으로 묘사하는 것은 결코 있을 수 없는 일이다.

아들로서의 예수님의 본성을 결정적으로 훼손할 수밖에 없다. 그렇게 되면 하나님의 아들로서 악한 죄인들을 종말론적으로 심판하시는 두려운 예수 그리스도에 대한 생각이 멀어지게 된다. 그것은 하나님의 진리를 왜곡하는 이단사상에 기초하고 있다. 따라서 교회는 그런 행태에 대해 강력한 경계를 하지 않으면 안 된다.

5.12. 종교다원주의(pluralism)

우리 시내에 가장 위험한 주장 가운데 하나는 종교 다원주의 사상이다. 이는 세상에 존재하는 다양한 종교들에는 나름대로의 '그리스도'가 있어서 인간들을 구원하게 된다는 신학사상이다. 그런 주장을 하는 자들은 기독교에는 예수가 '그리스도'이며 불교에는 부처, 이슬람교에는 무함마드, 그 이외의 다양한 종교들에도 저들에게 맞는 고유한 성격을 띤 '그리스도'가 존재한다는 것이다.

그들은 성경에 기록된 하나님의 복음 자체를 송두리째 거부하고 있다. 이는 오직 예수 그리스도 한 분만을 통해 하나님과 영원한 천국에 이를 수 있다는 기독교 진리를 포기하는 것과 마찬가지다. 그런 위험한 이단 사상은 우리 주변에서 버젓이 활개치고 있다. 그럼에도 불구하고 어리석은 종교지도자들이 그런 사상을 가진 자들과 공존하려는 모습을 보이는 것은 우리 시대의 안타까운 현실이다.

5.13. 적그리스도(anti-christs)

예수 그리스도를 대적하는 적그리스도는 평범하지 않은 다양한 기적들을 행하면서 어리석은 교인들을 미혹한다. 물론 그런 자들은 겉보기에 유능한 종교인으로서 속내가 드러나지 않으므로 인해 쉽게 그 본성을 파악하기 어렵다. 도리어 그들은 기독교와 성경을 끊임없이 빙자하기 때문에 여간 정신을 바짝 차리지 않으면 속아 넘어가기 십상이다.

그리스도의 이름을 빙자한 적그리스도는 자신의 종교적 목적을 달성하기 위해 다양한 활동을 펼치며 자기를 선전한다. 그런 인간은 입술에서 나오는 그럴듯한 말과는 달리 실제로는 하나님을 대적하게 된다. 기독교 내부에 들어와 종교지도자 행세를 하는 악한 자들은 넓은 의미에서 볼 때 적그리스도에 속한 자들이라 할 수 있다.

5.14. 윤리의 표상으로서 '그리스도'

성경에 기초한 참된 기독교는 결코 윤리주의를 지향하지 않는다. 그러나 어리석은 자들은 예수 그리스도를 윤리적 종교 교사로 만들고 있다. 칸트(Immanuel Kant)는 윤리를 완성할 때 기독교의 진정한 의미가 발생한다는 생각을 했다. 그는 기독교의 목적이 마치 윤리와 도덕을 위한 것인 양 착각했다. 그러나 지상 교회가 영원한 진리를 소유함으로써 자연적으로 윤리를 드러내기는 하지만 도덕 지상주의를 지향하는 것은 아니다. 그럼에도 불구하고 그리스도를 통해 인본주의 윤리를 지향하는 것이 교회의 근본적인 목적인 양 생각하는 자들이 많은 것이 사실이다.

한편 윤리주의자들 가운데는 그리스도가 이땅에 오신 목적이 일종의 도덕적 감화를 끼치기 위해서라고 주장하는 자들이 있다. 피터 아베란트(Peter Aberland)와 같은 학자가 그 대표적인 인물이다. 그런 사상을 가진 자들은 그리스도가 십자가에 달려 희생을 당하신 것은 죄인들에게 도덕적인 감화를 주기 위해서라는 것이다.

그리스도를 오해하는 그런 사상은 도리어 매우 위험한 기능을 하게 된다. 왜냐하면 그것은 신앙이 어린 성도들에게 그리스도의 본질을 왜곡시킴으로써 진리와 윤리에 대한 혼선을 가져오게 할 우려가 있기 때문이다. 교회가 예수 그리스도를 앞세워 세속적인 윤리를 강조하게 되면, 진리에 둔감한 윤리주의자들이 마치 훌륭한 신앙인이라도 되는 것 같은 착각을 불러일으키게 하는 심각한 오류에 빠질 수 있다는 사실을 기억해야 한다.

V. 구원론(Soteriology)

Ⅴ. 구원론(Soteriology)

성경에서 말하는 '구원'은 일반적인 용어가 아니다. 하나님의 구원에 대한 깨달음을 가지기 위해서는 인간의 처참한 상태를 분명히 이해해야만 한다. 아담의 범죄로 인해 인간이 얼마나 처참한 멸망에 빠지게 되었는가에 대해서 알지 못한다면 진정한 구원을 바랄 수 없다. 또한 이 세상에는 어느 누구도 자신의 구원을 이룰 수 있는 자가 없다는 사실을 깨달을 때 하나님께 손을 내밀게 되는 것이다. 성경에는 하나님의 자녀들을 구원하기 위한 구체적인 말씀들이 기록되어 있다.

1. 하나님의 작정과 계획

1.1. 구원의 근거

하나님께서 인간을 구원하신 유일한 근거는 창세전에 허락된 하나님의 언약이다. 타락한 인간이 하나님께 구원을 간청했기 때문이 아니며, 하나님께서 반성하는 인간의 마음과 행위를 보셨기 때문도 아니었다. 하나님이 자기의 형상에 따라 인간을 창조하실 때 이미 상호 원만한 관계가 형성되어 있었다. 사도 바울은 에베소 교회에 편지하면서 그에 대한 분명한 증거를 하고 있다.

"곧 창세전에 그리스도 안에서 우리를 택하사 우리로 사랑 안에서 그 앞에 거룩하고 흠이 없게 하시려고 그 기쁘신 뜻대로 우리를 예정하사 예수 그리스도로 말미암아 자기의 아들들이 되게 하셨으니 이는 그의 사랑하시는 자 안에서 우리에게 거저 주시는바 그의 은혜의 영광을 찬미하게 하려는 것이라"(엡 1:4-6)

사탄은 하나님과 인간 사이에 형성된 신뢰 관계를 깨뜨리려고 했으며 실제로 그것을 행동으로 옮겼다. 그러나 일시적으로 그에 대한 성공을 한 듯이 보였지만 실상은 전혀 그렇지 못했다. 언약에 신실하시고 스스로의 약속에 대해 불변하시는 하나님께서 예수 그리스도를 통해 자기 백성을 위한 구원을 완성하실 것이었기 때문이다.

1.2. 구원의 목적

우리는 하나님께서 인간을 구원하신 우선적인 목적이 하나님 자신을 위해서라는 사실을 올바르게 깨닫는 것은 매우 중요하다. 하나님의 구원이 자기 자녀에게 시행되는 일차적인 목적은 인간이 아니라 하나님 스스로를 위해서이다. 성경은 그에 대해 분명한 언급을 하고 있다.

"여호와께서 자기를 위하여 경건한 자를 택하신줄 너희가 알지어다 내가 부를 때에 여호와께서 들으시리로다"(시 4:3);
"새 노래로 여호와께 찬송하라 대저 기이한 일을 행하사 그 오른손과 거룩한 팔로 자기를 위하여 구원을 베푸셨도다"(시 98:1);
"여호와께서 자기 이름을 위하여 저희를 구원하셨으니 그 큰 권능을 알게 하려 하심이로다"(시 106:8);
"나 곧 나는 나를 위하여 네 허물을 도말하는 자니 네 죄를 기억지 아니하리라"(사 43:25)

하나님께서는 자신의 거룩한 이름을 위한 구원의 바탕 위에서 창세전에 택하신 백성들을 구원하셨다. 이는 하나님을 위한 인간의 존재 목적에 대해 명확한 교훈을 주고 있다. 우리는 인간들이 결코 하나님 앞에서 자기를 내세우거나 교만할 수 없는 근거가 바로 여기에 있다는 사실을 기억해야 한다.

1.3. 구원은 전적인 하나님의 은혜

더러운 범죄행위를 저질렀을 뿐 아니라 거룩하신 하나님을 적극적으로 욕되게 한 배은망덕背恩忘德한 인간들에게 허락된 구원은 죄인들로부터 아무런 대가를 요구하지 않은 채 일어나게 되었다. 따라서 인간은 하나님께 그에 대한 유무형의 어떠한 값도 치루지 않았다. 하나님으로 말미암는 구원은 아무런 기대가 없는 상태에서 값없이 베풀어졌다. 이는 인간에게 제공된 구원이 저들의 특별한 노력과 공적의 결과로 말미암는 것이 아니었음을 말해 주고 있다.

그런데 우리가 명심해야 할 바는 은혜로 얻어진 그 구원이 실상은 하나님께서 엄청난 대가를 대신 치른 결과라는 사실이다. 그것은 자기가 극진히 사랑하는 독생자를 십자가에 달려죽게 하심으로써 얻어진 것이었다. 하나님께서 자신의 독생자로 하여금 십자가의 고통을 감당하게 하신 것은 인간의 상상을 초월하는 영역이다. 나아가 자기를 사랑하고 따르는 성실한 인간들을 위해서가 아니라 자기에게 적극적인 적대감을 가지고 욕보이기 위해 온갖 노력을 다하는 악한 원수의 자리에 있는 자들을 구원하시기 위해 그렇게 하신 점을 분명히 기억하지 않으면 안 된다.

1.4. 하나님의 거룩한 이름과 본성적 사랑이 구원의 기초가 됨

타락한 인간에게는 하나님에 대한 사랑이 전혀 남아 있지 않았다. 인간들은 하나님을 사랑할 수 있을 만한 눈곱만큼의 정신도 소유하고 있지 않다. 부패한 인간에게 남아 있는 것은 하나님에 대한 무지와 그에게 저항하는 태도밖에 없다. 이는 곧 인간 자신을 위한 이기심과 하나님에 대한 불순종과 멸시만 남아있음을 말해준다.

이에 반해 하나님께서는 창세전에 거룩한 이름을 걸고 스스로 맺으신 언약으로 말미암아 자신의 형상을 소유한 인간과 맺은 사랑이 그대로 남아있다. 그것은 죄를 용서하시고자 하는 하나님의 의지와 연관되어 있다. 이는 인간의 구원은 전적으로 하나님의 사랑에 근거함을 보여주고 있다. 그러나 인간이 가진 죄의 문제를 완전히 해결하지 않고는 하나님의 완벽한 사랑이 인간들에게 전달될 수 없다.

1.5. 행위언약과 은혜언약

하나님께서는 인간을 창조하시고 나서 모든 피조세계를 그에게 관리를 위임하신 후 행위언약을 주셨다. 그것은 에덴동산 중앙에 있는 선악과 열매를 따먹지 말라는 금령이었다. 물론 그것은 아담을 위한 하나님의 놀라운 은총의 표시였다. 그것을 통해 하나님의 뜻에 따라 그의 피조세계를 다스려야 한다는 지표가 주어졌기 때문이다.

그러나 아담은 사탄의 유혹을 받아 그에 대한 하나님의 뜻을 저버리고 행위언약을 범했다. 이는 죄에 빠진 인간의 죽음을 의미하고 있었다. 그러나 언약에 신실하신 하나님께서는 또 다시 그들을 위한 은혜언약을 맺으셨다. 그것은 하나님과 자신을 위해 아무런 구원행위를 할 수 없던 인간들에게 주어진 '여자의 후손'을 통한 메시아 언약이었다(창 3:15).

그 은혜언약에 따라 하나님께서는 이땅에 메시아를 보내 창세전에 택하신 자기 자녀들을 구원하시고자 했다. 성자 하나님께서 친히 인간의 몸을 입고 이땅에 오신 것은 전적으로 하나님의 언약에 기초한다. 이 모든 것의 배경에는 불변하는 삼위일체 하나님의 진실한 사랑과 은혜가 자리잡고 있다.

1.6. 죄 사함과 용서

인간들은 서로간의 잘못에 대해 상호 용서할 수 있다. 하나님을 알지 못하는 사람들이라 할지라도 서로 용서하면서 살아간다. 악한 인간이라도 다른 사람을 용서할 수 있는 근거는 자기도 그와 동일한 죄인이기 때문이다. 죄의 속성을 지닌 인간이기 때문에 동질의 본성을 지닌 다른 사람을 용서할 수 있게 되는 것이다.

그렇지만 거룩하신 하나님은 그렇지 않다. 하나님은 마음 내키는 대로 아무나 용서하실 수 있는 분이 아니다. 하나님과 인간 사이에 더러운 죄가 끼어 있는 한 어떤 선한 연관성이나 접촉점이 작용할 수 없다. 거룩하신 분이 중재자 없이 죄악에 빠진 인간을 용서한다는 것은 불가능하다.

이처럼 인간에 대한 하나님의 용서는 인간의 이성과 경험을 초월하는 개념을 지니게 된다. 따라서 하나님께서 더러운 죄인을 용서하시기 위해서는 완벽하고 거룩한 중재자를 둘 수밖에 없다. 그 일을 감당하기 위해 성자 하나님께서 친히 인간의 몸을 입고 이 세상에 오시게 된 것이다.

＊〈온 몸에 끔찍한 죄의 흉터들로 가득 찬 인간〉

인간에게 하나님의 구원이 필요한 것은 하나님께 범한 자신의 죄 때문이다. 인간이 하나님 앞에서 자신을 죄인으로 고백하는 것은 현재적인 개념에 제한된 용어가 아니다. 지난 날에는 추악한 죄인이었지만 지금은 그와 같은 죄를 짓지 않은 상태이기 때문에 아무런 흠 없는 정결한 인간이라고 말할 수 없다. 이땅에 살아가는 성도들은 여전히 흉한 죄의 흔적들을 온 몸에 지닌 채 악한 세상을 기웃거리며 살아가고 있다. 이것이 인간들에게 지속적으로 구원을 이루어 가야함을 요구하는 근거가 된다.

물론 하나님의 자녀들은 예수 그리스도의 십자가 사역으로 말미암아 완전한 용서를 받았다. 그럼에도 불구하고 하나님의 자녀들은 죄의 흔적으로 가득 채워진 자신의 추한 모습을 보며 겸손해야 한다. 성숙한 성도들은 자신이 죄로 말미암아 얼마나 흉측한 상태로 존재하고 있는가 하는 사실을 분명히 인식하지 않으면 안 된다. 이는 인간들이 자신의 삶에 죄의 끔찍한 흔적들을 보유한 채 살아가고 있음을 의미하기 때문이다.

우리는 이에 대한 사실적인 이해를 하지 않으면 안 된다. 예를 들어 어릴 적부터 악한 행동을 하면서 자신의 온 몸 구석구석에 흉측한 문신(文身)과 상처들을 가득 지닌 개과천선(改過遷善)한 어떤 사람이 있다고 가정해 보자. 그의 삶은 바뀌었지만 문신과 상처들은 여전히 신체 곳곳에 그대로 남아 있다. 그는 자기 몸의 흉측한 흔적들을 볼 때마다 과거의 삶을 기억하며 부끄러운 마음을 가지게 될 것이다.

죄에 대해서도 이와 유사한 관점에서 이해해야 할 필요가 있다. 인간들에게는 과거에 지은 죄악의 흉측한 상처들이 삶의 흔적으로 곳곳에 남아 있게 된다. 그런데 세월이 흘러가면서 그 죄의 자국들은 점차 누적되어 간다. 하나님의 완전한 용서를 받아 죄로부터 자유롭게 되었지만 자기의 인생에 남겨진 죄악의 흉터들은 세상에 살아갈 동안 그대로 남아 있는 것이다.

성도들은 이에 대한 올바른 깨달음을 통해 자신의 부끄러운 삶을 되돌아보며 하나님 앞에서 현재적인 겸손한 자세를 유지할 수 있게 된다. 그런 차원에서 본다면 자신의 삶에 점철된 부끄러운 죄의 흔적을 볼 수 있는 것은 하나님의 놀라운 은혜라 할 수 있다. 참된 교회에 속한 성숙한 성도들은 이에 대한 분명한 깨달음을 가져야만 한다. 그것이 곧 하나님의 전인적인 구원의 은혜에 밀접하게 연관되어 있기 때문이다.

1.7. 십자가 사역 : 예루살렘 성전 휘장과 지성소

예수께서는 하나님과 죄에 빠진 인간 사이의 화해를 이루시기 위해 십자가에 달려 돌아가셨다. 십자가를 통한 구원에 관련된 모든 일들은 하나님의 단독사역이다. 예수님의 구속사역은 십자가 위에서만 끝나는 것이 아니라 그가 완벽한 희생제물이 되어 하나님께 바쳐진 사실을 기억하지 않으면 안 된다.

예수님은 하나님의 거룩한 제물로서 십자가에 달려 돌아가심으로써 그의 공의를 충족시키게 되었다. 성경은 예수께서 성 밖 골고다 언덕에서 마지막 목숨이 끊어질 때 예루살렘 성전 내부에 놀라운 사건이 발생했음을 증거하고 있다. 성소와 지성소를 가로막고 있던 휘장이 위로부터 아래로 찢어졌던 것이다.

> "예수께서 큰 소리를 지르시고 운명하시다 이에 성소 휘장이 위로부터 아래까지 찢어져 둘이 되니라"(막 15:37,38)

이는 십자가에 달려 돌아가신 하나님의 어린양이 언약궤가 놓여있는 지성소에 바쳐졌음을 말해주고 있다. 이로써 예수 그리스도의 흠 없는 거룩한 피가 지성소 안에 있는 언약궤 위의 속죄소 곧 시은좌(the mercy seat)에 뿌려짐으로써 영원한 속죄를 이루게 되었음을 의미한다. 하나님께서 이를 통해 예수님을 완벽한 속죄제물과 화목제물로 열납하심으로써 구속 사역을 이룩하셨던 것이다.

2. 구원의 서정(the order of Salvation)

조직신학에 있어서 '구원의 서정' 이라는 말은 '구원의 방법' 혹은 '구원의 수단' 을 일컫는다.[22] 이는 하나님께서 인간의 구원을 베푸시기 위해 나타내신 하나님과의 관계에 연관되어 있다. 이에 포함된 각각의 내용들은 죄인의 상태로부터 하나님의 성결한 성도가 되어가는 과정에서 발생하

---

22) '구원의 서정' 에 대해서는 나라와 지역에 따라 다소간 상이한 용어가 사용되고 있다. 독일 교회에서는 '구원의 획득' (Heilsaneignung)이라는 용어를 사용하며, 네덜란드 교회에서는 '구원의 수단' (Heilsweg)이나 '구원의 순서' (Orde des Heils)라는 용어를 사용한다. 그리고 영어를 사용하는 교회들에서는 '구원의 방편' (Way of Salvation)이라고 하며, 한국 교회에서는 '구원의 서정' (序程)이라는 용어를 일반적으로 사용하고 있다. 이것은 표현상의 차이일 뿐 본질적인 의미에서는 별 차이가 없는 것으로 이해된다.

게 된다. 하나님의 주도 아래 진행되는 구원의 서정의 전 과정은 일종의 순서를 가지게 되는 것이다.

그렇지만 이는 시간적인 순서라기보다 시간을 초월한 논리적인 순서로 이해하는 것이 바람직하다. 특히 유념해야 할 바는 그 발생 시점이 인간의 두뇌로 판단할 수 없는 신비의 영역에 속해 있다는 점이다. 각 개인에게 일어나는 구원에 관련된 각 내용들의 시점에 대해서는 인간들이 알 수 없다. 그것은 전적으로 하나님께 속한 신비의 영역에 가려져 있기 때문이다.

그럼에도 불구하고 분명한 사실은 하나님께서 창세전에 자기 백성을 미리 구별해 예정하셨다는 점이다. 그 선택받은 자가 언제 어느 시점에서 하나님의 부르심을 받고 중생하게 되며, 의롭다고 인정받아 양자로 받아들여지게 되는지에 대해서는 구체적으로 알 수 없다. 구원에 관련된 모든 내용들은 인간의 판단이나 인지여부와는 아무런 상관이 없는 경우가 많기 때문이다.

예를 들어 하나님의 선택을 받은 태아가 어머니의 태중에서 죽었다고 가정해보자. 그는 태중에 있으면서 하나님의 부르심을 받고 중생했으며 칭의를 받아 양자로 받아들여진 것으로 이해해야 한다. 그에게는 비록 일반적인 인지능력이 전혀 없었지만 하나님에 의해 구원을 받게 되었던 것이다.

따라서 우리는 구원의 서정 가운데 포함된 어떤 내용들이 동시적으로 이루어지는가 하면, 또 다른 어떤 내용들 가운데는 점차적으로 진행되는 것들이 있다는 사실을 기억해야 한다. 나아가 그것들이 각 사람에게 획일적으로 적용되는 것이 아니라는 점도 간과해서는 안 된다. 경우에 따라서는 각 개인에게 상당한 차이가 날지라도 하나님의 동일한 역사가 발생하게 되는 것이다. 이처럼 포괄적인 깨달음과 더불어 구원의 서정에 연관된 내용을 살펴보아야 한다.

2.1. 예정(豫定, Predestination)

인간의 구원에 대한 근본 배경은 하나님의 예정과 선택에 기초하고 있다. 그것은 전적으로 하나님의 고유한 뜻에 의한 것이다.[23] 하나님께서는 우주만물을 창조하시기 전에 이미 자기 자녀들을 선택해 두셨다. 하나님께서 엿새 동안의 창조 마지막 날 자신의 형상을 닮은 인간을 창조하신 것은 그 전의 작정과 예정에 따른 결과였다. 사도 바울은 에베소 교회에 편지하면서 이에 대한 증언을 하고 있다.

> "곧 창세전에 그리스도 안에서 우리를 택하사 우리로 사랑 안에서 그 앞에 거룩하고 흠이 없게 하시려고 그 기쁘신 뜻대로 우리를 예정하사 예수 그리스도로 말미암아 자기의 아들들이 되게 하셨으니 이는 그의 사랑하시는 자 안에서 우리에게 거저 주시는바 그의 은혜의 영광을 찬미하게 하려는 것이라"(엡 1:4-6)

이 본문은 하나님께서 자신의 고유한 작정과 계획에 따라 우주만물과 지구 가운데 존재하는 인간을 지으셨음을 말해주고 있다. 그는 아무런 계획 없이 임기응변적으로 인간과 우주만물을 짓지 않으셨다. 모든 피조물은 하나님의 거룩하신 목적과 철저한 구상에 의해 창조된 것들이다.

그것들 가운데 특별히 선택받은 인간들은 하나님과의 인격적 관계가 확립된 존재로서 미리 예정이 되어 있었다. 하나님께서는 '그리스도 안에서' 자기 자녀들을 구별하심으로써 자신의 영원한 계획을 확정하셨다. 이를 위해 하나님은 자신의 형상을 보유한 자기 자녀들을 창세전부터 구원하시기로 택정해 두셨던 것이다.

---

23) 하나님의 창세전 선택은 인간의 미래에 대한 하나님의 예지에 근거하지 않는다. 이는 앞으로 태어나게 될 인간들 가운데 선행을 행할 자와 악행을 행할 자를 하나님께서 미리 알아보시고 그것을 근거로 하여 선택했을 것이란 추측을 거부한다. 그런 논리는 선행이나 악행과는 아무런 상관이 없는 태아나 영아 때 사망한 성도들에 대해서는 아무런 설명을 할 수 없다.

✱ 〈 '선택받은 자' 와 '언약에 속한 자' 〉

'하나님의 선택'과 '하나님의 언약' 사이에는 상당한 차이가 난다. 하나님의 언약에 참여하는 자들이라 해서 누구나 구원에 참여할 수는 없다. 창세전에 선택받은 자들은 필연적으로 영원한 구원에 참여하게 되지만 언약에 속한 모든 사람들이 반드시 그 구원에 참여할 수 있는 것은 아니다.

하나님의 언약에 참여하는 자들 가운데는 구원에서 배제된 자들이 상당수 포함되어 있다. 이와는 달리 구원에 참여하는 모든 성도들은 하나님의 언약에 속한 자들이다. 구약시대의 모든 이스라엘 백성은 하나님의 언약 가운데 살았다. 그들은 몸에 할례를 받아 외적으로는 구별되었지만 모두가 구원을 받은 것은 아니었다. 그 사람들은 하나님의 사역을 위한 도구로만 사용되었을 따름이다.

신약시대 교회에도 이와 동일한 양상이 나타나고 있다. 기독교에 속한 모든 사람들이 하나님으로부터 선택받은 사람이라 말할 수 없다. 신학자, 목사, 선교사로서 하나님의 언약 가운데서 활동할지라도 저들 가운데는 구원과 상관이 없는 자들이 상당 수 있다. 그것은 하나님의 특별한 경륜에 따른 것이다.

2.2. 소명(召命, Calling)

소명이란 예정에 기초한 하나님의 사역으로서 예수 그리스도 안에서 구원받기로 작정된 자들을 부르시는 영원한 구원에 대한 초대를 의미한다. 죄에 빠진 백성들에 대한 하나님의 부르심을 통해 비로소 성도의 삶의 여정이 시작된다. 사도 바울은 로마에 있는 교회에 편지하면서 그에 대한 전체적인 설명을 하고 있다.

"하나님이 미리 아신 자들로 또한 그 아들의 형상을 본받게 하기 위하여 미리 정하셨으니 이는 그로 많은 형제 중에서 맏아들이 되게 하려 하심이니라 또 미리 정하신 그들을 또한 부르시고 부르신 그들을 또한 의롭다 하시고

의롭다 하신 그들을 또한 영화롭게 하셨느니라"(롬 8:29,30)

하나님의 예정뿐 아니라 그의 부르심 역시 은혜에 속한다. 물론 우리는 교회적인 관점에서 이를 이해할 수 있다. 소명에는 실질적인 부르심과 형식적인 부르심을 동시에 생각하게 된다. 형식적인 부르심은 택한 자뿐 아니라 외적으로 복음을 듣게 되는 모든 이에게 미치는 우주적인 선포이다. 이와 달리 실질적인 부르심은 성령의 역사로 인해 형식적인 부르심을 효과 있게 만들어 가게 된다.[24]

따라서 형식적 소명이 교회로 들어오는 외적인 과정인데 비해 실질적인 소명은 효력 있는 소명(Effectual Calling)이다. 실질적인 소명은 항상 계시된 말씀과 성령 하나님의 특수사역에 의해 선택받은 개별 성도들에게 전달된다. 이렇게 하나님의 부르심을 받아 구원에 참여한 성도들에게는 구원의 변경이나 취소가 없다.

✻ 〈하나님의 소명은 언제 발생하는가?〉

하나님은 과연 언제 선택하신 자기 자녀들을 부르시게 될까? 인간들은 결코 그 신비한 시점에 대해 알 수 없다. 어리석은 교인들은 자신의 종교적인 느낌에 연관지어 하나님의 부르심의 시점을 이해하려 한다. 그러나 그것은 결코 온당한 주장일 수 없다.

우리는 하나님의 부르심을 깨닫지 못한 채 구원받은 성도들이 많이 있다는 사실을 기억하고 있다. 태아나 영아뿐 아니라 지적장애 상태에 있는 성도들 가운데 구원받은 성도들은 자기가 언제 부름을 받았는지 알 턱이

---

24) 여기서 말하는 형식적 부르심을 받은 자들이란 복음의 진리에 대한 관심이 아니라 기독교의 종교적인 외형에 의해 끌림을 받은 자들을 지칭한다. 그들은 형식상 지상 교회에 속해 있으나 실제는 복음과 무관한 자들이다. 우리는 이에 대해 예수님의 비유 가운데 '알곡과 쭉정이'(마 3:12; 눅 3:17)에 연관된 비유의 말씀을 기억할 필요가 있다.

없다. 따라서 하나님께서 자기를 부르신 시점을 안다고 주장하는 성도들 조차 실제로는 그보다 훨씬 전에 부름을 받았을 가능성이 크다.

2.3. 중생(重生, Regeneration)

중생은 인간의 기대나 의지에 달려있는 것이 아니라 전적인 하나님의 사역이다. 실질적인 소명 곧 효력있는 부르심을 받은 성도들에게는 중생이 따르게 된다. 중생은 회심과 성화를 포함한 성도의 근본적인 삶을 이끈다. 참된 중생은 성도들이 하나님의 형상을 회복하는 기초가 되며, 성령으로 말미암아 심령이 새로워지는 재창조를 가져온다. 죄에 빠진 인간은 거듭나지 않으면 영원한 하나님 나라에 참여할 수 없다. 이에 대해서는 예수께서 말씀하셨으며 사도들이 증언했다.

> "예수께서 대답하여 가라사대 진실로 진실로 네게 이르노니 사람이 거듭나지 아니하면 하나님 나라를 볼 수 없느니라"(요 3:3);
> "너희가 거듭난 것이 썩어질 씨로 된 것이 아니요 썩지 아니할 씨로 된 것이니 하나님의 살아 있고 항상 있는 말씀으로 되었느니라"(벧전 1:23)

하나님의 말씀을 통해 거듭나지 않은 상태에서의 자연인은 영원한 구원에 참여할 수 없다. 하지만 중생은 논리적 순서상 구원의 완성이 아니라 시작이라 할 수 있다. 중생은 하나님의 직접적이고도 은밀한 사역으로서 성도들의 변화된 삶을 유도한다. 따라서 중생한 성도들은 뒤따르는 회개와 성화를 통해 하나님의 형상의 회복과 더불어 완성을 향해 나아가게 된다.

✽ 〈중생의 시점〉

하나님의 자녀들은 누구나 거듭 태어나야만 영원한 구원에 참여하게 된다. 사람이 거듭나지 않고는 하나님 나라를 볼 수 없다(요 3:3). 하지만 성도들은 자신이 중생한 정확한 시점을 알지 못한다. 단지 자기도 인식하지 못하는 사이 하나님의 부르심을 받고 중생하게 되는 것이다.

이에 대해서는 인간들의 육체적인 출생에 연관하여 생각해 보면 어느 정도의 쉽게 이해할 수 있다. 인간들 가운데 자신의 수태(受胎) 시점을 인식하는 자는 아무도 없다. 그것은 불가능한 일이다. 모태에서 분리되는 자신의 출생 시점에 대해서도 마찬가지다. 나중에 성장하면서 자기의 존재를 파악하게 될 때 비로소 과거 언젠가 태어난 사실을 알게 된다.

우리는 영적인 중생에 있어서도 이와 동일한 관점에서 이해해야 한다. 하나님께서 자기 자녀를 죄악 세상으로부터 부르시는 깃과 동시에 중생을 통한 구원이 일어나게 되는 것이다. 이는 물론 시간적인 개념을 넘어서는 개념이며, 지상의 성도들에게는 지속적으로 그 구원의 의미가 발생하게 된다.

2.4. 신앙(信仰, Faith)

하나님께서는 거듭 태어난 자기 자녀들에게 신앙을 선물로 주신다. 성도들이 소유하게 되는 그 신앙은 중생의 결과로써 허락된다. 신앙이 있어야 중생하는 것이 아니라 중생한 성도가 신앙을 소유하게 된다. 여기서 말하는 신앙이란 현상적인 종교심에 연관된 것이 아니라 존재적인 성격을 지니고 있으며, 하나님의 구원의 은혜를 깨닫고 죄로 인한 자신의 처참한 상태를 깨닫게 되는 참된 지식의 기초가 된다.

하나님께서 허락하신 선물로서의 신앙은 성도들의 삶과 심령 가운데 간직될 수밖에 없다. 이는 일반적으로 생각하는 믿는 행위, 즉 신앙의 정신적인 작용을 의미하는 것이 아니다. 하나님으로 말미암아 소유하게 된 그 신앙으로 인해 믿는 마음을 소유하게 되는 것이나. 사도 바울은 그에 대한 언급을 하고 있다.

"복음에는 하나님의 의가 나타나서 믿음으로 믿음에 이르게 하나니 기록된바 오직 의인은 믿음으로 말미암아 살리라 함과 같으니라" (롬 1:17)

참된 신앙은 개인의 인정認定이나 사람들에 의한 일반적인 승인과 직접적인 연관성이 없다. 경우에 따라서는 신앙이 선물로 주어졌음에도 불구하고 그것을 의심하는 자들이 있는가 하면, 신앙이 없음에도 불구하고 마치 그것을 소유한 것처럼 생각하는 자들도 있을 수 있다. 이런 현상은 신앙이 어린 성도들에게 나타날 수 있는 현상이다.

참된 신앙의 근거는 인간들의 일방적인 기대나 요구를 배경으로 하는 것이 아니라 하나님의 영원하신 선택과 성령의 사역에 의한 것이라는 사실을 기억하지 않으면 안 된다. 성령 하나님께서는 창세전에 선택받은 성도들의 심령속에 참된 신앙을 선물로 허락하시며 점진적으로 그 믿음이 성장해 가도록 도우신다. 그 신앙이 없이는 결코 하나님을 기쁘시게 할 수 없다.

2.5. 칭의(稱義, Justification)

칭의란 하나님께서 거듭 태어난 성도를 의로운 자로 인정해 주시는 것을 의미한다. 이는 예수 그리스도의 완벽한 의를 근거로 하여 죄인을 의롭다고 선언하시는 하나님의 법적인 행위이다. 죄에 빠진 인간은 스스로의 행위에 의해 의롭게 되는 것이 아니라 하나님의 은혜로 말미암아 의로운 자로 인정받게 된다. 하나님께서는 사도들을 통해 그에 관한 많은 교훈을 주셨다. 사도 바울은 로마서에서 그 의미를 분명히 증거하고 있다.

> "모든 사람이 죄를 범하였으매 하나님의 영광에 이르지 못하더니 그리스도 예수 안에 있는 구속으로 말미암아 하나님의 은혜로 값없이 의롭다 하심을 얻은 자 되었느니라"(롬 3:23,24)

위의 본문에 언급된 칭의 곧 하나님으로부터 값없이 의로운 자로 인정받는다는 말은 죄에 대한 책임의 면제(remission)와 더불어 그리스도로부터

의가 전가(imputation)되는 개념을 동반하고 있다. 하지만 우리가 여기서 분명히 깨달아야 할 점은 하나님의 자녀라 할지라도 이 세상의 삶에서 본질상 의롭게 되는 것이 아니라는 사실이다.

지상 교회에 속해 살아가는 성도들 역시 세상에서는 다른 사람들과 마찬가지로 여전히 더러운 죄인의 모습을 띠고 있다. 하나님께서 성도들을 의로운 자로 인정하신다고 해서 저들에게 의로운 요소가 존재하거나 삶 자체가 의롭게 변화된 것이라 할 수 없다. 그것은 더러운 죄인을 의롭게 보시는 하나님의 은혜를 드러내 보여주고 있다.

그러므로 칭의가 반드시 회개를 통한 일반 윤리적인 성화의 동반을 전제하는 것이 아니라는 사실을 기억해야 한다. 칭의는 율법의 행위나 선행이 아니라 전적으로 하나님의 일방적인 은혜로 말미암아 허락된다. 따라서 믿음은 칭의를 효과적으로 깨달아 알도록 하며, 칭의는 성령의 도우심으로 말미암아 예수 그리스도를 통해 성도와 하나님을 효과적으로 화해시키는 역할을 하게 된다.

2.6. 양자(養子, adoption)

하나님의 은혜를 입은 자들은 하나님의 자녀로 받아들여지게 된다. 양자는 칭의와 마찬가지로 법적인 관계에 연관된 의미를 지닌다. 그러므로 성도들은 예수 그리스도를 통해 거룩한 하나님을 '아바 아버지' 라 부를 수 있게 되었다. 이는 그들에게 상속자의 지위가 부여되었음을 말해주며 인간들에게 허락될 수 있는 최고의 특권이자 영광이 아닐 수 없다.

> "때가 차매 하나님이 그 아들을 보내사 여자에게서 나게 하시고 율법 아래 나게 하신 것은 율법 아래 있는 자들을 속량하시고 우리로 아들의 명분을 얻게 하려 하심이라 너희가 아들인고로 하나님이 그 아들의 영을 우리 마음 가운데 보내사 아바 아버지라 부르게 하셨느니라" (갈 4:4-6)

이 말씀은 하나님의 자녀들에게 허락된 특별한 신분에 관한 교훈이다. 중생은 하나님의 양자가 되기 위한 선행先行 요건이 되어 약속된 관계를 발생시키게 된다. 하지만 이는 인간들의 내면에 새로운 본질이 추가되어 완벽한 아들로서 살아간다는 의미가 아니다. 물론 성령으로 말미암아 진정으로 거듭나지 않은 자들은 결코 하나님의 양자가 될 수 없으며 하나님으로부터 보호받지 못한다.

2.7. 성화(聖化, Sanctification)

하나님의 자녀가 된 성도들은 거룩하신 하나님께 속한 자로서 성결한 삶을 살아가도록 애써야 한다. 그러나 이는 인간의 결단과 의지에 기초한 것이 아니라 하나님의 은혜에 기초하고 있다. 따라서 모든 성화의 과정은 계시된 하나님의 말씀과 그와 더불어 역사하시는 성령 하나님의 도우심에 의해 실현된다. 이는 인간의 본성에 기인하는 것이 아니라 전적으로 거룩한 하나님의 성품에 기인한다.

> "오직 너희를 부르신 거룩한 자처럼 너희도 모든 행실에 거룩한 자가 되라 기록하였으되 내가 거룩하니 너희도 거룩할지어다 하셨느니라"(벧전 1:15,16);
> "나는 너희의 하나님이 되려고 너희를 애굽 땅에서 인도하여 낸 여호와라 내가 거룩하니 너희도 거룩할지어다"(레 11:45)

이러한 삶은, 하나님을 경외하는 성도로서 끊임없는 회개를 통해 자신의 삶을 살펴보는 것을 전제로 하고 있다. 칭의는 예수 그리스도를 통해 단번에 완성되지만, 성화는 성령의 지속적인 사역에 의해 평생 동안 진행된다. 따라서 성화는 회개와 더불어 평생토록 지속되어야 한다.

진정한 성화의 길에 서 있는 성도들이라면 일차적으로 겉으로 드러나는 종교적이며 윤리적인 삶에 치중해 가고자 애쓰는 것이 아니라 자신의 죄된 모습을 더욱 철저하게 깨달음으로써 하나님을 더 가까이 의지해 가게 된다. 우리는 이와 동시에 태아와 영아의 구원을 포함한 특별한 경우에는 성화의 과정이 생략될 수도 있다는 점을 기억해야 한다.

물론 성화의 과정에 서있는 일반적인 성도들에게는 도덕적이며 윤리적인 삶의 모습이 따를 수밖에 없다. 하지만 윤리와 도덕을 추구하고자 하는 인간적인 노력의 결과로써 그렇게 되는 것은 아니다. 하나님 앞에서 자신의 악한 모습을 더욱 분명히 깨달아 감으로써 실제적인 도덕적 변화를 동반하게 되는 것이다.

2.8. 회심(回心, Conversion)과 회개(悔改, Repentance)

회심이란 하나님을 경외하는 성도가 그 전의 죄악 세상을 등지고 하나님을 향해 완전히 돌아선다는 의미를 지니고 있다. 그러나 이는 인간의 자발적인 '돌아섬'이 아니라 하나님께서 돌려세우시는 사역에 대한 순종 행위이다. 이 회심은 단회적인 사건으로 하나님을 향한 성도의 전향이라 할 수 있다. 따라서 언약 가운데 존재하는 성도들은 이 세상에 속한 옛 사람을 벗고 거룩한 새 사람을 입어 변화된 삶을 살아가야 한다. 사도 바울은 에베소 교회에 편지하면서 성도들로 하여금 그렇게 살아가도록 명령하고 있다.

> "너희는 유혹의 욕심을 따라 썩어져 가는 구습을 좇는 옛 사람을 벗어 버리고 오직 심령으로 새롭게 되어 하나님을 따라 의와 진리의 거룩함으로 지으심을 받은 새 사람을 입으라" (엡 4:22-24)

바울이 기록한 이 말씀 가운데는 회심과 회개에 관한 교훈이 동시에 나타나고 있다. 옛 사람을 포기하고 회심한 성도라 할지라도 이 세상에 살아가는 동안에는 여전히 유혹과 시험으로부터 자유로울 수 없다. 따라서 진정으로 회심한 성도들은 끊임없는 회개의 삶을 이어가지 않으면 안 된다.

하나님 앞에서 회개를 지속하는 삶을 살아가기 위해서는 참된 회심을 통해 자신의 욕망을 부정하고 계시된 말씀에 의존하는 자세를 가져야 한다. 그리스도의 은혜로 중생하고 영원한 의를 회복했지만 인간들에게는 죄의 세력이 완전히 소멸되지 않은 채 남아 있다. 따라서 하나님을 경외하는 성도들은 성령의 도우심을 힘입어 죄의 본성과 맞서 싸우는 가운데 겸손한 회개의 삶을 지속해야 한다. 이러한 회개는 날마다 끊임없이 되풀이되는 성격을 지니고 있다.

그러나 우리는 특별한 경우 회심과 회개가 생략되는 경우가 있다는 사실을 알아야 한다. 정상적인 지각을 갖추지 못한 성도들 가운데는 일반적으로 생각하는 양식의 회심과 회개를 하지 못할 경우가 있음을 기억하지 않으면 안 된다. 그런 자들을 위한 모든 구원의 과정은 하나님의 특별한 섭리 가운데서 신비하게 진행되어 이루어진다.

2.9. 견인(堅忍, Perseverance)

하나님께서는 어떤 경우라 할지라도 한번 자기 자녀로 삼은 성도들을 절대 버리시지 않는다. 설령 인간이 아버지의 뜻을 잊어버리고 잠시 세상의 곁길로 간다고 할지라도 사랑의 하나님은 끝까지 자기 자녀를 지키며 보호하신다. 창세전에 그리스도 안에서 확립된 하나님과 그의 자녀 사이의 관계는 결코 파기될 수 없기 때문이다. 사도 바울은 고린도 교회에 편지하면서 이에 대한 분명한 증거를 하고 있다.

> "주께서 너희를 우리 주 예수 그리스도의 날에 책망할 것이 없는 자로 끝까지 견고케 하시리라 너희를 불러 그의 아들 예수 그리스도 우리 주로 더불어 교제케 하시는 하나님은 미쁘시도다" (고전 1:8,9)

하나님은 처음부터 인간의 선한 행위를 보고 자기 자녀로 삼으신 것이 아니라 하나님 스스로 자신의 기쁘신 뜻에 따라 자녀로 정하셨다. 하나님 께서는 자기 자녀를 선택하고 부르실 때 저들의 선하고 악한 행위를 전혀 감안하지 않으셨다. 타락한 아담의 후손인 인간들은 원래부터 하나님에 대한 믿음이 전혀 없는 악한 존재에 지나지 않았다. 그런 가운데 창세전에 있었던 자신의 선하신 약속에 따라 저들을 구원하셨으므로 그후에 변하는 상황이 하나님의 뜻을 돌이키게 할 수 없는 것이다.

이처럼 성도에 대한 궁극적인 구원은 전적인 하나님의 뜻과 사역에 달려 있다. 이는 하나님께서 자기 자녀에게 맨 처음 무조건적인 은혜를 베푸셨듯이 끝까지 인내하시며 그 은혜를 보존하시게 된다는 사실을 말해주고 있다. 따라서 한번 하나님의 은혜를 입은 자들은 어떤 경우에도 영원한 구원을 잃지 않는다. 이는 물론 성령 하나님의 지속적인 사역의 열매로 드러나게 된다.

2.10. 영화(榮華, Glorification)

영화는 '구원의 서정'에서 드러나는 마지막 단계로 볼 수 있는 동시에, 성도들이 이 세상에서 현재 지속적으로 누리게 되는 성격을 지니고 있다. 이는 하나님의 궁극적인 목적에 부합하며 예수 그리스도의 재림과 심판을 통해 최종적으로 맞게 되는 완성된 영화와 성도들의 현재적인 영화에 상호 밀접하게 연관되는 의미를 지닌다.

"또 미리 정하신 그들을 또한 부르시고 부르신 그들을 또한 의롭다 하시고 의롭다 하신 그들을 또한 영화롭게 하셨느니라" (롬 8:30);
"성도들은 영광 중에 즐거워하며 저희 침상에서 기쁨으로 노래할지어다 … 기록한 판단대로 저희에게 시행할지로다 이런 영광은 그 모든 성도에게 있도다 할렐루야" (시 149:5-9)

하나님의 백성이라 할지라도 타락한 세상에서의 삶은 환란과 고통 가운데 처해질 수밖에 없다. 따라서 항상 완벽한 영화를 누리며 살아간다는 것은 불가능한 일이다. 그런 중에 교회와 그에 속한 성도들은 영원한 천상을 바라보며 그것을 부분적으로 맛보는 가운데 장래 임하게 될 완벽한 영화를 소망하며 살아가게 되는 것이다.

이와 동시에 성도들이 세상에서 허락된 하나님의 영화를 현실적으로 누리며 살아가는 것은 매우 중요하다. 하지만 그것은 세상에서 부귀영화富貴榮華를 누리면서 화려하게 살아가는 것을 의미하지 않는다. 교회에 속한 성도들이 특권적으로 누리게 되는 최상의 영화는 거룩하신 하나님을 감히 '아버지'라 부르고 있다는 사실이다. 의로운 자로 인정받아 양자가 된 성도가 언제든지 하나님을 향해 '아버지'라 부를 때 하나님께서 저를 기꺼이 용납하시는 것은 놀라운 일이 아닐 수 없다.

물론 궁극적으로 성취되는 영화는 하나님께서 허락하시는 새 하늘과 새 땅에서 완벽하게 구현된다. 하나님의 자녀들은 이 세상에 살아가면서 그 영화를 어느 정도 맛보게 된다. 그것은 하나님을 알지 못하는 자들은 결코 맛볼 수 없는 배타적인 성격을 지니고 있다.

3. 칼빈주의 5대 교리

칼빈주의 5대 교리는 칼빈이 직접 작성한 것이 아니라 그가 죽은 후 그의 신앙과 신학사상을 받아들이는 후대의 교회에 의해 정리되었다. 이 교리가 정립된 배경에는 성경의 교훈을 버리고 위험한 인본주의적인 사상을 전개하던 자들이 있다. 알미니우스(Jacobus Arminius)의 왜곡된 가르침에 빠져 있던 자들은 1610년 성경을 벗어난 주장을 하던 소위 항변파 5대 교리를 공식화했다.

그리하여 1618-1619년 사이 네덜란드의 도르트(Dort)에서 국가와 민족을 초월한 범세계적인 교회 회의가 소집되었다. 그 때 도르트 신조(Canons of Dort)가 나오게 되었다. 이 신조에서 이른바 영문 머리글자를 딴 TULIP (Total Depravity, Unconditional Election, Limited Atonement, Irresistible Grace, Perseverance of Saints)으로 요약되는 칼빈주의 5대 교리가 정리되었다. 이 교리는 오늘날에 이르기까지 개혁주의 교회의 중요한 지침이 되어 오고 있다.

3.1. 전적부패(Total Depravity)

인간이 전적으로 부패했다는 사실은 본성뿐 아니라 인간 자체가 죄로 말미암아 완전히 부패(corrupt)하여 비정상적(perverse)인 상태가 되었음을 의미한다. 하나님께서는 처음 사람 아담을 자신의 형상에 따라 의롭게 지으셨다. 그러나 아담과 하와가 사탄의 유혹에 의해 하나님을 배반함으로써 그로부터 난 모든 인간들은 전적으로 타락하여 영적인 사망에 처하게 되었다.

그러므로 그리스도의 사역에 의해 거듭나지 않은 자연인은 타고난 부패로 인해 어떠한 선도 행할 수 없다. 설령 인간의 이성과 경험의 눈으로 볼 때 인간들에게 무언가 선한 것이 남아 있는 듯이 보인다할지라도 하나님 보시기에는 전혀 그렇지 않다. 죄악에 빠진 영적인 파산자로서 전적 무능 (total inability)한 존재가 되어버린 인간은 자신의 구원을 위해 스스로 할 수 있는 일이 아무것도 없는 것이다.

3.2. 부조건석 선택(Unconditional Election)

하나님께서는 창세전에 자신의 기쁘신 뜻에 따라 영원한 구원에 참여하게 될 자녀들을 택정하셨다. 이는 하나님과 그의 자녀들 사이의 인격적인 관계설정이 창세전에 이미 이루어졌음을 의미한다. 따라서 아담과 하와가 하나님을 배반하고 사탄의 통치를 받아들이게 되었을 때 그의 자손들 가운데 선택된 백성들에 대한 구원은 필연적이었다. 그에 대한 실행 과정이

성경에 기록된 구속사 가운데 잘 드러나고 있다.

우리가 여기서 반드시 기억해야 할 바는 하나님의 선택이 인간들의 선악간의 어떤 판단이나 행위에 의해 결정되는 것이 아니라 전적인 하나님의 뜻과 주권적 의지에 기인한다는 사실이다. 따라서 창세전에 결정된 하나님의 선택은 장차 있게 될 인간들의 행위와 조건에 의해 좌우되지 않는다. 나아가 인간들의 독실한 신앙이나 선행을 통해 하나님을 감동시킨 결과로 말미암는 것도 아니다.

아직 우주만물이 창조되기 전에 이루어진 특별한 선택과 예정은 오직 전지전능하신 하나님 자신의 의도된 목적(God's self-determined purpose)에 의해 이루어졌다. 창세전에 하나님께서 그리스도 안에서 아무런 조건 없이 자기 자녀를 선택하신 것은 하나님의 신비의 영역에 해당하며 하나님 자신의 영광을 위한 하나님의 고유한 사역이었다. 선택받은 성도들은 이에 대한 분명한 깨달음을 가지지 않으면 안 된다.

3.3. 제한적 속죄(Limited Atonement)

하나님께서는 창세전에 선택하신 백성을 죄로부터 구속하기 위해서 성자聖子이신 예수 그리스도를 이 세상에 보내셨다. 그는 자기 자녀들을 죄로부터 구원하시기 위해 하나님의 율법을 완벽하게 수행하심으로써 저들에게 미칠 완전한 의를 이룩하셨다. 영원한 대속을 위한 그의 희생을 통해 선택받은 성도들의 죄와 형벌은 영원히 소멸하게 되는 것이다. 따라서 믿음으로써 그와 연합한 성도들은 의로운 자로 인정받아 모든 정죄와 형벌로부터 자유롭게 되었다.

그렇지만 예수 그리스도는 오직 하나님께서 창세전에 선택해 자기에게 주신 자들만을 위해 이땅에 오셨다. 그리스도의 구원사역이 가지는 가치와 능력은 무한하지만 창세전에 계획된 범위 안에 제한되어 있다. 하나님으로부터 선택받은 자들 외에는 어느 누구도 그리스도로 말미암는 구속을

받지 못하며, 진정으로 의롭게 되거나 하나님의 자녀가 되는 구원의 은혜를 받지 못한다.[25]

3.4. 불가항력적 은혜(Irresistible Grace)

하나님께서는 예수 그리스도의 십자가 사역으로 말미암아 허락된 유익을 자기 자녀들에게 구체적으로 적용시키신다. 성령 하나님은 결코 인간들의 특별한 도움이나 협력을 통해 죄인들을 그리스도에게로 인도하시지 않는다. 성령에 의해 적용되는 이 구원의 단계는 인간들이 거부할 수 없는 불가항력적 은혜에 밀접하게 연관되어 있다. 따라서 하나님의 선택 가운데서 인격적인 부르심을 받게 되는 성도들은 결코 그 은혜에 궁극적으로 저항할 수 없다.

우리는 창세전에 형성된 구원의 범주 안에 들어있는 모든 성도들에게 필연적으로 적용되는 구원의 은혜가 전적으로 하나님의 영원한 작정에 기인한다는 사실을 기억해야 한다. 설령 선택받은 인간들이 하나님의 은혜를 받지 않으려고 강력하게 거부하며 저항한다고 해도 그것은 아무런 힘을 발휘하지 못한다. 그들은 결국 하나님의 강권적인 은혜에 굴복할 수밖에 없게 된다.

3.5. 성도의 견인(Perseverance of Saints)

창세전에 하나님의 선택을 받은 성도들은 예수 그리스도를 통해 구속받아 중생의 은혜를 입을 뿐 아니라 성령 하나님의 능력으로 인해 신앙을 시켜나가게 된다. 참된 믿음으로써 그리스도와 연합된 성도들은 그리스도 안에서 영원한 구원이 보장되며, 그리스도 안에 존재하는 하나님의 사랑으로부터 그들을 끊어 낼 자가 아무도 없다.

---

25) 웨스트민스터신앙고백서, 제3장 6항; 이광호, 웨스트민스터신앙고백, 서울 : 도서출판 깔뱅, 2010, pp.110-113. 참조.

하지만 성도의 견인 교리가 모든 형식적인 기독교인들에게 천국이 보장된다는 것을 의미하지 않는다. 우리는 예수를 믿는다고 주장하던 자들 가운데 하나님을 버리고 타락한 자들이 많다는 사실을 알고 있다. 그러나 그들은 처음부터 하나님의 참된 은혜 가운데 들어있지 않았으며 외형상 그렇게 비쳐졌을 따름이다. 따라서 그런 자들은 원래부터 하나님의 은혜와 무관했으며, 나중에 발생한 인간적인 판단과 결정에 의해 그로부터 떨어진 것이라 말할 수 없다.

한편 참된 믿음을 소유한 성도들이라 할지라도 타락한 세상에 살아가면서 무서운 시험에 빠지기도 하며 더러운 죄를 범하기도 한다. 그렇지만 한번 선택받은 하나님의 자녀들은 결단코 궁극적으로 타락하지 않는다. 따라서 세상에 존재하는 죄악들이 성도들을 예수 그리스도의 사랑으로부터 완전히 분리시키지 못한다.[26]

4. 구원론 이단 및 불건전한 주장

4.1. 자력自力 구원설

성경은 죄에 빠진 인간은 결코 스스로 구원할 수 없다는 사실과 더불어 타력他力 구원에 대해 말하고 있다. 물론 그 타력이란 오직 하나님의 능력을 의미한다. 하나님께서 인간들에게 특별한 은혜를 베푸시지 않으면 죄에 빠진 인간은 결코 그 처참한 상태에서 구원받을 길이 없다.

그럼에도 불구하고 역사적 기독교 내부에는 인간 스스로 선행을 통해 자기를 구원해야만 한다는 자력구원설을 주장하는 자들이 많이 있어 왔다. 그런 잘못된 사상을 가진 자들은, 인간이 종교적인 행위를 함으로써 하나님으로부터 구원받게 된다고 생각한다. 따라서 구원은 적절한 선을 행하는 인간의 책임에 달려 있는 것으로 믿는다. 펠라기안(Pelagian)주의자

---

26) 웨스트민스터신앙고백서 17장 1항. 참조.

들이 내세우고 있는 자력구원 사상은 그에 연관된 신학이론이다.

4.2. 신인神人 협력설

자력구원설에 상당한 신학적 문제가 있는 것으로 판단하는 자들은 그 대안으로 신인협력설(Synergism)을 주장하고 있다. 그들은 인간이 자력으로 구원을 받을 수 있다는 주장을 반대하지만 성경의 가르침을 따르지는 않는다. 인간의 구원을 위해서는 하나님과 인간 사이에 적절한 상호협력이 이루어져야 한다는 것이다.

그런 사상을 가진 자들은 하나님께서 인간의 죄를 용서하고 구원하시지만 그에 상응하는 응답이 요구된다고 믿는다. 하나님이 구원을 베풀고자 할 때 인간이 그에 반응하지 않으면 구원이 성립되지 않는다는 것이다. 나아가 하나님의 구원 의사와 더불어 인간은 종교적인 선행을 통해 자신의 구원을 지켜나갈 수 있는 것으로 생각한다.

그러므로 하나님이 인간의 죄를 용서하여 구원해 주시고자 할 때 인간은 그에 응답함으로써 구원받은 자답게 살아가야 할 책임이 있다. 그렇지 않으면 그 구원은 언제든지 거두어지게 된다. 이런 위험한 사상을 가진 대표적인 사람들은 반펠라기안주의(semi-Pelagianism)와 알미니안주의(Arminianism)를 따르는 자들이다.

4.3. 사탄배상설 혹은 사탄속상설(ransom for Satan theory)

사탄속상설이란 인간이 범죄함으로씨 사단에게 팔려 갔으므로 그에게 적절한 대가를 지불해야 한다는 주장이다. 하나님께서 자기 백성을 구원하기 위해서는 저들을 장악하고 있는 사탄에게 그에 상응하는 무언가를 갚아야만 한다는 것이다. 따라서 하나님께서는 그들을 되찾기 위하여 예수님을 죽음에 내어줌으로써 사탄에게 배상했다는 것이다. 이는 오리겐(Origen)이 주장한 이래 많은 사람들에게 퍼진 사상이다.

4.4. 만인구원론

우리 시대의 가장 위태로운 신학사상들 가운데 하나는 '하나님의 전능성' 에 관한 무분별한 주관적 판단이다. 하나님은 전능하신 분이기 때문에 마음만 먹으면 예수 그리스도의 십자가 사역과 상관없이 언제든지 모든 인간들을 구원할 수 있을 것으로 믿는 자들이 많다. 그런 자들은 성경에 계시된 하나님의 공의를 무시한 채 인간의 이성에 따라 하나님의 능력을 규정하기에 급급하다.

그들은 하나님이 만일 진정한 사랑을 가진 분이라면 어떤 인간이라 할지라도 영원한 고통에 빠지도록 방치하지 않을 것이라 생각한다. 그러나 성경에 계시된 하나님과 그의 가르침은 전혀 그렇지 않다. 예수 그리스도를 통한 하나님과의 진정한 화해가 없이는 어느 누구도 영원한 천국에 들어갈 수 없다.

따라서 우리는 아담이 범한 죄를 청산하신 후 자기 자녀들을 구원하시게 되는 공의의 하나님을 기억하지 않으면 안 된다. 그것을 위해 독생자 예수께서 십자가를 지셨으며, 그에게 속한 자들만 영원한 구원에 참여할 수 있다. 만인구원론을 주장하는 자들은 성경에 계시된 하나님의 뜻이 아니라 인본적인 생각에 사로잡혀 있다.

4.5. 사회구원 사상

사회구원은 일반적으로 개인구원에 대비되는 개념으로 사용되고 있다. 그것은 형식상 사회정의와 회복에 관심을 둔 상당히 매력적인 사상으로 보일 수도 있지만 실상은 여간 위험한 주장이 아니다. 그런 사상을 가진 자들은 인간 사회를 구원하시는 것이 마치 하나님의 뜻인 양 착각하고 있다.

이는 대개 인본주의 종교사상을 배경으로 하는 행동신학(Doing Theology)을 기초로 하고 있다. 남미南美의 해방신학, 한국의 민중신학, 유럽의 정치

신학, 서구에서 출발해 전 세계적으로 퍼져나간 여성신학, 그리고 억눌리고 고통당하는 자들에 대한 구원의 선포 등이 그 대표적인 것들이다.

그렇다면 예수 그리스도께서는 과연 소외당하는 인간 사회를 구원하시기 위해 십자가를 지고 돌아가셨는가? 성경은 그렇게 말하고 있지 않다. 그런 식의 사회구원이라면 굳이 기독교가 아니라 다른 종교들에서도 얼마든지 가능할지 모른다. 예수께서 십자가에서 돌아가시고 자신을 거룩한 희생 제물로 드린 것은 오직 창세전에 택하신 자기 자녀들을 죄로부터 영원히 구원하기 위해서였다.

4.6. 약자구원 사상

우리 시대에 도입된 위험한 신학사상 가운데 하나는 약자구원 사상이다. 이는 인간들이 소유한 자비심에 기초한 사상이다. 인간들의 눈에 연약하게 보이는 것을 하나님도 그렇게 보아 긍휼을 베풀 것이라 생각하고 있는 것이다. 그러나 약하거나 강한 것 자체가 구원의 조건이 되지는 않는다. 하나님은 그런 것을 기초로 하여 인간을 구원하시는 분이 아니기 때문이다.

예수께서 지상 사역 가운데서 약자들의 편이 된 것은 그들의 궁극적인 구원을 위해서가 아니라 당시 기득권자들에 대한 심판선언의 방편이었다. 예수님이 만일 약자들만을 위해 사역하다가 돌아가셨다면 무조건적 선택은 어떻게 되는가? 하나님께서는 그 어떤 것도 구원의 조건으로 내세우지 않으신다.

약자구원의 범주 가운데는 지체장애자들에 대한 구원 사상이 포함되어 있다. 그런 순박한 자들은 근본적인 약자로서 자력으로 범죄를 행할 능력을 소유하고 있지 않다는 것이다. 하지만 그런 논리는 성경에서 교훈하고 있는 바가 아니다. 설령 절대 약자로서 다른 사람에게 악행을 저지르고자 하는 의지와 능력이 전혀 없다고 할지라도 그것 자체로서 구원의 대상이 될 수 없다. 이 세상에 존재하는 아담의 후손은 예외 없이 하나님을 저항한 죄인에 지나지 않기 때문이다.

4.7. 영아구원설

영아구원설을 주장하는 자들은 어머니의 태중에서 죽게 된 아이들과 성장하기 전에 죽은 영아들은 아무런 범죄를 저지르지 않았으므로 구원을 받게 되는 것으로 믿는다. 모든 유기된 인간들은 자신의 죄성으로 인한 완악한 판단과 행동 때문에 파멸에 이르게 된다는 것이다. 그들이 멸망받게 되는 것은 하나님의 말씀에 불순종하여 개별적인 악행을 저지른 결과에 기인하는 것으로 본다.

태아와 영아들은 일반적인 범죄에 대한 사고능력이나 판단능력, 나아가서는 행위능력을 갖추고 있지 않다. 따라서 어느 정도 성장하기 전에 죽은 어린 아기들은 범죄하지 않았으므로 하나님의 영원한 심판에서 제외된다고 한다. 그들에게도 아담으로 말미암는 원죄가 있겠지만 성령의 특별한 은혜에 의해 사하여짐과 동시에 그리스도의 구속의 은총을 입는다는 것이다. 그러나 그것은 하나님의 의와 불의에 대한 잘못된 지식 때문에 발생한 매우 위태로운 신학사상이다.

4.8. 아미랄디즘(Amyraldism)

하나님의 복음과 참된 교리를 훼손하는 움직임은 기독교 역사 가운데 항상 있어 왔다. 17세기 프랑스의 '새머학파'(School of Samur)가 주장한 신학사상은 엄청난 악영향을 끼쳤다. 그 사상을 아미랄디즘(Amyraldism)이라고도 하는데, 이는 아미랄더스(Amyraldus, 1596-1664)가 그것을 처음 주장했기 때문이다. 그들은 선택된 백성들과 맺은 하나님의 언약을 조건적인 것으로 간주함으로써 성도의 견인을 부인하는 오류를 범하고 있다.

그런 사상을 가진 자들은 외견상 개혁주의 신학을 표방하기를 즐겨하지만 참된 교리의 핵심을 점차 잠식해 들어가고 있다. 일반적으로 그들의 왜곡된 신학사상을 '가설적 보편주의'(hypothetical universalism) 혹은 칼빈주의 5대 교리 중 하나를 부인하는 '4-point Calvinism' 이라 부르기도 한다. 근래에 와서는 주로 칼빈주의 5대 교리에 대한 변형적 사상들을 가미함으로써 교회를 혼탁케 하는 일들이 더욱 기승을 부리고 있다. 이러한 양상은 이미 한국교회 내부에도 깊숙이 침투해 들어와 있는 실정이다.

VI. 성령론(Pneumatology)

VI. 성령론(Pneumatology)

교회사 가운데는 성령 하나님에 대해 근본적인 오해를 한 자들이 많이 있어 왔다. 그런 자들은 성령 하나님을 인격을 가지신 존재가 아닌 현상적인 존재로 여겼다. 우리는 성령 하나님이 성부, 성자 하나님과 더불어 삼위일체를 이루고 있는 실체적인 존재라는 사실을 기억해야 한다. 나아가 성령께서 거하시는 영역과 그의 사역과 활동에 대해서도 올바른 깨달음을 가지지 않으면 안 된다. 우리 시대에도 성령론에 관한 문제로 인해 다양한 이단들이 생겨나고 있다. 따라서 성령론에 대한 올바른 이해를 하는 것은 매우 중요한 일이 아닐 수 없다.

1. 존재와 지위

1.1. 삼위일체 하나님

성령 하나님은 성부 및 성자와 동일본질을 가진 삼위일체 하나님이시다. 동시에 성령은 성부 및 성자와 구별된 인격을 소유하고 계신다. 그러므로 성령 하나님은 성부 및 성자와의 관계 속에 있으면서 혼합되지 않고 구별된다.

성령은 완전하고 영원하며 전지전능하신 분이다. 그는 성부의 창조와 예정과 섭리에 참여하실 뿐 아니라 성자의 성육신과 구원사역에 참여하신다. 따라서 성령은 피조물로서의 영이 아니며 성부와 성자에게서 영원히 나오신 하나님이시다.

또한 우리가 명심해야 할 바는 성령 하나님의 지상 강림 후에도 존재론적 삼위일체로서 한 분 하나님의 존재는 여전히 유지되고 있다는 사실이다. 성령의 강림에도 불구하고 존재론적 삼위일체 하나님께 아무런 결함이 발생하지 않는다. 성령의 오심으로 인해 성부와 성자만 일체 하나님으로 존재하시는 것이 아니라 한 분이신 삼위일체 하나님은 여전히 신비한 상태로 존재하고 계시는 것이다.

1.2. 인격적 존재

성령 하나님은 인격을 지니신 분이다. 삼위일체이신 한 하나님 안에 존재하는 삼위 하나님은 따로 분리되지 않고 상호 연관되어 있으면서 구별되는 인격을 소유하고 계신다. 성령의 인격적인 본성은 그가 단순히 현상적인 존재가 아니라는 사실을 말해주고 있다.

성령 하나님께서는 의지와 감성과 지성을 지닌 분으로서 정지되어 정적인 상태로 존재하지 않으며, 고유한 뜻을 가지고 영원한 천상의 가치를 위해 사역하시는 역동적인 분이다. 그는 우주만물을 통찰하는 분으로서 성도들에게는 말씀을 통해 현존하시는 하나님으로 체험된다. 성령 하나님은 자기 자녀들에게 시간과 공간을 넘어 초월적인 능력으로 역사하시게 되며, 그것은 우리의 실제적인 삶과 밀접하게 연관되어 있다.

1.3. 지상 교회 가운데 존재하시는 성령 하나님

구속사 가운데 있었던 마지막 유월절 날 예수께서는 하나님의 어린양으로서 십자가를 지고 돌아가셨다. 이는 그가 하나님을 위한 영원한 화목제물로 바쳐졌음을 의미한다. 그 예수께서는 죽음에서 부활하신 후 교회의 기초가 되는 제자들에게 성령을 보내시리라는 사실을 약속하셨다. 부활하신 예수님은 승천하시기 전 제자들에게 약속한 성령을 예루살렘에서 기다리도록 요구하셨다. 이는 그전에 이미 제자들에게 약속되어 있던 바였다.

> "내가 아버지께 구하겠으니 그가 또 다른 보혜사를 너희에게 주사 영원토록 너희와 함께 있게 하시리니"(요 14:16);
> "사도와 같이 모이사 저희에게 분부하여 가라사대 예루살렘을 떠나지 말고 내게 들은바 아버지의 약속하신 것을 기다리라"(행 1:4)

지상의 교회는 하나님의 도우심이 없이는 스스로 존재하지 못한다. 이는 하나님의 어린양의 피가 중심이 된 유월절에 대한 열매로서 오순절 성령이 강림하시게 될 것을 의미하고 있다. 따라서 예수님의 십자가 사역으로 인해 지상에 세워지는 교회는 성취된 유월절 사역의 결과로서 오순절 성령 하나님의 열매가 된다. 따라서 성령 하나님께서는 지금도 지상 교회 가운데서 거룩한 사역을 지속하고 계신다.

2. 성령의 사역

2.1. 성령강림의 단회성

성령 하나님은 영원전부터 삼위일체 하나님의 한 위로서 존재하는 분이다. 그는 구약시대에도 고유한 의도와 목적에 따라 사역하셨다. 그러나 그가 오순절 날 강림하기 전에는 우리 가운데 상존常存하는 분이 아니었다. 특별한 사역을 위해 잠시 오시기도 했지만 상시적으로 자기 백성들과 함께 계시지는 않았다.

그러나 신약시대가 되어 그가 이 세상에 강림하셨다. 예수 그리스도께서 십자가 사역을 마치고 부활승천하신 후 약속대로 오순절 날 성령 하나님께서 오신 것이다. 하나님께서는 성령 강림을 위해 열두 제자들을 다시금 정비하도록 하셨다. 예수님을 배신한 가룟 유다를 대신할 다른 제자를 뽑아 열두 제자들의 수를 정비해야 하는 것이었다. 그것은 구약성경에 약속된 바였음을 베드로가 선포하고 한 사람을 뽑았다.

> "형제들아 성령이 다윗의 입을 의탁하사 예수 잡는 자들을 지로한 유다를 가리켜 미리 말씀하신 성경이 응하였으니 마땅하도다 … 시편에 기록하였으되 그의 거처로 황폐하게 하시며 거기 거하는 자가 없게 하소서 하였고 또 일렀으되 그 직분을 타인이 취하게 하소서 하였도다 … 제비 뽑아 맛디아를 얻으니 저가 열 한 사도의 수에 가입하니라" (행 1:16,20,26)

예수께서 십자가 사역을 마치고 부활 승천하신 후 굳이 가룟 유다 대신에 맛디아를 뽑아 열두 명으로 정비한 것은 매우 중요한 언약적인 의미를 지니고 있다. 그후 사도행전에는 맛디아의 개인적인 사역에 대해 별다른 기록을 남기고 있지 않다. 이처럼 열두 제자를 정비한 것은 구약의 이스라엘 열두지파와 연관되어 있으며 교회의 기초가 되는 그들 위에 성령이 강림하심으로써 지상 교회가 세워지게 된다는 사실을 말해준다.

이 말은 성령께서 구속사 가운데 세상의 교회에 오시게 됨을 보여주고 있다. 그가 세상에 존재하는 교회 가운데 오신 것은 단회적인 강림에 의해 영속적으로 자기 백성과 함께 계시기 위해서였다. 이는 예수 그리스도의 지상강림과 그의 십자가 사역이 단회적인 사건이었듯이 성령의 강림 또한 그와 동일하다는 사실을 의미한다.

2.2. 지상 '교회'에 오신 성령 하나님

이땅에 강림하신 성령께서는 과연 어디에 오셨는가? 영역에 대한 아무런 제한적인 단서 없이 그냥 이 세상에 오신 것인가? 우리가 분명히 깨달아야 할 점은 그가 예루살렘의 한 곳에 제자들이 모인 바로 그 자리에 구체적인 모습으로 강림하셨다는 사실이다. 그는 넓은 지구의 전 영역에 아무렇게나 오신 것이 아니라 예수 그리스도를 중심으로 하는 특별한 장소에 모인 하나님의 자녀들의 무리 가운데 오셨던 것이다.

"오순절 날이 이미 이르매 저희가 다 같이 한 곳에 모였더니 홀연히 하늘로부터 급하고 강한 바람 같은 소리가 있어 저희 앉은 온 집에 가득하며 불의 혀 같이 갈라지는 것이 저희에게 보여 각 사람 위에 임하여 있더니 저희가 다 성령이 충만함을 받고 성령이 말하게 하심을 따라 다른 방언으로 말하기를 시작하니라"(행 2:1-4)

우리가 여기서 특별히 관심을 기울여야 할 부분은 예루살렘에 있는 '한 곳' (in one place)이다.[27] 그곳에 새로 선출된 맛디아를 포함한 예수님의 열두 제자들과 여러 성도들이 모여 있었다. 바로 그 공간적 영역에 성령 하나님께서 오셨다는 의미는 매우 중요한 의미를 지닌다. 이는 성령께서 사람들의 심중心中에 오셨다는 말과는 커다란 차이가 난다. 성령께서는 맨 처음 교회가 되는 공간적 영역 가운데 오신 것이다.

당시에도 지구 위에는 지금처럼 다양한 인종들이 여러 지역에 흩어져 살아가고 있었다. 그리고 사람들이 모이는 장소들이 곳곳에 많이 있었다. 나아가 당시 로마제국의 각 지역에는 하나님을 예배하는 유대인 회당들이 많았다. 그런데 우리가 기억해야 할 바는 성령 하나님께서는 지구 전체적으로 오시지 않았을 뿐더러 흩어진 유대인 회당들이 아니라 예루살렘의 '한 곳' 으로 묘사된 바로 그 장소에 오셨다는 사실이다.

그 성령께서는 지금도 그에 연결된 교회공동체 가운데 존재해 사역하고

---

27) 오순절 날이 이르매 제자들이 함께 한 곳에 모였음을 볼 때 이곳은 마가의 다락방이 아닌 성전 뜰이라는 사실을 알 수 있다. 왜냐하면 오순절은 새 소제가 드려지는 날로 성전에 모이는 규례가 있었기 때문이다(눅 24:53). 따라서 예수님의 제자들도 성전으로 모였을 것이며 이방 여러 나라에서 온 사람들이 모이는 공개적인 장소에서 성령께서 "홀연히" 임하신 것이다.

계신다. 교회 바깥의 세상 여기저기에 계시지 않는다. 따라서 성령 하나님은 개별 성도들의 심성에 연관되기에 앞서 오순절 교회에 연결되어 있는 지상 교회에 우선적으로 연관되어 있다. 그러므로 모든 하나님의 자녀들은 성령께서 강림하여 존재하는 관계적 공간 영역인 교회 가운데로 들어가게 된다.

2.3. 말씀을 통해 역사하시는 성령 하나님의 구원사역

성령 하나님은 사도행전 2장 2, 3절에 나타나고 있듯이 가시적可視的이고 가청적可聽的인 모습으로 오셨다. 따라서 열두 제자들과 함께 예루살렘의 '그 집'에 있던 모든 성도들은 성령 강림에 대한 동일한 모습과 그 소리를 들을 수 있었다.[28] 이는 지상에 세워지는 교회 안에서 역사적으로 발생한 사건이었으며 교회 밖에서는 그와 같은 사실을 전혀 알 수 없었다.

지상의 모든 참된 교회는 상호 '관계적인 공간'을 형성하고 있다. 예수께서는 오늘날 우리가 생각하는 예배당이라고 하는 건물 안으로 오셨다는 의미를 넘어 성도들간에 형성된 관계적인 영역 안에 오시게 된 것이다. 이는 마치 부모와 자식과 형제를 중심으로 하여 형성된 가족이 관계적인 영역을 구성하고 있는 것과도 같다.

이처럼 오순절 날 강림하신 성령 하나님의 구체적인 사역은 하나님께서 선택하신 백성에 대한 모든 삶에 밀접하게 연관되어 있다. 이를 위한 성령의 사역은 근원적인 구원사역과 성도들의 삶에 연관된 적용사역으로 구분할 수 있다. 이는 물론 하나님의 절대적인 은혜의 사역에 기초한다.

---

28) 제자들은 예수님의 약속대로 성령께서 오실 것을 바라고 있었지만 그때가 언제인지 모르고 오순절에 그들이 성전에 모이자 홀연히 성령께서 임하심을 체험하게 되었다. 만일 그들이 마가의 다락방에 모여 있던 중 성령께서 강림하셨다면 그들에게 성령께서 강림하여 불의 혀같은 것이 그들의 머리 위에 있다는 사실을 외부 사람들이 볼 수 없었을 것이다. 성령께서는 비밀리에 임하지 않고 모든 사람들이 볼 수 있는 곳에서 그의 제자들에게 공개적으로 임하심으로써 이 사실을 아무도 부인하지 못하게 하셨다.

✻ 〈성령 하나님의 근원적 구원사역〉

창세전에 선택받은 하나님의 자녀들을 위한 성령의 근원적 구원사역은 인간들의 동의와 협력을 요구하지 않는다. 그것은 하나님의 일방적이며 절대적인 사역이다.

① 죄인을 구원의 자리로 부르심

성령께서는 창세전에 선택하신 하나님의 자녀들을 구원의 자리로 부르신다. 그때는 인간들이 그에 대해 전혀 알지 못하는 상태에 놓여 있다. 그런 상황 가운데 성도들을 구원의 자리로 부르신 것은 전적인 성령 하나님의 사역이다.

② 성도들을 중생시키심

하나님의 은혜를 입은 성도들은 자기가 살고 있는 이 세상을 완전히 포기하고 등지게 된다. 그것은 성도로서 옛 사람이 새 사람으로 거듭 태어나기 때문에 가능한 일이다. 이로써 성도들은 타락한 세상에 대해서는 죽고 거룩한 하나님에 대해서 새로운 생명으로 거듭 태어나게 되는 것이다.

그 일은 인간이 염원하거나 스스로 계획하는 것이 아니라 하나님의 성령께서 일방적으로 행하시는 거룩한 사역에 의해 이루어진다. 그 과정을 통해 성도들은 새로운 피조물이 된다. 따라서 하나님의 자녀들은 더 이상 세상의 오염된 가치관에 붙들려 살지 않고 천상의 나라가 제공하는 새로운 가치관을 소유하게 되는 것이다.

③ 신앙을 선물로 주심

성령 하나님께서는 성도들에게 신앙을 특별한 선물로 주신다. 이는 교회에 출석하는 명목상의 모든 종교인들에게 공히 주어진다는 의미와 다르다. 그 신앙을 소유한 성도들에게는 그것이 참된 구원을 위한 유일한 은혜의 방편이 된다. 성도들은 저들이 소유하게 된 그 신앙으로 말미암아 하나님과 교회에 연관된 모든 약속들을 성취하는 사역에 참여하게 되는 것이다.

④ 의로운 자로 인정하심

타락한 세상에 살아가는 인간은 하나님의 자녀가 되었다 할지라도 결코 완벽한 의로움을 영위할 수 없다. 모든 인간은 여전히 욕망에 가득 찬 더러운 존재에 지나지 않는다. 그럼에도 불구하고 성령께서는 예수 그리스도의 십자가 사역으로 말미암아 택하신 성도들을 의로운 자로 인정하시는 사역을 감당하신다. 이는 타락한 인간이 실제로 의로운 존재로 변했음을 의미하지 않으며, 하나님의 자녀가 되었기 때문에 얻게 되는 칭의의 놀라운 특권을 말해주고 있다.

⑤ 하나님의 자녀로 인치심

타락한 인간이 의로운 자로 칭함을 받아 거룩하신 하나님을 '아버지'라 부를 수 있는 것보다 놀라운 특권은 없다. 성령께서는 하나님과 그의 자녀들 사이에 새로운 관계가 적용되게 하는 사역을 감당하신다. 그에 대한 성령의 도우심 없이는 더러운 인간이 감히 거룩하신 하나님을 아버지라 부를 수 없기 때문이다.

⑥ 영원한 구원을 보증하심

하나님의 자녀들은 예수 그리스도의 은혜로 말미암아 영원한 구원을 소유하게 된 자들이다. 그 은혜를 입은 백성들은 그에 대한 분명한 자각을 하게 되지만 그것을 근본적으로 보증하시는 분은 성령 하나님이시다. 우리에게 허락된 구원이 안전한 것은 전적으로 성령 하나님의 보증에 근거하고 있다.

✶ 〈성령 하나님의 적용사역〉

성령께서는 근원적 구원사역의 은혜를 입은 성도들로 하여금 신앙적인 삶에 적용할 수 있도록 역사하신다.

① 죄를 깨닫게 하심

죄에 빠진 인간은 본성적으로 자신의 죄를 깨닫지 못한다. 인간들이 일반적으로 느끼는 죄의식이란 오염된 양심에 의한 윤리적인 죄에 연관되어 있을 따름이다. 그러나 타락한 아담의 형상을 지닌 인간에게는 그보다 훨씬 더 크고 두려운 본질적인 죄가 존재한다. 하나님의 뜻을 멸시하고 불순종하는 무서운 죄가 도사리고 있는 것이다.

그것은 하나님을 욕되게 한 아담의 후손인 인간이 여전히 하나님께 적극적으로 저항하는 삶을 지속하고 있다는 사실을 말해준다. 이에 대한 진정한 깨달음은 성령 하나님의 은혜의 사역으로 말미암는다. 인간은 성령의 적극적인 도우심이 없이는 결코 자신에게 존재하는 그 크고 무서운 죄를 인식할 수 없다.

② 회개하게 하심

인간은 자신이 죄인이라는 사실을 진정으로 깨닫게 될 때 비로소 회개할 수 있다. 이는 인간들이 규정한 일반적인 선한 양심에 근거한 판단이 아니라 전적인 성령의 사역에 의해 일어나게 된다. 죄로 인해 눈이 완전히 어두워진 인간은 죄를 분별할 수 있는 능력 자체가 없기 때문에 무엇을 회개해야 할지 모르는 존재이다. 단지 성령의 도우심에 의해 진정한 회개의 자리에 나아갈 수 있게 된다.

③ 하나님과 교제하게 하심

죄에 빠진 인간들은 타락한 본성으로 말미암아 스스로는 결코 하나님을 알 수 없다. 그들이 머릿속에 상상하는 신은 참된 하나님이 아니라 무형의 우상일 따름이다. 하나님께서는 그런 죄인들에게 하나님을 깨달아 알 수 있는 지혜를 허락하셨으며 예수 그리스도를 통해 화해를 이루셨다.

그렇지만 인간들이 하나님을 알게 되었다고 할지라도 그와 교제하는 방법을 스스로 체득하지 못한다. 성령께서 성도들로 하여금 하나님과 교제하도록 도와주실 때 비로소 그것이 가능하다. 이는 하나님께 드리는 말씀을 통한 성도들의 찬송과 기도에 의해 표현되며 드러나게 된다. 그 방편을 통해 우리는 항상 교회 가운데서 거룩하신 하나님과 교제하며 그의 품 안에 거하게 되는 것이다.

④ 영원한 삶을 소망하게 하심

하나님의 부르심을 받아 거듭난 성도들은 타락한 이 세상의 본질적 성격을 분명히 파악하게 된다. 그렇지만 인간들은 세상에 살아가는 동안 원래 가졌던 세속적인 욕망을 완전히 청산할 수 없다. 그들은 하나님의 뜻과 세상의 가치 사이에서 양쪽을 동시에 추구하고자 하는 태도를 버리지 않으려 한다.

그것은 하나님께서 거듭난 자기 백성들에게 원하시는 삶의 자세가 아니다. 성도들의 시민권은 이미 오염된 이 세상이 아니라 거룩한 하나님 나라에 있기 때문이다. 그럼에도 불구하고 세상에 존재하는 성도들에게는 그 사실을 자신의 삶 가운데 온전히 실현할 수 있는 능력이 없다. 오직 성령 하나님의 도우심에 따라 세상의 미련을 버리고 영원한 천국에 소망을 두고 살아갈 수 있게 된다.

⑤ 성화의 삶을 도우심

하나님의 자녀들에게서 신앙적인 삶은 점차 성숙해 가게 된다. 이는 인간의 종교적인 세련미가 더해간다는 말과는 전혀 다른 의미이다. 세련된 종교생활에 관심을 가지게 되면 그것은 성화가 아니라 도리어 종교적인 세속화에 가까워지게 될 따름이다. 그럼에도 불구하고 연약한 인간들은 그런 종교양상을 추구하고자 하는 욕망을 지니게 되는 것이다.

따라서 성경의 교훈에 조화되는 참된 성화는 성령 하나님의 사역으로 말미암아 이루어진다. 하나님의 자녀들은 점차 신앙이 성숙해 감에 따라 하나님 앞에 드러난 자신의 추악한 죄를 더욱 깊이 자각하게 되며, 동시에 그런 인간에게 베푸신 하나님의 놀라운 은혜를 더욱 감사하게 된다. 그것을 통해 성도들에게 허락된 성화의 삶이 분명하게 드러나는 것이다.

⑥ 교회와 이웃을 사랑하게 하심

타락한 인간은 본성적으로 이기심에 가득 찬 존재이다. 일반적인 관점에서 보아 자기가 아닌 타인을 위해 사고하며 행동하는 경우가 없지 않지만 궁극적으로는 자신의 욕망을 위한 것에 지나지 않는다. 그러나 하나님의 자녀들은 원리적인 측면에서 이해할 때 그런 것들은 버려야 할 대상들이다.

우리가 설령 이론적으로 그 사랑에 대한 깨달음을 가진다 할지라도 실제적으로 그것을 실천하는 삶을 살기는 쉽지 않다. 그러나 하나님께서는 우리에게 그런 선한 마음을 주신다. 비록 그 정도에 있어서는 상당한 차이가 날지라도 그런 삶을 요구하신 성령 하나님께서 실천적인 삶에 참여할 수 있도록 은혜를 베푸시게 된다. 이를 통해 우리는 거룩하신 하나님 앞에서 더욱 낮아질 수밖에 없는 것이다.

⑦ 교회를 위한 일반적인 은사를 허락하심

모든 하나님의 자녀들에게는 교회를 위해 부여받은 일반적인 다양한 은사들이 있다. 그것은 인간의 노력으로 획득하는 것이 아니라 성령 하나님께서 특별히 공급하시는 선물이다. 따라서 은사는 인간들의 취향에 따라 마음대로 골라 가지는 것이 아니라 하나님의 고유한 뜻에 따라 주어진다.

넓은 의미에서 볼 때 지상 교회에 속한 모든 성도들은 예외 없이 하나님으로부터 받은 각기 다른 다양한 은사들을 소유하고 있다. 그것은 당사자의 인식에 따른 행동 여부에 달려있지 않다. 이를테면 정신지체를 가진 연약한 성도들은 물론 심지어 태아와 영아들에게도 나름대로의 은사가 존재하는 것으로 이해해야 한다. 건강하고 성숙한 성도들은 그들을 통해 하나님의 경륜을 깨달아 배울 수 있을 것이며, 그것이 전체 교회에 덕을 끼치게 될 것이기 때문이다.

⑧ 교회를 위해 봉사하게 하심

하나님의 자녀들은 성령의 도우심과 인도하심에 따라 교회를 위해 봉사하게 된다. 이는 인간들의 개인적인 능력이나 종교적인 취향이 교회 가운데 드러나게 되는 것을 말하는 것이 아니라 지상 교회로 하여금 참된 교회가 되도록 하는 방편을 의미하고 있다. 만일 교회에서 개별적인 능력을 앞세우게 되면 성도들 가운데 유능과 무능에 대한 부당한 구별이 생겨나게 된다.

그러므로 교회에서는 인간들의 개인적인 능력과 취향이 중심 역할을 하지 않는다. 따라서 여기서 말하는 봉사란 일반적인 섬김을 넘어서는 개념을 지니고 있다. 물론 그와 같은 내용을 어느 정도 내포하고 있을지라도, 교회를 위한 봉사는 지상에 하나님의 교회를 세워 가시는 성령 하나님의 사역에 밀접하게 연관되어 있음을 기억해야 한다.

⑨ 끝까지 인내하게 하심

하나님의 교회에 속한 성도들이라 할지라도 이 세상의 유혹을 완전히 떨쳐버릴 수 없다. 그들은 하나님을 진정으로 경외하는 가운데 살아가면서도 항상 세상의 유혹에 그대로 노출되어 있다. 따라서 모든 성도들은 세상에 살아가는 동안 항상 죄악에 휩쓸려 살아가면서 그에 맞서 투쟁하게 된다.

따라서 하나님으로부터 구원의 은혜를 입은 자들은 세상의 죄를 편안하게 받아들이지 못한다. 괴로움 속에 그것을 이겨나가야 한다. 하지만 인간 스스로는 커다란 한계에 부딪칠 수밖에 없다. 그와 같은 형편을 잘 아시는 성령께서 우리로 하여금 끝까지 인내하도록 도와주신다. 우리의 손을 굳게 잡아 주시는 성령 하나님의 은혜의 사역이 없다면 결단코 올바른 신앙을 지탱할 수 없게 된다.

2.4. 성령 하나님과 기록된 성경

성령의 사역 가운데 가장 중요한 것 가운데 하나는 하나님께서 특별히 선택하신 성도들을 통해 성경을 기록하게 하신 일이다. 성경을 기록한 모든 믿음의 선배들은 성령으로부터 완전한 영감을 받아 그 내용을 기록해 지상 교회에 하나님의 뜻과 사역의 내용을 전달했다. 그러므로 그들이 쓴 글들은 세상에서 발생한 인간들의 지혜가 아니라 하나님으로부터 주어진 계시의 말씀인 것이다.

이와 더불어 우리가 분명히 기억해야 할 바는 성령께서는 기록된 말씀과 예수 그리스도를 통해 사역하신다는 사실이다. 성령은 계시된 말씀을 통해 예수 그리스도를 증거하고 또한 그를 통해 역사하시게 된다. 신구약 성경이 완성된 후에는 성령 하나님께서 말씀과 그리스도를 떠나 역사하시지 않는다. 이를 위해 성령 하나님께서는 자기 자녀들로 하여금 기록된 성경을 깨닫도록 도와주신다.

성경은 인간의 이성과 경험을 통해서는 결코 이해할 수 없는 내용들로 가득 차 있다. 따라서 하나님을 알지 못하는 자들은 성경을 하나님의 말씀으로 받아들이지 않는다. 그러므로 모순투성이처럼 보일 수 있는 성경이 참된 진리로 믿어진다는 사실은 성령의 도우심으로 인한 기적이다. 신자와 불신자가 구분되는 중요한 기준 가운데 하나는 성경을 완벽한 하나님의 말씀으로 믿느냐 믿지 않느냐 하는 것이다.

어떤 어리석은 자들이 주장하고 있듯이 성령은 개별 인간들에게 직통으로 계시하시거나 말씀하시지 않는다. 성령은 인간들의 일반적인 종교 감정이나 느낌을 통해 임하시는 분이 아니다. 그는 인격적인 실체로서 교회와 성도들 가운데 구체적으로 임하신다. 성령은 기록된 말씀과 그 가운데 드러나신 예수 그리스도를 통해 교회와 성도들에게 친히 역사하시게 되는 것이다.

3. 성령 하나님의 강림과 상주常住

3.1. 상주하시는 성령 하나님

마지막 유월절 어린양으로서 십자가 사역을 완성하신 예수 그리스도께서는 부활하신 후 승천하시면서 보혜사 성령을 보내주시겠다는 약속을 재차 확인하셨다. 오순절이 되었을 때 성령께서는 주님의 약속에 따라 이 세상에 오셨다. 그가 오신 것은 지상 교회를 도와 보존하시기 위해서였다. 그때 강림하신 성령께서는 오늘날에 이르기까지 교회 가운데 항상 상주하고 계신다.

한번 오신 성령 하나님께서는 교회와 성도들의 마음속에 수시로 드나들기를 되풀이하시지 않는다. 나아가 중생한 성도들은 다시금 성령을 되풀이 해 받는 것도 아니다. 사람들은 흔히 특별한 의미로서 '성령세례'를 언급하는 것을 보게 된다. 그런 주장을 하는 자들은 중생한 성도들도 성령세례를 받아야만 성숙한 신앙생활을 할 수 있는 것처럼 말한다. 그것은 올바른 가르침이라 말할 수 없다.

예수를 믿어 교회에 속해 있는 성도들이라면 이미 그리스도의 몸된 교회에 임재하시는 성령과 항상 함께 있게 된다. 따라서 성령과 상관이 없는 자들은 아예 참된 신자의 자격을 갖추지 않았으므로 그들에게는 처음부터 성령이 함께하시지 않는다. 예수 그리스도의 모든 사역이 단번에 이루어진 것처럼 우리 가운데 역사하시는 성령 강림도 그와 마찬가지다.

3.2. 성령의 내주內住

성령 하나님은 항상 우리 가운데, 즉 교회에 내주해 계신다. 이 말이 과연 성령께서 개별 성도들의 마음속에 거하신다는 의미에 국한되는 말인가? 이에 대한 올바른 이해를 하는 것은 매우 중요하다. 만일 성령께서 성도들의 심령 안에 거하신다면 인간의 기분에 따라 좌우되는 것인가? 인간의 마음이 유쾌하여 찬송과 기도를 하고자 하는 생각에 가득차면 곧 성령이 내주하시는 것이고 엄청난 갈등과 고통 가운데 있는 교인들에게는 성령이 내주하시지 않는 것인가?

우리는 성령의 내주를 교회적 관점에서 이해하는 것이 바람직하다. 성령께서는 개별 성도들의 마음속에 거하는 것이 아니라 하나님께서 피로 값 주고 사신 교회, 즉 성도들의 관계적 망網 가운데 내주하신다. 예수님의 십자가 사역에 뒤이은 오순절 날 맨 처음 교회인 예루살렘 성전 뜰에 모였던 제자들에게 성령께서 강림하신 이후(행 2:1) 지금까지 지상의 교회 가운데 거하고 계시는 것이다.

즉 성령 하나님은 교회라는 관계적 공간 안에 내주하고 계시며 그 안에 하나님의 자녀들이 속해 있다. 이는 예배당이라고 하는 건축물과 상관이 없을 뿐만 아니라 교회의 조직체를 의미하는 것도 아니며 교회공동체 자체를 의미한다. 따라서 참된 교회는 형편과 여건에 상관없이 항상 성령에 의해 하나님을 찬송하며 경배하게 된다.

개별 성도들은 성령이 내주하시는 교회공동체에 속해 있기 때문에 항상 성령 하나님과 함께 거하는 것이다. 따라서 신앙적인 인지 능력을 갖춘 성인뿐 아니라 아직 아무것도 알지 못하는 태아, 영아, 유아와 같은 어린아이는 물론 정신지체장애를 가진 성도들 역시 성령 하나님과 함께 거하는 것이다.

✳ 〈성령 하나님을 근심케 하는 교회와 성도들〉

성령 하나님께서는 불신자들로 인해서는 아무런 근심을 하시지 않는다. 하나님과 무관한 자들은 더 이상 성령의 근심 대상이 될 수 없다. 그렇지만 하나님의 자녀들은 교회 가운데 내주하시는 하나님을 근심케 하는 경우가 허다하다.

신앙이 어린 교인들은 거의 항상 하나님을 근심케 하고 있다. 더러운 세상을 탐하는 태도를 가지고 교회와 가정에서 다툼과 갈등을 지속하고 있는 우리는 성령 하나님의 근심 대상이 된다. 따라서 성도들은 성숙해 감에 따라 성령을 근심케 하는 자신을 발견함으로써 하나님의 뜻에 온전히 순종하는 분량에까지 자라가도록 힘써야 한다.

3.3. 성령 충만充滿

인간들의 종교적인 몰입沒入이나 감정 이입을 성령 충만한 상태라 말하지 않는다. 오히려 계시된 말씀에 온전히 순종하는 신앙 자세로 하나님과 원만한 인격적인 관계에 놓여 있을 때 성령 충만하다고 말할 수 있다. 타락한 세상에 대해서는 죽은 자로서 오직 영원한 천상의 나라와 예수 그리스도만 바라보며 살아갈 때 우리는 성령 충만한 상태에서 하나님의 뜻에 순종할 수 있게 된다.

타락한 인간 역사 가운데 보이는 부정적인 특색 가운데 하나는 성령과 무관한 자들이 자기의 종교적인 감정에 의존해 그것을 성령 충만한 상태라고 주장하는 경향이 강하다. 성령 충만은 인간들의 종교적인 감정이 아니라 우리 가운데 내주하시는 성령 하나님의 사역을 방해하거나 억제하지 않는 것을 의미한다. 성령을 억제한다는 것은 하나님의 이름을 핑계대어 자신의 욕망을 추구하는 것과 연관되어 있다. 성도들은 결코 교회 가운데 역사하시는 성령을 무시하여 교회 밖으로 밀어내려 해서는 안 된다.

우리가 항상 반드시 기억해야 할 점은 성령 충만은 우선적으로 개별 성도들이 아니라 교회공동체적인 의미를 지닌다는 사실이다. 성령께서 교회 가운데 역사하실 때 인간들은 인격적인 그의 사역을 가로막지 말아야 한다. 교회는 온전한 질서 가운데 풍성하게 역사하시는 성령께 순종함으로써 성령 충만을 누리게 된다. 성령 충만한 교회 가운데에서 신앙생활을 하는 성도들은 성령 충만한 삶을 영속적으로 누리게 되는 것이다. 이와 반대로 거짓 교회에 속한 자들은 저들의 종교적인 활동과 상관없이 성령 충만한 삶과 거리가 멀다.

3.4. 인간들 마음대로 성령을 모셔오기도 하고 보내기도 할 수 있는가?

성령께서는 인간들이 부르면 오고 부르지 않으면 오지 않는 그런 분이 아니다. 인격을 갖춘 성령 하나님께서는 자신의 고유한 뜻에 따라 교회 가운데 존재해 계신다. 그럼에도 불구하고 어리석은 자들 가운데는, 성령을 부르면 오고 나중에 다시 돌려보낼 수 있는 것처럼 생각하는 자들이 없지 않다. 그들은 다양한 악기와 더불어 종교적인 노래를 흥겹게 부르고 큰 소리로 기도하면 성령이 더 가까이 오시는 것으로 착각한다.

하지만 그와 같은 사고는 성경이 가르치고 있는 것과 전혀 다르다. 만일 그런 생각을 한다면 그것은 방법상 무속종교에서 말하는 '청신請神과 송신

送神'과 유사한 현상으로 오해하고 있기 때문에 발생하는 문제이다. 무속의 굿하는 자들은 청신하여 신을 부르고 오신娛神을 통해 신으로 하여금 놀게 한다. 그리고는 굿판이 끝나면 송신하여 되돌려 보냄으로써 모든 종교 의식을 끝낸다.

그러나 성령 하나님께서는 그런 식으로 자기 자녀들에게 임하시는 분이 아니다. 어리석은 교인들은 자신의 종교적인 느낌으로 성령을 가늠하고자 한다. 그런 자들은 소위 자극적인 큰 은혜를 받았다고 여기면 성령을 강하게 느껴 지기와 힘께 있는 것으로 빈는다. 하지만 스스로 느끼기에 은혜롭지 못한 무미건조한 상태가 되면 성령은 자기를 떠나 아무런 활동을 하지 않는 것처럼 여기게 된다.

4. 교회와의 관계

4.1. 지상 교회를 보존

성령 하나님의 가장 중요한 사역 가운데 하나는 지상에서 하나님의 교회를 보존하여 상속해 가시는 일이다. 교회는 인간들의 종교적인 능력과 재주로 세워져가지 않는다. 단지 성도들의 순종을 통해 하나님의 뜻이 드러나게 될 따름이다. 하나님의 자녀들은 계시된 말씀에 온전히 순종함으로써 성령의 사역에 참여하게 된다.

우리가 기록된 말씀을 통해 하나님의 놀라운 진리를 깨닫게 되는 것은 성령 하나님의 적극적인 사역에 근거하고 있다. 성령의 지속적인 노움 없이는 어느 누구라 할지라도 참된 진리를 깨달을 수 없다. 그러므로 모든 성도들은 성령의 사역에 전적으로 의지하지 않으면 안 된다.

나아가 교회 가운데 행해지는 성령의 사역은 성도들의 구원을 구체적으로 적용시킨다. 역사 가운데 출생하는 성도들에게 성령을 통해 예수 그리스도로 말미암아 주어진 구원이 적용된다. 지상 교회는 성령 하나님의 보존하시는 능력으로써 주님께서 재림하시는 그 날까지 험한 세상 가운데 지속적으로 상속되어 가는 것이다.

4.2. 참된 교회를 통해 역사하시는 하나님

성령께서는 각각의 개별 성도들을 통해서가 하니라 교회와 교회에 속한 성도들의 공동체를 통해 역사하신다. 참된 교회와 연관되지 않은 상태에서 개인이 성령을 받았다고 주장하는 것은 받아들일 수 없다. 그것은 개인의 주관적인 종교 감정에 지나지 않을 우려가 있기 때문이다.

우리가 기억해야 할 바는 역사 가운데 흩어진 지역 교회들이 설립되는 순간에 성령이 갑작스럽게 임하게 되는 것이 아니라는 사실이다. 성령 하나님께서는 예루살렘의 맨 처음 오순절 날 교회에 영적으로 연결된 모든 지역 교회들 가운데 확장되어 역사하시게 된다. 따라서 참된 교회에 속한 성도들이기에 저들 가운데 성령께서 임해 사역하시게 되는 것이다.

그러므로 성령을 받은 사람이 하나님의 교회에 가입하는 것이 아니라 성령을 소유한 교회공동체에 가입함으로써 성도들은 성령의 사역에 참여하게 된다. 복음을 영접한 거듭난 성도가 교회 안으로 들어감으로써 성령 강림에 참여하게 되는 것이다. 만일 거짓 교회에 속한 자라면 종교적인 감정에도 불구하고 결코 성령을 받을 수 없을 뿐더러 결코 성령의 사역에 참여하지 못한다.

4.3. 교회 안의 불신자에게는 성령이 임하시지 않음

지상 교회에는 항상 알곡들뿐 아니라 숱한 가라지들이 뒤섞여 있다. 이는 일차적으로 지교회의 공동체 내부를 두고 하는 말이라기보다 전체 기독교를 두고 하는 말로 이해되어야 한다. 건실한 지교회에서는 말씀의 고백을 통해 성도들의 믿음을 서로간 확인할 수 있다. 그렇지만 타락한 지교회에서는 인간들의 종교성에도 불구하고 저들의 신앙을 보증하지 못하는 경우가 많다.

그런 자들 가운데는 결코 성령께서 임하시지 않는다. 설령 저들이 하나님의 성령을 받았다고 주장하며 기뻐 날뛴다고 할지라도 그것 자체로는 아무런 보증이 되지 못한다. 그들은 진정으로 성령을 받은 것이 아니라 종교적인 신비에 따른 감정을 발산하고 있을 따름인 것이다.

우리는 계시된 말씀을 통해 성령께서 참된 교회 가운데 임하여 역사하시지만 그 안에 뒤섞여 있는 불신자들에게는 결코 성령이 임하지 않는다는 사실을 깨닫지 않으면 안 된다. 그런 자들은 믿는 성도들 옆에서 종교적인 관점에서 성령의 사역을 희미하게 맛보게 된다. 따라서 기독교 안으로 슬며시 들어와 성령을 받았다는 종교인들의 주장에 쉽게 현혹되는 일이 발생하지 말아야 한다.

5. 성령론 논쟁

과거의 교회사 가운데 있었던 성령론에 관한 논쟁 중에 가장 두드러진 것은 필리오케(filioque) 논쟁이다. 이는 물론 삼위일체 하나님, 나아가 기독론에 연관된 논쟁이지만 편의상 성령론의 관점에서 살펴보고자 한다.

이 논쟁으로 말미암아 신학적인 견해를 달리한 서방교회와 동방교회가 갈라서게 되었다. 이는 삼위일체 교리에 있어서 하나님의 존재에 관한 문제를 야기한다. 우리는 물론 서방교회에서 정리한 삼위일체 교리가 성경이 가르치고 있는 교리라는 사실을 받아들이고 있다.

성부, 성자, 성령 하나님의 상호 관계 문제는 매우 민감하다. 삼위일체 하나님은 동일본질을 가진 한 하나님으로서 서로간 높거나 낮은 개념을 가지고 있지 않다. 논리적 관계상 성부가 먼저 언급되며 성부로부터 성자가 영원히 나오시며 성자로부터 성령이 영원히 나오시게 된다.

필리오케(filioque) 논쟁은 "성령은 성부로부터 (그리고 아들로부터) 나오셨다”는 말에 근거한다. 'filius'는 '아들'이라는 의미이며, 'o'는 '~로부터' 라는 뜻이며, 'que'는 '그리고'라는 의미를 지니고 있다. 그래서 'filioque'(필리오케)라는 말의 정확한 의미는 '그리고 아들로부터'라는 뜻 을 지니고 있다.

당시 교인들 중에는 "성부는 영원히 계시고, 성자는 성부로터 영원히 나 오셨으며, 성령은 성부로부터 영원히 나오셨다"는 고백을 받아들이던 자 들이 많았다. 이렇게 되면 성자와 성령이 공히 성부로부터 나왔으므로 성 부 하나님이 더 원천적이거나 높은 존재로 여겨질 우려가 있다. 그러므로 서방교회에서는 그 말에 filioque를 넣어 "성부는 영원히 계시고, 성자는 성부로터 영원히 나오셨으며, 성령은 성부로부터 '그리고 성자로부터' 영원히 나오셨다"는 말로 정리한 것이다. 이에 관한 상이한 신학적 견해 가 1054년 서방교회와 동방교회가 갈라서게 되는 결정적인 역할을 하게 되었다.

6. 성령론 이단 및 불건전한 주장

6.1. 몬타누스주의

몬타누스는 2세기 중엽 소아시아에 위치한 프리기아 지역의 무당 출신 이다. 그는 무당들의 황홀경을 체험한 자로서 기독교에 들어와서는 성령 의 사역을 강조하며 그것을 자신에게 적용시켰다. 그 이단자는 맥시밀라 와 푸리실라 등 두 여인과 함께 혼합주의적 성령운동을 펼쳤다.

그들은 손에 악기를 잡고 신들린 듯이 노래하며 임박한 종말을 주장했 다. 나아가 몬타누스와 함께 새로운 성령 시대가 왔다며 사람들을 미혹하 였다. 그들은 계시된 하나님의 말씀보다 소위 성령의 직통계시를 주장했 다. 이와 같은 종교적인 양상은 우리 시대에도 여전히 사라지지 않은 채 나타나고 있다.

6.2. 피조물로서의 에너지

성령을 인격적인 존재가 아니라 하나님이 사용하시는 피조성을 지닌 에너지로 보는 자들이 있다. 이러한 사상은 고대로부터 있어왔는데 4세기의 아리우스(Arius)가 그렇게 주장했으며, 16세기의 소시니우스(Sosinius)와 그의 추종자들 역시 성령은 단순히 하나님으로부터 흘러나오는 에너지라 주장했다. 그들은 성경에 기록된 삼위일체 하나님을 정면으로 부인하고 있는 것이다.

6.3. 은사주의

은사주의자들은 가시적인 종교 현상과 더불어 자신의 목적을 위해 성령을 이용하려는 오만한 습성을 지니고 있다. 그들은 기록된 계시의 말씀을 통해 역사하시는 성령이 아니라 성령의 직접적인 사역을 강조한다. 그런 사조에 빠진 자들은 특히 방언과 예언을 중시하며 질병에 대한 치유사역을 강조한다. 그것이 마치 대단한 성령의 은사라도 되는 듯이 착각하고 있는 것이다.

그러나 성경은 사도교회 시대에 있었던 그런 특별한 은사들이 보편교회 시대에는 종료되었음을 시사하고 있다. 따라서 현대에 종종 발생하는 종교적인 방언과 예언, 치유사역 등이 성령 하나님으로부터 온 것이라고 확증할 수 있는 사람은 아무도 없다. 만일 그런 것들이 정말 하나님께서 허락하신 것이 확실하다면 그 내용들은 성경에 덧붙여질 수 있는 성격을 지녀야 한다.

하지만 종교적인 방언과 예언, 질병치유를 비롯한 초자연적인 이적은 여러 종교들에서도 공히 나타나고 있는 현상 중 하나이다. 신앙이 어린 자들은 이방 종교인들이 행하는 예언과 질병치유가 대단한 것으로 판단하게 되면 쉽게 그들을 따라가게 될지 모른다. 하나님의 자녀들은 눈앞에 펼쳐지는 그런 초월적 현상들이 아니라 기록된 하나님의 말씀에 의존해야 한다.

따라서 교회는 그와 같은 양상이 기독교뿐 아니라 모든 종교들에서 발생하는 현상이라는 사실을 기억하지 않으면 안 된다. 신앙이 어리거나 어리석은 사람들은 항상 눈에 보이는 현상들로 인해 쉽게 미혹될 가능성에 노출되어 있다. 교회의 지도자들은 어린 성도들이 그런 것에 마음을 빼앗기지 않도록 올바르게 지도해야 한다.

6.4. 신비주의

신비주의자들은 대개 영적인 존재와 자신의 심령을 합일화시키려는 노력을 하고 있다. 기독교적 초월주의, 뉴에이지 운동, 강신술, 종교적 최면술, 심령치유 등이 그와 같은 것들이다. 또한 현대에 유행하는 신사도 운동, 알파코스, G12, 빈야드 운동, 새로운 차원의 신앙을 요구하는 임파테이션 운동(impartation movement) 등은 우리 시대에 생겨난 위험한 신비주의 현상들을 드러내고 있다.

그들 가운데는 현란한 음악과 함께 감각적인 이교도 방식의 예배를 시도하며 집회 중에 신비주의적인 요소를 도입한다. 나아가 이방 종교인들의 기도 방식을 도입하고 그들이 말하는 금니 변화, 금가루 안수 등을 앞세워 그것이 성령의 사역이라고 주장하기도 한다. 그러나 우리는 교회를 엿보며 성도들을 미혹하여 어지럽히는 그와 같은 종교행위를 정신차려 경계하지 않으면 안 된다.

6.5. 비인격적인 현상적 존재로 이해

성령은 삼위일체 하나님의 한 위로서 인격적인 분이시다. 그런데 기독교 주변에는 성령을 비인격적인 존재로 여겨 종교적인 감화력이나 능력, 세력 등으로 생각하는 자들이 많이 있다. 그들은 성령이 인격을 소유한 삼위일체 하나님 가운데 한 분이라 믿지 않고 하나님으로 말미암아 방출된 일종의 능력으로 여기는 것이다. 따라서 그런 자들은 성령을 통해 종교적인 현상을 느낌으로 경험하고자 한다.

6.6. 신오순절 주의

기독교 역사 가운데는 항상 불건전한 은사 운동들이 있어 왔다. 그들은 계시된 하나님의 말씀 위에 또 다른 은사적인 현상들을 덧붙이기를 좋아 했다. 그러다가 기록된 말씀과 눈앞에 나타나는 종교적 현상 사이에 충돌 이 빚어지게 될 경우에는 현상을 받아들이는 심각한 오류를 범했다.

현대 은사주의 운동이 적극적으로 일어난 것은 지난 세기 초엽이었다. 1901년 미국 캔자스주 베델성경대학(Bethel Bible College)에서 에그네스 오즈 만(Agnes Ozman)이라는 학생이 방언을 하게 되는 일이 발생했다. 이것이 근 대에 일어난 오순절 운동의 시발이 되었다. 1906년에는 윌리엄 사무어가 주도한 로스앤젤레스의 아주사(Azusa) 거리 집회에서 방언을 하는 자들이 많이 생겨남으로써 폭발적인 가속이 붙게 되었다. 그러한 일은 이전의 교 회사 가운데 일상적으로 일어나지 않던 현상이었다.

6.7. 세컨드 블레싱(Second Blessing)

이는 신오순절 운동과 밀접하게 연관되어 있다. 미국 감리교 출신의 찰 스 파함(Charles Parham)은 세컨드 블레싱에 대한 사상을 펼쳤다. 그를 추종 하는 자들은 비록 구원받은 성도라 할지라도 반드시 세컨드 블레싱을 받 지 않으면 안 된다는 주장을 했다. 성숙한 교인이 되기 위해서는 성령세례 를 받아야만 제대로 된 성화의 단계에 이르게 된다는 것이었다. 그들은 방 언을 통한 성령의 은사를 체험하는 것이 신앙인들의 필수 요건이라고 주 상했다.

6.8. 빈야드 운동

이 운동은 미국 캘리포니아의 애나하임(Anaheim)에 있는 ‘빈야드교회’

의 존 윔버(John Wimber), 캐나다 토론토에 있는 '토론토 공항 빈야드교회'(Toronto Airport Vineyard Church)의 존 아노트(John Arnott), 베니 힌(Benny Hinn) 등과 같은 인물들이 중심이 되어 이끌고 있다.

빈야드 운동은 은사주의적이며 신비주의적인 성령의 능력과 체험을 강조한다. 그 사상에 빠진 자들은 성경말씀보다 종교적 감정주의에 심각하게 치우쳐 있다. 그들은 이해할 수 없는 소위 거룩한 웃음, 신음소리, 떨림 현상, 통곡, 쓰러짐, 짐승소리, 춤, 실신 등을 통해 성령을 체험을 하게 되는 것이라고 주장한다.

6.9. 알파(ALPHA) 코스

알파(ALPHA)란 Anyone can come(누구든지 올수 있다), Learning and laughter(배우고 웃으라), Pasta(음식 먹기), Helping one another(서로 돕기), Ask anything(무엇이든지 물어보라)는 문구의 영문 머리글자를 모은 것이다. 하지만 알파코스에서는 성령의 체험과 현상적인 표징을 강조하는 것이 특징이다. 그것은 불건전한 은사주의 운동으로이며 빈야드 운동과 협력 사역을 한다. 그들이 말하는 금니 변화, 금가루 현상들을 강조하며 사람의 팔이나 다리의 길이가 기도에 의해 짧아지기도 하고 늘어나기도 한다고 주장하는데 그것이 저들의 종교 현상적인 특성이다.

6.10. 늦은 비 운동과 신사도 운동

늦은 비 운동은 대체적으로 1907-1910년에 데이빗 웨슬리 마이랜드가 기초적인 개념을 설정한 것으로 본다. 1947년에는 윌리암 브래넘, 조지 허틴 등이 늦은 비의 신세계 질서를 교리화해서 가르쳤으며, 윌리암 브래넘에 의해 늦은 비 신학의 기초가 마련되었다.

이와 더불어 피터 와그너의 신사도 운동은 오늘날에도 사도의 권위를 부여받은 자들이 과거와 동일한 기사와 표적을 행할 수 있다고 주장한다.

이들은 존 윔버가 주창하는 빈야드 운동과 동일한 선상에서 은사 운동을 전개한다. 또한 스스로 제2의 종교 개혁자라고 자처하면서 알파코스를 확산적 매체로 이용하고 있다.

6.11. 워십 댄스(worship dance), 성령 춤(spiritual dance), 힐링 댄스(healing dance)

워십 댄스, 성령 춤, 힐링 댄스 부류는 인간의 몸을 통한 종교적인 춤동작을 강조하는 특성을 지닌다. 이런 것을 강조하는 자들은 그것을 통해 하나님께 영광을 돌리고 성령의 능력으로 자신이 치유받게 되는 것으로 착각한다. 힐링 댄스를 하는 자들은 그것이 마치 성령의 이끌림에 의한 것인 양 생각한다.

그것들 가운데 일부는 이방 종교인 호오포노포노(ho'oponopono) 치유사역에서 가져와 접목시킨 것이다. 이는 하와이에서 시작된 이방 종교적 개념이며 자기 자신 안에 존재하는 어두운 기억들을 끌어내 정화하는 프로그램이라고 여긴다. 우리는 이런 것들이 기독교 내부로 침투해 들어오고 있는 현실을 심각하게 우려하지 않을 수 없다.

VII. 교회론(Ecclesiology)

VII. 교회론(Ecclesiology)

교회란 무엇인가? 교회란 인간들이 조직한 일반적인 종교단체가 아니라 하나님의 피로 값주고 사신 거룩한 언약 공동체이다. 참된 교회들은 이땅에 존재하지만 영원한 천국에 속해 있다. 따라서 모든 교회는 그 교회를 창설한 하나님의 뜻에 온전히 순종해야 할 의무가 있다. 우리는 이름과 형식을 통해 교회를 규정할 것이 아니라 본질적 표지를 확인하지 않으면 안 된다. 교회의 진위여부를 알아보기 위해서는 순수한 말씀선포, 올바른 성례의 시행, 정당한 권징사역이 이루어지고 있는지 확인해야 한다. 그것들 가운데 하나라도 경시된다면 참된 교회라 할 수 없기 때문이다.

1. 교회의 관계적 의미

1.1. '천상의 나라'와 '천국' 그리고 '교회' 및 '새 하늘과 새 땅'

1.1.1. 천상의 나라(Heaven)

천상의 나라는 하나님께서 좌정해 계신 거룩한 영역이다. 주님께서 가르치신 기도에서 '하늘에 계신 우리 아버지'(Our Father in Heaven; 마 6:9)라고 언급하신 것은 그에 대한 중요한 증거가 된다. 에녹과 엘리야가 살아있는 상태에서 천상으로 올라갔으며 부활하신 예수께서 천상의 나라로 승천해 그곳에 계신다. 또한 요한계시록 4장에 그에 관한 내용이 상세하게 기술되어 있다.

1.1.2. 천국(Kingdom of God)

신약성경에서 말하는 천국이란 성도들이 죽어서 가는 영원한 나라가 아니라 도리어 이 세상에 침투해 들어오는 하나님의 왕국이다. 이 왕국의 세력은 아담을 유혹함으로써 사탄이 장악하고 통치하게 된 세상 왕국을 응징하기 위해 궁극적인 전쟁을 치르게 된다. 세례자 요한과 더불어 예수께서는 이스라엘 민족을 향해 바로 그 천국의 도래를 선포하셨다.

"회개하라 천국이 가까웠느니라"(마 3:2; 4:17)

메시아의 도래와 더불어 선포된 이 말씀은 창세기 3장 15절에 기록된 '여자의 후손' 에 기초한 구약의 모든 통치 언약의 성취를 말해준다. 예수께서는 천상의 왕으로서 구약에 예언된 대로 천국의 왕으로 오시게 되었다. 그는 사탄에게 속한 원수들의 왕국을 응징하고 그 가운데 신음하는 자기 자녀들을 구출해 자신의 영원한 나라로 인도하시게 된다.

1.1.3. 교회(Church)

지상의 교회는 영원한 천상의 나라에 속해 있으면서 동시에 사탄의 세력을 괴멸하는 전쟁을 수행하기 위해 이땅에 도래한 천국에 속해 있다. 인간의 몸을 입고 이 세상에 오신 예수께서는 교회를 위해 십자가 위에서 심한 고통을 감내하면서 돌아가셨다. 하나님께서는 그의 사역을 통해 택하신 자녀들을 불러 거룩한 교회를 이루고자 하셨던 것이다. 마태복음에는 열두 제자들을 대표한 베드로의 고백을 들으시고 교회와 그 권능을 약속하신 예수님의 말씀이 기록되어 있다.

"내가 네게 이르노니 너는 베드로라 내가 이 반석 위에 내 교회를 세우리
니 음부의 권세가 이기지 못하리라 내가 천국 열쇠를 네게 주리니 네가 땅에
서 무엇이든지 매면 하늘에서도 매일 것이요 네가 땅에서 무엇이든지 풀면
하늘에서도 풀리리라"(마 16:18,19)

예수님의 약속에 따라 지상에 교회가 세워지게 되었다. 그 교회는 하나
님의 아들이신 예수 그리스도의 피로 값 주고 사신 신령한 공동체가 되었
다. 교회에 속한 하나님의 자녀들은 천국에 연결되어 있어서 그 모든 권능
을 행사하게 된다.

따라서 지구상에 살아가는 모든 성도들은 교회를 통해 하나님을 경배하
며 진리의 말씀에 참여해야 한다. 하나님의 언약에 따라 매주일 회집하는
교회공동체는 세상을 향한 심판 선언과 더불어 그곳으로부터 구원받아야
할 하나님의 자녀들에 대한 구원을 선포한다. 하나님의 백성들은 이 세상
에서 살아가고 있지만 영원한 천국시민권을 소유한 백성(빌 3:20)으로서 자
신에게 주어진 사명을 감당하게 되는 것이다.

1.1.4. 새 하늘과 새 땅

지상의 교회는 이 세상에 존재하고 있지만 오염된 세상을 영원한 터전
으로 삼지 않는다. 따라서 하나님의 교회에 속한 성도들은 세상의 최종적
인 종말과 더불어 지상에서의 모든 역할을 마감하게 된다. 이는 교회가 마
땅히 감당해야 할 지상에서의 사명이 있음을 말해주고 있다. 그러므로 교
회에 속한 성도들에게는 인간의 범죄로 말미암아 오염된 옛 세상이 아니
라 하나님께서 재창조하신 새 하늘과 새 땅이 약속되어 있다.

"보라 내가 새 하늘과 새 땅을 창조하나니 이전 것은 기억되거나 마음에
생각나지 아니할 것이라"(사 65:17);

"또 내가 새 하늘과 새 땅을 보니 처음 하늘과 처음 땅이 없어졌고 바다도 다시 있지 않더라"(계 21:1)

하나님께서 지상 교회에 맡기신 모든 사역이 완성되면, 성도들은 천상으로 들려 새 하늘과 새 땅으로 옮겨지게 된다. 그곳은 처음 창조되었던 공간과는 달리 인간들을 위한 완벽한 영역이 된다. 거기에는 더 이상 사탄의 유혹이 없으며 영원토록 하나님을 찬양하면서 성도들간의 교제를 나누는 기쁨과 즐거움만 있을 따름이다. 지상 교회는 그에 대한 궁극적인 소망을 기대하는 가운데 이 세상을 살아가게 된다.

1.2. 하나님의 피로 값 주고 사신 공동체

1.2.1. 특별한 공동체

예수 그리스도의 피로 값 주고 사신 참된 교회는 타락한 세상에서 결코 볼 수 없는 매우 특별한 신앙공동체이다. 세상에 존재하는 모든 단체들은 자연발생적이거나 사회계약적인 성격을 지니고 있다. 그렇지만 교회는 하나님께서 직접 자기 피로 값을 주고 사신 거룩한 백성들의 모임이다(행 20:28).

그러므로 교회의 유일한 머리는 예수 그리스도이다. 교회는 그분 이외에 어느 누구도 머리로서 용납하지 않는다. 이는 그 머리인 예수님과 성도들의 관계뿐 아니라 성도들 상호간의 관계에 대한 의미를 확증해 주고 있다.

하나님의 교회는 이 세상에서 성도들의 세속적인 이익을 추구하는 단체가 아니다. 세상의 모든 것들은 잠시 지나가는 것으로 궁극적인 가치를 가지지 않기 때문이다. 지상의 교회는 계시된 말씀에 따라 영원한 천상에 소망을 두고 하나님을 경배하는 신령한 공동체인 것이다.

✱ 〈교회공동체의 규모〉

교회를 하나의 공동체로 언급할 때는 지교회를 염두에 둔 실체적인 개념을 배경으로 해야만 한다. 전 세계에 흩어진 보편적 교회들 가운데서는 하나의 공동체로서 구체화된 현실적인 의미가 발생하기 어렵다. 따라서 우리는 하나님을 예배하는 기초 단위의 교회로서 공동체적 삶을 나눌 수 있는 적절한 규모를 생각지 않을 수 없다.

지교회가 진정한 공동체가 되기 위해서는 모든 성도들이 한자리에서 하나님께 공예배를 드릴 수 있어야 한다.[29] 전통적인 관점에서 말한다면 '듣는 예배'인 말씀선포를 기준으로 할 때 모든 성도들이 설교자의 육성을 부담 없이 알아들을 수 있는 규모가 적절하다고 말할 수 있다. 또한 '보는 예배'인 성찬을 기준으로 한다면 모든 성도들이 서로를 개별적으로 알 수 있는 관계여야 한다. 그래야만 교회 안에서 올바른 성찬과 성도의 순결한 삶을 보존하기 위한 정당한 권징사역이 이루질 수 있기 때문이다.

동일한 개체 교회에 속해 있다고 하면서 교인들 상호간에 서로 누구인지 모른다면 참된 교회라 말할 수 없다. 예배 시간에 선포되는 말씀을 듣고 성찬을 나누면서 바로 옆자리에 앉은 사람이 누구인지도 알지 못하는 교회는 정상적이지 않다. 더군다나 목회를 하는 목사와 장로들이 교회에 속한 성도들 가운데 모르는 사람이 있다는 것은 상상조차 할 수 없는 일이다.

교회가 이에 지나는 수적인 증가를 추구하는 것은 건전하지 못한 잘못된 종교적 욕망에 기인한다. 그럼에도 불구하고 우리 시대에는 이미 그런 현상이 일반화되어 있다. 어리석은 자들은 많은 교인들을 교회에 끌어 모으는 것 자체가 신앙과 능력인 양 오해하고 있다. 이런 어처구니없는 시대에 살고 있는 성도들이기에 그에 대한 명확한 깨달음을 가지지 않으면 안 된다.

---

29) 현대의 대형교회에서 공예배를 같은 시간 한자리가 아니라 1부, 2부, 3부식으로 나누거나 청년부, 장년부, 중고등부 등으로 나누어 별도로 예배를 드리는 것은 잘못된 관행이다. 그것은 편의주의적인 사고에 의한 결과물에 지나지 않는다.

1.2.2. 주권재신主權在神

지상에 존재하는 교회에서는 과연 누가 실제적인 주권을 행사하게 되는가? 모든 참된 교회들은 하나님께서 친히 자기 피로 값 주고 사신 특별한 공동체이다. 이는 사탄이 지배하는 세상 왕국과의 전투에서 하나님이 직접 구출해 온 성도들을 모아둔 신령한 영역이라 할 수 있다. 따라서 교회에서는 하나님 이외에 어느 누구도 주인이 될 수 없다.

그러므로 지상 교회의 주권은 오직 왕이신 예수 그리스도만 가지게 된다. 그럼에도 교회의 주권이 종교적으로 유능한 인간들에게 허락된 것으로 착각하는 경우가 있다. 그러나 주님 한 분만이 교회의 유일한 주권자이므로 모든 성도들은 계시된 말씀을 통해 그의 뜻에 온전히 순종해야 한다.

1.3. 천상에 연결된 공동체

1.3.1. 천상에 속한 교회

하나님의 교회는 지상에 존재하지만 타락한 세상에 속한 단체가 아니다. 교회는 천상의 나라에 굳건하게 연결되어 있다. 따라서 교회가 세상으로부터 지휘와 간섭을 받을 필요가 전혀 없다. 하나님의 자녀들이 '천국시민' (빌 3:20)이라는 사실은 단순한 상징이 아니라 현실적이며 실제적인 의미를 지닌다.

따라서 성도들은 지상에 살아가고 있으면서 천상에 계신 하나님을 경배할 수 있으며 항상 그에게 기도하며 신령한 교제를 나눌 수 있다. 우리는 천상의 나라에 속한 지상 교회의 존재 위치를 분명히 이해함으로써 교회의 거룩성을 알게 된다. 우리가 천상의 영화를 충분히 깨닫게 되면 지상의 어떤 환란도 능히 이겨나갈 수 있게 되는 것이다.

1.3.2. 지상의 사명을 감당하는 교회

교회는 이 세상에 존재하는 동안 하나님께서 요구하신 사명을 올바르게 잘 감당해야 한다. 그것은 교회 내부적으로 실행해야 할 마땅한 사명과 교회 바깥을 향해 당연히 감당해야 할 역할을 포함하고 있다. 이는 역사적인 교회가 스스로 착안해 낸 것이 아니라 하나님께서 명령하신 것이다.

교회의 내부적 사명이란 하나님을 예배하는 일과 성도들을 올바르게 교육하는 일이다. 이는 계시된 말씀과 건전한 교리에 대한 교육을 포함한다. 그것을 통해 예수께서 재림하실 때까지 역사 가운데 지상 교회가 상속되어 간다. 교회는 하나님의 자녀들을 태운 거대한 배와 같아서 거기에 타고 있다면 안전하다. 영아와 태아 등 인식능력이 거의 없거나 전혀 없는 성도들이라 할지라도 그 배는 안전한 보호처 역할을 하게 된다.

또한 교회의 외부적 사명이란 복음을 전파하는 일과 세상에서 빛과 소금으로서 존재하는 일이다. 이는 세상을 향한 전투적 기능에 연관되어 있다. 교회와 그에 속한 성도들은 복음전파 및 소금과 빛의 역할을 통해 적군에 사로잡혀 신음하는 하나님의 백성들을 구출하는 일에 참여해야 하는 것이다.

교회가 자신에게 부여된 신령한 사명을 잘 감당하기 위해서는 세상에 대한 분명한 판단과 해석을 내려야만 한다. 하나님의 백성들에게는 악한 세상에 존재하는 그 어떤 것들이라 할지라도 부러움이나 동경의 대상이 되지 않는다. 만일 적군에 대해 분명한 인식을 하지 못한다면 하나님의 정당한 전투에 참여하기 어렵다.

2. 교회의 역사적 유형

지상에 존재하는 모든 참된 교회는 하나님께서 피로 값 주고 사신 주님의 교회이다(행 20:28). 그러므로 하나님의 교회에서는 어느 누구도 주인 행세를 할 수 없으며 기득권을 가질 수도 없다. 만일 그런 자가 존재한다면 그는 하나님의 권세를 빼앗으려고 하는 악한 자에 지나지 않는다.

예수께서는 가이사랴 빌립보에서 제자들을 대표한 베드로의 신앙고백 위에 자기의 교회를 세우시겠노라고 선포하셨다. 물론 베드로의 입술을 통해 드러난 고백은 인간의 지혜로 말미암는 것이 아니라 하나님의 은혜로 말미암는 진리의 선포였다. 그 고백을 기초로 하는 교회에는 세상의 권세가 궁극적인 영향력을 행사할 수 없게 된다.

> "시몬 베드로가 대답하여 가로되 주는 그리스도시요 살아계신 하나님의 아들이시니이다 예수께서 대답하여 가라사대 바요나 시몬아 네가 복이 있도다 이를 네게 알게 한 이는 혈육이 아니요 하늘에 계신 내 아버지시니라 또 내가 네게 이르노니 너는 베드로라 내가 이 반석 위에 내 교회를 세우리니 음부의 권세가 이기지 못하리라"(마 16:16-18)

이 말씀은 예수 그리스도의 십자가 사건과 부활 승천 사건을 통해 사탄의 세력을 꺾음으로써 일차적으로 성취되었다. 그리고 뒤이어 강림하신 오순절 성령을 통해 지상의 교회가 설립되었다. 물론 그 교회는 갑작스럽게 생겨난 것이 아니라 구약시대의 교회와 더불어 점차 완성되어가는 점진적 성격을 지닌다.

그러므로 인간 역사의 전 시대를 통해 하나님의 뜻을 따르는 교회들이 존재했다. 구속사적 의미에 연관된 다양한 시대에 속한 교회들의 성격은 다소간 차이가 날지라도 그 본질은 동일하다. 사탄의 세력을 응징하게 되는 예수 그리스도를 통해 여호와 하나님을 예배하고자 하여 모인 모든 성도들의 모임이 곧 교회인 것이다.

2.1. 역사적 교회

2.1.1. 구약시대의 교회

성경은 구약시대의 성도들의 모임을 '교회'라 칭하고 있다. 사도행전에는 시내광야에 있던 이스라엘 백성들을 '광야교회' (행 7:38)라 말했다. 그리고 히브리서 2장 12절에서는 구약의 시편 22편 22절의 말씀을 인용하며 구약시대 하나님의 이름이 선포되고 그를 섬기는 회중을 교회라 부르고 있다.

> "내가 주의 이름을 형제에게 선포하고 회중에서 주를 찬송하리이다"(시 22:22);
> "이르시되 내가 주의 이름을 내 형제들에게 선포하고 내가 주를 교회 중에서 찬송하리라 하셨으며"(히 2:12)

히브리서 기자는 구약성경의 시편에 나타나는 '회중' (congregation)을 '교회' (church)라 표현했다. 우리는 성경이 구약시대의 하나님을 경외하는 성도들의 무리를 교회라 칭하고 있음을 기억해야 한다. 이는 시내광야뿐 아니라 구약시대의 하나님의 백성들 전체가 교회라는 사실을 의미한다.

구약시대의 교회는 각 시대마다 나름대로의 특색을 지니고 있다. 그 시기를 개략적으로 분류해 보면 아담으로부터 노아시대 이전까지의 교회, 노아부터 아브라함 이전 시대까지의 교회, 아브라함으로부터 출애굽 이전의 모세 시대까지의 교회, 홍해바다를 건넌 후 시내광야 시대의 교회, 가나안 진입으로부터 다윗 왕 이전까지의 교회, 다윗으로부터 BC 586년 바벨론 이거까지의 교회, 바벨론 포로시기의 교회, 바벨론으로부터 귀환 후 예수님 탄생까지의 교회로 나눌 수 있다.

구약의 각 시대마다 존재했던 각각의 특성을 지닌 교회들은 계시된 하나님의 언약을 점점 풍성하게 소유해 가게 된다. 장래 오시게 될 메시아에 대한 더욱 분명한 약속을 가지게 되었던 것이다. 따라서 구약시대의 교회는 예수 그리스도를 통해 완성된 신약시대의 예비적 교회로서 기능했던 것으로 말할 수 있다.

2.1.2. 예수님 생존시의 특수 교회

예수님의 출생으로부터 십자가 사건과 부활 승천까지 예수님의 지상사역 기간은 특수 교회시기였다. 그때는 구약시대 교회와 신약시대 교회가 중첩되는 시기로서 신약교회의 기초가 확립되어 갔다. 하나님이시자 하나님의 아들이신 예수께서 인간의 몸을 입고 이 세상에 오심으로써 구약시대의 성도들이 간절히 기다리던 메시아 사역이 진행되어 갔던 것이다. 인간의 모든 것들을 체휼하시며 구약의 율법을 완벽하게 지켜나가신 그를 통해 사탄의 세력을 응징하게 될 지상 교회의 발판을 형성하게 되었던 것이다.

2.1.3. 사도교회

예수님의 십자가 사역 이후 오순절 성령께서 강림하심으로써 사도교회가 시작되었다. 이는 예수께서 직접 지상사역을 감당하시던 시기와 구별되며, 나중에 뒤따라오게 될 보편교회 시대와 구별된다. 그 시기는 예루살렘 성전이 최종적으로 파괴되고 이스라엘이 패망하게 되는 AD 70년까지 지속된다.

사도교회 시대는 구속사적으로 볼 때 역사상의 다른 시기와 구별되는 매우 특이한 시기였음이 틀림없다. 그때는 하나님의 특별계시와 특별은사들이 교회와 성도들 가운데 허락되었다. 그리고 가장 중요한 것 중에 하나는 사도교회 시대를 통해 기록된 신약성경 계시가 완성되었다는 사실이다.

당시에는 계시적 은사를 지닌 사도들이 사역했으며, 예루살렘 성전을 배경으로 하는 예루살렘 공의회가 사도적 권위를 가지고 사역하고 있었다. 예루살렘 공의회는 성전이 파괴되기 전까지 매우 특별한 은사를 부여받은 계시적 성격을 지닌 기관이었다. 그래서 그들은 예수님의 제자들과 복음전파를 위해 소명을 받은 형제들이 로마제국 전역에 흩어져 하나님의 말씀을 증거할 때 그들을 지도하는 지위에 놓여 있었다.

2.1.4. 보편교회

AD 70년의 예루살렘 성전파괴는 아브라함이 독자 이삭을 바친 모리아 산 언약과 다윗과 솔로몬이 건립한 성전언약의 완성을 의미한다. 그로 말미암아 사도교회 시대가 끝이 나고 보편교회 시대가 도래하게 되었다. 사도교회 시대에 있었던 특별계시와 특별은사들이 완료되었던 것이다.

보편교회 시기는 천년왕국 시대와 직접 연관되며 주님께서 재림하실 때까지 지속된다. 교회와 성도들은 그동안 천상의 왕이신 예수 그리스도와 더불어 지상에서 왕의 통치사역에 참여한다. 교회는 그리스도와 함께 세상을 향해 심판을 선포하며 적용하는 직임을 맡게 된 것이다. 보편교회 시대에는 과거에 그랬던 것처럼 유대민족 중심이 아니라 유대인과 이방인이 그리스도 안에서 하나가 된 교회를 통해 하나님의 사역이 진행된다. 그때는 기록된 성경말씀인 신구약성경 66권과 성령 하나님의 사역이 교회를 온전히 이끌며 지도해간다.

2.2. 교회의 종류

2.2.1. 무형교회

무형교회란 눈으로 볼 수 없는 불가시적인 교회를 의미한다. 그 교회는 우주적인 교회로서 하나님의 선택받은 모든 성도들이 그에 속하게 된다. 따라서 구약시대와 신약시대의 모든 주님의 백성들이 포함된다. 창세선에 하나님께서 선택하신 백성들의 총수와 우주적 무형교회에 속한 성도들의 총수는 정확하게 일치한다.

2.2.2. 유형교회

유형교회란 눈으로 볼 수 있는 가시적인 교회를 의미한다. 그 교회는 체계와 조직을 갖추고 있으며 대개 총회, 노회, 지교회로 구성되어 있다. 총회를 하나의 교단으로 보아 공교회로 이해하는 것이 일반적이다. 공교회에 속한 노회와 지교회는 영적인 활동을 위해 조직체를 구성하게 된다.

유형교회의 최소 단위는 하나님에 대한 독립적인 예배 주체라 볼 수 있는 개체 교회이다. 다양한 직분자들을 중심에 둔 그 개체 교회는 역사 가운데서 끊임없이 자子 교회들을 생산하게 된다. 우리는 이를 소위 '개척교회' 30)라 부르는데 엄밀한 의미에서는 모母 교회를 상속해가는 자子 교회를 의미한다.

하지만 지상의 유형교회에는 알곡들만 모이는 것이 아니라 가라지가 섞여 들어오기 마련이므로 항상 상당한 문제들이 발생할 수 있다. 따라서 교회는 예수 그리스도의 신부로서 순결을 유지하기 위해 지속적인 노력을 기울이지 않으면 안 된다. 이를 위해 유형교회에서는 권징사역이 지속적으로 성실하게 시행되어야 한다.

또한 교회들 가운데는 어떤 경우에도 귀족교회가 존재할 수 없으며 1류, 2류 개념이 존재하지 않는다. 좀 더 성숙하고 건강한 교회와 연약한 교회가 있을 따름이다. 하지만 건강한 교회라 해서 그렇지 못한 교회와 비교하여 우월감을 가져서는 안 된다. 그것은 또 다른 세속주의적인 경향성에 지나지 않기 때문이다.

따라서 교회의 성숙도로 인해 교만한 마음을 가져서는 안 된다. 그것은 결코 교회의 주인이신 주님께서 원하시는 바가 아니다. 어느 누구도 가난

---

30) 우리가 일반적으로 사용하는 '개척교회'라는 말은 적절한 용어라 할 수 없다. 교회는 개인과 집단의 결단에 의해 개척할 수 있는 것이 아니다. '개척교회'라 하게 되면 자칫 교회를 세우면서 마치 종교 사업을 하듯 생각할 우려가 있다. 따라서 교회는 개척하는 교인들의 종교적인 사사로운 목적을 추구해서는 안 된다. 그렇게 되면 불순한 성장과 번영에 집착하게 되며, 그것을 위해 세속적인 방법들을 동원할 수밖에 없게 된다. 교회는 먼저 있던 교회로부터 진리를 상속해 역사 가운데 이어가야 한다. 이런 점에서 지교회에서 새로운 지교회가 설립되는 것이며, 이로써 세상 끝날까지 계속해서 교회의 상속 개념이 계승되는 것이다.

하고 연약한 교회나 병든 교회를 무시하거나 멸시해서는 안 된다. 이는 하나님을 떠나 배도에 빠진 종교집단이나 이단자들을 멸시하는 것과 근본적으로 다르다.

3. 교회공동체의 속성

3.1. 교회의 본질적 속성

3.1.1. 거룩성

지상에 존재하는 하나님의 몸된 교회가 소유한 가장 중요한 속성은 거룩성이다. 하나님께서 거룩한 것처럼 그의 몸된 교회가 거룩해야 하는 것은 지극히 당연하다.[31] 하나님께서는 모세를 통해 그점을 밝히셨다. 그리고 사도 베드로는 그의 서신 가운데서 그에 대한 사실을 말하고 있다.

> "나는 너희의 하나님이 되려고 너희를 애굽 땅에서 인도하여 낸 여호와라 내가 거룩하니 너희도 거룩할지어다"(레 11:45);
> "오직 너희를 부르신 거룩한 자처럼 너희도 모든 행실에 거룩한 자가 되라 기록하였으되 내가 거룩하니 너희도 거룩할지어다 하셨느니라"(벧전 1:15,16)

성경말씀이 요구하고 있는 것처럼 지상 교회는 자신의 순결을 유지하기 위해 세속화를 방지하려는 분명한 자세를 가지고 있지 않으면 안 된다. 이는 영적이고 정신적인 면만 아니라 육체적인 면에 있어서도 동일하게 적용되어야 한다. 세속적인 가치는 물론 세상의 잘못된 풍조가 교회 안으로

---

31) 교회의 속성이 거룩해야 한다는 말이 지상 교회가 완전해야 한다는 것을 의미하지 않는다. 지상 교회는 결코 완벽할 수 없으며 항상 나약할 수밖에 없다. 그러나 성령의 도우심과 하나님의 말씀에 순종함으로써 교회는 거룩한 본질을 유지해야 한다.

무분별하게 들어오게 해서는 안 된다.

교회에서는 타락한 세상과 구별되는 말씀을 통한 천상의 가치가 항상 풍성하게 제시되고 넘쳐나야 한다. 따라서 개인의 신체를 온당하게 보존하는 것과 함께 남녀간의 관계에 대해서도 분명한 자세를 견지해야만 한다. 하나님의 자녀들은 혼인관계 이외에는 남녀간의 부정한 접촉이 있어서는 안 된다. 교회에서는 미혼인 성도들 사이에 이성적인 애정을 빌미로 하는 어떠한 신체적인 접촉도 허용되지 않는다.

혼인하기 전에는 이성간에 손을 잡는 행위조차 금지되어야 한다. 장래 다른 형제나 자매의 배우자가 될지 모르는 이성의 손을 잡고 애정을 교환하는 행위는 결코 정당하지 않다. 따라서 미혼 청년남녀가 성관계를 가지는 것은 엄하게 다스려야 할 범죄에 해당된다.[32] 인간의 정신과 육체는 결코 분리되지 않으며 영적인 문제는 육적인 문제와 밀접하게 연관될 수밖에 없음을 기억해야 한다. 예수 그리스도의 신부인 교회는 모든 면에서 순결한 모습을 유지해야만 할 의무가 있다.

3.1.2. 사도성

지상의 모든 참된 교회들은 항상 사도성을 보존하고 있어야 한다. 이 말은 인간들의 종교적 이성과 경험에 따라 결집된 의사를 기초로 하여 교회를 조직하거나 세워나가는 것이 아니라는 점을 의미한다. 교회는 오직 사도들이 교회에 상속한 계시된 말씀에 근거하여 하나님의 뜻에 따라 유지되고 상속되어 가야함을 뜻하고 있다.

---

32) 세상의 악한 가치는 현대에 살아가는 성도들을 끊임없는 혼란에 빠뜨리고 있다. 세속국가는 미혼인 청년남녀가 성관계를 가진다고 해서 악한 범죄로 간주하지 않는다. 국가의 법령이 그것을 죄로 다스리지 않는 것을 보며 교회에 속한 성도들도 잘못된 세상법에 의해 자신의 참된 사고를 잠식당하게 되는 것이다. 국가는 그것을 범죄로 간주하고 정당한 벌을 가해야 하지만 우리가 속한 현대국가는 결코 그렇게 하지 않을 만큼 앞서 타락해 가고 있다.

지상에 존재하는 교회는 역사 가운데 갑작스럽게 생겨난 것이 아니다. 나아가 종교적인 사람들이 모여 교회를 만들어내지도 않았다. 참된 교회는 사도교회가 소유한 사도성을 그대로 계승하고 있다. 이는 우리 시대의 교회가 사도적 가르침을 전적으로 수용하고 있어야 함을 말해주고 있다.

3.1.3. 보편성

하나님의 몸된 교회에서는 세속적인 가치관을 초월하는 분명한 의지가 드러나야 한다. 인간들의 빈부귀천이나 지위고하, 남녀노소 등은 교회에서 특별한 의미를 가지지 않는다. 교회의 보편성은 시대와 장소를 초월하여 모든 성도들에게 하나님에 의한 평등한 신분이 주어졌음을 의미한다.

이는 또한 참된 교회에서는 세상의 어떤 상이한 배경도 성도들을 지배할 수 없음을 말해주고 있다. 세상에 살아가는 인간들은 역사와 지리적 환경에 따라 다양성을 보이고 있다. 그렇지만 그리스도께서 피로 값 주고 사신 교회 가운데는 그런 것들이 아니라 하나님의 말씀만이 하나의 교회로 엮어 주고 있는 것이다.

3.1.4. 단일성

예수 그리스도를 유일한 머리로 하는 그의 거룩한 몸에 붙어 있는 지상의 모든 교회들은 하나의 단일한 교회여야 한다. 원리적으로 볼 때 모든 참된 교회들은 그리스도의 몸인 우주적인 교회에 직접 연결되어 있다. 이는 시대와 장소를 초월하는 개념을 지닌다. 하나님과 그리스도로부터 분리된 교회란 존재될 수 없다.

따라서 다양한 지역에 존재하는 교회들이라 할지라도 우주적이며 보편적인 교회로부터 분리되어 있지 않다. 이는 교회가 어느 지역에 존재하든지 하나의 교회임을 말해주고 있다. 교회의 주인이신 하나님은 한 분이시요 그리스도가 유일한 교회의 머리이며 동일한 성령의 인도하심을 받고 있기 때문이다.

3.2. 은사恩賜성

지상에 존재하는 참된 교회들은 예외 없이 하나님의 은사를 기초로 하고 있다. 이 말은 인간들의 지혜와 종교적인 노력으로 지상의 교회를 세워나가는 것이 아니라는 사실을 의미한다. 하나님께서는 자기 백성들에게 허락하신 다양한 은사들을 통해 친히 자신의 교회를 세워 나가시는 것이다.

우리가 말하는 은사란 하나님으로부터 허락된 특별한 선물이다. 하나님의 은혜를 입은 성도들은 누구나 나름대로의 은사를 소유하게 된다. 하나님은 자신이 사랑하시는 모든 자녀들에게 다양한 은사들을 허락하신다. 심지어는 아무것도 알지 못하는 어린 아기들이나 정신적인 지체장애를 가진 성도들에게도 일반적이지 않은 특별한 은사들이 허락된 것으로 이해해야 한다.

이는 모든 성도들은 제각각 교회를 위한 나름대로의 메시지를 보유하고 있다는 사실을 의미하고 있다. 태중의 아기와 갓 태어난 영아들도 다른 성도들에게 끊임없는 메시지를 발산하게 된다. 뿐만 아니라 심각한 신체장애를 가졌거나 정신지체 장애를 가진 성도들도 교회 가운데서 소중한 교훈을 주고 있다. 이는 인위적인 것이 아닌 것으로서 이런 은사적인 성격에 대해서는 어떤 예외도 있을 수 없다.

그러므로 지상의 참된 교회들은 하나님의 은사에 의해 세워져 간다. 교회가 은사 공동체라는 사실을 이와 더불어 이해하는 것은 매우 중요하다. 거기에는 성도들이 하나님의 절대주권과 함께 각 성도들에게 허락하신 모든 은사들을 기억하는 가운데 하나님의 말씀에 온전히 순종해야 한다는 사실이 드러나고 있기 때문이다.

3.3. 유기有機적 관계성

교회는 종교적인 취미생활을 하는 곳이 아니다. 나아가 동일한 신앙을 가진 사람들의 형식적인 회합이라 할 수 없다. 교회는 예수 그리스도의 거룩한 피로 인해 엮어진 삶의 유기성을 지닌다. 이는 교회에 속한 모든 성도들간에 기쁘고 슬픈 삶의 모든 내용이 상호 전달되어야 함을 의미한다.

이는 마치 가족관계와도 유사한 성격을 지니고 있다. 가정에서는 가족 가운데 한 사람의 몸이 아프거나 어려움을 당하게 되면 나머지 가족들에게 즉시 그대로 전이된다. 또한 기쁜 일이나 즐거운 일이 있으면 그것 역시 다른 가족 구성원들에게 곧바로 전달된다. 이처럼 교회공동체에서도 모든 성도들이 유기적으로 상호 연결되어 있어야 한다. 만일 교회가 그런 근본적인 성격을 완전히 상실하고 있다면 진정한 교회라 말할 수 없다.

그러므로 교회는 공산적共産的 삶의 공동체로서의 의미를 지니고 있다. 따라서 교회 내부에는 가정과 마찬가지로 일반적으로 말하는 '선행'과 '구제'의 의미가 존재하지 않는다. 예를 들어 가정에서 딸이 아버지와 어머니를 위해 구제를 한다든지, 부모가 자식을 위해 선행을 한다든지 하는 따위의 개념이 없는 것과 같다. 선행과 구제는 가족관계를 벗어난 남에게 적용되는 행위이기 때문이다.

교회에서도 이와 동일한 적용이 이루어진다. 선행이나 구제와 같은 일은 일반적인 관점에서 볼 때 선택적인 성격을 지닌다. 따라서 그것은 이웃을 위한 '공로적' 행위로 여겨질 수도 있다. 하지만 성도들에게는 하나님과 교회를 위한 공로가 아예 존재하지 않는다. 하나님께서 베푸신 무한한 은혜를 기억할 때 하나님과 성도들을 위한 행위에서는 어떤 공로도 발생하지 않는 것이다. 가정과 마찬가지로 교회는 '평균케 하는 원리'(고후 8:13,14 참조) 가운데 서로간에 삶을 의지하는 유기적 공동체를 이루고 있을 따름이다.

3.4. 역사적 미래성

지상 교회는 세례를 받고 직분을 수행할 수 있는 어른들만의 영역이 아니라 그 가운데 있는 언약의 자녀들의 지위가 중요하다. 이는 교회가 현재적인 상황에만 머물러서는 안 되며 미래를 향해 열려 있음을 의미한다. 교회가 정체된 조직을 중심으로 하는 현실에만 충실하여 눈앞의 것에만 시선視線을 고정시키는 것은 결코 바람직하지 않다.

그러므로 모든 성도들은 지상에 존재하는 교회들이 앞으로 그 교회를 상속해 가야할 언약 자손들의 미래와 밀접하게 연관되어 있다는 사실을 기억해야 한다. 그렇게 함으로써 더욱 급변하는 상황에 처하게 될 후대의 자손들에게 온전한 교회를 상속하기 위해 부단한 노력을 기울여야만 하는 것이다. 언약의 자녀들이 세속화의 유혹을 물리치고 천상의 소망을 가지고 살아갈 수 있도록 그 배경을 마련하는 것이 현재의 교회가 감당해야 할 중요한 의무라는 사실을 잊어서는 안 된다.

4. 교회의 표지

참된 교회인가 거짓 교회인가에 대한 평가는 해당 교회에 속한 사람들에게 맡겨지지 않았다. 그에 대한 객관적인 평가는 하나님과 성경에 나타난 믿음의 선배들이 해야 할 몫이다. 그들이 보기에 교회답다면 올바른 교회라 할 수 있지만 그들의 눈에 교회답지 못하다면 결코 올바른 교회라 할 수 없다. 설령 이 세상의 모든 사람들이 훌륭한 교회라 평가할지라도 그것이 교회의 보증이 되지 못한다. 나아가 스스로 참된 교회임을 자처한다고 해서 참 교회임이 입증되는 것이 아니다.

이는 외부에 나타나는 겉모양만을 보고 교회의 진위眞僞를 파악하기 어렵다는 사실을 말해주고 있다. 종교적인 사람들이 모여 성경을 펼쳐 두고 찬송가를 부르는 것만으로 참된 교회로서 인정받지 못한다는 것이다. 나아가 십자가 모형[33]이 걸린 건물 안에 종교인들이 모이는 사실만으로 진정한 교회라 말할 수 없다. 그러므로 믿음의 선배들은 참된 교회라면 기본적으로 갖추어야만 할 필수적인 요소에 대해 언급하고 있다. 그것은 순수한 말씀선포와 올바른 성례, 그리고 정당한 권징사역이다. 만일 그 가운데 하나라도 근원적으로 결여되어 있다면 그 단체는 이름만 교회일 뿐 거짓 교회에 지나지 않는다는 것이다.[34]

4.1. 말씀선포

우리는 공예배 시간에 말씀사역자에 의해 공적으로 선포되는 직분사역을 설교라 한다. 설교는 예배를 위해 성도들에게 하나님의 말씀을 순수하게 전달함으로써 선포하는 행위이다. 말씀사역자로 세움을 받은 형제는 기록된 말씀을 선포할 때 성경 저자의 음성에 민감하게 귀를 기울이지 않으면 안 된다. 설교하는 자는 "나는 이런 뜻으로 말했다" 혹은 "나는 그렇게 설교하도록 말하지 않았다"라고 하는 성경기록자의 음성을 민감하게 들을 수 있어야 한다.

따라서 설교자에게는 항상 교회 가운데서 하나님의 말씀을 가감 없이 선포하는 것이 가장 중요한 책무이다. 그것은 주변 여건의 변화에 직접적인 영향을 받지 않으며 심지어는 개인적인 형편에 따라 변하게 되는 사역도 아니다. 사도 바울은 목회를 하고 있는 디모데에게 그점을 강조하고 있다.

---

33) 십자가 모형은 용도에 따라 그 기능이 서로 다르다. 십자가 모형이 예배당 내부의 전면에 부착되어 있다면 그것은 성소(sanctuary) 역할을 하게 된다. 따라서 그것은 매우 잘못된 것이다. 그리고 그 십자가 모양을 목걸이나 반지 등에 만들어 둔다면 그것은 장식(decoration) 역할을 한다. 그것도 그다지 바람직한 것이라 할 수 없다. 또한 십자가 모형을 건물 외부에 설치한다면 그것은 예배당이라는 사실을 사람들에게 알려주는 일종의 표지(sign) 역할을 하게 된다. 그것은 우리가 용납할 수 있을 만하다.

34) 벨직신앙고백서(1561), 제29항; 스코틀랜드신앙고백서(1560), 제18항. 참조.

"너는 말씀을 선포하라 때를 얻든지 못 얻든지 항상 힘쓰라 범사에 오래 참음과 가르침으로 경책하며 경계하며 권하라"(딤후 4:2);

"Preach the word; be instant in season, out of season; reprove, rebuke, exhort with all longsuffering and doctrine"(2Tim. 4:2)

바울이 기록한 이 말씀은 성도들의 전도활동을 위한 일반적인 교훈이라기보다 목회를 하면서 매주일 하나님의 말씀을 선포하는 디모데에게 명령한 특별한 요구로 이해되어야 한다. 이는 전도나 선교에 연관된 교훈이 아니라 공예배 시간에 선포되는 설교에 연관되어 있는 것이다.

하나님의 말씀을 전달하는 설교자는 예배에 참여하는 성도들이 성경책을 가지고 있지 않다고 여기며 성경 본문에 기록된 내용을 충실하게 증거해야 한다. 15세기 중엽 구텐베르크(Gutenberg)가 인쇄술을 발명하기 전까지는 일반교인들이 성경책을 소유한다는 것은 상상조차 할 수 없는 일이었다. 그후에도 성경책을 개인이 소유할 수 있게 되기까지는 오랜 세월이 흘렀다.

나아가 그렇지 않다 할지라도 지상 교회 안에는 항상 다양한 형태의 문맹자들이 있을 수밖에 없다. 이는 오늘날 우리 시대에도 예외가 아니다. 교회 가운데는 학교 교육을 받지 못한 어른들 가운데 문맹자가 있기도 하지만, 아직 글자를 해독할 수 없는 나이 어린 아이들도 많이 있다.

그들은 목사의 입술을 통해 전달되는 설교 내용이 성경에 기록된 내용을 그대로 전달하는 것이라 믿을 것이 분명하다. 만일 설교자가 특별한 예화를 들게 되면 순박한 교인들은 성경에 그와 같은 내용이 기록되어 있을 것으로 믿을지도 모른다. 그러므로 설교자는 기록된 하나님의 말씀에 대한 본문해설을 통해 가급적 그대로 전달해야 한다.

또한 설교자는 선포된 하나님의 말씀을 모든 성도들의 삶에 획일적으로 적용시키려고 해서는 안 된다. 이는 오히려 성도들의 신앙이 성숙해 감에 따라 각자가 그 말씀을 받아들여 자기에게 적용해가는 것이 자연스럽기 때문이다. 동일한 하나님의 말씀을 들으며 예배에 참여하지만 부자와 가난한 자에게 달리 적용될 수밖에 없는 내용이 있을 수 있다. 나아가 마음이 편안한 상태에 있는 자와 심한 괴로움에 빠진 자도 있다. 성도들은 말씀을 통해 각자 그 내용을 삶속에 적용할 수 있어야 한다.

그리고 말씀을 선포하는 자는 설교를 하기 위해 임의로 성경 본문을 선정해서는 안 된다. 그렇게 되면 설교자 개인이 하고자 하는 말을 교인들에게 설득시키기 위해 성경을 이용하게 되는 위험한 오류에 빠질 우려가 있다. 그것을 방지하기 위한 방편으로써 설교본문을 정하는 일은 목사 개인에게 맡길 것이 아니라 당회에 맡겨져야 한다. 물론 당회는 교회의 의사를 반영해 설교자인 목사와 함께 본문을 정해야 하는 것이다.

4.2. 성례의 시행

4.2.1. 세례

세례는 계시된 말씀으로 말미암는 성도의 '죽임' 과 '죽음' 의 행위가 그 본질에 자리잡고 있다. 하나님의 말씀이 세례받는 당사자를 죽이게 되며, 그로 말미암아 성도는 그리스도와 함께 거룩한 죽음을 죽게 된다. 이는 예수 그리스도께서 십자가에 달려 돌아가신 것이 '죽임' 과 '죽음' 이 동시에 작용한 것과 마찬가지다. 우리는 세례가 예수 그리스도의 죽음에 밀접하게 연관되어 있다는 사실을 기억해야만 한다. 따라서 목사가 세례를 베푸는 것은 그에게 특별한 권한이 주어져 있다는 의미가 아니라 그가 하나님의 말씀을 맡은 사역자이기 때문이다.[35]

---

35) 사효론(事效論, ex opere operato) 과 인효론(人效論, ex opere operantis) : 이는 중세에 논쟁을 불러일으켰던 성례의 효과에 연관된 문제이다. 사효론은 성례가 교회에 의해 행해지기 때문에 집례자의 개인적인 자격과 상관이 없다고 주장한다. 이는 곧 성례의 효력이 교회의 전통과 조직에 의해 발생하게 됨을 의미한다. 이에 반해 인효론은 성례를 집례하는 사람에 따라 성례의 효과가 좌우된다는 주장이다. 따라서 신앙이 어린 교인들 가운데는 누구에게 세례를 받았는가에 대해 상당한 의

✳ 〈성인세례〉

지상에 존재하는 개체 교회에 가입하는 최초의 기본적인 조건은 세례이다. 세례를 받지 않으면 어떤 경우에도 교회의 정회원이 될 수도 없으며 성찬에 참여하지도 못한다. 하지만 세례는 단순한 기독교적 의례에 지나지 않는 것이 아니다. 형식적인 세례의 절차만 거치면 기독교인이 되는 것이라 말할 수 없다.[36]

세례를 받기 위해서는 교회 앞에서 확인되어야 할 공적인 신앙고백이 필요하다. 그 고백의 중심에는 타락한 세상에 대해서는 죽고 거룩한 하나님에 대해서는 예수 그리스도와 함께 다시 살겠다는 삶의 의지가 존재하고 있다. 그 고백이 없는 상태에서는 진정한 세례를 받지 못한다.

이와 동시에 교회는 세례를 받게 될 성도에게 계시된 말씀과 진리에 연관된 적절한 지식을 요구해야 한다. 그에게 과연 세례를 받을 만한 온전한 신앙과 건전한 교리를 기초로 한 자세를 견지하고 있는지 분명히 확인하지 않으면 안 된다. 나아가 먼저 세례를 받은 성도들 가운데 그를 교회공동체에 받아들이기를 거부하는 자가 있지 않은지 공적인 확인을 통해 알아보아야 한다.

그러므로 목사와 장로들의 모임인 당회에서는 세례를 받을 사람을 선정하고 절차에 따른 적절한 교육을 하게 된다. 그런 다음 당회가 중요한 교리에 대한 문답을 함으로써 세례를 받을 수 있는 자격이 주어진다. 사도 바울은 로마에 있는 교회에 편지하면서 세례의 의미를 분명히 설명하고 있다.

"무릇 그리스도 예수와 합하여 세례를 받은 우리는 그의 죽으심과 합하

미를 두는 경우가 없지 않다. 그렇지만 전통적인 개혁교회에서는 교회적 질서에 따른 성례가 은혜의 방편이며 성도들이 소유한 믿음에 의해 그 효력이 발생하게 된다는 사실을 받아들인다.

36) 한국교회가 일반화하여 집단적으로 시행하고 있는 군 세례, 즉 진중세례는 전형적인 배도 행위라 하지 않을 수 없다. 당회의 검증과 교육과정이 결여된 상태에서 시행되는 부실한 세례가 문제일 뿐 아니라 지속적인 성찬에 대한 아무런 약속이 없는 세례는 심각한 문제를 지니고 있다.

여 세례받은 줄을 알지 못하느뇨 그러므로 우리가 그의 죽으심과 합하여 세례를 받음으로 그와 함께 장사되었나니 이는 아버지의 영광으로 말미암아 그리스도를 죽은 자 가운데서 살리심과 같이 우리로 또한 새 생명 가운데서 행하게 하려 함이니라 만일 우리가 그의 죽으심을 본받아 연합한 자가 되었으면 또한 그의 부활을 본받아 연합한 자가 되리라"(롬 6:3-5)

세례는 위로부터 베풀어지는 말씀사역이다. 성도 개인이 세례를 받고자 결심한다고 해서 교회가 그에게 세례를 줄 수 있는 것이 아니다. 그리스도의 죽음과 부활에 연합된 삶의 의미를 명백하게 깨달은 자에게 말씀이 세례를 베푸는 것이다. 다른 일반 성도가 아니라 굳이 목사가 세례를 주게 되는 이유는 그가 말씀을 맡은 사역자이기 때문이다.

세례식은 특별한 경우가 아니면 교회의 공예배 시간에 여러 성도들이 지켜보는 가운데 시행된다. 이는 세례가 천상에 연결된 의례라는 점을 보여주고 있으며 교회, 즉 많은 증인들 앞에서 행해져야 한다는 사실을 말해주고 있다. 세례를 베풀 때 목사는 기록된 말씀과 더불어 물에 빠뜨림으로써 세례받는 당사자를 죽이게 되며, 그 동일한 물에서 건져냄으로써 그를 되살려낸다.

그 물은 노아홍수의 물(벧전 3:21)과 같으며 이스라엘 민족이 출애굽하여 홍해바다를 건넜던 그 물(고전 10:2)과 같다. 그리고 이스라엘 백성들이 광야생활 사십 년 후 건넜던 요단강 물과도 같다. 또한 성전 앞에 놓여 있던 물두멍에 담긴 물과 같은 의미를 지니고 있으며, 세례자 요한과 예수께서 회개를 촉구하며 세례를 베풀었던 요단강 물과도 동일한 의미를 지니고 있다. 그 물을 통해 세례를 받음으로써 그의 옛 사람은 예수 그리스도와 함께 십자가에 못박혀 죽고, 새 사람은 그의 부활과 더불어 다시 살아나게 된 공적인 고백을 하게 되는 것이다.

✳ 〈유아세례〉

유아세례는 언약에 따른 구약시대 이스라엘 민족의 할례에 그 근본적인 뿌리를 두고 있다. 이는 신약의 언약이 구약에 계시된 언약과 연속적인 의

미를 지니고 있음을 말해준다. 유아세례가 신약시대에 갑자기 등장한 것
이 아니라는 것이다. 따라서 우리 시대의 교회는 유아세례를 매우 중요하
게 받아들인다.

교회에 속한 성도들을 통해 출생한 아기들은 하나님께서 개인의 가정뿐
아니라 교회에 허락하신 특별한 선물이다. 따라서 육신의 부모가 자신의
고백을 통해 아직 아무것도 알지 못하는 자녀로 하여금 유아세례를 받게
한다.[37] 이는 그 아기를 세상에서 성공하는 인물이 아니라 하나님이 원
하시는 영적인 자녀로 양육하겠다는 의미를 내포하고 있다.

그러므로 그 부모는 세례받은 아기를 세상에서 발산하는 인간적인 욕망
을 넘어 교회의 뜻에 따라 키우도록 해야 한다. 이는 물론 아기의 육신적
부모뿐 아니라 온 교회가 그 아기의 '공동 부모'가 됨을 선포하는 의미를
지니고 있다.[38] 그것은 교회가 어린 아기의 구원을 담보하는 것이 아니
라 언약을 담고 있는 교회와 지상 교회의 상속에 관한 소중한 의미를 드
러내는 방편이 된다.[39] 따라서 그 부모뿐 아니라 교회에 속한 모든 성
도들은 유아세례를 받은 자녀들에 대한 공동의 교육책임을 지게 되는
것이다.

---

[37] 교회는 유아세례를 베푸는 연령을 대개 두 살 미만의 아기로 정한다. 이는 갓 출생
한 아기들이 아직 세상에 대한 인식이 있기 전에 세례를 베푸는 것을 의미한다. 이
에 대해서는 아기들이 벌거벗은 자기의 몸에 대해 부끄러움을 느끼지 못하는 연령
을 기준으로 삼아야 한다는 주장에 연관되기도 한다.

[38] 교회는 성경에 기록된 "네 부모를 공경하고 순종하라"(출 20:12; 마 19:19; 엡 6:1
참조)는 말씀을 이와 연관지어 이해해야 한다. 성경에서 말하는 '부모'는 육신의
부모에 국한하기보다 교회에 속한 영적인 부모들로 이해하는 것이 바람직하다. 그
래야만 예수께서 제자들에게 "또 내 이름을 위하여 집이나 형제나 자매나 부모나
자식이나 전토를 버린 자마다 여러 배를 받고 또 영생을 상속하리라"(마 19:29) 하
신 말씀을 올바르게 이해할 수 있다.

[39] 우리는 유아세례를 영원한 구원을 확증하는 표로써 받아들이지 않는다. 그러나 유
아세례를 받은 언약의 자손들을 중생한 자로 간주하려는 견해를 가진 자들이 없지
않다. 이를 가정적 중생(presumptive regeneration)이라 하는데 성경적인 타당한
견해라 할 수 없다.

✻ 〈약식세례와 침례〉

역사적 교회는 약식세례와 침례 사이에서 늘 갈등을 해왔다. 신약성경에서는 성도들의 몸이 물에 완전히 잠기는 침례를 시행했다. 그러나 보편교회 시대가 되면서 세례를 받는 성도들의 머리에 물을 뿌리거나 적시는 약식세례를 베풀기 시작했다. 여기서 우리가 약식세례라는 용어를 사용한다고 해서 세례 자체의 의미를 약화시키거나 가볍게 생각하는 것은 결코 아니다. 개혁주의 교회에서는 약식세례를 베풀지만 침례교에서는 침례를 베푼다. 그렇다면 약식세례와 침례 가운데 어느 것이 정당한가?

세례는 교회의 표지에 해당되는 실제적인 의례로서 매우 중요한 의미를 지니고 있다. 우리는 하나님의 언약을 염두에 둘 때, 약식세례가 편의적인 발상에 의한 것이 아니라 교회의 정당한 실천의식이라는 사실을 기억해야 한다. 이는 유아세례 때문이다. 교회가 유아세례를 받아들인다면 이에 대한 올바른 이해를 하지 않으면 안 된다. 성인들에게는 온 몸을 물에 담그는 침례가 용이하지만 유아세례를 받는 어린 아기들에게 침례를 베풀 수는 없다. 물론 물에 완전히 잠기는 침례를 받을 수 없는 건강이 연약한 성도들도 기억해야 한다. 따라서 우리는 세례의 본질적인 의미와 더불어 약식세례의 교회론적인 의미를 올바르게 이해해야 한다.

✻ 〈군 집단세례〉

온전한 성례를 무시하는 한국교회는 철저히 배도에 빠져 있으며 더러운 간음행위를 저지르고 있는 것과 같다. 진보적이거나 은사주의적인 입장을 가진 교단들은 물론 개혁주의나 복음주의를 지향하는 교단도 마찬가지다. 한국의 대다수 교단에서는 군 집단세례에 적극적으로 참여하고 있다.

신앙이 확인되지 않은 채 한꺼번에 수백, 수천 명이나 되는 장병들에게 세례를 베푸는 행위는 결코 있을 수 없는 일이다. 교회의 당회, 즉 장로회가 정당한 교육절차와 문답을 거치지 않은 상태에서 저들의 신앙인격을 전혀 알지 못하는 낯선 목사들이 저들에게 세례를 베푸는 행위는 절대 인정할 수 없다.

나아가 세례를 받은 자들에 대한 지속적인 성찬의 약속이 보장되지 않는다는 것은 공동체로서의 지교회에 대한 아무런 개념이 없다는 말이 된다. 그렇게 하는 자들은 선교적인 목적을 앞세우지만 그것은 천박스런 편의적 변명에 지나지 않는다. 한국교회가 그에 대한 철저한 회개를 하지 않는 한 참된 교회가 아니라 거짓 교회라 할 수밖에 없을 것이다.

✻ 〈재 세례와 연관된 문제〉

현대 교회의 세례와 연관된 재 세례 문제를 어떻게 이해해야 할까? 물론 올바른 교회에서 정상적인 절차에 따라 세례를 받았다면 다시 세례를 받을 필요가 없다. 설령 세례에 대한 깨달음이 다소 부족했다 할지라도 여전히 그 효력을 받아들이게 된다. 그러나 세례의 의미를 전혀 알지 못하는 종교인들에 의해 그것이 무엇인지도 모르는 채 세례를 받았다면 어떻게 해야 할지 신중하게 접근해야 한다.

우리가 여기서 분명히 이해해야 할 바는 비록 '세례'라는 이름을 사용한다 할지라도 그것이 진정한 세례가 아닐 수 있다는 사실이다. 그럴 경우에는 형식상 세례를 받았으나 세례를 받지 않은 경우에 해당된다. 이를테면 이단종파에서 세례를 받은 자라면 그는 세례를 받지 않는 것과 마찬가지다.

그런데 문제는 겉보기에 별 문제가 없는 듯이 보이지만 실제로는 심각한 문제를 안고 있는 경우가 있다는 점이다. 따라서 기독교를 빗댄 종교집단에서 거짓 세례를 받은 자가 다시 세례를 받고자 하는 자가 있다면 당회의 정당한 절차를 밟아 세례를 베풀 수 있는 것으로 이해해야 한다. 그럴 경우에는 외형상 재 세례로 비쳐질 수 있지만 그것은 재 세례가 아니라 처음 그에게 베풀어지는 세례가 되는 것이다.

4.2.2. 성찬

공예배 시간을 통해 세례를 받은 성도들 사이에 나누어지는 성찬은 인간들이 고안해 낸 종교의례가 아니다. 성도들이 그리스도의 살과 피를 상징하는 떡과 포도주를 나누어 먹는 것은[40] 실체적 기념과 더불어 현실적인 음식에 밀접하게 연관되어 있다. 성찬식에 사용하는 떡과 포도주는 특별한 음식이 아니라 예수님 당시 이스라엘 백성들이 상시적으로 먹던 음식이었다.

오늘날 우리가 공예배 시간에 나누는 성찬도 우선은 날마다 먹는 일상적인 음식의 연장선상에서 이해되어야 할 필요가 있다. 한국 사람의 경우 일반적으로 밥과 음료수를 먹고 마시는데 그와 동일한 성격을 지니는 음식인 것이다. 그렇다고 해서 우리가 먹는 일상적인 음식을 성찬식에 대체해 사용할 수 없다.

진보적인 성향을 지닌 일부 기독교 계통의 종교인들 가운데는 한국 사람들이 즐겨먹는 떡인 시루떡과 막걸리를 성찬이라며 사용하는 경우가 없지 않지만 그것은 근본적으로 잘못되었다. 시루떡과 막걸리는 우리가 날마다 먹는 일상적인 음식이 아니다. 그럼에도 불구하고 성찬식을 위해 우리의 밥과 일반적인 음료를 사용할 수 없는 것은 '떡과 포도주' 의 가시적인 특성에 연관되는 문제 때문이다.

한 덩어리에서 떼는 떡과 붉은 색의 포도주는 그것 자체로서 고유한 의미를 지니고 있다. 교회에 속한 성도들이 공예배 시간에 예수 그리스도의 몸을 상징하는 떡을 나누어 먹을 때 가시적으로 그것을 손으로 떼는 (partaking) 의미는 매우 중요하다. 그리고 그리스도의 피를 상징하는 포도주를 나누어 마실 때 그것이 지닌 피와 같은 붉은 색깔이 지니고 있는 의미 또한 매우 중요하다.

예수께서는 자신을 생명의 떡으로 묘사하시면서 그 떡을 먹는 자는 영원히 살게 되리라는 말씀을 하셨다. 그것은 십자가에 달려 돌아가신 자신

---

40) 교회에 속한 성도들이 공예배를 통해 한 덩어리의 떡과 한 주전자에 든 포도주를 나누어 먹고 마시는 것은, 각 개인이 그것들을 나누어 먹고 마실 뿐 아니라 그것을 먹고 마시는 성도들이 도리어 그 안으로 들어가는 성격을 지니게 된다. 그러므로 성찬에 참여하는 모든 성도들은 '하나' 가 되는 것이다.

의 몸에 직접 연결되어 있다. 그리고 부활하신 후 천상에 올라가 계신 그리스도의 몸에 밀접하게 연관되어 있다. 예수께서는 제자들에게 그에 관한 교훈을 말씀하셨으며, 사도 바울도 고린도 교회에 편지하면서 그 사실을 분명히 언급했다.

> "내가 곧 생명의 떡이로라 너희 조상들은 광야에서 만나를 먹었어도 죽었거니와 이는 하늘로서 내려오는 떡이니 사람으로 하여금 먹고 죽지 아니하게 하는 것이니라 나는 하늘로서 내려온 산 떡이니 사람이 이 떡을 먹으면 영생하리라 나의 줄 떡은 곧 세상의 생명을 위한 내 살이로라 하시니라"(요 6:48-51);
>
> "내가 너희에게 전한 것은 주께 받은 것이니 곧 주 예수께서 잡히시던 밤에 떡을 가지사 축사하시고 떼어 가라사대 이것은 너희를 위하는 내 몸이니 이것을 행하여 나를 기념하라 하시고 식후에 또한 이와 같이 잔을 가지시고 가라사대 이 잔은 내 피로 세운 새 언약이니 이것을 행하여 마실 때마다 나를 기념하라 하셨으니 너희가 이 떡을 먹으며 이 잔을 마실 때마다 주의 죽으심을 오실 때까지 전하는 것이니라"(고전 11:23-26)

지상의 모든 교회들과 그에 속한 성도들은 매주일 공예배 시간을 통해 성찬을 나누어야 한다. 교회의 장로들은 매주일 그 거룩한 음식을 천상의 나라로부터 분배받아 오게 된다. 그 성찬은 성도들의 능동적인 참여를 요구하며[41] 주님께서 재림하실 때까지 지속되어야 한다. 성찬에 참여하는 교회와 성도들은 그 거룩한 의례를 통해 천상의 나라에 속해 있음을 확인하게 되는 것이다.

교회에 속한 성도들은 지상에 존재하지만 성도들의 영혼은 성찬을 통해

---

41) 특별한 사정상 성찬에 참여하지 못하는 성도가 있을 경우에는 원칙적으로 교회가 찾아가 성찬을 나누어야 한다. 예를 들어, 병중에 있는 성도가 있다면 교회를 대표한 목사와 장로들이 성찬상을 가지고 가서 그에게 나누어 주어야 하는 것이다. 이는 일반 교인들에게 맡겨진 일이 아니라 당회에 맡겨진 특별한 사역이다.

천상의 나라에 다다르게 된다(Sursum Corda). 이것은 결코 상징적인 의미가 아니라 실제적인 상황이다. 하나님의 자녀들은 매주일 시행되는 성찬을 통해 천상에 속한 자신의 신분을 구체적으로 확인하게 되는 것이다.

그런데 역사 가운데는 성찬에 관한 많은 논란들이 있어왔다. 로마 가톨릭교에서는 교인이 떡과 포도주를 먹고 마시는 순간, 인간의 몸 안에서 그것이 그리스도의 살과 피로 변한다는 화체설(化體說, transubstantiation)을 주장했다. 그들에게 있어서 그 떡과 포도주는 신령한 효험을 가진 것으로 여겨진다. 어리석은 자들 가운데는 질병에 걸린 자, 몸이 약한 자에게 그 떡이 특별한 효험을 지니고 있는 것으로 믿는다. 그러나 그것은 미신적인 사고에 불과하며 성경이 교훈하는 바와는 거리가 멀다.

그리고 마르틴 루터는 공재설(共在說, Consubstantiation)을 주장했다. 이는 그리스도의 육체적 공재를 의미한다. 이 말은 곧 성찬에 사용되는 떡과 포도주의 전후좌우상하前後左右上下 모든 면에 예수 그리스도의 피와 살이 함께 공존한다는 견해이다. 루터를 비롯한 그의 제자들은 그 주장을 지지했지만 이는 로마교의 화체설에 조화시키려는 것으로 결코 바람직한 생각이라고 말할 수 없다.

또한 쯔빙글리는 성찬의 단순 상징설(象徵說, Memorialism)을 주장했다. 성찬에서 나누는 떡과 포도주에는 그리스도에 관한 영적인 의미가 존재하지 않으며 그것을 통해 그리스도의 사역을 단순히 기념할 따름이라는 것이다. 쯔빙글리와 그의 제자들은 대개 그 견해를 따랐지만 그렇게 되면 예배를 통한 실효성이 드러나지 않기 때문에 심각한 문제가 발생한다. 그런 논리기 적용 된다면 예배 자체가 실제적이 아니라 상징이 된다는 매우 심각한 오류에 빠질 우려가 있는 것이다.

성찬론에 관한 문제는 루터와 쯔빙글리 사이에 첨예하게 대립되었다. 종교개혁정신을 소유한 두 사람은 교회의 분열을 막기 위해 1529년 '말부룩' 에서 만났으나 문제가 해결되지 않았다. 그것으로 말미암아 루터와 쯔빙글리는 결별하게 되었다.

이러한 문제점들을 극복한 견해가 칼빈의 영적임재설(靈的臨在說, presence spiritualism)이다. 이는 성찬을 나눌 때 떡과 포도주에 예수 그리스도의 몸이 영적으로 실제 임재한다는 견해이다. 천상에 계시는 그리스도의 몸이 떡과 포도주를 방편으로 하여 교회 가운데 실제로 제공된다는 것은 교회가 천상에 직접 연결되어 있음을 말해 주고 있다.

성도들이 손과 입을 사용해 떡과 포도주를 '믿음으로' 먹고 마실 때, 저들의 영혼은 '영적으로' 예수 그리스도의 거룩한 살과 피를 '구체적으로' 섭취한다. 이는 단순한 상징이 아니라 실제적으로 발생하게 된다. 이를 위해서는 신비하게 역사하시는 성령 하나님의 돕는 은혜가 절대적으로 필요함을 말해준다.

그러므로 공예배 시간에 허락되는 성찬을 정기적으로 먹고 마심으로써 성도들의 영혼이 온전히 자라나게 된다. 이는 사실 매우 중요한 의미를 지니고 있다. 이 말은 곧 공예배를 통하지 않고 올바른 성찬에 참여함이 없이는 결코 우리의 영혼이 자라날 수 없음을 말해주고 있기 때문이다.

따라서 성숙한 성도들이라면 공예배를 통한 성찬에 참여하지 않는다면 마땅히 영적인 배고픔과 기갈을 느껴야 한다. 성찬에 참여하지 않은 채 교회생활을 열심히 한다면 종교적인 경험을 축적할 뿐 영혼이 자라나지 않을 것이며, 공예배에 온전히 참여하지 않는 종교적 지식은 영적인 교만을 조장할 뿐 진정한 영혼의 성장은 없다는 것이다.

우리는 영적임재설을 성찬에 관한 칼빈의 개인적인 이론으로 생각해서는 안 된다. 그것은 성경이 우리에게 교훈하고 있는 내용이기 때문이다. 공재설을 주장했던 루터의 제자 멜랑히톤(Melanchthon)과 단순 상징설을 주장했던 쯔빙글리의 제자 불링거(Bullinger)가 나중에 칼빈의 영적임재설을 성경의 교훈에 가장 근접한 것으로 받아들인 것은 매우 중요한 의미를 지니고 있다.

✳ 〈성찬 참여자의 범위〉

거룩한 성찬은 지교회 단위로 매주일 행해지는 공예배 시간을 통해 이루어진다. 물론 말씀사역자인 목사와 당회에 속한 장로들의 준비와 인도 아래 성례식이 시행되어야 한다. 그런데 지교회의 성찬참여자의 실제적인 범위에 대해서는 크게 보아 네 가지 상이한 경우가 존재한다. 그것은 폐쇄적 성찬시행, 개방적 성찬시행, 방임적 성찬시행, 통제적 성찬시행 등이다.

첫째, 폐쇄적 성찬시행은 본 교회의 정회원들에게만 성찬 참여를 허용하는 것을 원칙으로 한다. 설령 신앙고백이 확인된 자매 교회의 성도라 할지라도 소속 교회 당회의 확인서를 소지하고 있을 경우에만 성찬에 참여시키게 된다. 그렇게 되면 올바른 신앙고백을 하는 성도라 할지라도 성찬상의 즐거움에 참여하는 것이 금지당하게 되는 경직된 배타성의 문제가 따른다.

둘째, 개방적 성찬시행은 신앙고백에 대한 별도의 확인절차 없이 세례를 받은 교인이라면 누구나 자발적으로 성찬에 참여하도록 개방하는 것을 의미한다. 외부에서 공예배에 참여한 손님이라 할지라도 세례를 받았다면 특별한 검증절차 없이 성찬에 참여하는 것이 허락된다. 이는 성찬상을 약화시킬 수 있는 우려의 요소를 담고 있다. 교회와 당회의 아무런 살핌이 없는 상태에서 세례를 받았다는 이유만으로 모두 성찬에 참여시킨다는 것은 정당한 것이라 말할 수 없다.

셋째, 방임적 성찬시행이다. 이는 세례와 상관없이 원하는 사람 누구에게나 성찬참여를 허용하는 경우를 말한다. 일부 세속화 된 교회들이 그렇게 하지만 그것은 교회를 허무는 매우 위험한 행위가 아닐 수 없다. 우리는 그런 무모한 행동을 자행하는 어리석은 종교지도자들에 대한 경계를 게을리하지 않으면 안 된다.

넷째, 통제적 성찬시행이다. 이는 본 교회에 입교한 세례교인이 아니라 할지라도, 성찬의례가 시행되기 전 당회의 면담 절차를 거쳐 방문 손님인 성도들에게 성찬 참여를 허용하는 것을 의미한다. 우리는 통제적인 방식의 성찬 참여가 가장 바람직한 것으로 이해한다. 이는 보편교회를 기억하면서 성찬의식의 지나친 경직화를 방지하는 가운데 성찬의 참된 의미를 살릴 수 있기 때문이다.

✳ 〈포도주냐, 포도즙이냐〉

성찬상에서 포도주를 사용할 것인가 아니면 포도즙을 사용할 것인가에 대한 문제로 말미암는 논쟁이 있다. 그러나 포도주가 일반적으로 말하는 술 성분이 있기 때문에 술이 아닌 포도즙을 사용하는 것이 옳다고 하는 주장은 별 의미가 없다. 우리는 예수님과 사도시대 교회에서 포도즙이 아니라 포도주를 사용했다는 분명한 사실을 기억한다.

그럼에도 불구하고 이에 대한 논의가 유아세례 교인들의 성찬참여에 까지 논의가 넓혀지게 되면 문제가 달라질 수 있다. 만일 나이 어린 유아세례 교인들에게 성찬참여를 허용한다면 포도주보다 포도즙을 사용하는 것이 더욱 자연스러울 수 있기 때문이다. 이는 세례에 있어서 침례가 아니라 약식세례의 타당성에 관한 논의와 더불어 심도 있게 다루어져야 할 문제이다.

✳ 〈유아세례교인의 성찬참여 문제〉

유아세례를 받은 어린아이들은 과연 성찬상에서 완전히 배제되어야만 하는가? 우리는 나이 어린 유아세례 교인들에게도 성찬상이 허락되어야 한다는 원리적인 측면에서 이를 이해해야 할 필요가 있다. 개혁주의 신학의 원리를 적용한다고 할지라도, 유아세례 교인들은 직접 성찬에 참여하지 않지만 간접적인 방법으로 성찬에 참여하게 된다.

이는 마치 태중에 있는 태아가 어머니의 탯줄을 통해 영양을 공급받는 것과 같으며, 음식을 스스로 먹지 못하는 어린 영아가 어머니의 젖을 받아 먹음으로써 영양을 공급받는 것과 유사한 이치이다. 이처럼 유아세례교인들은 성인들을 통해 간접적인 방법으로 성찬에 참여하게 된다.

개혁주의 교회에서 유아세례를 받은 어린이들로 하여금 공예배에 의무적으로 참여하도록 강요한다면 말씀참여뿐 아니라 성찬참여도 염두에 둔 것이라 하지 않을 수 없다. 따라서 한걸음 더 나아가 성인들은 옆에 앉아 있는 언약 가운데 있는 어린 자녀들에게 떡과 잔을 약간씩 나누어 준다고 해도 별 문제가 없는 것으로 받아들일 수 있는지 검토해 보아야 한다. 이는 물론 성숙한 교회의 공적인 결의와 엄격한 지도 아래 조심스럽게 시행할 수 있는 일이다.

✳ 〈정신지체 장애인의 세례 및 성찬참여 문제〉

정신지체 장애를 가진 성도들은 과연 세례와 성찬을 받을 수 없는가? 분명한 사실은 장애를 가진 나이 어린 성도들도 유아세례를 받기 위한 과정에서 특별한 걸림이 존재하지 않는다는 점이다. 그러나 그가 성장해 입교를 하기 위해서는 상당한 어려움이 따를 수밖에 없다. 심한 정신지체 장애가 있는 경우라면 스스로 자신의 신앙을 공적으로 고백할 수 없기 때문이다.

그럴 경우에는 저들에게 성찬이 허용되어서는 안 되는가? 교회는 장애를 가진 성도의 신상과 교회를 향한 저들의 언약적 가정환경을 파악해 성찬 참여를 허용하게 되는 것이 자연스럽다. 입교문답을 통한 세례식을 거치지 않았지만 저들에게 성찬상에 참여하는 것을 긍정적으로 검토해 볼 수 있어야 한다. 이는 물론 당회의 전체적인 신중한 검증과 확인이 따라야 한다.

4.3. 권징사역

교회에서의 권징은 결코 없어서는 안 될 필수적인 요소이다. 이는 가정에서 자녀 교육이 반드시 있어야 하는 것과 마찬가지다. 교회의 권징은 세례를 받을 때 공적으로 고백했던 신앙을 기초로 하고 있다. 이는 단순히 징벌을 가하기 위한 방편이 아니라 엄격한 교육(discipline)을 의미한다.

권징사역은 일시적인 것이 아니라 교회 가운데 지속적으로 행해져야 한다. 이는 교회의 순결을 유지함으로써 지상에 온전한 교회를 세워나가기 위한 중요한 방편이 된다. 그러나 그것은 개인의 주관적인 판단이 아니라 교회의 공적인 의사를 배경으로 하는 정당한 절차에 따라 시행되어야 한다. 그에 대해서는 복음서에 잘 기록되어 있다. 지상 교회를 세우시겠다고 선언하신 예수께서 제자들에게 그에 관한 구체적인 교훈을 주셨던 것이다.

> "네 형제가 죄를 범하거든 가서 너와 그 사람과만 상대하여 권고하라 만일 들으면 네가 네 형제를 얻은 것이요 만일 듣지 않거든 한 두 사람을 데리고 가서 두 세 증인의 입으로 말마다 증참케 하라 만일 그들의 말도 듣지 않거든 교회에 말하고 교회의 말도 듣지 않거든 이방인과 세리와 같이 여기라 진실로 너희에게 이르노니 무엇이든지 너희가 땅에서 매면 하늘에서도 매일 것이요 무엇이든지 땅에서 풀면 하늘에서도 풀리리라"(마 18:15-18)

세례를 받은 모든 성도들은 상호간에 발생하는 신실한 관심과 더불어 자신의 신앙생활을 영위해야 할 의무를 지닌다. 그래서 신앙의 의무에서 이탈하거나 소홀하게 되면 진지한 권면을 통해 서로간 보호해 주지 않으면 안 된다. 그것은 단순히 개인적인 문제가 아니라 전체 교회를 위한 공적인 성격을 지니고 있다.

이는 어떤 성도가 악행을 저지른다는 것은 단순한 개인의 문제가 아니라 그로 말미암아 전체 교회가 오염될 수 있다는 사실을 기억해야 한다. 교회가 그것을 방치하지 말아야 하는 까닭은 교회와 그에 속한 성도들을 보호해야 하기 때문이다. 그러므로 형제의 잘못을 먼저 알게 된 성도는 그를 찾아가 조심스럽게 지적해 주어야 한다. 그것은 저를 책망하기 위해서라기보다 사랑의 권면을 하는 성격을 지닌다.

만일 그 형제가 뉘우치고 그 말을 받아들인다면 더 이상 문제를 삼을 이유가 없다. 그렇지만 그것을 거부할 경우에는 몇 사람의 성도들과 함께 가서 다시금 권면을 하고, 그때도 듣지 않는다면 몇몇 증인들과 함께 교회에 말해야 한다. 여기서 교회에 말한다는 것은 목사와 장로들로 구성된 교회의 당회에 말하는 것을 의미하고 있다.

만일 그 악행을 저지른 자가 당회의 온당한 권면을 무시함으로써 교회의 말도 듣지 않는다면 하나님을 거부하는 것과 마찬가지다. 그는 천상으로부터 교회에 주어진 권세를 받아들이지 않기 때문이다. 그런 자라면 이방인과 같이 여겨 교회공동체에서 출교해야만 한다. 그는 더 이상 하나님을 예배하는 자리에 앉을 수 없으며 천상에서 허락된 성찬에 참여하는 것을 거부당하게 된다. 그리하여 무엇이든지 땅에서 매면 하늘에서도 매일 것이요 땅에서 풀면 하늘에서도 풀릴 것이라는 주님의 권세가 구체적으로 실현되는 것이다.

따라서 모든 성도들은 하나님의 말씀에 근거한 교회의 권징을 진정으로 두렵게 생각할 수 있어야 한다. 그러나 우리 시대에 들어와 권징의 권위와 효력이 완전히 떨어진 것은 심히 불행한 일이다. 과거에 교통문화가 발달하지 않았던 전통적인 농경사회에서는 그렇지 않았다. 그때는 교회로부터 엄한 권징을 받게 된다 해도 달리 다른 교회에 갈 만한 곳이 없었기 때문에 두려운 마음을 가졌던 것이다.

하지만 현대교회에 권징의 의미가 극도로 희석된 것은 주변에 일반적인 신앙고백조차 분별하기 힘든 신학과 신앙이 위태로운 교회들이 많아졌기 때문이다. 신앙이 어린 교인들이 자신의 판단에 따라 이 교회 저 교회를 자유롭게 옮겨 다닐 수 있게 된 것은 여간 심각한 문제가 아니다. 교회가 교회다워지기 위해서는 성경적인 올바른 권징사역을 회복하지 않으면 안 된다.

5. 교회적 지표 : 종교개혁 5대 원리

종교개혁시대에는 일반적으로 분명한 신앙의 원칙을 가지고 있었다. 이는 그들이 창조적인 새로운 슬로건을 만들었다는 의미가 아니라 성경의 교훈을 확인한 의미를 지니고 있다. 따라서 흔히 5sola(오직)로 알려진 종교개혁 5대 원리는 모든 시대를 초월하며 오늘날 우리에게도 그대로 유효하다.

5.1. 오직 성경(sola scriptura)

교회의 유일한 지표는 천상으로부터 계시된 하나님의 말씀 이외에는 없다. 이는 기록된 말씀의 절대성을 의미하고 있다. 성경 말씀이 지상의 교회를 이끌어가는 유일한 지침이 될 수 있을 뿐 역사 가운데 축적된 교회적 전통이 그 자리를 대체할 수 없는 것이다.

또한 우리가 '오직 성경'을 언급할 때는 항상 신구약 성경 66권으로 된 '전체 성경'(tota scriptura)의 의미와 더불어 그것을 받아들여야 한다. 이는 성경에 기록된 구절들을 문자에 따라 부분적으로 인용할 것이 아니라 신구약 성경의 전체적인 문맥 가운데 이해해야 하기 때문이다.

5.2. 오직 믿음(sola fide)

인간은 개인적인 종교 행위가 아니라 하나님으로부터 주어진 믿음을 통해 구원의 자리로 옮겨질 수 있다. 하나님께서는 개별 인간의 성품이나 능력을 기초로 하는 행위에 따라 자녀들을 부르신 것이 아니다. 그러므로 교회는 오직 하나님께서 허락하신 믿음만이 영원한 구원을 이루게 된다는 사실을 깨달아야 한다.

5.3. 오직 은혜(sola gratia)

하나님을 배신함으로써 타락하게 된 아담과 그의 후손은 하나님의 진노 대상일 따름이다. 따라서 인간의 행위로는 배도에 빠진 아담으로 인해 발생한 하나님의 진노를 잠재울 수 없다. 하나님 앞에서는 인간의 어떤 공로도 효력을 발생하지 못한다. 따라서 오직 예수 그리스도의 십자가 사역을 통한 하나님의 은혜만이 인간들의 근본적인 죄를 용서하실 수 있게 되는 것이다.

5.4. 오직 그리스도(solus Christus)

인간들은 오직 예수 그리스도를 통해서 천상의 하나님을 알 수 있으며 볼 수 있다. 그러므로 예수께서는 '나를 본 자는 아버지를 보았다'(요 14:9)고 말씀하셨으며 '나로 말미암지 않고는 아버지께로 올 자가 없다'(요 14:6)는 사실을 말씀하셨다. 예수님을 통하지 않고 하나님을 알려고 하는 것은 불가능한 일이다. 또한 그를 통하지 않고 하나님께 나아가고자 하는 자들은 지극히 어리석은 자라 할 수밖에 없다. 예수 그리스도만이 인간들을 위한 유일한 소망이 될 수 있다.

5.5. 오직 하나님의 영광(soli Deo gloria)

인간은 원래 인간 자신이 아니라 하나님의 영광을 위해 지음 받은 존재이다. 인간은 자기의 영광을 위해 지음 받지 않았다. 따라서 이제 하나님의 은혜를 입어 영원한 천국을 약속받은 성도들은 오직 하나님의 영광을 위해 자신이 존재한다는 사실을 명확하게 깨닫지 않으면 안 된다. 오직 하나님의 영광을 위해 살아야 할 존재가 된 거듭난 성도가 자신의 영광을 추구한다면 배도의 길에 들어서는 위험에 빠지게 된다.

6. 교회의 기능

6.1. '제사장'으로서 교회공동체

종교개혁시대 이후부터 우리가 일반적으로 이해하고 있는 바 만인제사장 이론이 정립되었다. 이는 개별적인 성도 한 사람 한 사람이 제사장이라는 주장이다. 마르틴 루터가 그것을 주장한 이래 지금까지 개신교에서는 거의 아무런 비판 없이 수용되어 왔다. 그러나 그 이론은 당시 권위주의적이었던 로마교회의 사제주의에 저항하는 관점에서 주장되었다는 사실을 기억해야 한다.

만인제사장 이론을 건전한 비판 없이 주장하게 되면 적잖은 문제가 발생한다. 왜냐하면 이는 일부 성도들을 배제한 어른들만을 중심으로 하는 편파적인 이론이 될 수 있기 때문이다. 그렇다면 어린아이들은 어떻게 되는가? 갓 태어나 유아세례를 받은 아기도 제사장이 될 수 있는가? 만일 어린아이들은 아직 제사장이 될 만한 연령에 이르지 않았다고 생각한다면 그들은 스스로 하나님께 기도할 수 없다.

그러므로 성경에서 말하는 만인제사장은 개별 인간 단위가 아니라 지교회 단위로 이해하는 것이 바람직하다. 다시 말해 개인 성도들이 하나님 앞에서 제사장이 된다는 의미에 앞서 개체 교회가 하나님을 경배할 수 있는 독립적인 제사장의 역할을 감당하게 되는 것이다. 성경의 교훈에서는 그런 의미가 훨씬 더 강하게 드러난다.

> "오직 너희는 택하신 족속이요 왕 같은 제사장들이요 거룩한 나라요 그의 소유된 백성이니 이는 너희를 어두운데서 불러내어 그의 기이한 빛에 들어가게 하신 자의 아름다운 덕을 선전하게 하려 하심이라" (벧전 2:9);
> "저희로 우리 하나님 앞에서 나라와 제사장을 삼으셨으니 저희가 땅에서 왕노릇하리로다 하더라" (계 5:10)

우리는 여기서 하나님을 경배하는 주체로서의 교회의 모습을 보게 된다. 베드로는 본문 가운데서 그 의미를 개인에게 초점을 맞추지 않고 집단적 개념에서 기술하고 있다. 요한계시록에 기록된 말씀 역시 마찬가지다. 이는 개별 성도들이 각각 하나님을 예배하는 행위를 두고 말하는 것이라기보다 지교회가 공예배를 통해 하나님을 섬기며 경배하는 것으로 이해하는 것이 바람직하다.

6.2. 예배 공동체

지상에 존재하는 하나님의 교회는 천상에 계시는 하나님께 경배하는 신령한 예배공동체이다. 예배는 교회의 가장 중심에 놓여있어야 한다. 지상의 교회가 소유한 근본적인 존재의미는 하나님을 경배하는 데 있다. 만일 매주일 행해지는 공예배를 소홀하다면 진정한 교회라 말할 수 없다.

그러므로 우리는 교회의 예배에 관한 진정한 의미를 알지 못하면 안 된다. 모든 참된 성도들은 언약적 의미를 지닌 주일날 교회로 모여 공적으로 하나님을 경배한다. 지상의 흩어진 모든 교회들이 동일한 고백과 더불어 그렇게 할 때 보편교회들간에 하나로 매여지는 끈이 형성되는 것이다. 지교회의 예배는 단지 개체 교회의 행위가 아니라 전체 보편교회 가운데 동시에 행해지는 의미를 지니고 있다.

주일 공예배를 위해서는 모든 성도들이 한자리에 모여야 한다. 거기에는 어떤 예외도 있을 수 없다. 유아세례를 받은 어린아이들은 물론 언약적 의미 가운데 어머니의 태중에 잉태된 아기들도 함께 하나님을 예배해야 할 의무가 있다. 교회가 주관하는 교육을 비롯한 모든 모임은 공예배를 향해 초점이 맞추어져 있어야 한다.

그렇지만 하나님께서는 어떤 경우에도 타락한 인간을 자연적인 상태 그 자체로서 기뻐하시지 않는다. 그는 예수 그리스도 안에 있는 성도들을 오직 그리스도 때문에 기뻐하신다. 공예배 시간에는 예배하는 공동체가 예수 그리스도 안에 존재할 때 비로소 하나님의 기쁨 대상이 된다. 하나님은 노래하고 연보하고 봉사하는 타락한 인간들 자체를 기뻐하는 것이 아니다.

따라서 공예배에서는 세속적인 요소들을 배제하지 않으면 안 된다. 죄에 빠진 인간들의 취향에 맞는 프로그램을 개발하여 예배에 도입하는 것은 위험천만한 행위이다. 어리석은 자들은 자기가 좋아하는 것을 하나님도 좋아할 것으로 착각하는 경향이 있다. 저들이 즐기는 춤과 음악을 동원해 저들의 즐거움에 하나님을 동참시키려는 행위는 하나님께 영광이 되는 것이 아니라 자신의 종교적인 즐거움을 추구하는 오만한 태도에 지나지 않는다. 그런 것들은 인간의 죄성으로 말미암아 생성되기 때문이다.

✽ 〈예배는 보편교회 가운데서 행해지는 천상을 향한 사건〉

지상에 존재하는 교회의 참된 예배는 항상 천상을 향해 올라간다. 그 예배는 전 세계에 흩어진 다른 교회들의 예배와 더불어 천상에 도달해 하나로 모아지게 된다. 지교회에서 행해지는 예배는 폐쇄된 공간 내부에 갇혀 있는 것이 아니라 천상을 향해 나아가는 입체적인 형태를 띠고 있다.

이는 참된 예배라면 그 자리에 모인 무리 가운데서 맴도는 것이 아니라 천상을 향해 강력하게 전진하고 있음을 의미한다. 만일 교회에서 행해지는 예배가 그 공간 내부에만 머문다면 아무런 의미가 없다. 사람들이 아무리 감격하며 즐거워한다고 할지라도 그것은 인간들의 종교적인 행위에 지나지 않기 때문이다.

이에 반해 천상을 향한 예배가 성도들이 모인 건물의 천정을 뚫고 지구를 벗어나 우주를 뛰어넘어 천상의 영역에 이르게 될 때 하나님께서 그 예배를 받으시게 된다. 그 예배는 요한계시록 4장에 기록된 대로 천상에서 하나님을 경배하는 거룩한 무리의 예배에 함께 참여하게 한다. 교회와 성도들은 하나님을 예배할 때 이에 대한 분명한 깨달음을 가지지 않으면 안 된다. 그래야만 지구상에 존재하는 교회가 천상에 계신 하나님을 경배하는 실제성이 드러나기 때문이다.

✽ 〈매주일 행해지는 지상 교회의 공예배는 신비의 세계적 사건〉

지상의 참된 교회들은 매주일 하나님께 공예배를 드린다. 전 세계에 흩어진 모든 교회들에서 함께 하나님께 경배하는 사건이 발생한다. 한국, 중국, 오스트레일리아, 인도, 유럽, 아프리카, 미국, 캐나다, 브라질 등 전 세계의 모든 참된 교회들이 한 하나님을 향해 경배할 때 전부가 상호 연결되어 있다. 다양한 종족, 다양한 언어, 다양한 습성을 가진 성도들이 동일한 성경의 교훈을 통해 한 분 하나님께 예배드리게 되는 것이다.

하나님을 향한 참된 언약적 예배는 전 세계적인 신비로운 사건이 된다. 그러므로 어느 지역의 어떤 형제자매들과 더불어 예배를 드리든지 온 세상에 흩어져 함께 예배드리는 다른 교회와 성도들을 기억해야 한다. 참된 교회의 온전한 예배라면 예외 없이 모두 천상의 한자리로 모이게 될 것이기 때문이다.

지교회가 존재하는 위치에 따라 시차(時差)는 틀리지만 언약적인 개념에서는 동시적이며 공시적(共時的)인 성격을 지닌다. 따라서 다양한 형편에 처해 있는 세계에 흩어진 교회들이 하나의 아름다운 하모니(harmony)를 이루게 된다. 따라서 우리는 흩어진 지교회들 가운데서 말씀 선포와 성찬이 베풀어지며 기도와 찬송하는 모든 내용들이 세계적인 예배에 조화되어야 함을 기억해야 한다. 천상에 연결된 참된 교회들의 경건하고 아름다운 하모니에서 이탈해서는 안 되기 때문이다.

[공예배의 의미와 절차에 포함되는 내용]

예배는 하나님을 향한 신비한 사건으로서 계시된 말씀과 그리스도 안에서 엄숙하게 드려져야 한다. 매 주일 하나님께 드리는 공예배는 천상의 예배에 참여하는 신령한 의미를 지니고 있다. 그 시간은 단순히 예수 믿는 사람들이 한 자리에 모여 찬송가를 부르고 기도하며 설교를 듣는 기회가 아니다. 성경은 회중과 교회 가운데서 성도들이 함께 하나님을 예배해야 한다는 사실에 대한 언급을 하고 있다.

"내가 주의 이름을 형제에게 선포하고 회중에서 주를 찬송하리이다"(시

22:22);

> "내가 주의 이름을 내 형제들에게 선포하고 내가 주를 교회 중에서 찬송하리라"(히 2:12)

개체 교회에 속한 회중이 함께 하나님을 경배하는 공예배는 스스로 분리된 것이 아니라 지상의 건전한 모든 보편교회와 더불어 함께 드리는 성격을 지닌다. 주일 공예배는 전 세계의 모든 성도들이 계시된 언약을 기억하는 가운데 한 마음으로 하나님을 경배한다. 흩어진 지교회가 보편교회와 상관없이 단독적으로 하나님을 예배하는 것이 아니라 지상에 존재하는 하나의 거대한 교회적 예배의 한 부분을 차지하여 천상에 계시는 하나님께 경배드리게 되는 것이다.

따라서 예배의 내용과 절차에 대한 언약적인 의미는 매우 중요하다. 이는 획일적인 예배 순서를 두고 말하는 것이 아니라 언약적인 통일성에 연관되어 있다. 따라서 개혁교회에서는 성경에 언급된 예배에 관한 교훈을 중요한 근간으로 삼는다. 이를 통해 모든 참된 교회의 단일성에 대한 고백을 드러내게 되는 것이다. 사도 바울은 예배의 내용에 연관된 중요한 교훈을 주고 있다.

> "그런즉 형제들아 어찌할꼬 너희가 모일 때에 각각 찬송시도 있으며 가르치는 말씀도 있으며 계시도 있으며 방언도 있으며 통역함도 있나니 모든 것을 덕을 세우기 위하여 하라"(고전 14:26)

하나님을 경배하는 성도들은 그 내용을 스스로 결정하지 않는다. 따라서 성경의 교훈을 바탕으로 하여 그 의미가 드러나야 한다. 그러므로 하나님을 향한 공예배의 중심에는 항상 세워진 직분자에 의한 말씀선포와 거룩한 성찬이 존재한다. 그와 더불어 마땅히 포함되어야 할 신령한 내용들이 있다. 그것을 위해서는 유기적인 절차와 함께 영적인 통일성을 요구한다. 따라서 그에 대한 전반적인 내용을 살펴보는 것은 매우 중요하다.

교회는 하나님을 예배하는 시간에 하나님 앞에서 경외감을 동반한 엄숙한 마음자세를 유지하지 않으면 안 된다는 사실을 분명히 기억해야 한다. 개혁주의 교회에서 예배의 처음과 나중에 온 성도들이 자리에서 일어서는 것은 성도들의 그런 자세를 보여주고 있다. 계속해 자리에서 일어나 서있는 것이 여러 면에서 힘들기 때문에 중간에는 자리에 앉게 된다. 하지만 실상은 지속적으로 서있는 것과 마찬가지인 것이다.

✳ 〈공예배 절차〉

[* 회개 - ① 묵도와 성경낭독 - ② 시편 찬송 - ③ 공교회적 성경봉독 - ④ 신앙고백 - ⑤ 공적인 기도 - ⑥ 세례와 성찬 - ⑦ 말씀선포 - ⑧ 삶의 고백과 연보 - ⑨ 권징사역과 교회 소식 - ⑩ 말씀 사역자에 의한 축도와 상속의 선언][42)

* 회개

공예배에 참석하는 성도들이 예배를 시작하기 전에 회개의 과정을 거쳐야 한다. 이는 공예배 시간에 앞서는 것이지만 전체적인 절차상 넣어야 한다. 성도들이 예배참여를 위해 예배당에 들어와 기도하는 것은 다른 일반적인 경우와는 달리 공예배를 준비하는 회개의 기도를 하는 성격을 지닌다.

하지만 여기서 말하는 회개란 자신이 지은 죄들을 낱낱이 드러내 회개

---

42) 개혁주의 교회들 가운데도 예배의 절차에는 상당한 차이가 난다. 물론 공예배 절차가 중요한 의미를 지니고 있지만 그보다 더욱 중요한 것은 예배에 포함되는 내용들이다.

한다는 말과 다소 차이가 난다. 인간은 원래 자신의 잘못을 제대로 회개할 줄 모르는 존재이다. 자기가 죄라고 승인하는 내용만 골라 회개할 뿐 스스로 승인하지 않는 죄와 내면에 도사리고 있는 죄에 대해서는 회개할 수 없다.

그러므로 공예배를 시작하기 전에 회개하는 것은 자기를 부인하고 그리스도로 옷 입는 것에 연관되어 있다(롬 13:14). 제각각 자기가 전혀 인식할 수 없는 죄악까지 하나님께서 용서해 주시기를 요청함으로써 모든 성도들이 동질의 신앙을 소유한 하나의 무리가 된다. 예배에 참여하는 모든 성도들이 세상의 것들을 내려놓고 흰 두루마기와 같은 정결한 옷을 입은 채 한 자리에 앉아 하나님을 온전히 경배할 수 있게 되는 것이다.

① 묵도와 성경낭독

교회는 묵상기도와 더불어 예배 인도자가 시편을 낭독함으로써 공예배를 시작한다. 모든 성도들이 공적인 묵상기도를 하는 것은 하나님 앞에 마음을 모으는 고백적 행위이다. 그때 예배를 인도하는 말씀사역자는 교회를 대표해 성경을 낭독한다. 이는 하나님 앞에 온전히 드려지는 예배에 대한 선언적인 의미를 지닌다. 이를 통해 온 성도들은 천상의 하나님을 바라보며 공예배에 참여하게 되는 것이다.

② 시편 찬송

예배시에는 하나님을 찬송하는 노래가 필수적이다. 그것은 악기를 동원한 음악적 기교를 말하는 것이 아니라 성도들의 신령한 노래를 의미한다.[43] 성경은 성도들에게 시와 찬미와 신령한 노래를 부르며 하나님을 찬

---

43) 우리는 교회에서 사용되는 악기와 음악의 위험성에 대한 분명한 이해를 하지 않으면 안 된다. 교회에서 하나님의 말씀과 성찬의 의미보다 더 재미있고 흥미롭게 여겨지는 것들은 우상숭배적인 성격을 지닌다. 따라서 공예배의 절차에 음악적인 것들을 도입하는 문제에 대해서는 매우 신중해야 한다. 하나님을 향한 신령한 노래(詩)와 인간들이 즐기는 음악(音樂)을 혼동해서는 안 된다.

양하도록 요구하고 있다. 성도들은 시편의 말씀을 눈으로 읽거나 머리로 기억해 입술로 읊조리지만 그것은 영혼의 노래가 되어야 한다. 사도 바울은 에베소 교회에 편지하면서 그점을 밝히고 있다.

> "그리스도의 말씀이 너희 속에 풍성히 거하여 모든 지혜로 피차 가르치며 권면하고 시와 찬미와 신령한 노래를 부르며 마음에 감사함으로 하나님을 찬양하고"(골 3:16);
> "시와 찬미와 신령한 노래들로 서로 화답하며 너희의 마음으로 주께 노래하며 찬송하며"(엡 5:19)

성도들이 하나님을 온전히 노래하기 위해서는 그 속에 하나님의 계시된 말씀이 풍성하게 존재해야 한다. 그 가운데서 시와 찬미와 신령한 노래를 부르게 되는 것이다. 이는 하나님께서 계시하신 시편으로 노래할 것을 교회에 요구하고 있음을 보여준다.

하나님께서는 인간들의 귀에 듣기 좋은 목청을 통한 기교를 좋아하시는 분이 아니다. 나아가 다양한 악기들을 동원한 소리가 하나님을 기쁘게 하지 않는다. 그런 것들은 인간들이 좋아하는 것일 뿐 하나님께서도 그렇다고 단정지어 말할 수 없다. 하나님을 알지 못하는 불신자들 가운데도 훌륭한 성악가들과 음악전공자들은 얼마든지 많이 있다.

교회가 공예배 시간에 성경에 기록된 시편을 중심으로 노래해야 하는 것은 하나님께서 자신을 노래하는 방편으로서 시편들을 허락하셨기 때문이다. 물론 그 가운데는 구약의 시편에 기록된 시들뿐 아니라 신구약 성경에 들어있는 여러 시들을 포함하는 것으로 이해해야 할 것이다.

어떤 사람들은 구약시대에 기록된 시편을 사용해 하나님을 찬송하게 되면, 예수 그리스도의 십자가 사역을 통해 이루어진 사건들에 관한 노래가 없지 않느냐고 반문하기도 한다. 그러나 그것은 잘못된 생각이다. 하나님께서 허락하신 노래들은 시공간을 초월한다. 이는 일반적인 관점에서 말할 때 음악이나 미술 등 예술작품들이 시공간을 초월하는 것과 유사한 개념이다. 구약의 시편은 구약시대만을 위한 것이 아니라 신약시대에도 그대로 유효한 시편들인 것이다.

인간들이 쓴 찬송 가사들은 결코 온전한 내용을 담을 수 없다. 모든 것이 부족한 인간들은 자신이 보기에 좋은 용어들을 골라 쓰기 마련이다. 시편에는 사랑, 소망, 긍휼, 용서 등 좋은 말들뿐 아니라 미움, 증오, 슬픔, 저주 등의 용어들을 같이 사용하고 있다. 하지만 인간들은 부정적인 용어들을 함부로 사용하지 못한다. 따라서 인간들이 쓴 시들은 지극히 제한적이거나 편파적인 성격을 지니게 될 수밖에 없다.

나아가 인간들은 하나님을 빗대어 예배시간을 통해 자기만족을 추구하려는 생각을 버려야 한다. 그러나 인간들에게는 항상 그런 속성이 남아 있다. 자기가 즐겁고 기쁘면 하나님도 그럴 것이라 생각하는 것이다. 따라서 교회와 성도들은 찬송에 대한 올바른 이해를 하지 않으면 안 된다. 그것을 위해 하나님의 말씀을 맡은 교사인 목사는 성실하게 찬송지도를 할 수 있어야 한다. 이는 음악적인 기능을 말하는 것이 아니라 교회가 찬송해야 할 시편에 대한 가르침을 의미한다.

그러므로 교회가 하나님을 노래하는 데 있어서 동일한 속성을 지니고 있다면 어느 시대 어느 지역에서 살아가는 성도들이라 할지라도 이질감을 느껴서는 안 된다. 예를 들어 3세기나 4세기 혹은 16세기나 17세기에 살았던 건전한 성도들이 오늘날 우리 시대의 공예배에 참여한다 할지라도 어색함이 없어야 한다. 나아가 아프리카에 살고 있는 성도들이든 서구에 살고 있는 성도들이든 어느 지역에 살고 있든지 간에 하나님을 노래하는 데 있어서는 동질의식을 가져야 하는 것이다.

✳ 〈예배와 음악, 그리고 악기〉

하나님을 예배하기 위한 시간에 악기가 과연 반드시 필요한가? 하나님을 질서 있게 찬송할 목적으로 악기를 사용할 수 있지만 다양한 악기에서 나오는 현란한 소리 자체가 하나님께 영광이 될 수는 없다. 자칫 잘못하면 인간들의 음악적 능력을 장려하거나 뽐내는 심각한 오류에 빠질 우려마저 없지 않다.

우리는 악기와 음악적인 요소가 오히려 참된 예배에 대한 방해 역할을 할 수 있음을 기억해야 한다. 말씀을 통해 인격적으로 하나님을 예배해야 할 성도들이 음악적인 방편들에 마음이 빼앗길 수 있기 때문이다. 나아가 시편의 가사 위에 표시된 악보마저도 부정적일 수 있음을 기억할 필요가 있다. 시편의 글귀들 위에 표시된 오선지와 음표들이 시편에 계시된 진정한 의미에 접근하는 데 방해적인 역할을 하게 될 우려가 없지 않다.

예를 들어 시편으로써 하나님을 노래할 때, 오선지와 그 위에 나열된 음표가 없이 성경에 기록된 말씀을 직접 읽으며 노래하는 경우와 현란한 악보 아래 놓인 글들을 읽으며 노래하는 경우는 다르다. 자칫 잘못하면 오선지와 음표들이 시편에 계시된 진정한 의미를 드러내는 데 부정적인 영향을 끼칠 수 있음을 기억해야 한다.

따라서 우리는 하나님을 찬송할 때 소위 무악기주의와 악보가 없는 찬송가집에 대한 긍정적인 이해를 할 필요가 있다. 이는 물론 음악을 멀리하는 것 자체가 하나님께 더 큰 영광을 돌릴 수 있다는 말이 아니다. 중요한 점은 계시된 말씀을 통해 올바른 자세로 하나님을 진정으로 섬기는 것이다.

③ 공교회적 성경봉독

공예배 시간에 교회가 성경을 봉독하는 일은 매우 소중하다. 지상에 존재하는 교회는 말씀선포를 위한 본문 선정에 한계를 가질 수밖에 없다. 매주일 공예배로 모였을 때 설교자는 신약성경이나 구약성경 가운데 한 본문을 선정해 그것을 기초로 설교하게 된다. 전체적이기는 하지만 매주일 모이는 예배 가운데 지극히 일부분만의 말씀만 교회 앞에 선포되는 것이다.

그래서 교회는 대개 예배 시간에 성경 말씀을 봉독하는 순서를 가진다. 이는 설교본문과는 별도로 온 교회가 성경의 한 부분을 봉독하게 된다. 가급적이면 구약을 설교할 때는 신약성경의 한 부분을 봉독하고 신약을 설교할 때는 구약성경의 한 부분을 봉독하는 것이 일반적이다. 그렇게 함으로써 말씀을 균형 있게 받아들여 하나님을 찬양하는 의미를 더욱 분명히 하게 된다.

④ 신앙고백

예배에 참여한 모든 성도들은 한 마음과 한 음성으로 공적인 신앙고백을 한다. 이때 사용되는 고백문은 대개 초대교회 때부터 이어져 온 '사도신경'이다. 이를 입술로 고백하는 중요한 이유 가운데는 예배에 참여한 성도들의 신앙에 대한 일치성 확인과 더불어 전 세계에 흩어진 교회들을 기억하는 의미가 내포되어 있다. 성경에 기록된 복음이 요약된 내용을 역사적 교회로부터 상속받아 전체 교회가 공적으로 고백하는 것은 매우 중요한 의미를 지니고 있다.

⑤ 공적인 기도

장로들은 순서에 따라 공예배 시간에 교회를 위한 대표기도를 하게 된다. 그것은 성도들을 심방하고 살핀 결과로서의 기도이다. 공적인 기도는 세계에 흩어진 다른 교회들과 조화되는 내용이어야 한다. 따라서 교회의 공적인 기도는 그것을 통해 지교회에 속한 모든 성도들이 기도제목을 얻게 되는 성격을 지니고 있다. 따라서 개별 성도들의 기도는 교회의 기도에 예속된 성격을 지니고 있어야만 한다.

그러므로 공적인 기도를 하는 장로들은 임기응변적으로 기도하려 해서는 안 된다. 성도들을 심방하며 파악하게 된 지교회의 형편은 물론 전체 지상 교회를 기억하는 중에 기도의 내용을 기록하여 기도하는 것이 바람직하다. 이는 주일 공예배에서 기도하기 위해 한 주일 동안 구체적인 기도를 하는 가운데 공 기도를 준비해야 함을 의미한다.

그래서 장로들은 성령 하나님께서 기도하게 하시는 기도를 천상에 계시는 하나님을 향해 기도해야 한다. 인간들의 눈에 좋아 보이는 땅에 존재하는 것들을 나열하면서 복을 받았다고 기도해서는 안 된다. 그것은 그렇지 못한 어려운 형편에 처한 성도들에게 상처를 주게 될 우려마저 있다. 결국 천상의 나라에 속한 성도로서 영원한 천국을 바라보며 거기에 소망을 둔 기도가 되어야 하는 것이다.

장로의 공적인 기도에 참여하는 모든 성도들은 그 가운데서 자신과 이웃을 돌아보며 참된 기도에 참여하게 된다. 그래야만 세상의 욕망으로 가득 찬 우리의 이기적인 기도를 다 들어주지 않는 하나님께 진심으로 감사할 수 있다. 하나님께서 우리의 모든 기도를 다 들어주시게 되면, 타락한 우리는 결국 천국을 멀리하려 하고 세상의 욕망을 추구하는 것과 다르지 않다는 사실을 깨달아야 한다.

✽ 〈 "예수님 이름으로 기도합니다" 〉

우리는 기도할 때 '예수님의 이름으로' 기도한다. 그것은 성경이 그렇게 하도록 교훈하고 있기 때문이다. 예수께서는 제자들에게 "너희가 내 이름으로(in my name) 무엇을 구하든지 내가 시행하리니 이는 아버지로 하여금 아들을 인하여 영광을 얻으시게 하려 함이라 내 이름으로(in my name) 무엇이든지 내게 구하면 내가 시행하리라"(요 14:13,14)고 약속하셨다.

어린 교인들은 그 약속에 따라 예수님의 이름으로 구하기만 하면 하나님께서 무엇이든지 다 들어 주신다는 말로 오해하고 있다. 그런 자들은 자기가 원하는 것들을 구하면서 '예수님의 이름'을 마치 '도깨비 방망이'처럼 사용한다. 그들은 그렇게 하는 것이 마치 믿음의 표현인 양 착각하고 있는 것이다.

그렇지만 '예수님의 이름으로 기도한다'는 말은 그런 의미가 아니다. 그것은 성도들이 기도할 때 '예수님의 이름 안에서'(in His Name)에서 기도해야 함을 말해 준다. 따라서 성숙한 성도들은 결코 자기의 욕망을 충족시키기 위해 이기적으로 기도하지 않는다. 하나님의 뜻이 온전히 이루어지도록 기도하는 것이다. 교회와 그에 속한 성도들은 성경의 교훈을 좇아 올바른 기도를 하지 않으면 안 된다.

⑥ 세례와 성찬[44]

공예배의 중심에는 예수 그리스도의 살과 피를 공적으로 먹고 마시는 성찬이 존재한다.[45] 주님의 거룩한 몸을 나누게 되는 범위는 세례받은 성도들로 제한된다. 천상으로부터 제시되는 그리스도의 몸을 통해 지상에 존재하는 성도들은 천상의 예배에 직접 연결된다. 이를 '보는 예배'라 칭하는 것은 그것을 통해 하나님을 경배하게 되기 때문이다. 공예배 시간에

---

44) 공예배의 절차에 있어서 개혁주의 교회들에서는 말씀선포가 있은 뒤에 성찬을 나누는 것이 일반적이다. 그러나 필자는 말씀선포 앞에 성찬을 나누는 것이 바람직한 것으로 본다. 이는 교회가 성찬을 통해 천상에 나아간 다음 하나님의 말씀을 듣고 참여하는 것이 논리적 순서상 옳다고 이해하기 때문이다. 좀 더 구체적으로 설명을 덧붙인다면 하나님의 말씀 선포는 동일한 '성경말씀'을 전 세계에 흩어진 교회들이 각기 다른 본문을 선택함으로써 다양성 가운데 통일성을 이루게 된다. 이에 반해 성찬은 참된 교회라면 어디에 위치해 있든지 동일 본질을 지닌 하나의 신령한 떡과 포도주에 참여하게 되는 것이다.

45) 우리 시대에는 성찬이 남발되는 경향이 매우 짙다. 그러나 성찬은 반드시 세례를 받은 성도들에게 나누어져야 하며 주일 공예배 시간에 시행되어야 한다. 교회가 아닌 종교적 집회에서 성찬이 나누지는 것은 곤란하다. 예를 들어 목회자를 양성하는 신학교나 교단 총회 등에서 성찬이 베풀어지는 것은 결코 바람직하지 않다. 성찬은 세례가 베풀어지는 곳에서 나누어질 수 있다는 사실을 기억하는 것은 매우 중요하다. 현대 일부 교인들 가운데는 교회 밖의 집회나 수련회 장소에서 소위 '애찬'이라는 이름으로 성찬과 유사한 행위를 하는 것을 보지만 그것은 역사적 정통성을 벗어난 잘못된 종교행위라 하지 않을 수 없다.

올바르게 성찬이 나누어지는 것은 절대적으로 중요하다.

❋ ⟨sursum corda⟩

현대교회의 심각한 문제 가운데 하나는 신비와 신비주의를 혼돈하거나 잘못 이해하고 있다는 점이다. 신비주의는 불건전한 종교적인 현상을 지칭하는데 반해 신비는 교회 안에 당연히 있어야 할 소중한 본질이다. 따라서 성도들의 예배는 그 자체로서 천상의 신비한 의미를 지니고 있다는 사실을 명확하게 깨달아야 한다.

살아계시는 하나님을 경배하는 성도들, 즉 교회는 공예배를 통해 천상에 직접 맞닿아 있음을 확인하게 된다. 지상의 교회는 이땅에 존재하고 있지만 '성도들의 영혼은 높이 들려' 천상에 나아가 하나님의 보좌를 향하고 있는 것이다. 이는 결코 상징적인 의미가 아니라 매우 구체적인 실제이다. 이 사실이 천상에 계시는 신비한 예수 그리스도의 몸을 영적으로 섭취하는 성찬에 밀접하게 연결되어 있는 것이다.

⑦ 설교(말씀선포)

교회에 속한 모든 성도들이 모이는 공예배의 중심에는 항상 선포되는 하나님의 말씀이 존재한다. 기록된 계시를 통한 선포는 천상에서 선언되는 예언적인 성격을 지닌다. 따라서 장로들의 모임인 당회와 더불어 신중하게 선정한 성경 본문에 근거해 세워진 직분자가 하나님의 말씀을 교회 앞에 전달해야 한다.

온전한 말씀선포는 예배하는 자리에 참여한 성도들을 설득하거나 그들의 동의를 요구하지 않는다. 나아가 설교자 자신의 종교적인 견해나 입장을 변호하거나 주장하려 해서는 안 된다. 그러므로 설교를 하나님의 말씀을 '듣는 예배'라 말한다. 하나님의 말씀을 선포하는 설교자는 그에 대한 분명한 이해를 하고 있지 않으면 안 된다.

따라서 설교자는 교인들의 취향에 맞는 설교를 함으로써 명설교가가 되고자 하는 욕망의 유혹에서 벗어나야 한다. 설교에는 '잘하는 설교와 못하는 설교'가 있는 것이 아니라 '참된 설교와 거짓 설교'가 있을 따름이다. 사람들이 듣기 좋아하지만 그릇된 설교가 있는가 하면 사람들이 듣기 싫어하지만 참된 설교가 있다.

교회와 성도들은 참된 설교와 거짓 설교에 대한 올바른 분별력을 가지지 않으면 안 된다. 악한 인간들의 역사 가운데는 항상 거짓 설교들이 난무해 왔다. 잘못된 설교자들은 도리어 참된 설교자들을 무능한 자로 몰아가기도 했다. 구약시대 예레미야 선지자는 그에 대한 분명한 선언을 하고 있다.

> "만군의 여호와께서 이같이 말씀하시되 너희에게 예언하는 선지자들의 말을 듣지 말라 그들은 너희에게 헛된 것을 가르치나니 그들의 말한 묵시는 자기 마음으로 말미암는 것이요 여호와의 입에서 나온 것이 아니니라"(렘 23:16)

오늘날처럼 극심한 배도에 빠진 시대에는 선지자의 교훈을 더욱 귀담아 들어야 한다. 어리석은 자들은 거짓 설교자들을 따라 다니기에 여념이 없다. 그들은 텔레비전이나 인터넷, 라디오 등을 통해 소위 유명한 자들의 대중적인 달콤한 말을 듣기를 원한다. 우리는 그 가운데 다수가 거짓 설교를 하고 있음을 기억해야 한다. 올바른 교회들은 참된 설교를 지향하는 가운데 거짓 설교자들에 대한 경고의 메시지를 중단해서는 안 된다.

✳ 〈설교와 예화〉

많은 설교자들이 설교시간에 예화를 무분별하게 사용하고 있다. 그러나 원칙적인 측면에서는 예화를 사용하지 말아야 한다. 우리는 하나님 말씀

자체에 놀라운 능력이 있음을 고백하고 있다. 기록된 말씀에 진정한 능력이 있다면 굳이 인간들의 언어에 속하는 예화를 동원할 필요가 없다.

설교시간에 행해지는 예화가 주는 가장 위험한 점은 그것이 하나님의 말씀을 잠식할 우려가 있다는 사실이다. 설교를 하는 자는 예화를 통해 말씀의 의미를 잘 드러내기를 원할지 모르지만 교인들의 마음에는 계시된 하나님의 말씀이 아니라 제시된 예화만 머리에 맴돌기 십상이다.

어떤 사람들은 성경에 많은 비유와 예화가 나오지 않느냐고 항변할지 모른다. 그러나 성경에 기록된 모든 비유와 예화들은 하나님의 계시로서 특별한 언약적인 의미를 지니고 있다. 따라서 우리는 그것을 근거로 하여 설교시간에 예화를 사용할 수 없다.

⑧ 삶의 고백과 연보[46]

성도들은 공예배 시간을 통해 연보를 하게 된다. 이는 개인적인 입장에 서라기보다 가정 단위의 의미를 지닌다. 모든 수입은 개인에게 속한 것이 아니라 가정에 속한 공적인 의미를 지니고 있기 때문이다.[47] 나아가 성도들이 연보하는 것은 단순한 종교적 기부행위가 아니다. 또한 그것이 하나님께 바쳐지는 제물祭物의 역할을 하지도 않는다.

예수 그리스도께서 완벽한 희생 제물로 바쳐졌으므로 더 이상 다른 제물이 필요하지 않다. 따라서 우리는 공예배 시간을 통해 삶의 고백을 동반

---

46) 공예배 절차 가운데 존재하는 성도들의 연보 순서가 어느 위치에 있는 것이 가장 바람직한가? 이는 설교 이전에 연보를 하는 것과 설교 이후에 연보시간이 있는 것의 차이이다. 필자는 설교 이후에 연보 순서가 들어가는 것이 자연스러운 것으로 이해한다. 설교 전에 연보를 하는 것은 '제물'의 성격을 띠는 경향이 있다면, 설교 후에 순서를 두는 것은 감사에 연관된 의미를 더 강하게 드러낸다. 물론 우리는 이에 대한 전체적인 이해를 하지만 실천적인 차원에서는 생각해 보아야 할 문제이기도 하다.

47) 연보를 개인이 아니라 가정 단위의 관점에서 이해하는 것은 매우 중요하다. 한 집안에서 수입을 위한 경제활동을 하는 사람만 연보를 하는 주체가 되는 것이 아니라 언약 가운데 살아가는 온 가족이 함께 연보에 참여한다. 예를 들어 가정에 속한 영아나 유아, 심지어 태아에 이르기까지 모든 가족이 함께 공적인 고백적 연보에 참여하고 있다는 사실을 간과해서는 안 된다.

한 연보를 하게 된다. 이는 교회의 사명을 감당하기 위한 방편과 더불어 성도들의 평균케 하는 삶의 원리를 따르는 의미를 지니고 있다.

교회에 속한 성도들이 공예배 시간을 통해 참여하게 되는 연보는 언약적인 의미를 지닌다는 사실을 인식하는 것은 매우 중요하다.

✳ 〈공예배 절차에 따라 행해져야 할 무기명 비밀연보〉

연보는 공예배 시간 중에 절차에 따라 행해지는 것이 자연스럽다. 이는 성도들의 연보 가운데 삶에 연관된 공적인 신앙고백이 담겨있기 때문이다. 이는 연보가 단순한 종교적 기부행위가 아니라는 사실을 말해준다. 따라서 연보궤를 예배당 뒤에 두고 예배시작 전에 거기에 연보를 넣는 것보다는 예배 중에 절차에 따라 직접 공적인 연보에 참여하는 것이 바람직하다.

그리고 특별한 경우가 아니라면 무기명으로 연보함으로써 교회를 보호해야 한다. 기명으로 연보하게 되면 누군가에게 그 액수가 알려질 수밖에 없다. 연약한 인간들은 연보의 액수에 끌리게 된다. 자칫 잘못하면 고액의 연보를 하는 교인들이 그렇지 못한 자들보다 교회를 위해 더 필요한 인물로 여겨질 수 있다.

만일 그렇게 되면 많은 액수의 연보를 하는 자들이 종교적인 기득권을 가지게 될 우려가 생긴다. 나아가 연보를 많이 할 수 없는 가난한 교인들은 교회 안에서 위축될 수도 있다. 따라서 공예배 시간 중에 무기명 비밀연보를 함으로써 하나님 이외 다른 사람들은 그 액수에 대해 모르는 것이 교회를 위해 가장 바람직하다.

✳ 〈연보에 관한 잘못된 관행〉

세속화된 교회들은 많은 액수의 연보를 모으기 위해 부단히 노력하는 특색을 지니고 있다. 그것은 물질 중심의 자본주의 사회로부터 받은 악영향 때문이다. 그에 익숙한 교회의 지도자들은 많은 연보를 거두어 땅위에 좋은 건물을 짓고 다양한 행사를 해나가고자 한다. 그러나 하나님의 교회는 원리상 결코 성도들의 돈과 물질에 의존하지 않는다. 지상 교회에 어느 정도의 물질이 필요하지만 그것을 통해 종교적인 사업을 펼치고자 하는 것은 매우 위험하다.

그럼에도 불구하고 타락한 교회들은 더 많은 연보를 거두기 위해 액수를 작정하게 하는 등 다양한 방법들을 동원한다. 그런 자들은 십일조를 강조하며 각종 다양한 연보 명목을 만들어 낸다. 경우에 따라서는 솔로몬의 일천번제(一千燔祭), 즉 일천 마리의 동물을 번제로 바친 일천번제(一千番祭)를 일천 번을 되풀이 해 제물을 바친 것인 양 해석하며 교인들로 하여금 일천 번을 헌금하도록 장려하기도 한다. 그러나 그것은 결코 정당한 방편이라 할 수 없다. 각 성도들은 하나님의 언약을 기억하는 가운데 믿음의 분량에 따라 신실하게 연보하는 것이 중요하다.

⑨ 권징사역과 교회 소식

교회의 공적인 권징사역은 항상 지속되어야 한다. 그것은 특히 공예배 시간을 통해 드러나게 된다. 교회에 속한 성도들이 말씀의 교훈과 더불어 각성할 수 있는 기회를 갖는 것은 중요하다. 나태하기 쉬운 인간들이 적절한 권면과 질책의 소리를 듣는다는 것은 감사한 일이다. 그것은 대개 사랑과 신뢰의 분위기 가운데서 이루어진다.

우리가 흔히 이해하는 예배시간의 '광고시간'은 단순히 교회의 소식을 알리는 것 이상의 의미를 지니고 있다. 교회를 통해 전해지는 소식 가운데는 이웃을 알아가는 방편과 더불어 기도제목이 들어있다. 그리고 말씀 사역자는 하나님을 경외하는 자세로 예배에 참여하도록 성도들을 권면하며, 어린아이들이 예배 시간을 소홀히 여기시 않도록 부모들을 다잡아 질책히기도 한다.

그것은 단순한 책망이 아니라 교회의 올바른 성장을 위해 행해지는 공적인 사역의 일환이다. 그리하여 교회에서는 항상 공적인 권징사역이 지속적으로 시행된다. 그러는 중 성도로서 행하지 말아야 할 두드러진 악행이 발생한다면 교회가 절차에 따라 해결해야 하며 건덕을 해치는 미묘한 경우가 아닌 한 교회에 공적으로 알려져야 한다.

✻ 〈모든 권징은 공개적이어야 하는가?〉

교회의 일반적인 권징은 공개적으로 이루어져야 하는 것이 원칙이다. 하지만 사안에 따라서는 절대로 공개해서는 안 될 내용이 있다. 나아가 아주 특별한 문제에 대해서는 당회록에 기록조차 남기지 말아야 할 경우도 있다. 특히 남녀간의 간음에 연관된 범죄일 경우가 그렇다.

예를 들어 교회 내에서 간음이 발생했다고 치자. 당회는 성적인 간음이 일어난 사실을 알게 되었을 때 당사자들을 따로 불러 엄히 문책해야 한다. 그러나 그 처리가 공개적이어야 하는 점에 대해서는 여간 신중하지 않으면 안 된다. 만일 그렇게 할 경우 가정이 파탄될 우려가 없지 않기 때문이다.

나아가 그 내용을 당회록에 남기게 되면 나중 누군가가 보게 되어 동일한 문제가 발생할 수 있다. 따라서 당회는 그 문제를 엄히 다스리되 지혜롭게 처신해야 한다. 당사자가 진정으로 회개할 경우에는 조용히 처리해야 하며, 만일 당사자가 자신의 범죄를 회개하지 않는다면 불신자로 여겨 출교해야 한다. 그럴 경우라 할지라도 교회는 그 가정을 보호하기 위해 공개적인 처리를 해서는 안 된다.

⑩ 말씀 사역자에 의한 축도와 상속의 선언

공예배 가운데는 언약의 축도(benediction)가 있다. 축도는 말씀을 선포한 설교자에 의해 행해진다.[48] 그것은 성도들을 위해 복을 빌어주는 행위가

---

48) 우리 시대에는 축도의 원래적 의미가 많이 훼손되었다. 그것이 마치 목사가 교인들에게 복을 빌어주는 것인 양 변질된 것도 문제이거니와, 공예배 시간이 아닌 다양한 기독교 모임에서 축도를 남발하는 것도 문제이다. 나아가 여러 명의 목사가 참여한 종교적인 모임에서 가장 나이 많고 권위가 있어 보이는 목사가 축도를 맡게 되는 것도 잘못된 것이다. 축도는 공예배 시간에 말씀을 선포한 목사에 의해 성경에 기록된 내용대로 언약을 선포하는 것이 바람직하다.

아니다. 나아가 예배의 마지막을 장식하는 기능을 하는 것도 아니다. 말씀사역자를 통해 공예배 시간에 선포되는 축도에는 언약적 의미가 담겨 있다.

따라서 우리는 축도가 인간들의 일반적인 염원을 도모하는 강복행위가 아니라는 사실을 기억해야 한다. 구약시대에는 제사장들이 성전 앞에서 축도를 했으며, 신약시대에는 말씀을 맡은 직분자인 목사가 교회 가운데 축도를 한다. 그 가운데는 지상에 존재하는 교회를 위한 지속적인 상속의 의미가 내포되어 있다.

하나님께서는 구약시대 시내광야에 머물고 있던 이스라엘 백성들에게 언약의 축도를 하도록 명하셨다. 모세를 통해 아론의 자손 제사장들에게 그 사역을 맡기셨던 것이다. 그리고 사도를 통해 언약적 축도의 모범을 보여주셨다. 그 대표적인 내용들이 민수기와 고린도후서에 나타나고 있다.

> "여호와는 네게 복을 주시고 너를 지키시기를 원하며 여호와는 그 얼굴로 네게 비취사 은혜 베푸시기를 원하며 여호와는 그 얼굴을 네게로 향하여 드사 평강 주시기를 원하노라" (민 6:24-26);
> "주 예수 그리스도의 은혜와 하나님의 사랑과 성령의 교통하심이 너희 무리와 함께 있을지어다" (고후 13:13)

하나님의 축도는 위로부터 선포되어야 한다. 언약의 축도를 하는 말씀사역자는 거기에 자신의 생각을 첨가하려 해서는 안 된다. 하나님께서 허락하신 축도의 내용에 인간들의 미사여구美辭麗句를 섞게 되면 본질이 훼손될 수밖에 없기 때문이다.

그러나 축도를 하는 것이 목사에게 허락된 특별한 권한처럼 인식되어서는 안 된다. 그 축도는 각양 모임에서 행해질 수 있는 것이 아니라 공예배 시간에 선포되어져야 한다. 따라서 설교를 한 목사가 매주일 행해지는 예배중에 경건한 자세로 축도를 하게 된다. 우리는 교회역사 가운데 행해져 온 그 축도의 선포를 통해 지상 교회가 지속적으로 상속되어 왔음을 기억해야 한다.

✻ 〈축도의 남용과 오용〉

축도는 우리가 일반적으로 생각하는 축복을 비는 행위가 아니라 교회의 상속에 연관된 언약적인 의미를 지니고 있다. 그러므로 축도는 공예배 시간에, 하나님의 말씀을 맡은 교사로 세워진 목사에 의해 선포되어야 한다. 올바른 축도는 선포되는 말씀과 성례에 밀접하게 연관되어 있는 것이다.

그럼에도 불구하고 신앙이 올바르게 정립되지 못한 어린 자들 가운데는 그것이 많이 행해질수록 좋은 것이라고 여기는 자들이 종종 있다. 그들은 혼인식이나 장례식장, 심지어 개업식이나 개인 성도들의 가정을 심방하면서도 축도를 남발하기도 한다.

뿐만 아니라 신학교의 경건회 시간이나 기독교적 종교 집회 등에서 축도를 하기도 한다. 하지만 그것은 저들의 의도와는 상관없이 축도를 오용하는 것에 지나지 않는다. 우리는 매주일 말씀선포와 성례를 중심으로 하는 교회의 공예배 가운데 언약적 축도가 선포되어야 한다는 사실을 잊어서는 안 된다.

6.3. 식탁 공동체

교회는 형식이나 상징이 아닌 실제적인 삶이 나누어지는 성도들의 유기적인 공동체이다. 교인들이 한번씩 만나 마치 종교적인 취미생활을 하듯 모이는 단체가 아니다. 그 가운데 가장 중요한 것은 함께 먹는 식탁 앞에서의 교제이다. 교회에 속한 모든 성도들은 매주일 정기적으로 동일한 식탁에 앉게 되는 것이다.

이는 공예배 시간에 성찬상을 통해 나누어지는 거룩한 교제와 더불어 일상적인 음식을 언약적 의미 가운데서 함께 먹는 의미를 지니고 있다. 이것을 통해 일반 식탁을 나누는 교회공동체의 의미가 드러나게 된다. 따라서 교회에 속한 성도들이 매주일 언약적 공동의 식탁을 나누는 것은 매우 중요하다. 사도 바울은 고린도교회에 편지하면서 그와 연관된 교훈을 남기고 있다.

> "그런즉 너희가 함께 모여서 주의 만찬을 먹을 수 없으니 이는 먹을 때에 각각 자기의 만찬을 먼저 갖다 먹으므로 어떤 이는 시장하고 어떤 이는 취함이라 너희가 먹고 마실 집이 없느냐 너희가 하나님의 교회를 업신여기고 빈궁한 자들을 부끄럽게 하느냐 내가 너희에게 무슨 말을 하랴 너희를 칭찬하랴 이것으로 칭찬하지 않노라" (고전 11:20-22)

사도 바울이 편지를 쓸 당시의 고린도교회는 모든 성도들이 함께 참여하는 공동의 식탁을 나누는 일에 있어서 그다지 성숙하지 못했다. 교인들 가운데 생활이 넉넉한 부자들은 배불리 먹고 취할 만큼 되었지만 가난한 형제들은 음식이 부족해 시장한 상태로 그 자리에 앉아 있을 수밖에 없었다. 그것은 교회공동체로서 결코 있을 수 없는 일이었다.

그러므로 바울은 음식을 통해 부를 자랑하는 자들을 강하게 책망했다. 교회에서 공동의 식탁을 마련한 것은 그런 폐단을 없애기 위한 것인데 도리어 더욱 더 그렇게 만들어 버렸기 때문이다. 그런 행동은 가난한 자들을 부끄럽게 하는 것일 뿐더러 하나님의 교회를 업신여기는 것과 마찬가지다. 그것은 결코 용납될 수 없는 악한 행위였던 것이다.

교회가 매주일마다 나누는 정기적인 일상 식탁은, 모든 성도들이 하나님께서 공급하시는 일용할 양식에 의존하고 있음을 고백하는 의미를 지니고 있다. 교회에서는 가난한 자와 부유한 자 모두가 아무런 차별 없이 동일한 음식을 먹는다. 이 음식은 일상적인 음식과 다르지 않지만 가정에서 먹는 음식보다 훨씬 중요한 의미를 지니고 있다.

6.4. 재판기능

교회에 속한 성도들이라 할지라도 타락한 세상을 살아가면서 여러 가지 문제들을 만나게 된다. 그것은 동일한 개체 교회 내부에서 발생하기도 하지만, 서로 다른 교회에 속한 교인들 사이에서 발생하기도 한다. 그럴 경우 평소에 서로 알고 지내는 이웃일 경우도 있으나 전혀 모르는 사이일 수도 있다. 또한 성도들이 불신자들과의 사이에서 어떤 문제가 생겨날 수도 있다.

이 모든 경우에 있어서 그 문제를 해결하지 않으면 안 된다. 문제가 더 크게 확산되기 전에 당사자들이 잘 합의해 풀어나갈 수 있다면 다행이지만 그렇지 않을 경우에는 누군가 해결할 수 있도록 도와주어야 한다. 다양한 노력에도 불구하고 원만한 해결이 되지 않는다면 권위 있는 기관에 맡겨 그 문제를 해결할 수밖에 없다.

우리가 여기서 반드시 생각해 보아야 할 바는 지상의 교회가 성도들을 위한 재판기능을 담당하게 된다는 사실이다. 물론 구체적으로는 장로들의 모임인 당회가 그 일을 맡아 수행하게 된다.[49] 사도 바울은 고린도 교회에 편지하면서 교회의 재판기능에 관한 분명한 교훈을 주고 있다.

"외인들을 판단하는데 내게 무슨 상관이 있으리요마는 교중 사람들이야 너희가 판단치 아니하랴"(고전 5:12);

"너희 중에 누가 다른 이로 더불어 일이 있는데 구태여 불의한 자들 앞에서 송사하고 성도 앞에서 하지 아니하느냐 성도가 세상을 판단할 것을 너희

---

49) 문제의 사안에 따라서는 당회가 절대 비밀을 지켜야 할 내용이 있을 수도 있다. 그런 문제는 죽을 때까지 비밀을 유지해야 한다. 사정에 따라서는 당회록에 그 기록을 남기지 말아야 할 경우도 있을 수 있다. 기록으로 남게 되면 나중에 누군가가 그것을 보게 되어 문제를 맡긴 당사자에게 심각한 상처를 입힐 우려가 있을 뿐더러 예기치 못한 더 큰 문제가 발생할 수도 있기 때문이다. 그러므로 일부 개혁주의 교회에서는 당회원 서약을 할 때 당회가 결의한 특별한 문제에 대해서는 죽을 때까지 비밀을 지키겠다는 서약을 하기도 한다.

가 알지 못하느냐 세상도 너희에게 판단을 받겠거든 지극히 작은 일 판단하기를 감당치 못하겠느냐 우리가 천사를 판단할 것을 너희가 알지 못하느냐 그러하거든 하물며 세상 일이랴"(고전 6:1-3)

사도 바울은 교회에 속한 성도들에 대한 모든 판단은 교회가 해야 한다는 사실을 언급하고 있다. 하나님을 알지 못하는 교회 밖의 사람들의 문제에 대해서는 교회가 판단해야만 할 마땅한 이유가 없다. 하지만 성도들이 직면한 문제들에 대해서는 그 사정이 다르다.

하나님의 몸된 교회에 속한 성도가 세상 법정에 소송하여 문제해결을 위한 판단을 맡기는 것은 창피한 일이 아닐 수 없다. 교회는 세상 자체를 판단하는 주체일 뿐 아니라 심지어는 타락한 천사들에 대해서도 판단하기 때문이다. 그런데 성도들 가운데 발생한 일상적인 문제를 교회가 판단하지 못한다면 말이 되지 않는다.

이처럼 교회는 성도들이 직면한 문제를 판단하고 재판할 수 있어야 한다. 이를 위해서는 교회에 대한 성도들의 절대적인 신뢰가 전제되지 않으면 안 된다. 거기에는 교회의 권위를 충분히 인정하는 신앙자세가 동반되어야 한다.

나아가 교회와 장로들의 모임인 당회는 그에 대한 온전한 판단을 할 수 있을 만큼 말씀에 대한 풍부한 지식을 갖추고 있어야 하며 신실한 자세를 소유해야만 한다. 따라서 교회는 성도들 가운데 발생한 문제에 대해 교회 내의 세속 국가의 법조인들이라 할지라도 저들에게 자문을 구할 필요가 없다. 그들은 일반법에 대한 지식이 풍부할지 모르지만 교회의 법리는 세속국가의 법리와 전혀 다르다.

하나님의 백성들은 세속국가의 법원보다 교회의 당회를 더욱 크게 인정하고 신뢰할 수 있어야 한다. 성도들에게는 세상의 법률적인 판단이 아니라 기록된 말씀에 순종하고자 하는 자세가 요구된다. 그것은 교회가 성도들의 모든 문제를 해결하기 위한 실제적인 역할을 하게 됨을 의미하고 있다.

그렇게 하여 교회에 어떤 문제가 맡겨졌을 때 당회는 그에 적절한 답을 해야 하며 당사자는 그에 순종할 준비를 갖추어야 한다. 여기서 중요한 것은 당회의 판단이 당사자인 자기에게 다소 만족스럽지 못할지라도 당회의 권면을 기꺼이 수용해야 한다는 사실이다. 당회는 결코 성도들에게 부당한 해를 끼치지 않을 것이며 가장 유익한 방편을 제시할 것이기 때문이다. 교회가 소유한 재판기능을 올바르게 이해하는 것은 매우 중요하다.

6.5. 성도들의 어머니로서의 기능

지상의 교회는 성도들의 어머니로서의 역할을 하게 된다. 교회는 우선 신앙이 어린 성도들을 잉태하여 분만하는 일을 한다. 실제로 나이 어린 아기들에게는 유아세례를 베풀어 신앙으로 양육하게 되며, 복음을 알지 못하는 교인들을 교회가 품속에 잉태하여 세례를 통해 분만하기도 한다.

교회의 가장 중요한 기능 가운데 하나는 출산한 영적 자녀에 대한 훈계를 동반한 올바른 양육이다. 그것을 위해서는 어린아이에 해당되는 신앙이 미숙한 성도들은 영적인 부모와 선배같은 성숙한 성도들의 권면을 귀담아 들어야 한다. 사도 바울은 에베소 교회에 편지하면서 자녀와 부모의 관계를 예로 들어 그에 연관된 교훈을 하고 있다.

> "자녀들아 너희 부모를 주 안에서 순종하라 이것이 옳으니라 네 아버지와 어머니를 공경하라 이것이 약속 있는 첫 계명이니 이는 네가 잘 되고 땅에서 장수하리라 또 아비들아 너희 자녀를 노엽게 하지 말고 오직 주의 교양과 훈계로 양육하라" (엡 6:1-4)

바울의 이 말은 형식상 부모와 자식들에게 주는 교훈이다. 그렇지만 우리는 이 말씀을 개인의 감정을 넘어 교회와 연관지어 이해해야 한다. 왜냐

하면 부모가 불신앙적인 내용을 자녀에게 요구한다고 하면 그에 순종할 수 없기 때문이다. 여기에는 하나님의 뜻 가운데 있는 교회적 부모를 전제하고 있다. 부모가 주님의 진리로 양육할 때 자녀는 부모를 진정으로 공경하며 그 말씀에 순종할 수 있는 것이다.

6.6. 학교로서의 기능

지상의 교회는 계시된 말씀을 통해 성도들에게 참된 지식을 가르치는 학교의 역할을 감당하게 된다. 따라서 교사들은 항상 진리를 교육하는 일에 신경을 써야 하며, 성도들은 끊임없이 진리를 배워 익히고자 하는 자세를 유지해야 한다. 올바른 지식을 갖추지 못한 교회는 언제 허물어질지 모르는 사상누각沙上樓閣에 지나지 않는다.

따라서 예수께서는 제자들에게 마지막 유언을 남기면서, 자신이 명령한 모든 내용들을 후대의 성도들에게 가르쳐 지키도록 하라는 명령을 했다. 또한 사도 바울도 디모데에게 편지하면서 주님의 말씀을 가르치는 일에 전념하라는 말을 하고 있다.

> "내가 너희에게 분부한 모든 것을 가르쳐 지키게 하라 볼지어다 내가 세상 끝날까지 너희와 항상 함께 있으리라 하시니라" (마 28:20);
> "네가 이것들을 명하고 가르치라 누구든지 네 연소함을 업신여기지 못하게 하고 오직 말과 행실과 사랑과 믿음과 정절에 대하여 믿는 자에게 본이 되어 내가 이를 때까지 읽는 것과 권하는 것과 가르치는 것에 착념하라" (딤전 4:11-13)

교회의 교사로 세움을 받은 목사는 성도들을 가르치되 세상의 것이 아니라 주님께서 분부한 모든 것을 가르쳐야만 한다. 교육기관으로서의 교회에는 마땅히 가르쳐야 할 교육내용이 정해져 있는 것이다. 또한 사도 바울이 디모데에게 요구하고 있는 것처럼 교회의 교사는 항상 하나님의 말씀을 읽고 진리를 탐구하며 그것을 기초로 하여 이웃을 권면하는 일과 가르치는 일에 전념해야 한다.

이와 동시에 우리 시대의 교회에는 특수한 임무가 맡겨져 있다. 그것은 일종의 교정교육矯正敎育이다. 세속국가의 교육기관인 일반학교에 자녀들을 맡긴 교회와 성도들은 세속교육의 내용을 감시해야 할 의무가 있다. 세상의 학교가 잘못된 가르침을 베풀 때 교회는 공적으로 그에 대한 교정을 해야만 한다.

또한 교회는 항상 언약의 자녀들이 영향을 받고 있는 세속문화에 대한 감시의 끈을 늦추어서는 안 된다. 세상의 왜곡된 문화는 어린 성도들을 향해 끊임없는 유혹의 손길을 펼치고 있다. 그러므로 교회와 지도자들은 교육을 통해 그에 대한 지속적인 교정 작업을 해 나가야만 한다. 만일 교회가 그에 소홀히 할 경우 언약의 자녀들이 잘못된 영향을 받아 세속적인 가치관을 소유하게 될 것이기 때문이다.

6.7. 선교의 주체로서 교회공동체

지상 교회에 맡겨진 중요한 사명 가운데 하나는 세상을 향한 복음선포이다. 이 말은 단순히 불신자들에게 '예수 믿으라'고 호소하는 것이나 포교활동에 대한 독려를 의미하지 않는다. 그렇게 되면 성경이 말하지 않는 '값싼 복음'이 되어 버릴 우려가 있다. 하나님의 복음선포는 세례자 요한과 예수께서 선포하신 '회개하라 천국이 가까웠느니라'(마 3:2; 4:17)는 말씀에 기초하고 있다.

이 말씀은 전투적인 개념을 지니고 있다. 이는 곧 사탄이 지배하는 적국敵國을 무너뜨리고 저들의 부당한 지배 가운데서 신음하는 하나님의 자녀들을 구출하게 된다는 것이다. 하나님으로부터 특별한 은혜를 입은 자들을 예수 그리스도의 이름으로 구출해 집결시켜 둔 영역이 곧 교회이다.

따라서 지상 교회는 항상 전투적 자세를 유지한 채 복음전파에 대한 지속적인 순종을 해야 할 필연적 당위성을 지니게 된다. 이는 교회가 세상에서 예수 그리스도의 증인이 된다는 사실을 말해주고 있다. 이에 연관된 교회의 사명은 선택적으로 수용할 사안이 아니라 오순절 날 성령께서 오신 후에는 당연히 그렇게 될 수밖에 없었다. 십자가 사역과 더불어 부활하신 예수께서는 승천하시기 직전, 제자들에게 오순절 성령과 더불어 교회가 행해야 할 사명에 대해 말씀하셨다.

> "오직 성령이 너희에게 임하시면 너희가 권능을 받고 예루살렘과 온 유대와 사마리아와 땅 끝까지 이르러 내 증인이 되리라 하시니라"(행 1:8)

교회가 주님의 증인이 되는 것은 상황과 형편에 따라 달라지지 않는다. 사도들이 성령 하나님을 통해 권능을 받게 되면 예루살렘과 유대와 사마리아를 넘어 땅끝까지 이르러 주님의 증인이 되는 것은 당연하다. 이는 지상의 교회가 십자가에 달려 돌아가신 예수님이 무엇 때문에 세상으로부터 그런 엄청난 고난을 당하셨는지에 대한 사실과, 그가 곧 하나님의 아들 그리스도라는 사실에 대한 증인이 됨을 의미한다.

우리가 여기서 주의 깊게 이해해야 할 점은 복음전파 사역을 통해 흑암의 지역에 주님의 몸된 교회가 세워지게 된다는 사실이다. 이는 세례를 받은 성도들이 매주일 회집해 말씀과 성찬을 나눌 수 있는 영역이 확보됨을 의미한다. 직분을 부여받은 말씀사역자에 의해 시행되는 설교와 성례는 절대로 중요하다. 이는 선교가 단순히 교인의 수를 늘리는 것이 아니라 올바른 교회의 설립을 중심에 두고 있음을 의미하고 있다.

따라서 복음을 선포하는 주체인 교회는 항상 그 사역을 통해 새로운 교회를 태동할 준비를 갖추고 있어야 한다. 이는 결코 다양한 흥밋거리를 제공해 포교활동을 하는 것을 의미하지 않는다. 우리 시대에 들어와 전도와 선교를 위한다는 명분을 앞세워 세속적인 방편들이 난무하는 것은 매우 안타까운 일이다. 스포츠 선교, 예술선교와 같은 말들이 일반화되어 가는 가 하면 심지어는 마술전도라고 하는 어처구니없는 활동이 성행하기도 한다. 우리는 그런 인본주의적인 행위들에 대한 경계를 게을리하지 않으면 안 된다.

✻ 〈교회와 선교사〉

선교사는 파송 교회가 채용한 특수한 기능인이 아니다. 그러므로 교회와 선교사는 상하관계의 계층을 형성하지 않으며, 교회는 선교사를 어떤 방식으로든 지배하려 해서는 안 된다. 나아가 선교사는 파송한 본 교회로부터 재정적 지원을 받는다는 이유로 인해 부당한 저자세를 가질 필요가 없다. 하나님에 대한 신실한 자세를 견지하는 한 서로간 건실한 관계를 유지해야만 한다.

그럼에도 불구하고 현실적으로는 그렇지 못한 경우가 많다. 중요한 사실은 교회가 선교사를 파송하기 전에 그의 신앙과 신학을 포함한 모든 면에서 온전한 신뢰를 가져야 한다는 점이다. 한국교회의 경우 충분한 교제와 검토가 이루어지지 않은 상태에서 선교사를 파송한 후 그때부터 적극적인 간섭을 하려는 태도를 가지는 것은 올바르지 않다.

이와는 반대로 확실하게 신뢰할 만한 선교사를 파송한 후에는 그를 전적으로 믿고 신뢰하는 것이 중요하다. 교회는 선교사역의 성과를 요구할 것이 아니라 교회가 파송한 선교사가 주님의 뜻 가운데 온전히 사역할 수 있도록 모든 지원을 아끼지 말아야 한다. 거기에는 기도와 물질이 포함되어 있다. 교회는 그 과정을 통해 하나님의 선한 역사를 잠잠히 바라볼 수 있어야 하는 것이다. 선교사를 파송한 교회가 어떤 자세를 가지고 있느냐 하는 것은 여간 중요하지 않다.

✻ 〈선교와 목사〉

우리 시대는 해외선교가 마치 유행처럼 인식되고 있다. 그래서 해외로 많은 선교사를 파송하는 것 자체를 의미화하려 한다. 따라서 어느 교회, 어느 나라가 얼마나 많은 해외 선교사를 보냈는가 하는 것이 자랑거리처럼 등장하기도 한다. 그러나 그보다 더욱 중요한 것은 몇 명의 선교사를 어느 지역에 파송했는가 하는 점이 아니라 선교지에 과연 올바른 교회가 세워졌느냐 하는 사실이다.

선교의 근본적인 목적은 참된 교회의 설립이다. 하나님의 선택을 받은 성도들이 어둠의 세력에 의해 신음하는 선교지에 주님의 몸된 교회를 세움으로써 그곳에서도 공예배를 통해 올바른 말씀선포와 성례가 시행되게 되는 것이다. 그 사역을 위해 반드시 필요한 직분자가 교회의 세움을 받은 목사이다.

그러므로 '교회가 있는 곳에 목사가 있고, 목사가 있는 곳에 교회가 있다'는 격언이 존재한다. 이는 선교지의 교회를 염두에 둔 원리적인 표현이다. 하지만 이 말이 직분의 차등이나 목사에게 특별한 권한이 있음을 의미하지 않는다. 우리는 교회가 선교하는 근본적인 목적이 참된 교회의 상속에 있음을 기억해야만 한다.

7. 지상에 존재하는 개체 교회의 회원 문제

지상에 존재하는 지역 교회들은 전체적인 보편교회에 속한 개체 교회로서 하나님을 경배하는 기본적인 독립 단위가 된다. 따라서 각 교회의 회원권에 관한 문제는 매우 중요하다. 이는 지상에 흩어진 교회들은 전체 보편교회에 들어오는 관문의 역할을 하기 때문이다. 이렇게 하여 교회에 속한 모든 성도들은 말씀선포와 성례, 그리고 권징사역을 통한 하나님의 복을 누릴 수 있는 은혜의 권리를 가신다.

교회공동체로서 교인들에 대한 선명한 구분과 이해가 없다면 공동체의 기능을 올바르게 감당할 수 없다. 지교회에 속한 모든 성도들이 서로간 인격적으로 알고 있어야 하는 것은 지극히 당연한 일이다. 사람이 한 집안에 속해 살아가면서 누가 자기 식구인지 아닌지 분별하지 못한다는 것은 말이 되지 않는다. 자기 식구에 대한 분명한 선이 있어야만 외부에서 방문한 손님을 알아볼 수 있게 된다. 만일 그렇지 않으면 집안에 손님을 가장한 위험한 강도가 들어온다 해도 그를 방어할 수 없다.

7.1. 정교인

세례를 받아 개체 교회에 입교한 정교인은 교회의 모든 일에 적극적으로 참여할 권리가 있으며 그렇게 할 의무가 있다. 따라서 교회의 상속을 위해 항상 적극적인 관심을 가지고 교회를 온전히 세워나가기 위해 최선을 다해야 한다. 또한 교회의 규정에 따라 직분자가 될 수 있는 피선거권을 가지는 동시에 투표권을 가지게 된다.

나아가 정교인은 교회의 일반적인 행정을 비롯한 여타의 사안들뿐 아니라 재정에 대해서도 관심을 기울여야 한다. 이는 교회의 수입과 지출에 관련된 모든 내용을 포함한다. 또한 교회를 위한 봉사와 더불어 모든 성도들에 대한 관심을 가져야 할 의무도 지게 된다. 나아가 모든 정교인들은 공동의회를 통해 자신의 의사를 공적으로 밝히며 건의할 수 있는 권리를 가진다.

7.2. 임시적 정교인

다른 지역에 있는 신뢰할 만한 교회에 속해 있으면서 동일한 신앙고백을 하는 성도가 직장이나 기타 사정으로 인해 일정기간 본 교회에서 같이 신앙생활을 해야 할 경우 당회의 결의를 거쳐 임시적 정교인으로 받아들일 수 있다. 물론 그것을 위해서는 당사자가 원래 소속된 해당 교회의 보증이 있어야 한다. 이럴 경우에는 함께 신앙생활을 하는 동안 성도로서 지켜야 할 모든 권리뿐 아니라 의무를 이행해야 하며 다른 성도들에게 본을 보일 수 있어야 한다. 단 피선거권을 가지지는 않으며 일반 투표권 부여에 대해서는 사안에 따라 당회가 결정한다.

7.3. 준교인

준교인은 다른 교회에 소속되지 않은 채 본 교회에 장기간 출석하지만 아직 정교인으로 등록하지 않은 세례교인을 칭한다. 그런 성도는 아직 본 교회에 정교인으로 등록할지 확정되지 않은 상태에서 당회가 고백을 확인한 후 그렇게 결의할 수 있다. 당회는 소속 교회가 없는 성도를 무작정 방치할 수 없기 때문이다.

준교인의 경우 교회에서 정회원권을 가지지는 않지만 예배에 성실하게 참여할 권리와 더불어 봉사를 위한 일부 의무를 지게 된다. 물론 모든 성도들이 반드시 준교인을 거쳐 정교인이 될 수 있는 것은 아니다. 신뢰할 만한 원적原籍 교회로부터 이명증移名證이 있을 경우 당회의 심사를 거쳐 즉시 정교인으로 받아들여질 수 있다.

7.4. 장기출타 교인

본 교회에 속한 성도가 직장이나 기타 사정으로 인해 장기간 다른 지역으로 출타할 경우 당회는 가능한 한 그가 출석해야 할 교회를 정해준다. 출타기간 중에는 본 교회와 임시로 출석하게 될 다른 지역에 있는 교회, 즉 양쪽 교회의 신앙적 간섭을 동시에 받는다. 만일 본 교회에 공적인 회의會議가 있을 때 일시적으로 본 교회를 방문하게 된다면 그에게는 발언권과 의결권 등 피선거권을 제외한 모든 권리가 주어진다.

7.5. 유아세례 교인

유아세례 교인은 교회의 언약의 자녀들로서 회의를 위한 정회원권을 제외한 예배에 성실해야 할 의무와 책임을 가진다. 아직 온전한 판단력을 갖추지 않았으므로 교회를 통한 신앙교육에 신실하게 참여할 수 있어야 한다. 그들은 신앙인격자로서의 대우는 정교인과 전혀 다르지 않은 신분을 지니고 있다. 하지만 현실적으로는 교회의 관행에 따라 직접 성찬에 참여하는 것은 허락되지 않는다.

7.6. 손님 교인

이는 세례교인으로서 일시동안 본 교회를 방문하는 교인을 두고 말한다. 나아가 세례교인으로서 본 교회의 정교인이나 준교인으로 등록되지 않은 성도들도 여기에 포함된다. 물론 이는 단순히 지나가는 손님을 의미하는 것이 아니라 일정기간 손님으로서 공예배에 참여하는 이웃을 의미한다.

교회는 이런 성도들을 외부의 손님으로서 정중하게 예우하며 성실하게 대해야 한다. 그들에게는 보편교회에 속한 성도로서 공예배에 참여할 수 있는 특권이 허락된다. 나아가 성찬식이 있을 경우 당회의 약식 면담절차를 거쳐 함께 성찬에 참여해 떡과 포도주를 나눌 수 있다.

7.7. 일반 원입교인

아직 세례를 받지 않았으나 본 교회에 성실하게 참여하는 교인을 의미한다. 그들은 복음에 대한 충분한 이해와 고백이 있지 않지만 매주일 공예배와 교회적 삶을 통해 진리를 배워나가게 된다. 이런 교인들은 나중 당회의 결의와 본인의 신앙고백에 따라 세례를 받게 된다. 이들에게는 부분적으로 교회를 위한 봉사의무를 가지도록 한다.

8. 유형교회의 조직과 형태

8.1. 직분

하나님은 우주적인 무형교회의 주인이실 뿐 아니라 지상에 존재하는 보편적 유형교회의 유일한 주인이 되신다. 그러므로 지상의 모든 참된 교회들은 하나님의 온전한 통치를 받아야만 한다. 만일 하나님의 다스림을 거부하는 자들이 있다면 그 집단은 배도에 빠진 거짓 교회일 따름이다.

하나님께서는 자신의 교회를 계시된 말씀을 통해 다스리고자 하신다. 거기에는 성령 하나님의 사역이 따르게 된다. 그런데 영이신 하나님은 교회에 직분자들을 세워 자신의 사역에 순종하며 참여하도록 하셨다. 목사, 장로, 집사가 곧 그 직분들로서 이를 교회의 항존직이라 일컫는다.

여기서 말하는 항존직이란 종신직과는 다른 말이다. 어떤 성도가 특정 직분을 맡게 되면 평생 혹은 은퇴할 때까지 그 직분을 유지하게 된다는 것을 의미하지 않는다. 항존직이란 교회에 맡겨진 사역을 감당하기 위해 결코 없어서는 안 될 항시적으로 존재해야 하는 직분임을 말한다. 또한 직분은 개인의 명예와 아무런 상관이 없으며 직분자들 상호간에는 상하계층적인 계급이 형성되지 않는다.

우리가 분명히 이해해야 할 바는 특정 직분이 다른 직분위에 군림하거나 종속되지 않는다는 사실이다. 교회에 속한 성도들 가운데는 결코 높고 낮음이 있을 수 없다. 따라서 어떤 경우에도 특정인 혹은 특정 기관에 의해 직분자가 임명될 수 없으며, 전체 교회의 투표를 통해 직분자들이 선출되어 세워져야 한다.[50]

8.1.1. 목사

목사는 교회로부터 세움을 받은 말씀을 선포하며 가르치는 교사 직분을

---

50) 한국 교회에서 직분자들간에 수직적 높낮이가 있는 것 같은 분위기가 조성된 것은 결코 바람직하지 않다. 목사나 장로 혹은 당회가 특정 직분자를 세우거나 임면할 수 없다. 그렇게 되면 직분에 있어서 세력의 우열이 발생할 수밖에 없다. 현대 대다수 한국 교회에서, 당회가 부목사 청빙과 사면을 결의하는 권한을 행사하는 것은 잘못된 관행이다. 소위 부목사는 담임목사나 당회가 교회의 전체적인 결의 없이 임면할 수 있는 직분이 아니다. 만일 그렇게 되면 당회장인 목사는 변형된 종교적 CEO가 되며 당회원인 장로들은 회사의 임원처럼 행세하게 될 우려가 있다. 모든 목사는 교회가 말씀사역자로 부른 직분자라는 사실을 기억해야 한다. 목사 가운데 다른 힘 있는 목사의 보조자로서 그에게 수종들도록 세워진 경우는 없다. 따라서 이와 같은 관행은 반드시 근절되어야 할 폐습이다.

맡은 형제이다. 그는 개인의 판단으로 신학교육 과정을 거쳐 목사 자격증을 따낸 사람이 아니라 내적소명과 외적소명을 갖춘 형제여야 한다. 여기서 내적소명이란 하나님을 진정으로 경외하는 마음과 말씀에 온전히 순종하고자 하는 신앙자세가 갖추어졌는가 하는 것을 의미하며, 외적 소명이란 교회가 필요에 의해 그를 목회 사역자로 불렀는가 하는 점을 말하고 있다.

개혁주의 교회의 경우, 노회가 목사 후보자를 관리하며 적절한 시험과 문답을 통해 소명을 확인하게 된다. 노회는 시험을 통해 성경과 교리에 대한 지식을 확인하여 교사로서 자격이 있는지 세밀하게 살필 의무를 가진다. 그리고 목사로서의 인격과 소명을 확인하여 모든 것이 받아들여지게 될 경우 교회의 청빙절차에 따라 노회가 임직하게 된다.

교회의 필요에 따라 내적 소명을 가진 형제를 찾게 되면, 교회는 청빙과 투표에 의해 직분자로서 그의 신앙과 신앙인격을 보증하는 정당한 절차를 거친다. 그것을 기초로 하여 지교회와 노회의 심의에 따라 그를 목사로 임직하게 되는 것이다. 따라서 그는 지교회에 속한 성도인 동시에 노회에 속한 직분 사역자가 된다.

목사직분을 맡은 형제는 매주일 공예배를 인도하며 말씀 선포와 성례를 집행하는 사역을 감당한다. 나아가 찬송을 지도하며 공예배 시간에 시행되는 축도를 통해 교회의 상속을 선포하게 된다. 그와 더불어 지상의 모든 참된 교회들 가운데서 공적인 사역을 감당해 간다. 또한 목사는 교회의 올바른 성장을 위한 교회 교육을 책임져야만 한다.

우리가 여기서 분명히 기억해야 할 바는 목사직분이 결코 특별한 권세와 명예를 가진 직분이 아니란 사실이다. 만일 그런 생각을 하는 자가 있다면 여간 심각한 문제가 아니다. 교회 가운데 하나님의 진리를 전하고 가르치는 목사가 지니게 되는 부담은 엄청나다. 그러므로 야고보는 가르치는 교사가 되지 말라는 엄중한 경고를 하고 있다.

"내 형제들아 너희는 선생 된 우리가 더 큰 심판 받을 줄을 알고 많이 선생이 되지 말라"(약 3:1)

야고보는 교회에서 가르치는 교사가 장래 받을 심판이 일반적인 경우에 비해 훨씬 더 크다는 사실을 언급하고 있다. 어떤 인간이라도 하나님의 말씀을 완벽하게 가르칠 수는 없다. 아무리 조심한다 할지라도 오류가 발생할 수밖에 없다. 따라서 가르치는 교사 직분을 가진 목사는 진리를 위해 매진하되 항상 자기반성과 더불어 말씀을 통한 확인을 게을리하지 말아야 한다. 따라서 모든 목사는 하나님과 교회 앞에서 겸손해지지 않을 수 없다.

만일 어떤 목사가 성도들에게 그릇된 가르침을 지속적으로 베푼다면 심각한 문제가 발생한다. 설령 그가 의도하지 않았다 할지라도 교회와 성도들은 그 잘못된 가르침을 받을 것이 분명하기 때문이다. 그럴 바에는 잘못된 내용을 성실하게 가르치는 것보다 차라리 불성실하고 게으른 편이 전체 교회를 위해 훨씬 낫다. 우리는 이점을 마음속 깊이 새기지 않으면 안 된다.

✻ 〈부목사 제도 문제〉

우리 시대에 일반화된 부목사 제도는 성경에 근거한 제도가 아니다. 성령의 인도하심에 따라 교회로부터 목사 직분자로 부름을 받은 성도라면 세력과 경륜을 갖춘 다른 목사에게 수종드는 일이 아니라 목사로서 고유한 직분을 감당해야 한다. 만일 개체 교회의 특별한 형편상 여러 명의 목사들이 있다면 나이나 경험에 상관없이 모든 목사들이 균등하게 설교하며 성찬을 주관해야 한다. 그렇지 않으면 목사들 사이에 부당한 계층이 형성됨으로써 교회를 계급화시키는 심각한 오류에 빠지게 된다.

✱ 〈여자목사 제도 문제〉

우리 시대에 들어와 여자목사 제도를 수용하려는 교회들이 많이 있지만 그것은 매우 잘못된 것이라 하지 않을 수 없다. 이는 현대 페미니즘 (feminism)의 영향을 받은 결과이다. 성경의 원리적인 가르침에 민감하지 않은 자들은 여성이 남성과 전혀 다를 바 없기 때문에, 여자가 목사가 되어도 무방하다고 주장한다.[51]

그런 사람들은 목사가 다른 직분자들, 나아가 일반 평신도들보다 더 높고 명예로운 자리를 차지하고 있는 것으로 잘못 인식하고 있다. 그리고 목사가 되면 무언가 더 많은 종교적인 일들을 할 수 있을 것이라는 판단을 하고 있다. 그러나 목사는 결코 더 높거나 명예로운 위치에 있는 자가 아니며 굳이 목사가 되어야만 복음을 위해 더 많은 일을 할 수 있는 것도 아니다.

이는 물론 그동안 목사직분을 가진 남성들이 진리에 대한 관심을 버리고 오만한 태도를 보였기 때문에 발생한 문제이기도 하다. 우리는 목사가 되어 진리를 왜곡시키는 악행을 저지르는 어리석은 남성들을 보며, 일반 성도로서 성실하게 주님의 몸된 교회를 위해 살았던 존경받을 만한 숱한 여자 선배들을 기억한다.

지금도 그런 신실한 여자 성도들이 우리 주변에 많이 있음을 기억하지 않으면 안 된다. 앞으로도 교회의 남성 지도자들보다 훌륭한 말씀의 지혜를 소유한 여 성도들이 많이 일어나기를 바란다. 그들이 배도의 길을 걷는 목사들의 영적인 횡포를 막기 위해 하나님의 쓰임을 받는다면 그보다 더 소중한 일이 없을 것이다.

---

51) 이와 더불어 우리가 반드시 이해해야 할 바는 가정에 연관된 문제이다. 교회의 직분은 가정과 밀접하게 관련되어 있다. 가정에는 마땅히 존재해야 할 질서가 있다. 가장(家長)인 남편은 가족들에게 말씀을 배경으로 하는 신앙교육을 지도하며 감당할 수 있어야 한다. 만일 여자 목사가 허용될 경우 창조질서가 반영된 가정에서의 질서가 허물어지게 된다.

✳ 〈목사와 생활비〉

교회는 교사로 세워진 목사를 위한 생활비를 부담한다. 노회는 특정 개체 교회로부터 목사에 대한 청빙이 있을 경우 그점을 가장 중요하게 다룬다. 목사가 교회로부터 생활비를 받는 것은 단순한 노동의 대가로 인한 임금이 아니다. 어느 정도 액수의 급여를 받느냐 하는 것 자체는 본질적인 문제가 될 수 없다.

교회가 목사에게 적절한 생활비를 지급하는 것은 그로 하여금 교회의 고유한 의사에 따라 직분을 감당하도록 요구하는 의미를 담고 있다. 목사는 개인적인 판단이나 취향에 따라 목회하려고 해서는 안 된다. 따라서 만일 목사가 경제적인 능력을 갖추었다고 해서 교회로부터 생활비를 전혀 지급받지 않는 것은 도리어 심각한 문제를 유발할 우려가 있다.

교회로부터 아예 생활비를 받지 않는 목사라면 개인의 소견대로 목회를 하려고 할지도 모른다. 그렇게 되면 교회의 간섭을 받지 않으려 할 것이며 모든 것을 자기의 주관적인 판단에 따라 목회를 하려 할 것이다. 사도교회 시대에 바울을 비롯한 믿음의 선배들이 자비량으로 사역했던 것은 그들이 온전한 신앙을 소유했었기 때문이다. 그러나 우리 시대의 목사들은 교회로부터 성실한 적극적인 간섭을 받는 가운데 목회하지 않으면 안 된다. 그것이 교회와 목사를 위한 가장 안전한 방편이 될 수 있기 때문이다.

✳ 〈목사의 세속국가에 대한 납세 문제〉

세속국가에 속한 모든 시민은 고기에 세금을 납부한다. 그것은 국가에 속한 시민으로서 당연히 져야 할 의무이다. 그런데 교회와 그에 속한 목사는 과연 어떤가? 우리 시대에 들어와 목사의 납세 문제가 토론의 중심에 서게 되는 것을 종종 본다.

올바른 신학적 입장을 가지지 못한 자들은 목사도 국가에 속한 시민인 만큼 당연히 세금을 내야 한다는 그럴듯한 견해를 내세운다. 특히 교회에 대한 왜곡된 입장을 가진 윤리주의자들은 소위 사회정의와 경제정의 실천을 앞세워 그런 주장을 하고 있다. 그것은 일면 그럴듯해 보이지만 여간 위험한 생각이 아니다.

결과적으로 말하자면 목사는 세속 국가에 세금을 내지 않아도 될 뿐 아니라 내지 말아야 한다. 이는 일반적으로 일컫는 정교분리(政敎分離)의 원칙에 연관되어 있다. 교회와 교회에 속한 목사는 근본적으로 세속 국가가 아니라 하나님의 공동체에 속한 직분자이다. 교회와 목사가 국가에 세금을 낸다면 교회가 국가에 예속된 종교단체로 인식될 우려가 있다.

어린 사람들은 이와 같은 말을 들으면 목사라 할지라도 국가의 혜택 가운데 살아가지 않느냐고 항변할 것이다. 만일 그런 논리라면 우리는 전혀 다른 논리를 제시할 수 있다. 세속국가에 속한 모든 사람들은 신, 불신을 막론하고 하나님의 보편적인 은총 가운데 살아가고 있다. 하나님께서 날마다 태양빛을 비추지 않고 때에 따라 비와 눈을 내리시지 않는다면 아무도 이 세상에서 살아가지 못한다.

그렇다면 세상의 모든 인간들은 국가뿐 아니라 교회에도 적절한 의무를 져야 한다. 불신자들이라 할지라도 예외가 될 수 없다. 하나님을 알지 못하는 자들이 하나님의 교회에 적절한 액수의 물질을 납부해야 한다면, 목사가 세속국가에 납세의무를 져야 한다는 말이 타당성을 지닐 수도 있다. 그러나 그렇지 않다면 그와 같은 논의는 지속될 필요가 없다. 따라서 교회와 그에 속한 목사는 세속국가에 대한 납세의무를 지지 않아도 된다.

8.1.2. 교사(신학 교수)

개혁주의 교회에서는 일반적인 목사 직분과는 다른 교사 직분을 어느 정도 구분하여 받아들인다. 이는 신학교에서 목사들을 양성하는 교수사역을 하는 직분자들을 의미하고 있다. 교사는 지교회와 노회에 속해 있는 동시에 공교회인 총회에 직접 소속된 특수한 직분을 소유한 성도들이다.

교수들의 주된 사역은 목사와 교회를 돕는 직분을 감당하는 일이다. 그들은 강의와 학습을 통해 목회자를 양성하는 일을 하며, 말씀을 근거로 하는 연구를 통해 목사들이 지교회에서 올바른 목회사역을 할 수 있도록 끊임없는 원리를 제시하게 된다.

우리 시대에 생겨난 우려스런 분위기 가운데 하나는 신학 교수들이 일반 목사들보다 더 명예로운 듯이 인식되고 있다는 사실이다. 교수들은 일반 목사들에 비해 학문적인 공부를 더 많이 해서 세속정부가 인정하는 박사들이 많다. 그러나 그것 자체로서 더 존경받을 일이 되지는 못한다.

목사보다 교수가 더 높아 보이는 시대는 세속화된 시대라 아니할 수 없다. 우리는 매 주일主日 하나님에 대한 공예배를 구체적으로 인도하는 목사가 교회를 위한 실천적 직분자인데 반해 신학 교수들은 목사들이 그 고귀한 일을 올바르게 잘 실천할 수 있도록 보조하는 역할을 하는 특수한 직분자라는 사실을 기억하지 않으면 안 된다.[52]

8.1.3. 장로

목사가 노회와 지교회 소속이며, 신학 교수가 노회와 지교회와 총회에 소속되어 있는데 반해 장로는 지교회 소속이면서 교회의 성도들을 대표해 노회원 자격을 얻을 수 있는 직분자이다. 교회는 말씀에 신실한 형제들 가운데서 내적 소명과 외적 소명을 확인하여 장로로 선출해야 한다.[53] 장로로 세워진 성도들은 지교회와 노회 사이의 가교架橋 역할을 하는 중요한 직분을 수행하게 된다.

---

[52] 신학 교수가 이론적인 성격을 지니고 있다면 목사는 실체적인 성격을 지니고 있다. 이는 경제학 교수와 정치학 교수가 경제 및 정치 이론을 제시하는 자들인데 반해, 경제인과 정치인들은 현실적인 실무를 감당하고 있는 것과 같다. 이처럼 신학자들은 목사들을 이론적으로 도움으로써 교회를 세워나가게 되는 중요한 사역을 맡은 자들이다.

[53] 교회가 장로를 선출하는 것은 매우 중요하다. 교회와 그에 속한 모든 세례교인들은 그에 대한 중요성을 충분히 인식한 상태에서 직원 투표에 임해야 한다. 남녀평등을 강조하는 21세기에도 일부 개혁주의 교회들 가운데는 장로투표를 하면서 여자성도들에게는 투표권을 부여하지 않는 경우가 있다(예, Free Reformed Church in Calgary, Canada). 이는 가족단위의 참여라는 의미가 있을 수 있으며, 동시에 투표의 신중함을 위한 방편이 될 수도 있다.

그리고 장로 직분자가 교회에서 감당해야 할 매우 중요한 사역 가운데 하나는 목사의 설교를 겸손하고 신실하게 감독하는 일이다. 이는 물론 설교자에게 불필요한 부담을 주는 잘못된 감시를 의미하지 않는다. 만일 목사가 성경 본문을 마음대로 해석하거나 성경의 교훈에서 벗어난 설교를 자행할 경우 장로들은 그에 대한 지적과 더불어 교정해야만 한다.54) 그렇게 하기 위해서는 장로들이 성경에 대해 목사 못지않은 풍부한 지식을 갖추지 않으면 안 된다. 만일 교회가 그 사역을 소홀히 하게 되면 강단이 무너질 우려가 생기게 된다.

그리고 장로는 공예배 시간에 선포된 말씀과 교회의 신앙고백을 통해 성도들의 신앙을 선하게 감독해야 한다. 장로들에게 성도들을 위한 심방 사역이 맡겨진 것은 바로 그 일을 감당하도록 하기 위해서이다. 장로가 기록된 말씀을 통해 성도들의 영적인 삶을 지도하는 일에 소홀하거나 무관심하다면 교회가 올바르게 성장할 수 없다.

8.1.4. 집사

집사는 개체 교회에 속한 직분자이다.55) 집사 역시 목사와 장로들처럼

---

54) 교회에서 모든 성경 해석 및 신학적 문제에 대한 표준은 공교회가 고백하고 있는 신앙고백서를 기준으로 해야 한다. 목사의 설교에 대해 당회가 이의를 제기한다면 목사는 설교의 정당성에 대해 신앙고백서를 근거로 제시해야 하며, 당회 역시 설교에 문제를 제기할 경우에도 신앙고백서를 근거로 제시해야 한다.

55) 한국교회에 보편화되어 있는 서리집사 제도는 하루 빨리 정리되어야 한다. 한국 기독교 초창기에 개체 교회가 집사를 선출하여 세우기 어려울 때 임시적인 직분 사역을 위해 서리집사 제도가 있었던 것은 바람직했던 것으로 보인다. 그러나 교회의 투표에 의해 세워진 장립집사가 있을 때는 더 이상 서리집사가 필요하지 않다. 도리어 서리집사가 마치 일종의 계급적 개념이나 명예 및 체면과 연관된다면 심각한 문제가 아닐 수 없다. 더구나 집사로서 구체적인 직분사역을 감당하지 않는 이름만의 형식적인 집사라면 교회의 직분제도를 혼탁케 하는 위험한 역할을 하게 될 따름이다. 한국교회는 이에 대한 분명한 이해와 더불어 확실한 정리를 하지 않으면 안 된다.

내적 소명과 외적 소명이 확인되는 가운데 교회로부터 선출되어야 한다. 집사 직분을 맡은 성도들은 공예배에서 맡겨진 직분적 봉사와 더불어 교회의 재정문제와 일반적인 행사에 연관된 사역을 감당하게 된다. 또한 매주일 행해지는 교회의 식생활에 연관된 문제와 일반적인 살림살이에 관한 문제도 집사들에게 맡겨져 있다. 나아가 집사들은 항상 교회에 속한 성도들 가운데 일상생활에 어려움을 겪고 있는 자가 없는지 살펴야 한다.

교회에서는 남자 집사뿐 아니라 여성이 집사로 세워질 수 있는 것은 자연스럽다. 신약성경은 그에 대해 부정적이지 않다. 사도 바울은 목회서신에서 집사에 관한 언급을 하면서, "여자들도 이와 같이 단정하고 참소하지 말며 절제하며 모든 일에 충성된 자라야 할지니라"(딤전 3:11)는 교훈을 주고 있다. 이는 일반적인 경우에 대한 말이 아니라 집사 직분에 연관된 기록이다.

교회는 여자 성도들의 삶에 대해서도 깊은 관심을 기울여야 한다. 하지만 그 사역을 남성들이 모든 것을 감당하기에는 한계가 따른다. 그러므로 여자 집사들이 교회에 속한 여성들의 일상적인 문제에 관심을 가지고 맡은 바 사역을 수행하게 된다.

대다수 한국교회에 일반적으로 존재하는 '권사' 직분은 사실상 여자 집사와 연관되는 직분자로 이해할 수 있다. 권사는 결코 나이든 여성에게 허락되는 명예직이 될 수 없다. 직분들 가운데는 명예를 위해 주어지는 직분이 아예 존재하지 않는다. '권사'를 영어로 '선배 여자 집사'란 의미를 지닌 'senior deaconess'로 번역하는 것은 바람직하다. 만일 그렇다면 그들은 '여자 집사'로시 교회로부터 맡겨진 구체적인 사역을 감당해야만 한다.

8.2. 개체 교회의 직분회와 공동의회

교회의 원활한 사역을 위해 개체 교회에는 마땅히 있어야 할 네 개의 기본적인 회의 조직이 있다. 그것은 당회, 집사회, 제직회, 공동의회이다. 물론 그 기관들은 단순히 회의만을 위한 것이라 말할 수는 없다. 또한 모든 회의 기관들은 상호 계급적 구조를 유지하지는 않는다. 중요한 점은 모든 직분회가 자신에게 맡겨진 사역을 성실하게 감당해야 한다는 사실이다.

8.2.1. 당회

당회는 목사와 장로들로 구성된 지교회에 속한 기관이다. 우리가 여기서 유념해야 할 바는 당회장이 되는 목사가 당회 위에서 통치하거나 일방적으로 회의를 주장하는 역할을 하는 것이 아니라 다른 장로들과 마찬가지로 당회의 지도 아래 있다는 사실이다. 당회 내부에서 특별히 권세를 행사하는 사람이 있어서는 안 된다.

당회원들은 교회의 영적인 상태를 올바르게 유지하기 위해 점검하며 교회에 속한 성도들의 영적인 문제를 공동으로 살피게 된다. 정기적으로 열리는 당회에서는 심방의 결과로 인해 알게 된 성도들의 영적인 삶에 대하여 대화를 나눈다. 만일 성도들에게 개인적으로 감사한 일이나 특별히 어려운 일이 있으면 그들을 격려하도록 애써야 한다.

또한 당회에서는 공예배 시간의 말씀선포 사역을 위해 목사와 더불어 성경 본문을 정하는 일에 깊은 관심을 기울여야 한다. 그뿐 아니라 현재의 형편과 더불어 성도들을 위해 어떤 신앙교육이 필요할지 그 교육의 내용과 방법에 대해 함께 머리를 맞대고 의논해야 한다. 그리고 당회는 공동으로 성례를 주관하며 그에 대한 준비를 하게 된다.

그러므로 당회에서는 세례와 세례를 베풀 자를 선정하고 그들을 위한 교육과 더불어 문답하는 일을 감당한다. 이를 기초로 하여 교회의 회원으로 가입할 자들에 대한 심의와 결정을 하게 된다. 이 사역을 통해 타락한 세상으로부터 구별되는 교회의 경계를 분명히 하게 되는 것이다.

이것들 외에도 교리에 연관된 문제는 당회에 맡겨진 중요한 사역이다.

교리 문제에 관한 한 당회에 맡겨진 고유한 사역으로 이해해야 한다. 교리나 세속적인 문제에 대한 해석을 할 때는 제직회나 공동의회의 논의와 동의를 거칠 필요가 없다. 도리어 신앙이 성숙하지 못한 다수의 성도들이 세속화된 주장을 한다고 할지라도 당회는 말씀과 신앙고백에 비추어 완강하게 거절할 수 있어야 한다.

따라서 당회는 성도들의 일상생활에 대해서도 관심 있게 지켜보며 지도해야 할 의무가 있다. 예를 들어 성도들의 헤어스타일(hair style)과 의상에 있어서 세속화 되어 갈 때 간섭할 수 있어야 한다. 나아가 세상에서 유행하는 음악이나 인터넷 문화, 스포츠, 영화나 일반 문화에 대한 문제에 대해서도 건전하게 지도해야 한다. 당회는 세속문화가 교회에 침투해 들어오는 것을 말씀으로 방어하며 성도들을 보호해야 할 소중한 임무를 가지게 되는 것이다.

8.2.2. 집사회

집사회는 지교회에서 없어서는 안 될 매우 중요한 필수적인 직분회이다. 당회가 교회와 성도들의 영적인 면을 중심에 두고 사역하게 된다면, 집사회는 교회와 성도들의 일상생활에 연관된 면들을 중심에 두고 봉사의 일을 감당하게 된다.

정기적으로 모이는 집사회에서는 공예배에서 집사들이 행해야 할 봉사 영역에 대해 논의한다. 예배시간에 연보를 수금하는 일은 집사들에게 맡겨진 봉사의 사역이다. 그리고 성도들의 연보를 정리하며 교회의 재정에 관한 제반 문제를 집사회가 논의한다.

그리고 집사회에서는 재정 사용뿐 아니라 매주일 성도들이 나누게 되는 일반적인 식탁에 대해서 관리해야 한다. 나아가 교회의 일반적인 행사와 친교의 문제에 대해서도 논의하게 된다. 예를 들어 여름이나 겨울에 있게 될 특별한 행사나 봄, 가을에 특별한 성도들의 교제의 기회가 필요하다면 집사회에서 논의하게 된다. 교회의 행사 가운데 가르치는 순서가 있을 경우 그것은 당회에 맡겨 의논하도록 해야 한다.

8.2.3. 제직회

당회와 집사회가 상호 독립적이라면, 제직회에서는 두 직분회에 속한 모든 직분자들이 함께 모여 교회의 실정에 대해 보고하며 논의하게 된다. 당회에서 논의된 사실을 집사회가 구체적으로 모를 수 있으며, 집사회에서 논의된 사항을 당회가 알지 못할 경우가 있다. 따라서 두 직분회가 논의한 중요한 사항을 제직회를 통해 보고하며 서로 공조하는 것은 매우 중요하다.

그러므로 제직회에서는 교회의 서기 보고와 더불어 회계를 맡은 집사의 재정보고를 하게 되며, 교회의 전반적인 사항들에 대해 공적으로 논의하게 된다. 물론 제직회원들은 모든 내용들에 대해 자유롭게 질문할 수 있으며 필요에 따라 의결하여 결정할 수 있다.

8.2.4. 공동의회

공동의회는 지교회에 입교한 모든 세례교인들의 총회이다. 그 회가 직분회와는 성격이 다르지만 일 년에 한 차례 이상 정기적으로 개최되어야 한다. 정기 공동의회를 개최하는 것은 전체 교회 앞에 마땅히 알려야 할 사항과 재정 문제를 포함한 제반 내용을 보고해야 하며 교회의 일반적인 사안들에 대한 공적인 논의를 거쳐야 하기 때문이다.

그리고 필요에 따라 임시공동의회를 개최할 수 있다. 그것은 당회나 교회적인 적법한 절차에 따른 공적 요구에 의해 이루어진다. 교회의 중요한 사안이 발생하게 될 경우에는 적어도 한 주일 전에 논의할 내용과 더불어 회의를 개최할 시간과 장소를 공시해야 한다. 한 주일 전에 미리 전체 성도들에게 공시하는 것은 그에 대한 구체적인 관심과 더불어 기도를 요청

하는 의미를 지니고 있다.

논의 되어야 할 내용을 모르는 채 공동의회에 참석하게 되면 심도 있는 논의에 참여하기 어렵다. 그 회의에서는 나이와 신분, 심지어는 직분에 상관없이 모든 입교인들이 평등한 관계에서 자유롭게 논의할 수 있어야 한다. 만일 누군가 나이나 신분 심지어는 직분으로 인해 다른 회원의 정당한 발언이나 의견개진을 가로채거나 막는다면 그것은 근본적으로 잘못된 것이며 교회를 무시하는 행위일 수 있음을 기억해야 한다.

공동의회에서 결정해야 할 가장 중요한 일 가운데 하나는 목사를 청빙하는 일과 직분자를 선출하는 일이다. 이에 대해서는 어느 누구도 특정인을 뽑으라는 식의 사전 선거운동을 해서는 안 된다. 교회는 하나님을 경외하는 성도들의 결집된 의사를 통해 하나님의 뜻을 알아가야 하기 때문이다. 설령 모든 사람이 특정 사안에 대해 찬성할 때 혼자 반대한다고 해서 그것이 하나님의 뜻에 반하는 행동이라 할 수 없다. 전체 교회 공동 의사를 통해 겸손한 마음으로 하나님의 뜻을 알아가는 것이 소중할 따름이다.

✳ 〈교회에서의 투표〉

목사를 청빙하는 일이나 직분자 선출 혹은 일반적인 사안을 위한 공동의회에서의 투표가 있을 경우 교회는 성숙한 자세를 견지해야 한다. 투표 공고가 된 후로는 그에 대한 지지 혹은 반대를 표명하는 어떠한 운동도 해서는 안 된다. 부모형제 사이라 할지라도 그에 대한 개인적인 의사표명을 하는 것은 자제되어야 한다.

그 대신 모든 회원들은 투표해아 할 문제에 대한 명확한 이헤와 더불어 하나님의 뜻에 귀를 기울이고자 하는 분명한 자세를 지녀야만 한다. 단 부부 사이에는 그에 관한 적절한 대화를 나눌 수 있다. 그렇지만 그런 경우라 할지라도 상대에게 자신의 의사를 일방적으로 강요해서는 안 된다.

교회는 그런 자연스런 과정 가운데서 진행되는 투표를 통해 하나님의 뜻을 알아가게 된다. 따라서 교회와 성도들은 정당하게 이루어진 투표 결과를 수용할 준비를 갖추어야 한다. 설령 자기가 생각하는 것과 정반대의 결과가 나온다 할지라도 그것을 하나님의 뜻으로 알고 순종하는 마음으로 받아들여야 하는 것이다.

8.3. 공교회에 속한 체제적 기구

공교회는 다양한 치리 기구들을 두고 있다. 그중에는 당회와 노회가 있으며 총회가 있다. 이 가운데 개체 교회의 당회와 노회의 기능이 중요하며 그 다음으로 총회가 중요하다. 지교회의 당회가 가장 중요한 이유는 매주일 하나님을 직접 예배하는 실체적 주체인 교회에 밀접하게 연관된 기관이기 때문이다. 또한 노회는 지교회들을 상시적으로 살피며 보호하는 역할을 한다. 그리고 총회는 각 노회를 통해 제기된 안건들을 가지고 지교회의 실상을 알고 전체적인 논의를 하게 된다.

또한 공교회의 총회는 독립적인 성격을 지니고 있어서 독자적인 헌법과 더불어 목사들을 양성하기 위한 신학 교육기관을 운영하고 있다. 이를 통해 신학적 통일성을 유지하게 되며 교회의 상속을 이어가게 된다. 공교회가 건실한 진단과 대처를 함으로써 세속의 물결을 방어하는 것은 역사 속의 지상 교회를 보존하는 중요한 방편이 된다.

8.3.1. 총회

총회는 원칙적으로 회원들이 모여 회의를 하기 위한 교단적인 모임이다. 따라서 회의 기구인 총회가 폐회하게 되면 회원권의 기능도 종료하게 된다. 회의가 진행중일 때만 회원의 자격을 가지고 있는 것이다. 따라서 총회장을 비롯한 임원은 회의를 위해 봉사하는 회원들이다. 총회장은 회의를 주재하는 의장의 직임을 맡은 자이며 다른 임원들도 원활한 회의를 진행하기 위해 직임을 맡은 자들이다.

그러므로 총회가 끝나게 되면 더 이상 총회장으로서 역할을 감당할 기구가 없다. 총회의 회의를 통해 논의되고 의결된 내용들을 각 노회들에 통보하고 그것을 각 지교회에 전달해야 한다. 그렇지만 총회가 폐회한 상태에서 지속적으로 수행해야 할 업무들이 남아 있을 수 있다. 그것을 위해 총회는 상비부를 두고 있다. 상비부에 속한 회원들은 총회가 결의하여 맡긴 일들을 수행하게 된다.

8.3.2. 노회

노회는 총회와 달리 단순히 회의를 하기 위한 모임이 아니라 상시적인 기관이다. 회의가 끝나고 폐회된 후에도 노회는 맡겨진 직능을 지속적으로 수행하게 된다. 그러므로 노회는 항상 노회에 소속된 지교회들을 향해 귀를 열어놓고 직무를 감당해야 한다.

노회는 지교회를 보호하고 감독할 수 있는 신령한 권한을 부여받고 있다. 따라서 공적으로 지교회의 전체적인 사정과 가르치는 교사인 목회자들을 관심 있게 살펴야 하며 올바른 가르침이 시행되는지 돌아보아야 한다. 교회와 목회자가 사역지 이동에 관한 의사를 표명할 경우 노회는 전체 회원들을 통한 의결을 거쳐 허락여부를 결정해야 한다.

8.3.3. 지교회의 당회

개체 교회에 의해 세워진 상시적 기관인 당회는 노회와 지교회의 중간 위치에 서 있는 것으로 말할 수 있다. 그러므로 당회는 노회에서 결의된 중요한 사항들을 개체 교회에 전달해야 한다. 그리고 지교회의 의사를 당회의 의결을 거쳐 노회에 공식적으로 전달할 수 있어야 한다.

또한 지교회의 당회는 이웃 교회 당회와 공적인 차원의 교류를 위해 항시 문을 개방해 두어야 한다. 이 말은 교회와 교회 차원의 교류와는 다른 의미를 지닌다. 가까이 이웃하고 있는 교회들의 각 당회는 주변에서 발생하는 현실적인 문제에 대해 공동으로 대처할 수 있는 준비를 갖추고 있어야 하는 것이다.

8.4. 교회정치의 다양한 형태

8.4.1. 교황정치

교황정치는 이단적이긴 하지만 로마 가톨릭교회와 희랍정교회에서 채택하고 있다. 그들은 교황이 가시적 교회 가운데서 군주로서의 권한을 가지고 있기 때문에 교황의 결정은 곧 하나님의 뜻이라 여긴다. 따라서 교황이 임명한 사제들은 특별한 지위를 누리며 교회 위에 군림하게 된다.

8.4.2. 감독정치

감독정치는 목회자, 즉 감독 중심의 교회정치를 의미한다. 감독은 교회를 실제적으로 주관하게 된다. 감독정치에서는 교회의 감독을 사도권을 계승한 것과 유사한 입장에서 이해하는데 성공회가 대표적이다. 감리교와 같은 경우는 행정적인 체계에 있어서 감독정치 제도를 채택하고 있으므로 감독이 행정권과 인사권을 가지고 있다.

8.4.3. 장로정치

장로정치는 지교회에 속한 성도들이 그리스도의 주권과 성령의 간섭 아래 장로들을 선출해 당회를 구성함으로써 당회로 하여금 교회의 치리를 감당하게 하는 제도이다. 장로정치는 그 기본이 전체 교회로부터 출발하지만 노회의 관할 아래 있는 신본주의적 정치체제라 할 수 있다. 이는 교회에서 절대주권을 가지신 분은 오직 예수 그리스도 한 분밖에 없으며, 모든 성도들은 독자적인 세력 없이 그의 뜻에 온전히 순종해야 함을 의미하고 있다.

8.4.4. 회중정치

회중정치에서는 교회가 회중에 의해 이끌어져 가야 하는 것으로 주장한다. 그들은 교회 내의 위계제도를 인정하지 않으며 민주적인 정신 아래 개교회주의를 지향하고 있다. 각각의 개체교회는 독립된 치리회로서 상회의 지배를 거부하며, 개교회 상호관계는 자발적인 교제의 범위를 벗어나지 않는다.

9. 교회와 특별은사에 관한 문제

지상 교회에 하나님께서 허락하신 다양한 은사들이 존재한다는 사실은 분명하다. 그것은 교회를 세우기 위한 일반은사와 연관되며 직분과도 밀접하게 관련되는 문제이다. 그렇지만 사도교회 이후 보편교회 시대에 속한 우리 시대에는 성경시대에 있었던 특별한 은사들이 종료됨으로써 더 이상 존재하지 않는다.

문자로 기록된 성경계시가 완성되기 전이었던 사도시대에는 다양한 특별계시들이 주어졌던 것이 틀림없다. 그때는 당시 전 세계에 흩어져 있던 교회들이 그 특별계시들을 통해 부분적으로 진리를 확인해 갔다. 물론 구약성경과 점진적으로 주어진 신약성경을 기초로 하여 계시가 더욱 풍성해져 갔을 것이다. 그렇지만 신구약 성경이 완성되고 보편교회 시대가 이르면서 사도시대의 특수한 은사들은 끝이 나게 된다. 사도 바울은 고린도 교회에 편지하면서 그에 대한 기록을 하고 있다.

"예언도 폐하고 방언도 그치고 지식도 폐하리라 우리가 부분적으로 알고 부분적으로 예언하니 온전한 것이 올 때에는 부분적으로 하던 것이 폐하리라 내가 어렸을 때에는 말하는 것이 어린 아이와 같고 깨닫는 것이 어린 아이와 같고 생각하는 것이 어린 아이와 같다가 장성한 사람이 되어서는 어린

아이의 일을 버렸노라 우리가 이제는 거울로 보는것 같이 희미하나 그 때에
는 얼굴과 얼굴을 대하여 볼 것이요 이제는 내가 부분적으로 아나 그 때에는
주께서 나를 아신 것 같이 내가 온전히 알리라"(고전 13:8-12)

우리는 이 말씀이 은사에 관한 교훈을 베푸는 중에 주어진 계시라는 사
실을 기억해야 한다. 고린도전서 12장-14장은 전체적으로 지상의 교회를
세우기 위한 은사에 관한 기록을 하고 있다. 그 가운데 바울은 사도교회
시대를 보편적으로 완성하는 의미와 더불어 특별한 은사의 역사적 성격에
관한 기술을 했던 것이다.

그럼에도 불구하고 오늘날도 예수께서 지상 사역을 감당하시던 당시와
사도시대 교회에 있었던 은사들이 여전히 존속하는 것처럼 생각하는 자들
이 상당수 있다. 그것들은 대개 예언의 은사, 방언의 은사, 치유의 은사 등
으로 대별된다. 그런 은사들을 주장하는 자들은 사도교회의 특성과 보편
교회의 특성에 대한 이해 부족으로 인해 잘못된 종교적 경험에 의존하고
있다.

우리 시대의 현실 교회에서 발생하는 예언, 방언, 치유사역 등은 그것이
과연 하나님으로 말미암는 것인가에 대해 아무런 입증을 할 수 없다. 우리
는 그런 형식의 특별한 종교 현상들이 이방 종교들에서도 빈번하게 일어
나고 있으며 기독교 이단들에서도 많이 일어나고 있다는 사실을 염두에
두어야 한다.

9.1. 예언의 은사

예언의 은사에 대해서는 기본적인 오해를 하는 자들이 많다. 예언에는
사람들이 일반적으로 생각하는 미래에 일어날 일에 연관된 예언(豫言,
prediction)과 하나님의 말씀을 그대로 전달하는 선지자적인 특별 은사를 의
미하는 예언(預言, prophecy)이 있다. 성경에서 말하는 예언이란 대개 후자를

의미하며 이는 계시적 사건들과 긴밀한 관련이 있다. 따라서 성경계시가 완성된 이후부터는 이러한 예언조차도 더 이상 주어지지 않는다.

그러나 우리 시대에 예언을 한다고 주장하는 자들은 예외 없이 장래 일을 말하는 자들로서 실제로는 아무런 확증을 할 수 없는 내용들이다. 만일 예언을 하는 자에게 그 예언을 100% 보장할 수 있느냐고 물으면 그렇다고 단정지을 자가 없으며, 설령 그렇게 대답했다고 할지라도 그것이 사실이 아니라는 것이 곧 드러나고 만다. 그 예언이 만일 하나님으로 말미암는 것이라면 결코 틀릴 수 없다. 우리는 지상의 모든 종교들에서 수많은 예언들을 쏟아내고 있다는 사실을 기억해야 한다.

9.2. 방언의 은사

사람들이 일반적으로 말하는 방언의 은사에 대해서도 역시 마찬가지다. 사도교회 시대의 방언은 하나님의 특별한 은사로서 반드시 통변의 은사를 가진 성도들을 필요로 했다. 방언을 말하는 사람이 혼자서 남이 알아들을 수 없는 말을 되풀이 한다면 문제가 아닐 수 없다. 그런 식의 방언은 여러 형태의 이방 종교들에서는 물론 다양한 기독교 이단들에서도 수없이 많이 일어나고 있다.

종종 방언을 통변하는 은사를 가졌다고 주장하는 자들이 있지만 그것이 과연 하나님으로 말미암는 것인지에 대해 확증할 만한 아무런 방도가 없다. 그들의 통변이 올바른 것인지 거짓인지 확인할 수 있는 증거가 없는 것이다. 어떤 사람들은 그에 대한 사실 여부를 알기 위해 그것을 시험해 보기도 한다.

예를 들어 특정인의 방언을 녹음해서 통변의 은사를 받았다고 주장하는 여러 사람들에게 들려주면 전부 제각각 그에 대한 다른 내용의 통변을 한다. 나아가 녹음된 동일한 방언을 어떤 통변의 은사를 받았다는 자에게 들려주고 그 통변을 들은 다음 오랜 세월이 지난 후 동일한 녹음을 그에게 다시 들려주면 그전에 했던 말과 전혀 관계없는 다른 통변을 하게 된다는 것이다.

우리가 반드시 이해해야만 할 이보다 훨씬 중요한 사실은 오늘날 참된 성도들은 이미 방언을 말하고 있다는 사실이다. 그것은 곧 지상 교회에 속한 모든 성도들은 계시된 말씀을 통해 천국언어를 사용하고 있음을 의미하고 있다. 부활하신 예수께서는 앞으로 '새 방언'(new tongue)을 말하게 되리라는 사실을 언급하셨다(막 16:17).

따라서 신약시대의 올바른 교회에 속한 성도들은 성경에 기록된 천상의 언어를 사용하고 있다. 한국어를 사용하든 영어나 중국어를 사용하든 아프리카나 혹은 인도 말을 사용하든 간에 거듭난 모든 성도들은 동일하게 성경을 통한 천국언어를 사용하므로 서로간 진정한 대화가 통한다.

이에 반해 하나님의 자녀들과 동일한 지역에 살고 있으면서 날마다 같은 통상언어를 사용하지만 하나님을 알지 못하는 불신자들과는 언어의 상이성으로 인해 대화가 통하지 않는다. 그들은 지상 언어에 익숙할지언정 천상의 언어에 대해서는 아무런 지식이 없기 때문이다. 이는 그들이 이땅의 언어만 사용하는데 반해 교회에 속한 모든 성도들은 천국 언어인 방언을 사용하고 있음을 말해주고 있다.

하나님을 알지 못하는 사람들도 보통 사람들이 알아들 수 없는 신비한 입술의 방언을 말하며 이방 종교에 속한 자들도 그런 류의 방언을 말한다. 그들은 한결같이 그런 현상이 저들의 종교가 신(神)과 직접 교류하는 중요한 증거 역할을 한다고 주장한다. 하지만 그것들은 전부 사탄으로 말미암는 특이한 종교적 현상에 지나지 않는다.

9.3. 치유의 은사

질병의 치유에 대한 일반적인 현상 역시 하나님으로 말미암는 것이라는 아무런 확증이 없다. 그것은 도리어 매우 위험한 성격을 지니고 있다. 어떤 사람이 기록된 하나님의 말씀이 아니라, 기독교인이라 주장하는 자들의 치유사역을 보고 하나님을 믿게 된다면 여간 위험하지 않을 수 없다. 어리석은 자들 가운데는 명백한 이단자들의 치유사역을 보고 저들을 따르는 경우가 많다는 사실을 우리는 기억해야 한다.

나아가 기독교인이 행하는 치유사역을 보고 감탄한 사람이 기독교에 들어왔다가 나중에 이방 종교인들이 행하는 그보다 훨씬 크고 놀라운 기적을 보게 된다면 그는 그것을 보고 이방신을 따라가지 않겠는가? 우리는 질병을 고치는 치유행위가 모든 종교들에서 일어나고 있음을 기억하지 않으면 안 된다. 힌두교나 불교, 이슬람교는 물론 한국 무속의 무당들도 질병을 고친다. 나아가 기독교 이단들에서도 소위 치유사역을 통한 엄청난 이적들을 행하고 있다.

따라서 그런 것들은 우리에게 아무런 의미가 없다. 하나님의 자녀들은 이미 놀라운 기적 가운데 살아가고 있다. 따라서 우리는 보편교회 시대에는 그런 은사들을 전혀 필요로 하지 않는다는 사실을 염두에 두어야 한다. 예수님과 사도교회 시대에 특별한 은사들이 필요했던 것은 그것들이 보편교회를 세우기 위한 소중한 기초가 되었기 때문이다. 우리는 그에 대한 분명한 이해를 하지 않으면 안 된다.

10. 신약시대 교회의 절기 및 특별주일과 예배 문제

신약시대의 보편교회에는 역사 가운데 생성된 나름대로의 다양한 절기들이 존재한다. 그 절기들이 하나님의 언약과 연관된 의미를 지니고 있는가 하는 문제는 그리 간단하지 않다. 그러나 우리 시대의 성도들이 그 절기들을 반드시 지켜야 한다고 말할 필요는 없다. 사도 바울은 로마에 있는 교회에 편지하면서 어느 정도 그에 연관된 교훈을 주고 있다.

"혹은 이 날을 저 날보다 낫게 여기고 혹은 모든 날을 같게 여기나니 각각 자기 마음에 확정할지니라"(롬 14:5)

바울은 여기서 '특별한 날'을 정해 반드시 지켜야 한다든지 절대 지켜서는 안 된다든지 하는 식으로 확정지어 말하지 않는다. 하지만 여기서 언급된 '날'이란 하나님의 언약과 연관 지어 이해할 필요가 있다. 물론 그것들이 교회를 위해 어떤 외형적인 유익을 끼치느냐 하는 것은 별개의 문제로 이해해야 한다.

그러나 이와는 별도로 현대교회의 절기에는 대표적으로 부활절, 성탄절, 추수감사절 등이 있다. 이러한 절기들은 교회사 가운데서 생겨난 내용들이다. 비록 원래의 취지는 좋았을지라도 우리는 성경에서 직접 명령하는 것이 아닌 그런 절기들에 대한 객관성 있는 의미와 더불어 냉철한 해석을 곁들이지 않으면 안 된다.

AD 325년 '니케아 회의'에서 부활절을 지키도록 결의한 것은 당시 교회의 고백적 본질과 통일성을 위해 유익이 될 것으로 판단했기 때문이었을 것이다.[56] 그러나 세월이 흘러가면서 점차 본질보다는 형식에 치중하게 되었으며 부활절을 앞 둔 기간에 사순절, 고난주간과 같은 또 다른 개념들을 도입함으로써 도리어 문제가 되었다.

또한 로마제국이 기독교를 공인하면서 점차 성탄절을 제정해 지키기에 이르렀다. 그것은 원래 당시 이방 종교의 태양신과 연관된 것이었지만 예수 그리스도가 탄생한 성탄절로 종교적인 옷을 갈아입게 된 것이다. 그것 역시 세월이 흘러가면서 본질은 퇴색하고 점차 절기력에 따른 형식만 남

---

56) 현대교회가 지키는 '부활절'은 고대에 성행했던 이방 종교와 절충된 측면이 있다. 영어로는 부활절이 Easter Day로 불리는데 Easter는 중근동의 풍요의 여신이었던 Ishtar와 가나안의 아스다롯(삿 2:13, Astarte)에서 유래하고 있다. 이는 또한 앵글로색슨족의 봄의 여신이자 풍요의 여신인 Eoster로부터 왔으며 독일어의 Ostern도 게르만 신화에 등장하는 봄의 여신이다.

게 되었다.

그러므로 종교개혁자들은 성탄절을 지키는 것에 대한 문제점을 지적했으며, 청교도들은 성탄절을 지키는 것을 금지했다. 그러나 근대에 들어와 성탄절은 교회의 범주를 벗어나 세상 사람들까지 즐기는 세속화된 축제일로 탈바꿈하게 되었다. 현대 교회는 그런 형편 가운데서 나름대로 축하행사를 하며 성탄축제를 지속하고 있다.

그리고 추수감사절은 중세 종교개혁시대 이후 청교도들이 신대륙으로 이주해가면서 정착된 절기이다. 하나님께서 척박한 자연환경에 처한 성도들에게 날마다 먹을 양식을 공급하심으로써 생명을 허락하신 것에 대한 감사제였다. 우리 시대의 대다수 교회들은 생활의 양상이 많이 바뀐 형편 가운데서도 여전히 추수감사절을 지켜오고 있다.

우리는 현대 교회들이 지키고 있는 절기와 연관된 순기능과 역기능에 대한 분명한 이해를 해야만 한다. 순기능이라면 교회와 성도들이 일 년 한 차례씩 돌아오는 절기들을 통해 그에 연관된 신앙의 내용을 다시금 되돌아 볼 수 있는 기회를 가질 수 있다는 점이다. 설교자는 절기에 맞추어 설교를 함으로써 어느 정도 균형을 잡는데 유익할 수도 있다.

그러나 그런 순기능에도 불구하고 역기능이 적지 않다. 그것은 일 년에 한 차례씩 돌아오는 절기로 인해 다른 주일에는 그와 연관된 의미를 등한시하거나 다른 주일은 그와 연관되지 않는 것처럼 생각하게 될 우려가 있기 때문이다. 따라서 현대 교회에서는 일년 한 차례씩 돌아오는 부활절에만 부활에 연관된 찬송을 할 뿐 나머지 주일에는 부활 찬송을 거의 부르지 않는다.

성탄에 관한 의미와 예수 그리스도의 탄생을 노래하는 찬송 역시 마찬가지다. 현실 교회에서는 대개 주님의 탄생을 감사하는 찬송은 일 년 한 차례씩 12월 말에 다가오는 성탄절에만 부르는 것으로 되어 있다. 이에 대해서는 추수감사절에 있어서도 동일한 문제점을 가지고 있다. 그러나 절기에 연관된 그런 찬송들은 일 년 한 차례가 아니라 사시사철 매주일 기념되어야 할 내용들이다.

그런데 그보다 더욱 심각한 문제는 현대 교회가 절기를 점차 변질시켜가고 있다는 점이다. 그것은 절기 때마다 연보를 강조하게 되고 그것을 위해서 더 많은 절기들을 만들어내려 한다는 사실이다. 그러므로 추수감사절 이외에 구약시대에 있었던 맥추절을 지키는 교회들마저 많이 생겨나게 되었다. 만일 그런 절기를 지켜야 한다면 유월절과 장막절도 다시 지켜야 할지 모른다.

하지만 예수 그리스도로 말미암아 모든 것이 성취된 우리 시대에는 그런 절기들을 지킬 필요가 없을 뿐더러 세속화되어 있다면 차라리 지키지 않는 것이 바람직하다. 교회 가운데 하나님의 말씀이 약화되고 경직화 된 조직으로 틀이 잡히면 다양한 형태의 특별한 날들을 억지로 만들어내게 된다.[57] 뿐만 아니라 성경이 요구하지 않는 잡다한 기념일들을 만들어내어 지키려 한다.[58] 또한 교인들의 개인 생활에조차 종교적인 특별한 의미를 부여하려고 한다.[59]

한국 교회에는 이미 그와 같은 행태가 깊숙이 자리매김하고 있는 실정이다. 그러나 그 모든 것들은 교회 가운데서 정리되어야만 할 대상들이다. 우리는 매 주일 성도들이 모여 동일한 자세로 하나님을 경배하며 찬양하

---

57) 한국 교회 가운데는 송구영신예배, 신년 첫 주일, 어린이주일, 어버이주일, 목회자 주일, 부부주일, 노인주일 등을 만들어 지키는 경우를 쉽게 볼 수 있다. 그러나 그 것은 결코 바람직한 것이라 말할 수 없다.

58) 민족주의적 경향을 지닌 교회들에서는 국가와 민족에 연관된 날들을 주일과 결부시키는 경우를 종종 보게 된다. '3.1절 기념예배', '5.18 민주화 기념예배', '8.15 해방 기념예배' 등이 곧 그런 것들이다. 하지만 성경은 교회를 향해 그런 날들을 기념하여 예배하라고 하지 않는다.

59) 우리 시대에는 혼인예배, 장례예배, 생일기념예배, 회갑예배, 백일잔치예배, 돌잔치예배, 개업예배, 입주 혹은 이사예배, 학위취득 기념예배, 출판기념예배 등이 생소한 용어가 아니다. 그러나 그런 식의 예배를 만들어 도입하는 것은 인간을 기념하는 것에 지나지 않는 위험한 것이다.

게 된다. 이에 지나 다양한 날들을 제정하는 것은 매우 위험한 인위적인 발상에 기인하고 있다.

✻ 〈혼인식과 장례식〉

성도들의 혼인은 하나님을 알지 못하는 불신자들과 전혀 다른 의미를 지니고 있다. 혼인을 하는 당사자인 성도들은 반드시 사전에 자신이 속한 교회를 대표하는 장로들의 모임인 당회의 의견을 청취해야 한다. 교회의 허락하에 성도들의 혼인이 이루어져야 하기 때문이다. 이는 교회가 딱딱하게 성도들의 혼인을 간섭한다는 말이라기보다 성경의 원리 가운데 혼인해야 함을 주지시켜 교육해야 할 의무가 있음을 말해주고 있다.

교회는 성도들의 혼인이 비록 성례는 아니지만 어느 정도 성례적인 성격을 띠고 있음에 주의를 기울여야 한다. 혼인을 통해 성립되는 가정은 교회적 언약의 기초 단위가 될 뿐 아니라 미래를 향한 교회의 상속과 밀접하게 연관되어 있음을 기억하지 않을 수 없다. 따라서 혼인을 통해 한 남자의 아내가 되는 성도는 별도의 입교절차 없이 혼인식만으로 남편이 속한 교회에 소속되는 것이다.

이에 반해 장례식은 혼인식과 그 성격이 전혀 다르다. 성도들의 죽음은 언약과 상관없이 남은 성도들에게 많은 교훈을 남긴다. 그러나 성도들이 죽은 사람을 위로하거나 격려하는 따위의 행위를 해서는 안 된다. 나아가 어떤 경우라 할지라도 살아있는 자들이 죽은 자를 천국에 연관지어 떠받치는 언어를 사용하지 말아야 한다.

따라서 성도들은 죽은 자의 시신 앞에서 향을 피우는 행위를 해서는 안 된다. 우리 시대의 기독교인들 가운데는 이미 그것이 보편화되어 있지만 그것은 분명히 개선되어야 할 문제이다. 향을 피운다는 것은 죽은 자의 영혼을 위로 올려보내는 의식으로서 이방 종교인들이 하는 행위이다. 어떤 사람들은 죽은 사람의 시체에서 나는 악취 때문이라 변명하지만 그것은 어설픈 핑계에 지나지 않는다. 현대에 이르러서는 죽은 시체를 방 안에 두는 경우가 거의 없기 때문이다.

그리고 죽은 자의 시신 앞에 꽃을 헌화(獻花)하는 것 역시 이방 종교사상에서 온 폐습이다. 죽은 자와 산 사람 사이에는 어떠한 언어적, 행위적 교감이 발생하지 않는다. 장례식에서의 헌화란 죽은 자에게 꽃을 바치는 행위를 일컫는다. 죽은 자는 산자들이 바치는 꽃을 기쁨으로 받을 수 없다. 그것은 미신이거나 우상화된 종교문화에 지나지 않는다. 따라서 교회는 이미 교인들 가운데 보편화 되어 있는 그런 잘못된 관습을 개선해야만 한다.

11. 교회에 속한 성도의 삶의 내용

11.1. 참된 성도들의 삶의 중심

올바른 신앙과 신학을 소유한 성숙한 성도들은 자기의 삶에 대한 진정한 의미를 깨닫게 된다. 그들은 세상에 살고 있지만 타락한 세상의 것을 추구하거나 그것들을 중심에 두고 살아가지 않는다. 그 대신 '하나님 중심'(God-centered)의 삶을 살게 되며, '성경 중심'(Bible-centered), '교회 중심'(Church-centered)의 삶을 살아가고자 애쓴다. 이는 종교개혁자들이 강조해 온 것으로 결코 상징적인 언술이 아니라 참된 성도들이 마땅히 받아들여 실천해야 할 삶의 원칙이다.

11.2. 성도의 가치관, 인생관, 세계관

하나님의 자녀가 된 성도들의 가치관은 자신의 인생관과 세계관 문제에 직결되어 있다. 진리를 알지 못하는 자들은 타락하고 오염된 세상에서 형성된 가치를 삶의 기준으로 여긴다. 따라서 다양한 시대와 지역에 속해 살아가는 인간들은 자신의 사회 집단적인 이성과 경험에 따라 형성된 가치관에 의해 조종을 받게 된다.

그렇지만 하나님의 자녀들은 세상의 가치관을 본질적인 관점에서 수용하지 않는다. 그 대신 성경에 계시된 천상의 가치관을 마음속에 간직한 채 살아간다. 교회는 이에 대한 분명한 정체성을 확립함으로써 성도들로 하여금 영원한 천상의 나라에 관심을 기울여 살도록 도와주게 된다.

그러므로 교회가 세상을 바라보는 눈은 세상 사람들의 일반적인 안목과 전혀 다르다. 인간들은 시대에 따라 형성된 이성과 경험에 익숙해져 있기 때문에 현실적인 만족과 성공을 기준으로 하여 세상을 해석하며 자신의 세계를 구축하고자 한다. 그들은 과학문명의 편리함과 문화적인 삶 가운데서 획득되는 복락을 최고의 덕목으로 간주하게 된다.

또한 현실 가운데 살아가는 인간들은 자신의 목적을 위해 과거의 역사를 조작하는 행위를 되풀이한다. 인간의 실제 역사는 타락한 자들의 눈에 완전히 감추어져 있다. 하지만 하나님의 자녀들에게 있어서는 그렇지 않다. 성도들은 창조와 종말 사이에 하나님의 구속사가 존재하고 있다는 사실을 깨닫고 있다. 이를 통해 참된 가치관을 기초로 한 인생관과 세계관을 확립함으로써 인간의 존재 의미를 알아가는 것은 무엇보다 중요하다.

11.3. 삶속의 기도

하나님의 자녀에게 있어서 기도는 매우 중요하다. 기도가 없는 상태에서는 온전한 신앙을 기대할 수 없다. 진정한 기도는 개인의 마음속이나 가시적인 공간에 머무는 것이 아니라 천상에 이르는 사건이다. 이는 물론 개인에 앞서 교회적 의미를 지닌다. 교회와 그에 속한 성숙한 성도들이 올바르게 기도함으로써 신앙이 어린 성도들도 그에 참여할 수 있게 된다. 따라서 성도의 온전한 기도는 개인의 종교적이며 세속적인 욕망을 하나님께 표출하는 행위가 아니라 하나님과의 신령힌 교제를 의미한다.

따라서 어떤 경우에도 기도하는 성도는 그것을 빌미로 하여 하나님과 종교적인 거래를 시도하려해서는 안 된다. 도리어 기도를 통해 성도들의 마음속으로부터 진정한 회개와 감사와 찬송이 자연스럽게 일어나야 한다. 그러므로 성도들은 기도할 때 천상의 나라(Heaven)을 향해 그곳을 바라보지 않으면 안 된다. 자기 머리속에 종교적으로 맴도는 상념은 결코 올바른 기도가 될 수 없다.

또한 성도들의 참된 기도는 항상 계시된 하나님의 말씀에 기초해야만 한다. 기도는 종교적인 내용을 포함한 인간들의 다양한 욕망을 추구하거나 충족시키기 위해 하나님께 간구하는 것을 의미하지 않는다. 또한 기도가 어렵고 힘든 자신의 형편을 한탄하며 하나님 앞에서 푸념하는 행위가 되어서도 안 된다.

성숙한 성도의 참된 기도는 하나님의 율법에 온전히 귀를 기울이는 것으로부터 출발한다. 성경에 기록된 영원한 진리를 묵상하는 가운데 기도가 이어진다. 계시된 말씀이 주는 교훈이 없는 상태에서는 올바른 기도를 할 수 없다. 잠언에서는 그에 연관된 분명한 기록이 나타난다.

> "사람이 귀를 돌이키고 율법을 듣지 아니하면 그의 기도도 가증하니라"
> (잠 28:9)

잠언은 기도하는 자가 자신의 귀를 돌이켜 율법을 듣지 않는다면 하나님께 열납되지 않을 뿐더러 도리어 가증한 기도가 된다는 사실을 말하고 있다. 이는 계시된 말씀을 떠난 기도라면 차라리 하지 말아야 한다는 사실을 의미한다. 올바른 기도를 위한 기본적인 조건은 말씀에 대한 분명한 깨달음이라는 사실을 깨닫는 것은 여간 중요하지 않다.

그럼에도 불구하고 인간들은 자기의 욕망을 채우기 위해 열심히 기도하게 된다. 신앙이 어린 교인들은 자신이 세상에서 원하는 것을 얻기 위한 목적으로 모든 노력을 기울여 기도한다. 그러나 성숙한 성도라면 그런 기도에 대해서는 도리어 하나님께서 들어주시지 않도록 간구할 수 있어야 한다.

그럼에도 불구하고 어리석은 자들은 하나님을 윽박지르기까지 하면서 그것이 마치 간절한 마음의 표현인 양 여긴다. 심하면 식음을 전폐해 가면서 부르짖는 가운데 자기 요구를 들어달라고 하나님을 조른다. 자칫 잘못하면 그것은 하나님을 협박하거나 자해행위를 하는 것과 다르지 않을 수 있다. 성숙한 성도들은 막무가내로 자기의 요구를 앞세울 것이 아니라 하나님과 그의 몸된 교회를 염두에 두고 기도해야만 한다.

그러므로 올바르게 기도하는 성도들은 항상 개방적 의미 가운데서 기도하게 된다. 자기의 이기적인 유익을 위해서 기도하는 것이 아니라 하나님과 교회를 위해서 기도해야 하는 것이다. 이는 자신의 기도내용이 교회 가운데 드러난다 해도 자연스러움을 유지할 수 있어야 함을 의미한다.

＊〈기도에 대한 잘못된 관행과 생각〉

우리 시대의 한국교회에는 기도에 대한 잘못된 관행들이 많이 들어와 있다. 한국교회의 새벽기도, 철야기도, 산기도 등은 이미 전 세계적으로 널리 알려져 있다. 그러나 많은 시간을 들여 기도하는 것 자체로서 특별한 의미가 있는 것은 아니다. 나아가 얼마나 큰 소리로 기도하는가 하는 것도 별 의미가 없다. 또한 얼마나 애절하게 진심으로 기도하느냐 하는 것 자체도 마찬가지다. 중요한 것은 짧게 조용히 기도한다고 할지라도 하나님의 말씀을 좇아 온전히 기도하는 것이다.

우리는 또한 한국교회에서 말하는 일반적인 중보기도에 대해서도 매우 주의 깊게 생각해 보아야 한다. 성도들은 당연히 자신의 기도 가운데 항상 다른 이웃들을 기억한다. 함께 하나님을 섬기는 형제로서, 그리고 동일한 시대에 살아가는 성도로서 서로간 기도를 통해 기억함으로써 하나님을 찬송하며 경배하게 된다. 그러나 기도를 하면서 그 이상 지나치는 것은 곤란하다.

중한 질병이 걸린 이웃을 낫게 해 달라고 막무가내 기도하는 것은 올바르지 않다. 또한 이웃의 사업이나 일이 번창하게 되도록 하나님께 열심히 간구하는 것도 바람직한 기도라 할 수 없다. 도리어 성숙한 성도들은 어떤 어려운 형편 가운데서도 주님의 교훈을 받고자 하는 가운데 하나님의 선한 뜻을 바라볼 수 있어야 한다.

멀리 떨어져 있거나 가까이 살고 있는 다른 형제와 이웃의 고통을 기억하며 기도할 경우에도 신중한 주의를 기울이지 않으면 안 된다. 우리 시대에는 전 세계적으로 실시간 모든 형편을 알 수 있는 지구촌이 되어 있다. 그러나 불과 백 년 전만 해도 일반적인 상황이 전혀 그렇지 않았다. 경우에 따라서는 서로간 연락을 주고받는 시간이 일 년이 넘게 걸리기도 했다.

예를 들어 멀리 외국에 나가 있는 선교사가 중한 질병에 걸려 본국 교회에 기도편지를 보냈다고 치자. 그 편지는 6개월이 지나서야 교회에 도착했다. 그 사정을 알게 된 교회가 선교지에 나가있는 형제의 질병을 치유해 달라고 하나님께 간절히 기도하는 것은 어떤가? 만일 그 선교사가 편지를 보낸 후 3개월 후에 죽었다고 하면 그의 치유를 위해 기도하는 성도들의 기도는 어떤 의미를 지니게 되는가? 이것은 한 예에 불과하지만 그럴 경우에도 성도들은 하나님의 전체적인 뜻을 기억하며 하나님께 기도해야 하며 단순히 그가 빨리 낫도록 기도해야 하는 것은 아니다.

✷ 〈통성기도와 합심기도〉

한국교회에서 유행하는 소위 통성기도는 올바른 기도 방법이라 할 수 없다. 그것은 어리석은 교인들로 하여금 종교적인 감정을 발산케 하는 행위일 따름이다. 누가 무슨 내용의 기도를 하는지 모르는 채 한자리에서 왁자지껄하게 기도하는 것은 결코 인격적인 기도가 아니다. 설령 동일한 기도제목을 제시한다고 할지라도 올바른 기도는 하나님과 교회 앞에서 인격적이어야 한다.

나아가 소위 통성기도란 자칫 교인들을 위선자로 만들 우려가 있다. 남보다 더 큰 소리로 부르짖으며 회개하면 더욱 신앙이 돈독해 보인다. 그러나 인간들은 큰 소리로 떠들면서 자신의 죄를 진정으로 회개할 수 없다. 혼자만 남몰래 저지른 죄를 떠들썩하게 회개할 사람이 있는가? 남으로부터 돈을 떼어먹고 갚지 않은 일이나 특정인과 간음을 저질렀던 내용을 큰 소리로 기도한다는 것은 불가능한 일이다.

구약성경에서 부르짖음으로 기도한 내용과 교훈은 우리가 생각하는 통성기도와 상관이 없다. 그것은 하나님 앞에서 마음을 찢어 통회하는 자세로 기도하라는 의미를 지니고 있다. 그 대신 우리는 통성기도가 아니라 합심해 기도해야 할 필요가 있다. 이는 물론 '합심해 기도하자'는 특정인의 제안에 따라 그렇게 되지 않는다.

진정한 합심기도는 예수 그리스도와 그의 말씀에 온전히 참여할 때 가능하다. 자칫 잘못하면 합심하지 말아야 할 내용을 두고 합심해 기노하게 될 경우, 그것이 하나님에 대한 집단적인 반발과 저항이 될 수 있다는 사실을 염두에 두어야 한다. 교회와 그에 속한 성도들은 하나님의 말씀에 귀기울여 올바른 합심기도를 하지 않으면 안 된다.

11.4. 회개

하나님의 부르심에 따라 회심하게 된 성도는 항상 회개의 자리에 앉아 있어야 한다. 타락한 세상에 살아가는 인간으로서는 세상의 유혹에 노출되어 있으므로 범죄하지 않을 수 없다. 따라서 신앙이 성숙한 성도들은 언제나 하나님 앞에서 자신의 죄를 뉘우치며 회개하는 자세를 유지하게 된다.

그렇지만 인간은 본성적으로 자기의 죄를 온전히 회개할 수 없는 존재이다. 이는 자기의 죄를 정확하게 인식할 수 없기 때문이다. 인간은 자기 스스로 죄라고 인정하는 것만 죄로 인식하게 된다. 이는 분명한 죄임에도 불구하고 죄라는 사실을 스스로 자각하지 못한다면 그것을 죄로 인식할 수 없다는 사실을 말해준다.

모든 성도들은 이와 동일한 형편에 놓여 있다. 어리석은 자들은 스스로 자신의 죄에 대한 최종적인 승인자가 되려고 한다. 나아가 인간은 죄라는 사실을 분명히 인정한다 할지라도 그것들을 다 기억하지 못한다. 우리가 회개할 때도 이와 연관되어 있다. 따라서 회개를 하면서 자기가 죄악이라고 분류한 것들만 하나님 앞에서 회개하게 된다.

나아가 인간은 어떤 죄에 대해서는 죄가 아니라고 굳게 믿을 뿐 아니라 도리어 하나님으로부터 칭찬과 상을 받게 되리라고 믿는 것도 많다. 자기는 죄가 아니라고 분류하지만 실상은 무서운 죄악인 것들에 대해서 회개한다는 것이 실제로 불가능하다. 이는 인간 스스로는 온전한 회개를 할 수 없음을 말해준다. 사도 바울은 로마 교회에 편지하면서 그것을 위해 성령의 도우심이 절대로 필요하다는 사실을 기록하고 있다.

"이와 같이 성령도 우리 연약함을 도우시나니 우리가 마땅히 빌바를 알지 못하나 오직 성령이 말할 수 없는 탄식으로 우리를 위하여 친히 간구하시느니라 마음을 감찰하시는 이가 성령의 생각을 아시나니 이는 성령이 하나님의 뜻대로 성도를 위하여 간구하심이니라" (롬 8:26,27)

이 말씀은 기도에 연관되지만 특히 회개에 관련지어 이해할 수 있다. 죄에 물들어 살아가는 인간들은 마땅히 빌 바를 알지 못하고 제 마음대로 기도하며 회개하기를 좋아한다. 그러므로 성령 하나님께서는 말할 수 없는 탄식으로 우리를 위해 친히 간구하신다. 마음을 감찰하시는 성령께서 성도들을 위해 간구하시는 것이다.

따라서 진정한 회개는 인간들의 판단에 달린 것이 아니라 성도들에게 은혜를 베푸시는 성령 하나님께 달려 있다. 인간이 자기를 위해 온전한 회개를 할 수 있는 것이 아니라 성령께서 성도들로 하여금 하나님 앞에서 진정으로 회개하도록 도와주신다. 그것은 하나님의 놀라운 은혜가 아닐 수 없다.

11.5. 감사

교회에 속한 성도들은 항상 하나님께 감사하면서 살아가게 된다. 이는 일상적인 생활의 만족감으로 인해 감사해야 한다는 말과는 다르다. 그렇다면 진정한 감사란 무엇인가? 모든 감사는 전적으로 하나님과 그의 사랑의 사역에 근거한다. 그것은 궁극적인 영원한 생명에 연관되어 있다. 성경에는 그에 대한 기록이 넘쳐나지만 대표적인 구절로서는 다음의 말씀들을 들 수 있다.

> "여호와께 감사하라 그는 선하시며 그 인자하심이 영원함이로다"(시 136:1);
> "범사에 감사하라 이는 그리스도 예수 안에서 너희를 향하신 하나님의 뜻이니라"(살전 5:18)

하나님의 자녀들은 자기에게 베풀어진 놀라운 은혜에 대해 진정으로 감사한 마음을 소유하지 않을 수 없다. 그것은 이땅에서 발생하는 문제 때문이 아니라 영원한 천상의 나라에 연관되어 있다. 사도 바울이 데살로니가 교회를 향해 '범사에 감사하라' 고 요구한 것도 세상에서 일어나는 좋은 일 때문에 감사하라는 의미가 아니라 세상에서 무슨 일이 발생할지라도 감사하라는 의미를 지니고 있다.

그러므로 우리는 세상에서 성취되는 좋은 형편으로 인해 감사하는 문제에 대해서는 여간 조심하지 않으면 안 된다. 개인적인 건강이나 성공, 행복 때문에 하나님께 감사한다는 것은 온전한 감사라고 말하기 어렵다. 예를 들어 사랑하는 가족이 질병으로 인해 엄청난 고통을 당하고 있는 바로 옆자리에서 자신의 건강을 감사할 수 없으며, 실패한 이웃을 바라보며 자신의 성공에 대해 감사할 수도 없다. 나아가 사랑하는 가족이나 이웃이 예기치 못한 불행에 처해 고통당하는 것을 보면서 자신의 행복을 두고 하나님께 감사하다고 말하기 어려운 것이다.

이처럼 성숙한 성도들은 이 세상에서 얻게 된 자신의 만족스러운 삶 때문에 감사하는 것이 아니라 하나님의 영원한 은혜로 말미암아 깊이 감사하게 된다. 이는 설령 자신의 인생 가운데 고통스럽고 힘든 일이 닥친다할지라도 여전히 예수 그리스도의 사랑의 사역과 더불어 영원한 천국을 바라보며 감사한 마음을 유지할 수 있게 됨을 의미한다.

11.6. 마음의 찬송

하나님의 은혜를 입은 성도들은 저절로 하나님에 대한 경배의 마음을 가지게 된다. 이는 찬송이 의도적인 것이 아니라 심령으로부터 자연스럽게 우러난다는 사실을 말해준다. 그것은 목청과 입술을 통한 연습으로 되지 않으며 성령 하나님께서 자기 백성들에게 특별히 허락하신 선물로 말미암아 발생하는 것이다.

그러므로 성도들의 찬송하는 마음이 말씀을 통해 드러남으로써 하나님을 찬송하게 한다. 영혼 가운데 주체할 수 없이 일어나는 찬송의 욕구가 입술을 통해 표현되는 찬송으로 드러나게 되는 것이다. 만일 심령에 진정한 찬송이 일어나지 않은 상태에서 입술의 노래만 부른다면 그것은 거짓 노래에 지나지 않는다. 사도 바울은 에베소 교회에 편지하면서 전인적인 찬송에 관해 언급하고 있다.

> "시와 찬미와 신령한 노래들로 서로 화답하며 너희의 마음으로 주께 노래하며 찬송하라" (엡 5:19)

하나님과 성도의 관계는 은혜를 베푸신 분과 그 은혜를 받은 자의 관계이다. 그로 말미암아 하나님의 자녀이자 백성이 된 성도들은 그를 향한 진정한 감사와 경배의 마음을 가지지 않을 수 없다. 이는 성도들의 일상적인 삶 가운데 하나님에 대한 찬송이 끊임없이 발생하게 됨을 말해준다.

매주일 하나님의 백성들이 교회로 모여 하나님을 경배하며 찬송하는 배경에는 지속적으로 진행되는 성도들의 개인적인 찬양을 기초로 하고 있다. 그것이 없는 상태에서 한자리에 모여 의도적인 꾸밈으로 하나님을 찬송한다면 그것은 형식에 지나지 않는다. 우리는 이에 대한 올바른 이해를 하지 않으면 안 된다.

11.7. 예수 그리스도의 보혈로 말미암는 사랑

하나님의 자녀들에게는 예수 그리스도로 인한 참된 사랑이 존재한다. 이는 세상에는 아예 존재하지 않으며 세상에서 결코 경험할 수 없는 사랑이다. 사도 바울이 기록한 고린도전서 13장에는 사랑에 관한 기록이 나온다. 사람들은 흔히 그 본문을 '사랑장' 이라는 용어를 사용하며 그 특색을 드러내기도 한다.

하지만 우리는 그 사랑이 하나님의 은사로서 매우 특별한 사랑이라는 점을 깨닫지 않으면 안 된다. 모든 성도들이 잘 알고 있듯이 고린도전서 12장과 14장에는 은사에 관한 내용들이 기록되어 있다. 그런데 13장에 언급된 사랑에 관한 기록이 그 사이에 끼워져 있다.

우리가 분명히 이해해야 할 바는 고린도전서에서 말하는 '사랑' 이란 하나님의 은사로서의 사랑을 의미하며 인간들이 일반적으로 경험하는 사랑과는 전혀 다르다는 점이다. 그 사랑은 교회 밖에는 아예 존재하지 않으며 찾아볼 수 없는 고유한 성격을 지니고 있다.

세상에서의 사랑에는 근본적으로 이기적인 속성이 내재되어 있다. 당사자 개인의 판단에 사랑할 만한 가치가 있을 경우에만 그 대상을 사랑하게 된다. 이 말은 사랑의 조건이 있을 때만 사랑하게 되는 것이 인간의 본성이라는 사실을 의미한다. 또한 일상적이지 않은 숭고한 사랑은 모든 조건을 배제하기도 한다. 이에 대해서는 교회 밖의 영역에서도 종종 발생할 수 있다.

그렇지만 성경에 언급된 하나님의 은사로서의 사랑은 그보다 초월적인 개념을 지닌다. 이는 십자가 위에서 행해진 예수 그리스도의 사랑이 교회의 근간이 되고 있음을 말해주고 있다. 교회를 하나님께서 자기 피로 값주고 사신 공동체라 칭하는 것은 그야말로 교회가 영원한 공동체적 유기성을 소유하고 있음을 의미한다.

11.8. 금식의 유익

21세기의 현대화 된 세계의 각 지역은 대개 부족함을 모르는 배부른 시대가 되어 있다. 물론 가난한 이웃들이 다수 있지만 전반적으로 풍요로움을 누리고 있는 실정이다. 이는 비록 식량 문제뿐 아니라 모든 분야에서 그렇다고 말할 수 있다. 그러다보니 인간들은 현실적 실용주의에 빠져 더욱 강한 집착에 빠지게 된 것이다.

이에 대해서는 기독교 사회 역시 마찬가지다. 폭넓은 기독교를 형성하고 있는 현대 교회들은 필요 이상의 풍요로움을 누리고 있으면서 어렵고 힘든 상황을 가까이 하지 않으려 한다. 사람들에 따라서는 교회의 물질적인 번영이 마치 하나님의 복인 양 생각하는 자들도 적지 않다.

하지만 우리는 이런 세속적인 상황에 강력하게 저항하는 자세를 가지지 않으면 안 된다. 시대에 대한 정신적 역행이 필요한 것이다. 세상의 풍요로움과 번영에 편승하게 되면 자기도 모르는 사이 세속화되어 가기 십상이다. 성도로서 그에 대한 아무런 자각이 없는 상태라면 여간 위험하지 않다.

구약성경과 신약성경에는 공히 금식의 필요성에 대해 기록되어 있다. 따라서 신앙을 가진 과거의 성도들은 말씀의 규례에 따라 금식했다. 그것은 개인적인 판단이기에 앞서 절기에 맞추어진 것이었다. 이는 모든 백성들이 함께 금식한 것과 연관이 된 것으로서 단순히 음식을 굶는 행위만을 두고 말하지 않는다. 거기에는 금식을 하게 된 동기와 신앙에 연관된 정신적 동기가 있었기 때문이다. 이사야 선지자는 그에 관한 중요한 기록을 남기고 있다.

"보라 너희가 금식하면서 다투며 싸우며 악한 주먹으로 치는도다 너희의 오늘 금식하는 것은 너희 목소리로 상달케 하려 하는 것이 아니라 이것이 어찌 나의 기뻐하는 금식이 되겠으며 이것이 어찌 사람이 그 마음을 괴롭게 하는 날이 되겠느냐 그 머리를 갈대 같이 숙이고 굵은 베와 재를 펴는 것을 어찌 금식이라 하겠으며 여호와께 열납될 날이라 하겠느냐 나의 기뻐하는 금식은 흉악의 결박을 풀어 주며 멍에의 줄을 끌러주며 압제 당하는 자를 자유케 하며 모든 멍에를 꺾는 것이 아니겠느냐"(사 58:4-6)

성경에 금식이 요구되었던 것은 하나님 앞에서 자기를 포기하는 일과 관련된다. 이는 또한 메시아 사역과 밀접하게 연관되어 있었다. 그럼에도 불구하고 그에 대한 본질을 버린 자들은 형식적인 금식을 하면서 도리어 이기적인 욕망을 버리지 못했다. 그들은 외형상 굵은 베옷을 입고 재를 뒤집어쓰면서 금식했지만 그것이 하나님께서 기뻐하시는 금식이 될 수 없었던 것이다.

또한 참된 금식은 자신의 욕망을 버리고 이웃을 위해 살아가는 삶에 밀접하게 연관되어 있었다. 그것은 물론 예수 그리스도의 구원 사역과 관련된다. 그가 흉악한 결박을 풀어주고 멍에의 줄을 끌러주며 압제당하는 자들을 자유케 하며 모든 멍에를 꺾게 되는 것이다. 이는 오직 예수 그리스도께서 하실 수 있는 일이다.

오늘날 우리 시대에는 더 이상 절기상의 율법적 금식일은 존재하지 않는다. 그러나 개별적으로는 그에 대한 언약적인 의미를 마음에 새겨 둘 필요가 있다. 그것은 개인의 신앙적인 공로와 아무런 상관이 없다. 그럼에도 불구하고 때에 따라 금식을 할 수 있는 것은 그것이 가난하고 어려운 이웃을 기억하는 가운데 세상을 거부하며 배부르고 풍요로운 시대에 저항하는 자세를 보여주기 때문이다.

11.9. 청지기로서의 삶

하나님의 자녀로 부름받은 신자들의 모든 삶은 전적으로 하나님께 달려 있다. 따라서 성도들은 자기가 소유한 모든 것들이 하나님으로부터 공급된 것이라는 사실을 깨달아야 한다. 이는 개인의 소유라 할지라도 자기만을 위해 사용할 수 있는 것이 아니라 청지기로서 모든 것을 다른 이웃을 위해 사용해야 한다는 사실을 말해주고 있다. 사도 베드로는 그의 서신에서 이에 연관된 기록을 하고 있다.

> "서로 대접하기를 원망 없이 하고 각각 은사를 받은 대로 하나님의 여러 가지 은혜를 맡은 선한 청지기 같이 서로 봉사하라"(벧전 4:9,10)

이 말씀 가운데 '서로 대접하라'는 말은 우리가 일반적으로 생각하는 것처럼 서로 잘 대우해 주라는 의미와는 다르다. 이는 도리어 서로간 자신이 소유한 것을 이웃을 위해 사용해야 한다는 말에 연관되어 있다. 그리고 각자 하나님으로부터 받은 여러 가지 은혜의 선물을 선한 청지기로서 다른 이웃을 위해 사용하라는 의미를 지니고 있다.

모든 성도들은 이에 대해 여간 신중한 생각을 하지 않으면 안 된다. 성도들이 소유한 건강, 능력, 재물, 지식 등은 전부 하나님으로부터 제공받은 은혜의 선물들이다. 그 모든 것들은 소유자 개인을 위해서가 아니라 다른 이웃을 위해 올바르게 사용하도록 하나님께서 자기 백성에게 특별히 맡겨 두신 것들이다. 만일 하나님께서 맡겨 두신 것들을 자기 자신의 목적을 위해서만 사용한다면 그것은 도용이나 남용이 될 우려가 있다.

따라서 성도들은 우선적으로 모든 것들을 자신이 아니라 이웃을 위해 사용할 준비를 갖추고 있어야 한다. 이에 대해서는 가정을 염두에 둔다면 좀 더 쉽게 이해할 수 있다. 부모의 건강과 능력, 재물 등은 자기 자신만을 위해서가 아니라 자식을 비롯한 다른 가족을 위한 것들이다. 이에 대해서는 한 가정에 속한 모든 가족 상호간에 적용된다. 이처럼 하나님으로부터 허락된 성도들의 모든 것들은 교회와 이웃을 위해 사용하도록 맡겨진 것이라는 사실을 잊어서는 안 된다.

11.10. 구제와 선행, 공로

하나님의 자녀들은 항상 구제와 선행에 힘써야 한다. 그것은 이웃을 위한 기본적인 자세이다. 이는 성경이 그렇게 하도록 명령하고 있으므로 선택의 여지가 없다. 신구약 성경 여러 곳에 그에 관한 기록들이 나타난다. 그 가운데 잠언서의 말씀과 복음서에 기록된 예수님의 말씀은 대표적인 것이라 할 수 있다.

> "가난한 자를 불쌍히 여기는 것은 여호와께 꾸이는 것이니 그 선행을 갚아 주시리라"(잠 19:17);
> "내가 주릴 때에 너희가 먹을 것을 주었고 목마를 때에 마시게 하였고 나그네 되었을 때에 영접하였고 벗었을 때에 옷을 입혔고 병들었을 때에 돌아보았고 옥에 갇혔을 때에 와서 보았느니라"(마 25:35,36)

우리가 여기서 분명히 알 수 있는 점은 구제와 선행이 단순히 인간이 인간에게 베푸는 자비의 행동 이상의 의미를 지닌다는 사실이다. 그것은 여호와 하나님께 연관이 되어 있으며 예수 그리스도께 직접적인 연관성을 지닌다. 모든 경우를 그렇게 결부시킬 수 없을지라도 그에 대한 기본적인 의미를 깨달을 수 있어야 한다.

그런데 우리가 여기서 생각해 보아야 할 중요한 내용이 있다. 그것은 구제와 선행은 자기와 직접적인 의무 관계가 없는 타인에게 관련된다는 점이다. 예를 들어 자식이 부모에게, 부모가 자식에게 구제를 하거나 선행을 할 수 없다. 자식이 부모를 구제한다든지 부모가 자식에게 선행한다는 말이 성립되지 않기 때문이다. 그것은 구제와 선행이 아니라 마땅히 행해야 할 사랑의 본질로서 의무에 해당되기 때문이다.

따라서 가정에는 일반적인 구제와 선행의 개념이 아예 존재할 수 없다. 이와 같이 교회공동체 내부에서도 세상에서 일컫는 구제와 선행의 개념이 존재하지 않는다. 모든 성도들은 마땅히 그렇게 살아야 할 의무를 지니고 있다. 교회에 속한 성도들은 하나님께서 맡기신 모든 것들을 선한 청지기로서 이웃과 온전히 나누지 못하고 있음에 대해 반성하게 될 따름이다. 이는 구제와 선행에 준하는 성도들의 삶이 하나님 앞에서 아무런 공로가 될 수 없다는 사실을 말해주고 있다.

11.11. 성도의 '고난'이 가지는 가치

하나님의 자녀들은 이 세상에서 성공하여 화려한 삶을 누리기 위한 꿈을 꾸지 말아야 한다. 단지 하나님을 경외하며 성실하게 살아갈 때 나름대로의 인생을 누리게 될 따름이다. 그렇게 함으로써 잠시 지나가는 이 세상이 아니라 영원한 천국에 진정한 소망을 둘 수 있게 된다.

우리가 살고 있는 세상은 하나님을 배반한 어두운 영역이다. 그래서 하나님의 아들 예수 그리스도를 못박아 죽였다. 지금도 그를 십자가에 못박은 세상은 그에 대한 아무런 반성을 하지 않는다. 저들은 하나님을 알지 못하기 때문에 그것이 사실상 불가능하다.

그러므로 교회에 속한 하나님의 자녀들은 예수님의 원수인 세상으로부터 부귀영화富貴榮華를 누릴 생각을 버려야 한다. 영원한 천국의 가치를 소유한 채 살아간다면 이 세상에서는 고난을 받을 수밖에 없다. 예수님을 죽이기까지 한 세상이 그의 백성들에게 호의적일리가 만무하기 때문이다. 그러므로 성경은 하나님의 자녀들이 세상에서 고난을 받으리라는 사실을 끊임없이 언급하고 있다. 사도 바울은 로마의 교회에 편지하면서 그에 연관된 언급을 하며 참된 소망을 제시했다.

"성령이 친히 우리 영으로 더불어 우리가 하나님의 자녀인 것을 증거하시나니 자녀이면 또한 후사 곧 하나님의 후사요 그리스도와 함께한 후사니 우리가 그와 함께 영광을 받기 위하여 고난도 함께 받아야 될 것이니라 생각건대 현재의 고난은 장차 우리에게 나타날 영광과 족히 비교할 수 없도다"(롬 8:16-18)

우리는 이 세상에서 고난받는 것이 하나님의 자녀가 된 중요한 증표 역할을 한다는 사실을 기억해야 한다. 물론 그 고난은 물리적인 고난만을 의미하는 것이 아니라 세상의 가치에 저항하는 영적이며 정신적인 고난을 포함한다. 그것을 통해 우리가 타락한 이 세상이 아니라 십자가에 달리신 예수 그리스도께 속한 자임을 확인하게 된다. 따라서 하나님의 백성들은 세상에서의 고난을 통해 장래 임하게 될 영원한 영광을 현실적으로 받아들이는 은혜를 누릴 수 있다.

11.12. 인간의 육체적 시련과 고통

인간들이 현실적으로 당하는 모든 시련과 고통은 외견상 보기에 동일할지라도 성도의 경우와 다른 인간들의 경우는 그 의미가 다르다. 성도가 당하는 모든 시련은 하나님의 징계와 교육에 해당되지만 불신자들의 경우는 세상에서 발생하는 심판에 연관된다. 그럼에도 불구하고 세상에 살아가는 성도들에게는 그것이 시험거리가 될 수 있다. 따라서 사도 바울은 고린도 교회에 편지하면서 그에 연관된 교훈을 주고 있다.

"사람이 감당할 시험 밖에는 너희에게 당한 것이 없나니 오직 하나님은 미쁘사 너희가 감당치 못할 시험 당함을 허락지 아니하시고 시험 당할 즈음에 또한 피할 길을 내사 너희로 능히 감당하게 하시느니라"(고전 10:13)

우리는 이 말씀이 주는 교훈을 올바르게 깨닫지 않으면 안 된다. 이에 대한 올바른 이해를 한다면 자기에게 주어진 일시적인 시련과 고통으로 인해 하나님을 원망하지 않는다. 교회에 속한 성도들은 모든 육체적 고통을 하나님의 특별한 징계와 교육으로 이해함으로써 자신과 이웃을 돌아보는 계기로 삼아야 한다.

11.13. 잘못된 열성에 대한 주의

죄에 빠져 타락한 인간은 자신의 삶에 대한 진정한 의미를 알지 못한다. 아담의 후손인 자연인은 저마다 자기 판단에 따라 성실하게 살아가는 것이 가장 바람직한 것으로 여긴다. 그러나 하나님의 자녀들에게 있어서는 그렇지 않다. 복음을 깨닫게 되면 타락한 인간 존재를 알게 되며 삶의 방향성에 대한 참된 이해를 하게 된다.

그러므로 교회에 속한 성도들은 말씀에 제시된 대로 올바른 삶의 방향으로 나아가야 한다. 성도라 하면서 엉뚱한 방향을 향해 나아갈 수 없다. 그럼에도 불구하고 어리석은 자들은 하나님의 뜻에 상관없이 자신의 순수성을 믿는다. 별다른 욕심 없이 종교적인 열정을 다해 살아가는 것을 최상의 값어치로 여기는 것이다.

그러나 우리는 그것이 도리어 매우 위험할 수 있다는 사실을 알고 있다. 성숙한 성도들은 의미 없는 종교적인 목적을 달성하기 위해 자신의 열성을 다하지 않는다. 하나님께서 요구하시는 바를 올바르게 깨달아 그에 순종하려는 자세를 가지게 되기 때문이다.

따라서 성경은 우리에게 분명한 푯대를 향해 달려가도록 요구하고 있다. 그것은 선택 사항이 아니라 모든 성도들에게 공히 요구되는 필수적인 사항이다. 사도 바울은 빌립보 교회에 편지하면서 자신의 고백과 더불어 그에 관한 기록을 남기고 있다.

"푯대를 향하여 그리스도 예수 안에서 하나님이 위에서 부르신 부름의 상

을 위하여 좇아가노라"(빌 3:14)

바울의 이 말은 매우 중요한 의미를 지니고 있다. 하나님의 자녀들은 바울의 고백처럼 올바른 푯대를 향해 성실하게 달려가야 한다. 만일 푯대 없이 막무가내 달려간다면 그것은 진리와 상관없는 무모한 행동을 하는 것에 지나지 않는다. 우리가 반드시 기억해야 할 바는 맹목적인 열성은 신앙을 심각하게 해친다는 사실이다.

만일 어떤 사람이 푯대와 정반대 방향이나 다른 방향으로 달린다면 그것은 허사일 따름이다. 나아가 엉뚱한 방향으로 최선을 다해 열심히 달린다면 달린 만큼 원래의 길에서 이탈하게 된다. 그런데 문제는 잘못된 길을 열심히 달리고 있다면 그 사실을 깨닫게 될 때까지는 스스로 만족감을 누리게 된다는 점이다. 그것은 위험한 공로주의를 조장할 뿐 아니라 하나님의 진노를 유발하게 된다. 따라서 하나님을 경외하는 좋은 이웃과 더불어 올바른 푯대를 향해 성실하게 달려가는 것이 무엇보다 중요하다.

11.14. 경건한 삶을 위해 경계해야 할 내용

11.14.1. 기복신앙

지상 교회가 가장 우선적으로 경계해야 할 대상은 기복사상이다. 어리석은 자들은 교회에 열심히 봉사하고 예수를 잘 믿으면 세상에서 복을 받게 된다는 주장을 펼친다. 그러나 그것은 성경이 교훈하는 바와 거리가 멀다. 올바른 신앙생활을 하는 것과 세상에서 복락을 누리는 것 사이에는 직접적인 연관성이 없다. 신실한 성도들 가운데 어렵게 살아가는 이들이 있는가 하면 불신자들 중에 풍성한 삶을 누리는 자들도 많다.

성도들이 세상에서 부귀영화를 누리는 것은 도리어 위태로운 일이 될 수 있다. 그렇게 되면 하나님과 그의 천국을 사모하는 마음이 둔해질 수밖에 없기 때문이다. 반대로 성도의 성실한 삶에도 불구하고 가난에 처하게 된다면 그다지 문제될 것이 없다. 그러나 게으르고 불성실한 삶으로 말미암아 가난하게 되는 것은 심각한 문제가 된다. 성숙한 성도로서 풍요로운 삶을 누리는 자들이 있다면 세상에서의 일시적인 부귀가 아무런 자랑거리가 될 수 없다는 사실을 깨달아야 한다. 그러나 성경의 교훈을 멀리하고 세상의 방식대로 살아가면서 부유하게 된다면 매우 부끄러운 일이다. 교회는 이에 대한 분명한 깨달음을 가지지 않으면 안 된다.

11.14.2. 술, 담배

한국교회에서 술과 담배가 마치 신앙의 기준이 되는 것처럼 되어 있다. 이는 물론 건강에 해롭기 때문에 장려할 만한 것이 되지는 않는 것이 사실이다. 그러나 그것만으로 참된 신앙을 가늠하는 기준이 될 수는 없다. 술과 담배 이외에도 건강에 해로운 식품이나 기호품들은 많이 있기 때문이다. 예를 들어 카페인이 많이 들어있는 커피는 건강에 좋지 않다고 한다. 그렇다고 해서 커피를 많이 마시는 사람은 그것으로 인해 신앙이 부족한 사람이라 말할 수 없다.

종교개혁자 마르틴 루터는 맥주를 즐겨마셨으며 존 칼빈은 포도주를 즐겨 마신 것으로 알려져 있다. 물론 이것은 그들이 취할 만큼 많이 마셨다는 의미와는 다르다. 그리고 아브라함 카이퍼나 스킬더 같은 학자들에게는 술이나 담배가 별 문제될 것이 없었다. 여기서 이런 이야기를 언급하는 것은 술, 담배 자체가 신앙을 가늠하는 직접적인 기준이 되어서는 안 된다는 것을 말하고자 함이다. 물론 경건한 성도들은 그런 불필요한 것들을 욕망의 방편으로 삼음으로써 자신의 경건을 해쳐서는 안 된다.

11.14.3. 스포츠, 오락

한국교회에서는 스포츠와 오락에 대해 지나치게 관대하다. 나아가 경우에 따라서는 그것을 지나치게 장려하기도 한다. 그러나 교회는 프로 운동경기에 대해 특별히 경계심을 가져야만 한다. 신앙이 어린 교인들은 그에 쉽게 빠질 우려가 있기 때문이다. 그런 운동경기에 대해 지나치게 열광하는 것은 하나님의 자녀로서 결코 바람직한 자세가 아니다.

나아가 성도들이 직접 운동경기에 참여할 경우에도 그에 대한 남다른 주관을 가져야 한다. 운동이 건강과 친선을 도모하는 역할을 하게 되지만 자칫 잘못하면 정반대의 경우로 흘러가기 십상이다. 따라서 축구와 농구와 같이 상대팀의 몸에 직접 부딪치는 과격한 경기는 가급적 피하는 것이 바람직하다. 자칫 심한 몸싸움으로 인해 다칠 우려가 없지 않으며 그 과정에서 서로 마음이 상하는 일이 발생할 수도 있다.

이에 반해 배구나 테니스, 탁구 등과 같이 중간에 네트를 둔 경기는 인격적인 운동이라 할 수 있다. 그런 경기는 서로간 직접 몸으로 부딪치는 경기가 아니기 때문이다. 나아가 권투나 레슬링 등 폭력적인 격투기나, 남성의 근육과 여성의 미모를 앞세워 인간의 육체와 몸 형체를 서로 비교하는 대회 역시 성도들에게 바람직하지 않다.

또한 교회는 사람들의 습성을 매료시키는 각종 오락에 대해서도 경각심을 가져야 한다. 특히 컴퓨터나 스마트폰 등을 통한 오락게임은 여간 견제하지 않으면 안 된다. 현대에 등장한 다양한 오락과 게임들은 통제하지 않을 경우 걷잡을 수 없는 해악으로 발전할 우려가 있다. 그런 것들이 성도들로 하여금 하나님의 말씀으로부터 멀어지게 할 수 있다는 사실을 기억하지 않으면 안 된다.

11.14.4. 음악, 춤

우리 시대에 들어와 유행하는 세속적인 음악과 춤은 정신차려 경계해야 할 대상이다. 현대에 들어와서 사람들은 자기도 모르는 사이 그것들을 통해 대중적인 사조에 편승하게 된다. 음악과 춤의 세태에 대한 통합적 기능은 개인의 즐거움과 쾌락을 추구하는 반면 이웃을 위한 진지함을 멀리하는 특성을 지닌다. 사람들은 그것들을 통해 자신의 감추어진 내면을 외부로 발산하려 하는 것이다.

음악과 춤은 그 특성상 유행에 민감한 젊은 청년들을 통해 교회 내부로 쉽게 침투해 들어온다. 이미 한국 기독교 안에는 복음의 본질을 약화시키는 역할을 하는 음악이 보편화되어 있다. 순진한 교인들은 그것이 교회의 분위기를 활성화시킨다고 생각하지만 실상은 교회를 허무는 역할을 하게 된다는 사실을 기억해야 한다. 하나님의 백성들은 이에 대해 바짝 긴장하지 않으면 안 된다.

11.14.5. 사행성 도박

현대 사회에는 온갖 사행성 도박들이 난무하고 있다. 심지어는 시민을 보호해야 할 국가가 앞장서 사행성 도박을 장려하면서 어리석은 자들을 현혹하고 있다. 이는 현대를 살아가는 교인들에게도 그대로 노출되어 있다. 우리는 그 가운데 복권이나 경마競馬 같은 것은 각별히 조심해야 한다. 세상의 언론에서는 오히려 그런 것들을 통해 일순간에 부자가 된 사람들을 소개하면서 사람들의 심성을 자극하고 있다.

우리 시대에는 인터넷을 통한 도박마저 일반화되어 가고 있는 실정이다. 과거에는 화투나 카드놀이 등을 노름의 수단으로 삼았지만 이제는 훨씬 지능적으로 발전하게 되었다. 그러므로 보통 사람들로서는 전혀 들어본 적이 없는 각종 신형 도박 사이트들이 존재한다. 교회에 속한 어린 교인들마저도 이 모든 것들에 대해 점차 둔감해져 가고 있음은 심각한 문제이다. 따라서 교회는 세상을 어지럽히는 사행성 도박에 대한 강한 경계심을 가지지 않으면 안 된다.

11.14.6. 애완동물, 반려동물

현대에 들어와서는 애완동물이 보편화되어 있다. 이를 반려동물이라는 말을 붙여 마치 가족의 일원처럼 받아들이기도 한다. 어리석은 사람들은 애완동물을 키우는 것이 마치 아름다운 인성을 드러내는 것인 양 오해하는가 하면 어린아이들에게 애완동물을 가지게 함으로써 정서적 안정감을 줄 수 있는 것으로 착각한다. 그러나 그것은 결코 그렇지 않으며 매우 위험한 지경에 이를 수 있다.

애완동물은 특정 동물에게 사람의 인격을 부여하는 것과 같은 현상을 유발한다. 동물에게 특별한 의상을 해 입히기도 하고 안락한 공간에 다양한 단장을 하는가 하면 심지어는 불임수술까지 해준다. 그렇게 되면 가까이 있는 추해보이는 이웃 사람들보다 자신의 반려동물이 더 소중하게 여겨진다. 그러나 어떤 경우에도 동물이 인간보다 소중하게 인정받을 수는 없다.

우리는 애완동물을 둠으로써 그것을 통해 인성이 서서히 파괴되어 간다는 사실을 기억해야 한다. 주변 사람들은 자기의 말을 흔쾌히 따르지 않고 대화하기 쉽지 않은데 반해 애완동물은 자기의 말을 가장 잘 듣고 따른다. 그러다보면 점차 인간관계에 있어서도 심각한 문제가 야기될 수 있다.

그러나 우리는 동물을 무책임하게 학대해서는 안 된다. 동물은 동물로서 살아갈 수 있도록 배려하는 것이 가장 자연스럽다. 따라서 동물에 대한 애호愛護와 애완愛玩은 그 성격이 전혀 다르다는 사실을 깨닫는 것이 매우 중요하다. 하나님의 백성들은 동물을 애호하되 애완해서는 안 된다는 사실을 분명히 기억해야 한다.

11.14.7. 생명, 낙태

인간의 생명은 하나님으로 말미암는 것이다. 생명의 원천은 근본적으로 하나님께 달려 있다. 그러므로 인간은 어떤 경우에도 타인의 생명을 박탈해서는 안 된다. 그러나 많은 사람들이 그에 대한 근본적인 오해를 하고 있다. 특히 산모의 태중에 있는 아기를 낙태시키는 경우가 그렇다.

세속국가에서는 경우에 따라 낙태를 허용하는 경우가 많다. 예를 들어, 강간에 의해 임신한 경우라든지, 근친상간에 의한 임신, 그리고 태아에게 심각한 장애가 있을 경우가 곧 그에 해당된다. 그런 특별한 상황에서는 태아를 낙태시킬 수 있도록 법적으로 허용하는 것이 타당하다는 것이다.

그러나 그것은 전혀 말이 되지 않는 언어도단言語道斷이다. 우리가 반드시 기억해야 할 점은 아직 산모의 자궁으로부터 출생하지 않은 태아 역시 출생한 아기와 전혀 다르지 않은 인간이라는 사실이다. 태아는 예비적 인간이 아니라 완벽한 인간이라는 것이다. 그런 태아를 경우에 따라서는 낙태할 수 있다고 주장하는 것은 여간 심각한 문제를 야기하지 않을 수 없다.

만일 그런 논리라면 강간이나 근친상간에 의해 임신된 아기인 줄 모르고 출산했는데 아기를 낳고 나서 그 사실을 알게 되었다면 그를 살해할 수 있는가? 또한 태중에 있는 아기가 건강한줄 알았지만 출산하고 보니 심각한 장애를 가지고 있을 경우 그 아기는 살해되어도 좋은가? 우리는 결코 그렇게 말할 수 없다. 인간은 어떤 경우에도 타인의 생명을 박탈할 수 없으며 그것은 살인행위에 지나지 않는다.

11.14.8. 장기이식과 장기기증

프랑스의 합리주의 철학자 데카르트(1596-1650)는 인간의 몸을 기계론적으로 이해했다. 인간의 몸을 지탱하는 다양한 장기와 기관들을 마치 몸의 부속품처럼 생각한 것이다. 따라서 신체의 각 부위에 어떤 문제가 생기면 마치 기계의 부품을 갈아 끼우듯이 교체 가능할 것으로 생각하게 되었다.

이와 같은 생각은 첨단과학화 된 우리 시대에 들어와 현실화 되었다. 장기이식과 그것을 위한 장기기증이 곧 그것이다. 현대의술은 더 이상 장기이식을 대단한 기술로 생각지 않는다. 사람의 웬만한 장기는 교체할 수 있게 된 것이다. 그러다보니 장기기증을 장려하는 것이 일반화 되어 있다.

그렇지만 그에 대한 역기능을 고려하지 않으면 안 된다. 고통 억제를 위한 것이 아니라 장기 교체를 통해 오래 살고자 하는 것은 단순한 욕망에 지나지 않는다. 경제적인 여유가 있는 사람들을 비롯한 일부는 그것을 누리며 끝없는 욕망을 키울 것이다. 우리는 적절한 세월을 살다가 수명이 다하면 죽는 것이 자연스런 이치임을 기억해야 한다.

11.14.9. 이성교제와 성, 동성애, 트랜스젠더 문제

현대사회는 이성 교제의 장벽이 완전히 허물어진 자유 연애시대가 되었다. 근래 태동된 왜곡된 사랑의 논리가 사회를 걷잡을 수 없이 혼탁한 지경으로 몰아가고 있다. 우리는 혼인하기 전의 남녀청년이 사랑한다는 이유만으로 서로 손을 잡고 입을 맞추며 잠자리를 같이 하는 것을 자연스럽게 여기는 극도로 타락한 시대에 살고 있다.

그럼에도 불구하고 우리 시대에 그것을 심각한 문제로 인식하고 있는 사람은 거의 없다. 혼인하기 전의 남녀가 서로 사랑한다는 이유로 손을 잡고 입맞춤하는 것은 결코 허용되지 말아야 한다. 나아가 혼인관계를 벗어나 그들이 잠자리를 같이 하는 것은 간음이며 심각한 범죄에 해당된다. 그러나 성윤리를 포기한 세속정부와 사회는 그것을 전혀 죄가 아니라고 주장한다. 우리는 근본적인 가치가 허물어진 타락한 시대에 살아가면서 그에 대한 분명한 자세를 취하지 않으면 안 된다.

또한 21세기에 들어 더욱 기승을 부리기 시작한 동성애나 트랜스젠더 문제는 심각하다. 동성애는 소위 동성부부를 인정하는 방향으로 나아가며 트랜스젠더는 성전환 수술에 이르게 한다. 우리 시대에는 그것을 개인의 인권적인 차원에서 논의하고 있는 실정이지만 그것은 심각한 범죄가 아닐 수 없다. 우리는 그것이 단순한 질병이나 성적인 경향성 문제가 아니라 하나님께 저항하는 무서운 범죄행위라는 사실을 기억하지 않으면 안 된다.

11.14.10. 외모지상주의, 성형수술

현대는 외모지상주의 시대가 되어 있다. 사람들은 인간의 내면을 들여다보기보다는 외형에 관심을 집중한다. 그런 경향성은 사람들로 하여금 내면을 가꾸기보다 외모를 꾸미는 데 관심을 집중하도록 하고 있다. 그러다 보니 어린 사람들은 얼굴 모양새를 바꾸는 성형수술을 하는 것을 자연스럽게 받아들인다. 나아가 머리카락에 다양한 색감의 물을 들이거나 신체에 문신을 하는 경우도 쉽게 볼 수 있다.

하지만 우리는 외모를 보고 다른 사람을 평가하려 해서는 안 된다. 이는 사람의 단정한 자세를 두고 언급하는 것이 아니라 얼굴 생김새를 두고 하는 말이다. 따라서 하나님의 자녀들은 기형적인 부분을 교정하는 치유 목적이 아니라 외모를 돋보이기 위해 성형수술을 해서는 안 된다. 그럴 마음이 있다면 하나님 앞에서 계시된 말씀을 통해 자신의 내면을 올바르게 다듬어 가야 한다.

겉보기에 아무리 아름다워 보이는 인간이라 할지라도 세월이 흐르면 늙어갈 수밖에 없다. 나아가 결국은 죽게 됨으로써 냄새나는 시체가 되어 흙으로 돌아간다. 따라서 다른 사람의 외모를 부러워하거나 자신의 외모를 자랑할 필요가 전혀 없다. 교회와 성도들은 이에 대한 분명한 이해를 하지 않으면 안 된다.

11.14.11. 텔레비전 연속극, 연극, 영화

텔레비전 연속극과 연극, 그리고 영화는 우리 시대에 순기능보다 강한 역기능을 하고 있다. 물론 그것들 자체를 부정적으로 말하고자 하는 것은 아니다. 그런 것들이 건전한 방편들을 사용하여 유익한 내용을 보여준다면 굳이 그에 대한 강한 경계심을 가질 필요가 없을지 모른다. 그러나 안타깝게도 우리 시대에는 그것들이 엄청난 독성을 뿜어내고 있음에도 불구하고 사람들은 그에 대한 인식을 거의 하지 못하고 있는 실정이다.

현대에 들어와서 그런 것들은 대개 인간의 몸을 성적으로 상품화하여 전면에 등장시키고 있다. 그나마 일반적인 내용 전개를 넘어서 은근히 성적인 부도덕을 부추기는 양상으로 나아가고 있다. 텔레비전 연속극에서는 불륜이 적절하게 미화되지 않으면 작품이 되지 않을 만큼 노골화 되어 있다.

이에 대해서는 연극과 영화에 있어서도 마찬가지다. 심지어는 미성년자들에게 금지된 성인 작품들에서는 옷을 완전히 벗은 남녀의 성행위를 묘사하는 장면들이 전혀 이상하지 않을 만큼 되어 버렸다. 따라서 경건한 성도들은 정신을 바짝 차려 그에 대한 강한 경계심을 가지지 않으면 안 된다.

✳ 〈성경을 배경으로 하는 '기독교 영화'의 폐해〉

소위 독실한 기독교인들에게 가장 감명 깊게 본 영화를 이야기 해보라고 하면 대개 성경을 배경으로 하는 기독교 영화들을 언급한다. "십계", "솔로몬과 시바", "쿼바디스", "패션 오브 크라이스트" 등이 그에 속한다. 어리석은 교인들 가운데는 그런 영화를 감명 깊게 본 것이 마치 신앙심의 표현인 양 생각하는 자들마저 없지 않다.

하지만 그런 류의 영화들은 매우 위험한 작품들이다. 나아가 복음전도를 위해 제작된 "예수" 같은 영화도 크게 다르지 않다. 성경의 내용을 인간들이 각색하게 되면 성경에 직접 기록되지 않은 내용을 더욱 극적으로 묘사할 수밖에 없다. 영상물 가운데 전개되는 풍경이나 인물도 그렇지만 내용도 마찬가지이다.

계시된 하나님의 말씀인 성경은 있는 그대로 읽고 깨달아야 한다. 성경에 연관된 내용을 각색한 영화를 보면서 그것을 마음속에 새기게 되면 말씀의 의미가 왜곡되지 않을 수 없다. 따라서 올바른 성도라면 그런 형태의 영화를 제작하지 말아야 하며, 성도들은 그런 영화를 보지 않는 것이 순수한 성경 이해와 신앙생활을 위해 바람직하다.

12. 교회와 분리되는 집단 영역

12.1. 소위 '영역주권'의 문제

하나님께서는 과연 지상의 모든 분야에서 자신의 고유한 영역주권을 행사하고자 하시는가? 아브라함 카이퍼(Abraham Kuyper) 이후 다수의 학자들은 소위 하나님의 영역주권을 강조해 왔다. 이른바 정치, 경제, 사회, 문화, 교육 등 지상의 모든 영역에서 하나님께서 친히 자신의 주권을 행사하기를 원하신다는 것이다.

그러나 세상은 아담이 타락한 이래 사탄이 지배하는 오염된 영역으로 변해 버렸다(요일 2:15-17). 사탄의 통치 영역이 된 세상은 더 이상 하나님의 간섭을 받지 않으려 안간힘을 쓰고 있다. 원칙적으로 보아 세상은 하나님의 주권이 실현되어야 할 영역이 맞다. 그렇지만 하나님께서는 사탄이 지배하고 있는 세상에서 인간들의 방식대로 주권을 행사하려 하시지 않는다.

하나님의 주권이 구체적으로 살아 숨 쉬고 있는 영역은 그가 피로 값 주고 사신 교회를 중심으로 하고 있다. 그 교회에 속한 성도들이 진리를 소유한 채 타락한 세상에 살아가면서 하나님의 거룩한 뜻을 드러내게 된다. 그것은 지상의 성도들에게 상당한 환란과 고통이 동반되리라는 사실을 의미한다. 그러나 지상 교회에 속한 성도들은 힘겨운 삶을 살아가지만 천상의 소망을 가지고 하나님의 말씀에 순종하는 삶을 이어가게 된다.

12.2. "의로운 전쟁"과 "사형제도"

우리 시대의 국가에 과연 의로운 전쟁이 존재하는가? 구약시대에는 하나님으로 인한 의로운 전쟁이 있었지만 신약시대에는 더 이상 그런 전쟁이 존재하지 않는다. 구약시대에 숱하게 많이 일어났던 전쟁의 교훈을 기초로 하여 신약시대의 교회는 세상을 향한 영적인 전투를 감당해야 한다.

그런데 문제는 세속국가에 속해 있는 성도들의 국방의무에 관한 것이다. 우리가 여기서 기억해야 할 점은 국가에 속해 있는 시민으로서 성도들은 국방의 의무를 감당해야 한다는 사실이다. 그러나 성도들이 전쟁에서 어떤 행동을 취할 것인가에 대한 문제는 별도로 이해해야 한다. 성도들이 국방의 의무를 감당하는 것은 자기 방어를 위한 소극적인 성격을 지니게 될 뿐 상대를 죽이는 데 그 목적이 있지 않다.

만일 전쟁이 발발했을 경우 성도들은 적군의 인명을 직접 살상의 대상으로 삼아서는 안 된다. 대신 건물이나 무기 등 사람의 생명이 아닌 다른 것들을 향해 무기를 사용할 수는 있다. 이는 성도들이 손에 총을 드는 행위와, 적군에게 총구를 겨누어 그 생명을 겨냥해 끊는 행위는 동일하지 않다는 사실을 말해주고 있다. 우리는 예수님과 그의 제자들이 적군의 생명을 겨누어 총을 쏠 수 있었을 것이라는 생각을 할 수 없다.

이와 더불어 우리는 국가의 사형제도에 대해서도 주의 깊게 생각해 보아야 한다. 국가는 사람의 생명을 직접 박탈할 수 있는 권리를 가진 것으로 볼 수 없다. 범죄한 인간이라 할지라도 국가나 특정 개인에게 그의 생명을 박탈할 수 있는 권리가 주어지지 않았다. 국가가 공권력을 가지고 행사할 수 있는 일은 악행에 제재를 가하며 극악한 범죄를 저지른 자를 격리시켜 영구히 감옥에 가두는 일 정도일 따름이다.

12.3. 교회와 사회복지 사업

교회는 직접적으로 감당해야 할 본질적인 사명이 있는가 하면, 교회가 직접 주도하지 말아야 할 일들이 있다. 현대 교회들 가운데는 일반봉사를 위해 사회복지 사업에 직접 뛰어드는 경우가 많다. 이른 바 노인대학, 장애인들을 위한 복지시설, 상담소, 병원 등을 설립해 운영 및 경영하는 것이 곧 그런 것들이다.

하지만 설령 그 의도가 좋다고 할지라도 그런 일은 교회가 직접 맡아서 시행할 일이 아니다. 오히려 개인 성도들 가운데 그런 사회사업을 하는 사람들이 있다면 여러 성도들이 개별적으로 그 일을 위해 봉사하거나 지원할 수 있다.

교회가 그런 일들을 주관하지 않는 것이 바람직한 이유는, 자칫 잘못하면 주객전도主客顚倒 현상이 일어날 수밖에 없기 때문이다. 하나님을 예배하고 성도들을 말씀과 교리로써 가르쳐 교육해야 할 교회의 근본적인 사역보다, 외적인 사회복지 활동으로 말미암아 본질을 약화시키게 될 우려가 따르게 된다. 교회는 제도나 조직을 구성해 세상과 사회를 위한 선행을 도모하려 할 것이 아니라 교회에 속한 성도들의 일상적인 삶 가운데 자연스럽게 그것이 드러나야 한다.

12.4. 교회의 예술 및 예능활동

하나님의 교회 가운데는 계시된 말씀에 근거해 모든 외적인 열매들이 맺혀져야 한다. 따라서 인간들의 종교적인 성향과 취향에 따라 다양한 프로그램을 만들어내고자 하는 것은 매우 위험한 태도이다. 우리는 타락한 인간들이 즐기는 것들은 대개 하나님께서 좋아하지 않는다는 사실을 깨달아야 한다. 죄악에 가득 찬 인간의 두뇌에서 나오는 모든 것들은 하나같이 악할 따름이기 때문이다.

현대 교회에 성행하는 예술과 예능 활동 역시 이와 동일한 관점에서 이해되어야 한다. 우리는 종교로 채색된 음악, 미술, 조각, 춤, 스포츠 등을 조직화하여 교회 내부로 끌어들여서는 곤란하다. 그 가운데 특히 음악과 악기 사용에 대해서는 여간 신중하지 않으면 안 된다. 세속적인 교회들은 이를 예배와 연관시키고 있지만, 하나님을 마치 인간들처럼 다양한 악기와 노래 가락을 좋아하는 분으로 만들 수는 없다.

따라서 우리는 대다수 교회들이 공식적으로 운영하고 있는 성가대에 대해 냉철한 해석을 할 수 있어야 한다. 교인들은 자기도 모르는 사이 저들의 음악성에 매료될 수밖에 없다. 음악에는 어느 정도의 무형적인 마약성 분이 들어 있다. 따라서 교인들은 계시된 하나님의 말씀이 아니라 음악 자체를 통해 만족과 즐거움을 느끼게 된다. 그렇게 되면 신앙이 어린 교인들은 부지중에 우상 숭배적인 사고에 빠져들 수밖에 없다.

13. 성도들의 현실적 삶에 연관된 중요한 개념들

13.1. 성도들의 자녀 교육을 위한 삼각구조

교회에 속한 자녀들은 미래의 교회를 이어갈 소중한 성도들이다. 그들이 어떤 신앙교육을 받으며 성장해 가느냐에 따라 장래의 교회가 달려 있다고 해도 과언이 아니다. 그들이 하나님의 말씀을 통해 성실하게 자라간다면 미래의 교회가 건강하게 될 것이며, 그렇지 않다면 교회는 쉽게 세속화 될 수밖에 없을 것이다.

따라서 교회의 온전한 상속을 위해서는 자녀 교육이 무엇보다 중요하다. 성도의 자녀들이 교육을 받게 되는 곳은 크게 보아 교회와 가정과 학교 등 세 곳이다. 우선 교회는 공예배에 참여하는 아이들에게 성경과 교회에 대한 올바른 교육을 지속해야 한다. 나아가 어른들도 지속적인 교육을 받음으로써 교회의 자녀들을 공동으로 관리하게 된다. 따라서 교회는 결코 성도들의 교육에 태만해서는 안 된다.

그리고 원리적인 측면에서 볼 때 교회 다음으로 아이들의 교육을 담당해야 할 중요한 현장은 가정이다. 성도들은 가정에서 자녀들에게 올바른 신앙교육을 시킴으로써 교회에서 배운 내용이 실현될 수 있게 해야 한다. 그 일을 위해 가정에서는 성경과 요리문답을 통해 자녀들을 양육하게 된다. 부모들은 날마다 주님의 가르침에 순종하는 방법을 배워 익힐 수 있도록 자녀들에게 적극적인 도움을 주지 않으면 안 된다.

또한 교회에 속한 자녀들을 위해 학교가 중요하다. 신앙을 가진 교회의 아이들이 자라나게 되면 세상과 사회에 속해 살아가야만 한다.[60] 그러므로 학교를 통해 성경과 교리 이외에 다양한 과목들을 공부할 수 있도록 한다. 따라서 학생들은 학교에서 역사, 정치, 경제, 수학, 과학 등에 관련된 기본적인 내용들을 공부하게 된다.

교회와 가정과 학교에서 배우는 어린아이들은 동일한 성격의 교육을 통해 올바른 가치관을 소유할 수 있어야 한다. 만일 그렇지 않다면 아이들에게 엄청난 혼란을 가져올 수밖에 없다. 그러나 현실상 우리는 이미 그 심각한 위기 속에 들어와 있다. 교회에서 가르치는 내용과 가정교육, 그리고 학교에서 가르치는 교과목 사이에 상당한 갈등을 표출하고 있기 때문이다. 그러므로 교회는 아이들의 참된 가치관 정립을 위해 재교육을 시키지 않으면 안 된다. 현대는 이에 대한 교회 교육의 책임이 한층 커져 있는 시대라는 사실을 기억하지 않을 수 없다.

✳ 〈 '기독교 학교' 와 '홈 스쿨' 에 관하여〉

현대교회에 속한 성도들이 가장 심각하게 직면한 어려움 가운데 하나는 자녀들을 위한 교육 문제이다. 극도로 세속화되어 타락한 인본주의 문화가 사방에 널려 있기 때문이다. 이는 자녀들을 맡겨둔 세속 학교에서 더욱 심하게 노출되어 있다. 이는 마치 무서운 전염병에 걸린 아이들이 모인 곳에 우리의 자녀들을 보내는 것과 전혀 다르지 않다.

우리는 눈에 보이는 신체적 전염병에 비해 보이지 않는 치명적인 정신적 전염병이 훨씬 감염속도가 빠르다는 점을 기억하지 않으면 안 된다. 교회와 가정에서 말씀과 교리를 통해 자녀들을 주의 깊게 가르치며 지도한다고 해도 저들의 사상은 세속 학교에 가서 맥없이 혼합되어 버린다. 하지

---

60) 교회는 자라나는 아이들에게 하나님을 경외하는 성도이자 국가에 속한 건전한 시민으로서 살아가는 방법을 교육해야 한다. 이는 직업관, 정치관, 문화관 등 거의 모든 분야를 포함하게 된다. 교회와 세속국가는 근본적으로 상이한 가치관을 가지고 있으므로 성경적인 마땅한 교육을 실시하도록 힘써야 하는 것이다.

만 그것을 해결하기 위한 방법을 쉽게 찾기 힘든 것이 우리가 직면한 현실이다.

근래 들어와 일고 있는 그에 대한 대안이 '기독교 학교'와 '홈 스쿨'이다. 여기서 말하는 '기독교 학교'란 일반적으로 일컫는 미션스쿨과는 다르다. 미션스쿨이 전도와 선교를 목적으로 하고 있다면 '기독교 학교'는 교회의 자녀들에 대한 올바른 교육을 목적으로 한다. '홈 스쿨'도 학교에 자녀를 맡기는 것이 위태롭다는 판단을 한 부모들이 직접 교육을 담당하겠다는 의미로 세워지게 된다.

그러나 현실적으로는 교회가 어떻게 구체적인 대처를 해야할지 판단하기가 쉽지 않다. 이는 대개의 경우 세속 학교에 다니는 성도의 자녀들뿐 아니라 그것을 염려하는 부모의 신앙적 정체성 또한 굳게 확립되지 않았기 때문이다. 그럼에도 불구하고 교회는 그에 대한 끊임없는 연구와 더불어 깊은 관심을 기울이지 않으면 안 된다.

13.2. 가정관

우리 시대의 가정관은 과거 전통사회에서 볼 수 없었던 매우 특이한 부정적인 형태로 급속히 변질되어 가고 있다. 소위 핵가족이 일반화되면서 과거의 대가족 제도의 맥이 완전히 끊어져 버렸다. 이와 더불어 가정 가운데 마땅히 있어야 할 근본적인 질서가 무너져 내리고 있다.

또한 현대는 부부간의 관계를 비롯한 가족 구성원 상호간의 관계가 정체성을 거의 상실했다. 남편과 아내의 전통적인 고유한 역할이 파괴됨으로써 가정이 심각하게 흔들리고 있는 것이다. 남편과 아내는 동반자 혹은 반려자이지만, 성경적 원리에서 볼 때 아내는 남편을 돕는 자이며 내조자이다. 그러나 안타깝게도 우리에게는 가장 보편적인 그 원리가 사라져 버렸다.

따라서 우리 시대에는 성도들의 가정과 그 가운데 있어야 할 참된 질서를 회복하는 것이 무엇보다 중요하다. 특히 어른들은 자라나는 다음 세대에 이점을 분명히 교육해야만 한다. 이를 위해 교회는 말씀과 교리적인 원리를 통해 어린 자녀들을 지속적으로 지도하지 않으면 안 된다.

13.3. 혼인관

성도들의 혼인은 하나님께서 섭리 가운데 남녀를 짝 지워 주신데 대한 전적인 순종 행위이다. 혼인의 근본적이면서도 전체적인 목적은 지상 교회의 상속에 밀접하게 연관되어 있다. 남녀가 부부로 만나 이 세상에서 행복을 추구하는 것 자체가 혼인의 근본적인 목적이 될 수 없다.

나아가 원리적으로 보아 성도들은 개인의 취향에 따라 배필을 자의로 선택하는 것이 아니라 하나님의 섭리와 경륜에 의존하게 된다. 만일 개인의 판단에 따라 배우자를 선택하는 것으로 생각하게 되면 잘못 선택했을지도 모른다는 생각으로 인해 심각한 자기 갈등을 유발할 우려가 있다.

그러므로 하나님의 자녀들은 혼인을 통한 행복한 삶 자체가 목적이 되어서는 안 된다. 혼인생활이 만족스럽지 않다고 해서 그것이 가정을 해체할 수 있는 조건이 되지 못한다. 따라서 교회는 성도들의 가정을 하나님의 말씀으로 보호하는 역할을 해야 한다. 우리는 성도로서 어떤 경우에도 하나님께서 세우신 가정을 해체할 수 없다는 사실을 분명히 기억하지 않으면 안 된다.

✳ 〈교회내에서의 이성교제와 혼인의 성사과정〉

우리 시대의 남녀간 이성교제는 과거에 볼 수 없던 혼탁한 상태로 얼룩져 있다. 남녀가 자유롭게 만났다가 헤어지는 소위 자유연애 시대가 되어 있다. 이러한 타락한 풍조는 교회 안으로 그대로 들어와 있다. 그것은 매우 심각한 문제이지만 그점을 명확하게 인식하는 자들은 거의 없는 실정이다. 대다수 교인들은 그것이 마치 현대를 살아가는 사람들에게 주어진 특권이라도 되는 듯이 생각한다.

교회에 속한 청소년들은 건전한 이성교제를 하지 않으면 안 된다. 따라서 혼인의 의사가 없는 상태에서 이성에게 개별적으로 사랑을 고백하는 행위는 금지되어야 한다. 은밀한 이성교제뿐 아니라 공개적인 이성교제 역시 위험하기는 마찬가지이다. 만일 이성교제를 하던 남녀청년이 헤어지게 되면 교회 안에서 서로 어색해질 뿐 아니라 교회내의 다른 청소년들에게 예기치 못한 나쁜 영향을 끼칠 수도 있다.

그러므로 신실한 자세와 더불어 혼인을 염두에 둔 이성이 있다면 상대에게 직접 마음을 표시할 것이 아니라 먼저 당회에 알려야 한다. 예를 들어 어느 남자청년이 여자청년을 마음에 두고 혼인을 생각할 경우 그는 복사나 장로 등 당회원들 가운데 한 사람에게 그 사실을 알려야 한다. 그러면 당회 차원에서 그 신실함을 확인한 후 상대 여자청년에게 그 남자청년의 의사를 전달하고 얼마간 기도하고 답을 주도록 요구한다.

만일 그 여자청년이 신중하게 생각해 본 결과 부정적이라면 그 사실을 남자청년에게 알리고 모든 것을 없던 일로 하면 된다. 그렇지 않고 여자청년이 그 남자청년과 교제해 보기를 원한다면 정해진 몇 개월간의 교제 기회를 허락한다. 그때 당회 차원에서 두 사람을 불러 혼인과 이성교제의 의미를 설명한 후 서로 존중하는 가운데 교제하도록 허락한다. 물론 저들에게는 어떤 형태의 스킨십이라 할지라도 허용되지 않는다.

당회의 허락 아래 교제하는 동안 서로간 하나님의 뜻 가운데 혼인할 당사자로 확인되면 양가 부모들에게 허락을 받아 가까운 시일에 혼인을 하도록 권면한다. 이는 물론 당회가 그 사실을 받아들여 교회에 공적으로 알린다. 그때부터 혼인할 때까지 공개적인 교제가 허용된다. 그럴 경우에도 물론 혼인할 때까지는 스킨십이 금지된다. 이렇게 하여 청년남녀의 혼인이 성사되면 그것은 개인과 가정의 일을 넘어 교회의 일이 된다.

그러나 일정기간 교제한 끝에 혼인에 대한 하나님의 뜻을 발견하지 못하고 혼인의 대상으로 여겨지지 않는다면 없었던 일로 해야 한다. 그때는 서로간 어색함이 없어야 할 뿐 아니라 특별한 교제의 기간을 통해 서로간 배움의 기회를 얻었으므로 더욱 존중하는 마음과 좋은 감정을 가질 수 있어야 한다. 그 대신 시간이 흐른 후 저들이 기도하는 가운데 혼인을 염두에 둔 다른 이성이 생길 경우 동일한 자세와 절차를 통해 교회, 즉 당회와 더불어 혼인 여부를 결정지어야 한다. 다른 개체 교회에 속한 청년과 이성교제 및 혼인을 하게 될 경우에도 이에 준하는 절차와 과정이 요구된다.

13.4. 국가관

우리는 세속 국가를 이해할 때 교회와 성도들을 위한 은총의 관점에서 이해해야 한다. 그것은 하나님으로부터 국가에 허락된 공권력을 통해 기본적인 질서가 유지된다는 사실에 연관되어 있다. 일반 국가에 권력이 주어진데 반해 지상의 교회에는 성도들의 생명과 일반적인 삶을 보호할 수 있는 아무런 권력이 주어지지 않았다.

그러므로 설령 악한 자들이 성도들의 생명을 위협한다고 할지라도 교회는 소극적으로 저들을 보호할 수 있을 따름이다. 악행을 저지르는 자들을 물리적으로 징계하거나 응징할 수 있는 아무런 방편이 없다. 그와 같은 기능은 교회가 가지지 않은 총과 칼을 소유한 국가의 공권력에 맡겨져 있다. 따라서 하나님의 자녀들은 국가의 정당한 제도에 순복해야 하는 것이다.

✻ 〈국가법과 교회법〉

교회는 국가가 정한 법을 과연 어느 정도 준수해야 하는가? 즉 하나님의 자녀들이 국가법을 따르는 것은 일반적인 의무이기도 하지만 모든 법에 대해 무조건 그렇게 해야 하는 것은 아니다. 이 문제는 교회사 가운데 끊임없이 발생한 문제이기도 하거니와 현대에 와서도 달라진 것이 없다.

우리는 어떤 내용에 대해서는 국가법을 준수해야 하지만 진리에 직접 어긋나거나 상충하는 법에 대해서는 복종하지 않아도 된다. 특정 국가가 법률로 교회의 설립을 금지하고 복음을 전파하지 못하도록 한다면 교회는 그 법에 따를 의무가 전혀 없다. 물론 지혜롭게 그에 대처하는 것은 매우 중요하다.

나아가 성경의 교훈에 명백하게 위배되는 사항을 허용하는 국가법에 대해서는 심정적으로 저항해야 할 필요가 있다. 예를 들어 동성애를 합법화 한다든지 사회악을 부추기는 법을 일반화 한다면 그에 따르지 말아야 한다. 이에 대해서는 공교회가 그 내용을 면밀히 살펴 성도들로 하여금 적절히 대처할 수 있도록 도와주지 않으면 안 된다.

13.5. 직업관

그리스도인의 직업은 하나님으로 말미암는 소명에 밀접하게 연관되어 있다. 보통 사람들은 직업을 세상에서 자기의 인생을 남부럽지 않게 살아가는 방편과 목적으로 삼는다. 그러나 하나님의 자녀들은 원리상, 자기가 소유한 능력을 다른 사람들의 필요를 위해 제공하는 과정에서 직업을 가지게 된다. 그로 말미암아 자연스럽게 얻게 되는 물질적 수입을 통해 세상에서 살아가게 되는 것이다.

즉 성도들의 직업은 단순한 세속적 지위나 수입 정도에 의미를 두어서는 안 된다. 성도들은 타인, 즉 이웃을 위해 자기의 능력을 얼마나 나누어 가질 수 있느냐 하는 것을 기초로 하고 있다. 그것은 하나님께서 각 성도들에게 허락하신 일반적인 은총에 밀접하게 연관되어 있는 것이다.

13.6. 경제관

하나님의 자녀들은 이 세상에서 부유하게 살아가는 것이 바람직한가, 아니면 가난하게 살아가는 것이 바람직한 것인가? 우리가 분명히 이해해야할 바는 성도들이 부유하게 살게 되는 것을 두고 하나님께서 주신 복이라고 말할 수 없으며, 가난하게 사는 것을 두고 반대적인 관점에서 말할 수도 없다는 사실이다.

성도들에게는 가난하고 부유한 것 자체가 특별한 의미를 발생시키지 않는다. 단지 가난한 성도들은 그것으로 인해 다소간 불편함을 느끼게 될 따름이며, 부유한 성도는 그것을 어떻게 이웃을 위해 나눌까 신경을 써야 한다. 하지만 그에 대한 명확한 개념을 정립하지 않으면 그것으로 말미암아 시험에 빠질 우려가 따르게 된다.

세상에서의 소유는 가치중립적인 것으로 부자가 자랑스러운 것도 아니며 가난이 미덕이 되는 것도 아니다. 그러므로 지나치게 부를 추구하는 어리석음에 빠져서는 안 되며 지나친 청빈을 추구하는 것도 바람직한 태도라 말할 수 없다. 중요한 것은 성실하게 살아가는 성도들이 각자가 처한 위치에서 올바른 경제생활을 하며 겸손하게 살아가는 것이다.

14. 교회론 이단 및 불건전한 주장과 형태

14.1. 사도교회주의

지상의 교회가 완벽한 것처럼 주장하는 종교인들이 가끔 있다. 그런 자들은 우리 시대에도 사도적 계시가 진행되는 듯이 선전하며 자신을 사도적 위치에 두기를 좋아한다. 물론 그들은 지상 교회가 완벽하지 않다는 것을 잘 알고 있으면서 자신의 종교적인 욕망을 달성하기 위해 그런 어처구니없는 주장을 하게 된다. 그러나 그것은 어리석은 교인들을 기만하는 사악한 거짓 행위에 지나지 않는다.

14.2. 세속주의

현대에 들어와 가장 위험한 사고들 중 하나는 세속주의 신학사상이다. 그런 자들은 세상과의 소통을 내세워 교회와 세상의 벽을 허무는 행위에 앞장선다. 그렇게 하여 교회로 하여금 세상의 가치관을 받아들이도록 한다. 세상의 좋아 보이는 것들을 교회 내부로 끌어들이는 것이다. 그들은 그렇게 하는 것이 마치 세상에 존재하는 교회의 참된 모습인 양 선전하고 있다.

14.3. 토착화 사상

교회의 토착화를 부르짖는 자들은 진리의 절대성을 포기하고 상대화를 추구한다. 전 세계의 다양한 인종, 상이한 문화를 소유한 지역 가운데 교회가 세워지면 교회는 제각각의 형편에 따라 적응해야 한다는 것이다. 인간이 하나님의 말씀을 통해 진리를 받아들임으로써 변화되어 참된 교회를 세워가는 것이 아니라, 교회가 인간들의 형편에 따라 적응하며 변화되어 가야 한다는 것이다. 그것은 결국 상황화를 추구하게 되며 절대 가치가 아니라 상대적 가치를 근본으로 삼게 된다.

14.4. 무교회주의

우리 시대에는 가시적인 조직체로서 교회공동체를 거부하는 자들이 상당수 있다. 이는 특별히 기존 교회가 복음의 본질을 벗어나거나 권위주의화 되어 갈 때 발생하는 현상이다. 교회라는 명판을 달고 있으면서 불신자들보다도 못한 저급한 윤리관을 가진 종교인들로 인해 회의를 품게 되는 자들은 교회를 떠나 배회하게 된다. 그런 자들은 교회가 조직적인 기구를 가지고 있지 않더라도 성경을 통해 하나님을 믿고 경배할 수 있다는 생각에 사로잡히게 될 우려가 있다.

14.5. 편의주의

편의주의적인 사고를 하는 교인들은 마음 내키는 대로 신앙생활을 하려고 한다. 그들은 특정 개체 교회에 속하기를 거부하고 자신의 판단과 결정에 충실하게 반응한다. 주일이 되면 가끔씩 생각나는 저렴한 교회를 찾아 출석하기도 하지만, 집에서 편안하게 텔레비전이나 인터넷을 통해 자기의 취향에 맞는 특정 목사들의 방송설교를 들으며 종교적인 위안을 받으려 한다. 그것은 현대에 발생한 매우 위험한 변형된 신앙형태에 지나지 않는다. 성례와 권징사역이 없는 상태에서 하나님을 향한 참된 공예배가 드려질 수 없다.

14.6. 대형교회주의

세상에 살아가는 타락한 인간들의 지향점은 항상 남보기에 크고 그럴듯해 보이는 것이다. 그런 사고를 가진 자들은 교인수가 많아지고 교회의 덩치가 커지는 것을 좋아하며 그것이 마치 성공인 양 착각해 자랑거리로 여긴다. 그러나 교회의 규모 자체로서는 아무런 의미가 없다. 그것은 전혀 자부심을 가질 일이 아니며 다른 사람들에게 자랑할 거리가 되지도 않는다. 도리어 대형교회는 올바른 세례와 성찬을 베풀 수 없으며, 지속적인 권징사역을 시행하기 어려운 기형적인 모습이라는 사실을 기억해야 한다.

14.7. 번영신학

타락한 인간은 본성적으로 자신의 욕망에 충실한 존재이다. 그러므로 신앙이 성숙한 성도들은 그것을 줄이기 위해 항상 하나님께 간구하게 된다. 하지만 어리석은 종교인들은 하나님의 이름을 핑계대어 자신의 욕망을 충족시키기 위해 최선의 노력을 다한다.

그런 풍조들 가운데 하나가 소위 번영신학이다. 교회 성장을 추구하는 자들은 그에 기초한 종교적인 기교를 동원하여 비대한 교회를 만들어 나가고자 한다. 그들은 자신의 욕망을 채워나가면서 그것이 마치 하나님의 은혜인 양 주장하며 자랑한다. 그렇게 되면 신앙이 어린 교인들은 정말 그런 것으로 착각하게 된다.

그런 자들은 진정한 교회 성장에 대해 근본적으로 오해하고 있다. 물론 교회는 끊임없이 성장해 가야 하지만 그것은 외적인 확장이 아니라 성도들의 올바른 신앙의 성숙을 의미한다. 우리는 교회의 진정한 성장을 방해하는 잘못된 번영신학을 민감하게 경계하지 않으면 안 된다.

14.8. 교회 안의 작은 교회주의

이미 우리가 잘 알고 있는 것처럼 참된 교회에서는 순수한 말씀선포, 올바른 성찬시행, 정당한 권징사역이 지속적으로 행해져야 한다. 만일 그것들이 멸시되는 교회라면 그 이름과 달리 거짓 교회일 수밖에 없다. 교회는 그 표지를 바탕으로 하여 매주일 성도들이 한자리에 모여 공적으로 하나님을 경배하게 된다. 교회의 본질적인 기능은 하나님을 예배하는 그 일에 연관되어 있다.

그렇다면 참된 성도들은 거짓 교회에 얼마나 오래 동안 머무를 수 있을까 하는 문제에 직면하게 된다. 하나님의 자녀로서 하나님을 진정으로 경배하는 일에 방해를 받는다면 매우 괴로운 일이 될 것이 분명하다. 그 예배는 외적인 요소가 아니라 말씀을 순수하게 전파하지 않는 목사에 의해 방해받을 수 있으며 성례와 권징사역을 멸시하는 교회 지도자들에 의해 방해받게 된다.

어떤 사람들은 거짓 교회임을 확인하고도 그 가운데 지속적으로 남아 있으면서 교회를 개혁하고자 한다. 나아가 설령 참된 교회의 모습을 회복하지 못한다고 하더라도 '교회 안의 작은 교회'를 지향하게 된다. 그러나 그것은 매우 위험한 판단이 될 수 있다. 그렇게 하는 것은 교회의 제도를 교정하려는 마음에서 출발하지만 그것을 예배와 연관하여 생각해 볼 때 여간 심각한 문제가 아니다.

왜냐하면 몇 년간의 긴 세월을 거짓 교회에 속해 있다면 그동안 하나님을 진정으로 예배하지 못하는 상태에 놓이게 되기 때문이다. 이는 그동안 양질의 참된 음식을 섭취하지 못하고 독성이 기득 들어있는 위험한 음식을 먹으며 근근이 버티는 것과 다르지 않다. 그러므로 성숙한 성도는 교회가 잘못되어 갈 때 권징사역을 통해 신속하게 대응해야 한다. 만일 그런 형편이 지속된다면 속히 하나님을 올바르게 예배하는 교회를 찾아 떠나야 한다.

14.9. 평신도 교회[61]

교회의 타락은 대개 직분자의 세속화로 말미암아 발생하게 된다. 어리석은 교인들은 지도자들이 이끄는 대로 순순히 따라가는 것이 일반적이다. 타락한 종교인들이 자신의 이기적인 목적을 위해 교회를 이용하게 되면 신앙이 어린 교인들은 멋모르고 그에 속아 넘어가게 된다. 그럼에도 불구하고 어리석은 자들은 자기가 거짓 교사에 의해 속고 있다는 사실 자체도 인식하지 못한다.

어느 정도 판단력을 갖추고 그것을 지켜보는 교인들 가운데는 직분자의 횡포에 회의를 느끼지 않을 수 없다. 그렇게 되면 직분 무용론을 내세우게 될 우려가 따른다. 그리하여 생겨나게 되는 것이 소위 평신도 교회이다. 그러나 직분을 무시하는 평신도 교회란 결코 바람직하지 않다. 직분을 남용하거나 오용함으로써 교회가 타락한다면 평신도 교회가 아니라 온전한 참된 교회를 세우기 위해 힘써야 한다.

14.10. 현대교회를 어지럽히는 불건전한 사상과 형태들

14.10.1. 열린 예배

열린 예배란 하나님을 알지 못하는 불신자들에게도 예배를 개방하는 것을 의미한다. 교회는 하나님을 예배하는 공동체로서 세상과 분리되어 있다. 그에 대한 표로서 세례가 행해지며 세례교인들만 예배의 진정한 참여자가 될 수 있다. 물론 주님을 온전히 고백하지 않아 아직 세례를 받지 않은 사람들도 한자리에 앉아 있지만 그들은 성찬에 참여하지 않음으로써 온전한 예배에 참여하지 못한다.

---

61) 오늘날 교회에서는 직분자와 구별되는 용어로 '평신도'라는 말을 사용하고 있다. 하지만 이 용어는 직분을 계급으로 인식하고 있는 로마 가톨릭과 같은 곳에서 사용되는 용어이다. 교회에서는 평신도라는 말을 사용해서는 안 된다. 교회는 결코 신분 사회도 아니며 계급 사회도 아니다. 신도, 신자 또는 성도, 성도들이라는 용어가 바람직하다.

열린 예배를 주장하는 자들은 누구나 예배에 참여할 수 있다는 주장을 한다. 설교자는 그 자리에 참석하고 있는 불신자들에게 호감이 가는 용어들을 동원함으로써 종교적인 분위기를 만들어 간다. 그것은 결코 진정한 예배가 될 수 없을 뿐더러 하나님의 교회를 어지럽히는 위험한 행위에 지나지 않는다.

14.10.2. '레노바레'(renovare) 영성 운동과 관상기도

'레노바레' 운동이란 퀘이커 교도인 리차드 포스터(Richard Foster)가 1988년에 설립한 영성훈련을 목적으로 하고 있다. 퀘이커 교도들은 인간 내면에 존재하는 빛으로부터 신적인 음성을 들음으로써 진리로 나아가게 된다고 믿는다. 이는 계시된 하나님의 말씀보다 인간의 내적인 빛으로부터 오는 깨달음이나 감정적 체험을 중시한다. 한국에서는 '레노바레 코리아'가 결성되어 있는데 이동원, 조봉희, 정주채, 오정현 목사 등이 그에 깊숙이 관여하고 있다.

14.10.3. 관상기도

관상기도는 레노바레 운동과도 연관이 있으며 로마 가톨릭의 명상과 동양적 신비주의 기도가 혼합되어 기독교 내부로 들어왔다. 그런 기도를 장려하는 자들은 말씀을 통한 하나님과의 인격적인 교제가 아니라 인간의 내적인 명상을 중시하며 성경구절을 비롯한 종교적인 일부 문장들을 되풀이 해 암송하면서 기도하기를 좋아한다. 나아가 교인들이 함께 모인 자리에 촛불을 켜거나 작은 종을 치는 등 특별한 분위기를 조성함으로써 그 효과를 극대화시키기도 한다.

14.10.4. 이머징 교회(Emerging church)

이머징 교회는 21세기에 들어와 등장한 종교적 유행으로써 촛불이나 십자가 등 비주얼(visual) 이미지들을 사용한다. 이머징 교회의 특징이라면 어두운 조명, 촛불, 신비스러운 종교적인 분위기 등을 들 수 있다. 그들은 역사적인 교회의 예배와는 다른 형태의 문화적인 예배를 창안하고자 한다. 그것을 지향하는 자들은 민감한 이슈가 될 만한 동성애 문제, 지옥 문제 등에 대해서는 개방적 자세를 취하고 있다. 이는 성경의 절대적인 진리를 버리고 세상에 다가가고자 하는 종교적인 유행일 뿐이다.

14.10.5. 셀교회(cell church)

셀교회는 소그룹 형태의 셀을 기반으로 하여 하나의 큰 회중으로 모인다. 따라서 동일한 개체 교회에 속한 모든 교인들은 응집력이 강한 특정 셀 그룹에 소속하게 된다. 그들은 셀 하나하나를 작은 교회로 인정하여 평신도 사역자를 셀의 리더로 세워 성도들을 돌아보게 한다. 셀교회는 셀의 기반 위에서 번식繁殖을 추구하며 교회성장의 도구로 활용하고 있다.

셀교회는 물량주의에 익숙한 현대 사회에서 생겨난 비정상적인 형태라 하지 않을 수 없다. 따라서 우리가 경계해야 할 점은 그로 인해 목사, 장로, 집사 등 직분의 기능이 약화되어 간다는 사실이다. 단일한 본질적 유기체로 존재해야 할 교회공동체가 교회내에 분할된 작은 목적 단체를 두게 된다는 것은 결코 바람직하지 않다.

14.10.6. 마케팅(marketing) 교회

마케팅이란 일반 기업에 연관된 용어이다. 따라서 마케팅 교회에서는 자기가 속한 교회를 어떻게 외부에 선전하는가에 따라 성공여부가 달려 있는 것으로 생각한다. 나아가 교회에 관심을 가진 자들이 있다면 그들의 마음속에 파고 들어가고자 한다. 마케팅 교회에서는 교인들을 고객으로 간주하게 된다.

그렇게 하다가 보면 점차 복음의 본질을 버리고 고객의 취향을 고려하지 않을 수 없다. 그것은 곧 교회의 변질을 동반하게 된다는 사실을 의미한다. 그러나 하나님의 복음은 결코 전달 과정에서 변질되어서는 안 된다. 성경말씀을 통해 교회가 온전히 서가게 될 때 성도들이 복음으로 인해 변화될 뿐 거룩한 교회가 고객의 취향에 맞추어 간다는 것은 일종의 영적 간음행위에 지나지 않는다.

14.10.7. 고지론高地論

현대의 세속주의화 된 기독교 가운데 생겨난 주장들 가운데 하나가 소위 '고지론' 이다. 기독교인들이 세상의 다양한 각 분야에 들어가 고지를 선점하는 것이 세상을 변화시킬 수 있는 조건을 형성한다는 것이다. 그런 주장을 하는 자들은 기독교인들이 정치, 경제, 사회, 문화, 교육 등 모든 분야의 중요한 자리를 차지함으로써 기독교적 세계관을 확립할 수 있다고 생각한다.

그러나 그것은 위험천만한 사상이 아닐 수 없다. 성경에는 그런 식으로 교훈한 예가 나타나지 않는다. 예수께서는 자기 제자들에게 로마제국의 중요한 분야에 들어가 불신자들로부터 인정받음으로써 높은 지위에서 기독교를 전파하라고 가르치지 않았다. 그렇게 하는 것은 도리어 교회의 세속화를 가져올 따름이다.

만일 그런 논리가 보편화되면 교회 안에서도 세상에서 성공하고 출세한 자들이 더 인정받게 되는 기현상이 일어나게 된다. 하지만 교회 가운데서는 세상의 조건들을 기초로 하여 성도들을 평가하지 않는다. 모든 성도들은 세상의 지위고하에 상관없이 하나님 앞에서 평등한 신분을 소유하게 될 따름이다.

VIII. 송말론(Eschatology)

Ⅷ. 종말론(Eschatology)

지상 교회는 역사적 종말의 상황 가운데 존재한다. 예수 그리스도의 십자가 사역으로 인해 이미 도끼는 나무뿌리에 놓여 있다. 하나님의 자녀들은 최종 심판에 연관된 그 사실을 분명히 알고 있다. 예수님의 재림과 더불어 상속받게 될 새 하늘과 새 땅은 교회의 종말론적 소망이 되어 있다. 그럼에도 불구하고 우리 시대의 대다수 교인들은 예수님의 재림을 관념적으로만 받아들이는 경향이 있다. 당장 오늘 밤에 재림하실지도 모르는 주님에 대한 기대를 버리고 있는 것이다. 그러나 참된 성도들은 그의 임박한 재림을 간절히 기다리고 있다.

1. 종말 사상

1.1. 개인적 종말

모든 인간은 죽음으로써 개인적인 종말을 맞게 된다. 하지만 자신의 죽음을 현실적으로 인정하지 않으려 한다. 스스로 건강하다고 믿는 사람들은 자신과 죽음 사이에는 먼 거리가 있는 것으로 믿는다. 경험을 기조로 하여 살아가는 인간들은 아직 죽어본 적이 없다. 그들은 다른 사람들의 죽음을 통해 간접적으로 미래에 임하게 될 자신의 죽음을 확증하고 있을 따름이다.

그렇지만 모든 인간은 항상 죽음의 문턱 앞에 서서 자기의 차례를 기다리고 있는 것과도 같다. 이에 대해서는 어떤 예외도 있을 수 없다. 사도 바울은 인간이 삶과 죽음에 끼어있는 존재라 묘사하고 있다(빌 1:21). 그럼에도 불구하고 평상적인 상황에서라면 당장 내일 자기가 죽게 되리라고 생각하는 사람은 아무도 없을 것이다. 인간 스스로 자기의 죽음을 무의식적으로 뒤로 미루고 있기 때문이다.

우리가 기억해야 할 바는 인간들 가운데 죽음을 피할 수 있는 자는 아무도 없다는 사실이다. 그런데 문제는 사람이 죽으면 그것으로 모든 것이 종료되지 않는다는 점이다. 죽음 뒤에는 반드시 하나님의 준엄한 심판이 따르게 된다. 히브리서 기자는 그에 대한 분명한 기록을 하고 있다.

> "한번 죽는 것은 사람에게 정하신 것이요 그 후에는 심판이 있으리니"(히 9:27)

인간들의 형식적인 죽음은 겉보기에 동일해 보이지만 실상은 개인에 따라 엄청난 차이가 난다. 성도들은 예수 그리스도의 십자가 사역으로 말미암아 최종 심판에 의한 정죄를 면하게 되는데 반해 나머지 사람들은 무서운 심판을 받아야만 한다. 그러므로 하나님의 자녀들은 죽음과 더불어 그 시신은 무덤에 묻히게 되지만 영혼은 곧바로 천상으로 올라가게 된다. 그들은 죽음과 더불어 하나님의 영광에 참여하게 되는 것이다.

✳ 〈장묘문화〉

인간의 죽음 이후에 땅 위에 남게 되는 것은 시신이 묻히는 무덤이다. 사람이 죽으면 장례와 더불어 묘지를 쓰게 된다. 그러나 죽은 사람의 시신을 처리하는 장묘문화는 수많은 종족들과 각 시대에 따라 다양한 형태를 띠고 있다. 시신을 매장(埋葬)하는 경우가 있는가 하면 화장(火葬)을 하기도 한다. 그리고 풍습에 따라서는 조장(鳥葬)이나 수장(水葬)을 하기도 한다.

우리가 알 수 있는 분명한 사실은 어떤 형태의 장묘문화이든간에 당사자들에게는 그것이 매우 진지하게 받아들여진다는 점이다. 그럼에도 불구하고 다른 문화를 소유한 사람들은 자기와 상이한 형태의 장묘문화를 쉽게 받아들이지 못한다. 현대에 들어와서 그에 관한 다양한 지식을 접한 자들이 절대적인 개념에서 벗어나려는 노력을 하고 있다.

그와 같은 사조는 현대 기독교 내부에도 깊숙이 들어왔다. 한국 교회의 경우 과거의 매장문화를 다양한 형태의 화장문화로 바꾸자는 견해를 내세우는 자들이 많아졌다. 제한된 국토가 묘지로 인해 잠식되어가는 것을 보며 교인들이 죽었을 때 매장보다 화장을 하는 것이 바람직하다고 생각하는 것이다.

그로 말미암아 많은 기독교인들 가운데 다수는 화장을 받아들이고 있다. 하지만 그것은 온당한 행위라 할 수 없다. 전염병이나 사고를 비롯한 특별한 죽음을 당하는 경우가 아닌 일반적인 경우라면 매장을 하는 것이 바람직하다. 우선 성경에는 매장을 중시하고 있다. 그것은 죽은 사람이 아니라 살아있는 성도들 때문이다. 성도들은 죽은 성도들의 묘를 보며 주님의 재림과 더불어 임하게 될 부활의 소망을 가지게 된다. 우리는 특히 화장문화로 말미암아 스며드는 허무주의 사상을 견제하지 않으면 안 된다.

1.2. 역사적 종말

개인적인 종말이 사람마다 제각각 다른 시간에 임하는 것과 달리 역사적인 종말은 모든 인간들에게 한꺼번에 닥친다. 이는 아담의 범죄에 기인하며 예수 그리스도의 초림에서부터 이미 시작되었다. 세례자 요한은 예수께서 공사역을 위해 등장하기 전에 역사적 종말에 연관된 언급을 했다.

"이미 도끼가 나무뿌리에 놓였으니 좋은 열매 맺지 아니하는 나무마다 찍어 불에 던지우리라 … 손에 키를 들고 자기의 타작 마당을 정하게 하사 알곡은 모아 곡간에 들이고 쭉정이는 꺼지지 않는 불에 태우시리라"(마 3:10-12)

이처럼 예수께서 인간의 몸을 입고 이 세상에 오신 것은 세상의 종말이 시작되었음을 알리는 신호탄 역할을 하게 되었다. 물론 십자가 사역을 완성하시고 부활 승천하신 예수께서는 세상의 마지막 날 재림하시리라는 약속을 하셨다. 지금 우리 시대의 교회는 그 가운데 존재하고 있다.

그러나 사탄의 통치 영역에 빠져 있는 자들은 성경이 말하는 역사적 종말에 대해 아무런 관심이 없다. 죄에 물든 인간들은 그에 연관된 기본적인 인식조차 하지 못한다. 어리석은 자들은 하나님의 궁극적인 심판에 의해 세상의 종말이 임하게 되리라는 사실을 전혀 깨닫지 못하고 있는 것이다.

1.3. 최후심판과 역사적 부활

모든 인간들의 생명은 개인의 소유물이 아니다. 그 생명은 그것을 누리는 당사자가 자기 마음대로 처분할 수 없다. 이 세상에 태어나는 것도 그렇고 생을 마치고 죽는 것도 그렇다. 그리고 죽음 이후에 다시 부활하는 것도 본인의 의사와는 아무런 상관이 없이 그렇게 될 수밖에 없다. 성경은 모든 인간들은 예외 없이 모두가 선악간 부활하게 되리라는 사실을 말해주고 있다.

> "이를 기이히 여기지 말라 무덤 속에 있는 자가 다 그의 음성을 들을 때가 오나니 선한 일을 행한 자는 생명의 부활로, 악한 일을 행한 자는 심판의 부활로 나오리라"(요 5:28,29)

이 말씀은 하나님의 최후 심판과 밀접하게 연관되어 있다. 사람이 태어나서 죽는 것은 정해진 이치이듯이 다시 부활하는 것 역시 정해진 이치이다. 그런데 성경은 하나님의 자녀들이 맞이할 부활과 더불어 사망을 다스리는 문제에 대해 특별히 언급하고 있다. 그것은 첫째 부활과 둘째 부활에 연관된 것인 동시에 첫째 죽음과 둘째 죽음에 연관되어 있는 것이다. 요한은 계시록에서 그에 관한 설명을 하고 있다.

> "이 첫째 부활에 참예하는 자들은 복이 있고 거룩하도다 둘째 사망이 그들을 다스리는 권세가 없고 도리어 그들이 하나님과 그리스도의 제사장이 되어 천년 동안 그리스도로 더불어 왕 노릇 하리라"(계 20:6)

성경말씀 가운데 언급된 첫째 부활은 역사적 과거에 있었던 예수 그리스도의 십자가 사역에 연관된 부활이다. 하나님의 사녀들은 그 첫 빈째 부활에 참여한 자들로서 영원한 복을 누리게 될 사람들이다. 그들의 육신은 다른 인간들처럼 죽게 되지만, 역사적 종말에 다시 부활하게 될 때는 생명의 부활, 영광의 부활로 나아오게 된다.

그리고 하나님을 알지 못하는 불신자들 역시 첫 번째 사망인 육신의 죽음을 겪게 된다. 나아가 그들은 궁극적으로 둘째 사망의 지배를 받을 수밖에 없다. 이는 하나님의 자녀들에게 둘째 사망이 임하지 않는 것과 크게 대비된다. 교회에 속한 성도들은 역사적인 둘째 사망이 임하기까지 천년 동안 지속되는 왕국인 보편교회 시기에 예수 그리스도와 함께 왕 노릇하게 되는 것이다.

✽ 〈영혼과 부활의 몸〉

인긴의 몸은 이 세상에서의 수명을 다하면 죽을 수밖에 없다. 죽은 성도의 몸은 무덤에 있다가 주님의 재림과 더불어 부활하게 된다. 그 몸은 생시의 몸과 무관하되 전혀 다른 새로운 몸이 아니라 '신령한 몸'으로 변화하게 되는 것이다. 따라서 부활한 몸은 원래의 몸에 대해 연속성과 불연속성을 동시에 지니고 있는 것으로 이해할 수 있다.

그러므로 죽음에서 부활한 성도들은 서로간의 얼굴을 보며 인격적으로 인식하되 완벽하게 달라진 존재이다. 이 세상에 살았던 성도들은 서로 알아볼 수는 일지만 생시의 인품과는 전혀 다른 인품으로 서로를 보게 될 것이다. 물론 우리는 그 범주에 대해서는 명확하게 알 수 없다. 그럼에도 불구하고 부활한 성도들이 서로 얼굴을 알아보게 된다는 사실은 분명하다.

하지만 인간의 영혼은 죽어 새로운 영혼으로 태어나는 것이 아니다. 인간의 영혼은 죽었다가 다시 부활하지 않는다. 거듭난 성도의 영혼은 예수 그리스도로 말미암아 변화된 신령한 몸을 입고 영원한 삶을 누리게 되는 것이다.

1.4. 예수님의 몸의 재림

십자가에 달려 돌아가신 예수께서는 부활하신 후 지상 사역을 마무리하시고 많은 사람들이 보는 앞에서 부활의 몸 그대로 구름을 타고 승천하셨다. 그는 천상의 나라로 승천하시면서 올라가실 때의 모습 그대로 재림하시리라는 약속을 하셨다. 그러므로 역사 가운데 존재해왔던 모든 교회와 성도들은 예수님의 역사적 재림을 손꼽아 기다려 왔다.

> "너희 가운데서 하늘로 올리우신 이 예수는 하늘로 가심을 본 그대로 오시리라"(행 1:11);
> 볼지어다 구름을 타고 오시리라 ... 보라 내가 속히 오리니 이 책의 예언의 말씀을 지키는 자가 복이 있으리라 하더라"(계 1:7; 22:7)

마지막 종말의 때가 이르면 성경에 기록된 대로 예수께서 이땅에 다시 오시게 된다. 그의 재림은 상징적인 의미가 아니라 몸의 재림이다. 역사상 맨 처음 교회에 속한 성도들이 예수님의 몸의 승천을 목격했던 것처럼 역사의 맨 끄트머리에 있게 될 교회와 그에 속한 모든 성도들은 그의 몸의 재림을 두 눈으로 볼 수 있게 된다. 초림하신 예수님이 연약한 인간의 몸을 입고 이 세상에 오셨다면 재림하실 예수님은 온 세상을 심판하시는 심판

자로서 위엄이 가득 찬 영화로운 모습으로 강림하시게 된다.

1.5. 영원한 천국과 지옥

인간들이 살아가고 있는 이 세상은 결코 영원하지 않은 한시적인 영역에 지나지 않는다. 아담의 범죄로 말미암아 오염된 세상에 대한 하나님의 최종 심판이 기다리고 있기 때문이다. 하나님께서는 예수 그리스도의 십자가 사역으로 말미암아 새로운 피조물이 된 성도들을 위해 새 하늘과 새 땅을 창조하시게 된다. 이는 교회를 위해 주어진 하나님의 특별한 약속이다.

> "보라 내가 새 하늘과 새 땅을 창조하나니 이전 것은 기억되거나 마음에 생각나지 아니할 것이라"(사 65:17);
> "또 내가 새 하늘과 새 땅을 보니 처음 하늘과 처음 땅이 없어졌고 바다도 다시 있지 않더라"(계 21:1)

새 하늘과 새 땅이 하나님의 자녀들에게 제공되면 처음 창조되어 아담의 범죄로 인해 오염된 옛 하늘과 옛 땅은 완전히 사라지게 된다. 새롭게 창조되는 궁극적인 세상은 성도들이 하나님을 영원토록 찬양하며 살아가는 영광의 영역이다. 그러나 새로운 세계에 초대받지 못한 자들은 영원한 심판을 면할 수 없다. 하나님의 심판을 받게 되는 자들은 영원한 지옥에 빠지게 된다.

우리는 여기서 영원한 천국과 지옥을 인간의 일반적인 경험과 이성의 끄트머리에 두고 이해하고 해석하려는 어리석은 태도를 버려야 한다. 천국은 인간의 상상을 초월하는 지극히 아름다운 영역이다. 이에 반해 지옥은 인간의 상상을 초월하는 끔찍하고 두려운 영역이다. 성도들이 이에 대한 올바른 깨달음을 가질 때 비로소 인생의 진정한 의미를 깨달을 수 있게 된다.

✳ 〈새 하늘과 새 땅의 생활양식에 관한 유추〉

우리는 죽음 이후 성도들의 삶의 양식에 대해 구체적으로 알 수 없다. 그렇지만 그에 대해 어느 정도 유추할 수는 있다. 이는 범죄하기 전 아담과 하와에게 허락되었던 첫 번째 삶의 공간이었던 에덴동산을 통해 그에 관한 깨달음을 얻게 된다.

분명한 사실은 그 영원한 세계는 하나님의 자녀들이 생활하는 영역이라는 점이다. 새 하늘과 새 땅에도 우주 만물이 존재할 것이 틀림없다. 사람들은 음식을 먹고 음료수를 마실 것이며, 낮에는 활동하고 밤이 되면 잠을 자고 다음날 새로운 생활이 이어지게 된다. 성도들은 아름다운 꽃과 나무들 가운데서 갖가지 열매를 따먹으며 동물과 더불어 감사하게 뛰놀 것이다.

그러는 중 삼위일체 하나님을 온전히 경배하며 영생을 누린다. 물론 우리가 새 하늘과 새 땅에 대한 완벽한 지식을 소유할 수는 없다. 우리는 어떤 집에서 어떤 음식을 먹으며 어떤 형태로 살아갈지 구체적으로 알지 못한다. 그렇지만 분명한 점은 그곳이 우리의 상상범주를 완전히 초월하는 아름다운 세계라는 사실이다.

2. 말세지말 末世之末

우리는 역사적 종말의 긴장된 시대에 놓여 있다. 현대인들 가운데는 과거에도 늘 이런 말들이 있어왔으므로 특별히 관심을 기울일 필요가 없다고 생각하는 자들이 많다. 그러나 우리 시대는 과거와는 전혀 다른 말세적 징후를 가지고 있다. 포스트모던 시대로 표현되는 현대는 전통적인 인간들의 삶의 기준과 가치를 완전히 무너뜨린 혼탁한 시대가 되어 버렸다. 이는 마치 거칠게 달리던 힘센 말이 미쳐버리자 마차를 몰고 가던 마부가 손에 잡고 있던 고삐를 놓쳐버린 것과 같은 위험한 형국이다.

2.1. 임박한 종말에 대한 인식

인간의 역사는 최후의 종말을 향해 사정없이 질주하고 있다. 이제는 더이상 그 속도를 늦추거나 조절할 수 있는 기능을 상실한 상태라 해도 과언이 아니다. 나아가 이성과 경험에 익숙한 인간들은 자기가 처한 임박한 종말을 거의 인식하지 못하고 있다. 그렇지만 그에 대한 인간들의 인식결여가 종말의 실체를 없앨 수는 없다.

인간들의 안일한 판단과 주장에 상관없이 최종 심판을 동반한 그 날은 점차 가까이 다가오고 있다. 도리어 인간들은 그 상황을 애써 잊어버리려고 하는 듯이 과학의 발전을 통한 현실적인 삶의 개선에 몰두하고 있다. 그것이 얼마나 무의미하고 어리석은 일인지 전혀 깨닫지 못하고 있기 때문이다. 예수께서는 하나님의 자녀들이 시대를 올바르게 분별해야 한다고 말씀하셨다.

> "아침에 하늘이 붉고 흐리면 오늘은 날이 궂겠다 하나니 너희가 천기는 분별할줄 알면서 시대의 표적은 분별할 수 없느냐"(마 16:3);
> "노아의 때와 같이 인자의 임함도 그러하리라 홍수 전에 노아가 방주에 들어가던 날까지 사람들이 먹고 마시고 장가 들고 시집 가고 있으면서 홍수가 나서 저희를 다 멸하기까지 깨닫지 못하였으니 인자의 임함도 이와 같으리라 … 그러므로 깨어 있으라 어느 날에 너희 주가 임할는지 너희가 알지 못함이니라 너희도 아는바니 만일 집 주인이 도적이 어느 경점에 올 줄을 알았더면 깨어 있어 그 집을 뚫지 못하게 하였으리라"(마 24:37-43)

타락한 세상의 어지러운 상황 가운데서 지혜로운 하나님의 자녀들은 시대를 분별할 수 있는 분명한 안목을 가지게 된다. 노아시대에 이땅에서의 풍요로움을 추구하던 인간들은 하나님의 되풀이 된 경고에도 불구하고 심판이 곧 임하게 되리라는 사실을 전혀 깨닫지 못했다. 그들에게는 이 세상에서의 삶이 전부였다. 그러나 하나님의 홍수 심판은 저들의 생명과 저들이 누리던 모든 것들을 하나도 남김없이 쓸어가 버렸다.

예수 그리스도의 재림과 더불어 임하게 되는 세상의 마지막 종말의 때도 그와 같다. 하나님을 알지 못하는 인간들은 세상의 풍요로움에 취해 앞으로 닥치게 될 무서운 심판에 대해서는 별 관심을 두지 않는다. 그렇지만 하나님을 경외하는 성도들은 자기가 처한 위기의 시대를 올바르게 직시하며 분별하게 된다. 사도 바울은 데살로니가 교회에 편지하면서 그에 관한 분명한 교훈을 주고 있다.

> "형제들아 때와 시기에 관하여는 너희에게 쓸 것이 없음은 주의 날이 밤에 도적 같이 이를 줄을 너희 자신이 자세히 앎이라 저희가 평안하다, 안전하다 할 그 때에 잉태된 여자에게 해산 고통이 이름과 같이 멸망이 홀연히 저희에게 이르리니 결단코 피하지 못하리라 형제들아 너희는 어두움에 있지 아니하매 그 날이 도적 같이 너희에게 임하지 못하리니 너희는 다 빛의 아들이요 낮의 아들이라 우리가 밤이나 어두움에 속하지 아니하나니 그러므로 우리는 다른 이들과 같이 자지 말고 오직 깨어 근신할지라" (살전 5:16)

종말의 때에 살아가고 있는 하나님의 백성들은 시대를 정확하게 분별하지 않으면 안 된다. 빛 가운데 거하는 하나님의 자녀들에게는 결코 그 날이 도적같이 갑작스럽게 임하지 못한다. 진정한 성도들은 항상 깨어 근신하고 있기 때문이다. 그러므로 위기의 시대를 살아가는 우리는 성경에 계시된 하나님의 뜻을 마음속 깊이 새기고 정신을 바짝 차려 근신하는 자세를 유지해야만 한다.

2.2. 인간이 하나님의 자리를 박탈한 시대

하나님을 배반한 인간들은 과거에도 교만하기 그지 없었다. 전통적인 인간들은 하나님의 말씀을 거부하면서 하나님처럼 높아지고자 했다. 그런데 우리 시대에는 그 도가 지나쳐 하늘을 찌르는 듯한 양상을 띠고 있다.

우리 시대에 들어와서는 그 사악한 양상이 훨씬 더 심화되어 있는 것이다.

첨단 과학문명을 앞세운 오만한 인간들은 이제 하나님을 멀리 밀쳐내고 자신이 그 자리를 빼앗아 차지하려는 사악한 모습을 보이고 있다. 어떤 분야에 있어서는 인간들이 이미 하나님처럼 행세하기에 이르렀다. 하나님의 고유한 영역을 인간들이 부분적으로 탈취하게 된 것이다.

우리 시대에 가장 심각한 문제는 인간들이 과학을 통해 인간을 제작해 내려 하고 있다는 사실이다. 하나님으로 말미암아 존재해야 할 자연적인 인간이 이제는 스스로 인공적인 인간을 만들어내려고 하는 실정이다. 인간들 스스로 자랑으로 생각하는 유전공학이 바로 그 악역을 감당하고 있다.

남자와 여자를 뒤바꾸는 성전환 수술 문제는 더 이상 우리에게 새로운 이야기가 아니다. 하나님의 고유한 영역인 인간의 성을 결정하는 문제를 인간들이 탈취하게 되었다. 더구나 하나님이 결정하신 남녀의 고유한 성을 인간들이 임의로 뒤바꿔버리는 것을 대수롭지 않게 생각하게 된 것이다.

또한 인간들은 우리 시대에 들어와 우주를 공격의 대상으로 여기고 있다. 우주는 인간들이 함부로 범접할 대상이 아니다. 하나님께서 인간을 창조하셨을 때 우주를 인간들의 지배아래 두셨지만 직접 정복할 수 있는 대상으로 허락지 않으셨다. 그러나 현대 과학주의에 빠진 오만한 인간들은 하나님의 특별한 뜻에 따라 창조된 우주를 공격하여 정복해 보려는 어리석은 꿈을 꾸고 있다. 이는 물론 어림도 없는 이야기지만 인간의 오만함은 그에 대한 끊임없는 시도를 하고 있는 실정이다.

2.3. 현대과학에 포위된 성도들

최첨단과학 시대인 21세기에 살고 있는 성도들은 현대과학문명에 완전히 포위되어 있다고 해도 과언이 아니다. 이에 대해서는 개별 성도들뿐 아니라 지상의 교회도 마찬가지다. 현대인들은 그 가운데 태어나서 그것과 더불어 살아가면서 그 위험성에 대한 감각이 거의 마비된 상태가 되어 버렸다.

그럼에도 불구하고 우리는 계시된 말씀의 빛을 통해 민감한 신앙 자세를 유지하지 않으면 안 된다. 그래야만 하나님께서 원하시는 영원한 세계에 대한 소망을 침해받지 않을 수 있다. 자칫 마음이 느슨하게 되면 세상의 것들을 통해 복락을 누리며 살아가고자 하는 유혹에 빠지게 될 뿐 아니라 도리어 적극적으로 그에 젖어들고자 하는 세속적인 태도를 취하게 될지도 모른다.

따라서 우리는 인간들이 창안하고 개발한 과학문명을 단순히 하나님의 일반은총에 해당되는 것으로 해석하려 해서는 곤란하다. 그것으로 말미암아 발생하는 엄청난 부정적인 요소를 기억하지 않을 수 없기 때문이다. 하지만 어리석은 인간들은 과학의 발전을 하나님의 일반은총으로 생각하려는 경향성을 버리지 못하고 있다. 그러므로 교회는 인간들이 개발한 과학문명으로 말미암아 인간들의 기본적인 정서가 더욱 각박해지고 악해져 가고 있다는 현실을 직시하지 않으면 안 된다.

일반적인 삶의 편의를 제공하는 과학문명에 대한 해석은 뒤로 미루어 두고서라도 인간의 생명에 연관된 부분에서는 더욱 각성해야 할 필요가 있다. 생명공학, 시험관 아기, 인간복제, 성전환수술 등 첨단과학의 이름으로 자행해지는 모든 실험은 이미 보편화되고 있다. 과학화된 인간들은 감히 범접해서는 안 될 하나님의 고유한 영역을 침범해 무너뜨린 지 오래되었다.

앞으로는 인간의 상상을 초월한 더욱 더 첨단화 된 과학시대의 구체적인 면모가 드러나게 될 것이다. 예수께서 재림하시는 그 날까지 그 행태는 지속될 것이 틀림없다. 세상의 끄트머리에 살아가고 있는 성도로서 우리는 그에 대한 분명한 깨달음을 가지지 않으면 안 된다. 그와 같은 현상을 단순히 하나님의 은총으로만 간주한다면 위험한 세속적 개념에 휩싸여 있는 것과 전혀 다르지 않다.

2.4. 인간이 인간을 찬양하는 시대

현대는 과거의 전통사회와는 모든 면에서 엄청난 차이를 보이고 있다. 그 가운데 과학과 기술로 인한 문명의 발달은 괄목할 만한 것이 사실이다. 나아가 그중에 상당한 부분을 차지하고 있는 예술적인 표현들은 인간들의 감성을 끊임없이 부정적으로 자극한다. 인간들은 하루 종일 인간들 스스로 창안하고 개발한 세상에 휩싸여 살아간다. 이처럼 우리 시대에는 어디를 가나 인간들의 창작물 속에 파묻혀 살아갈 수밖에 없다.

세상의 모든 대도시에는 화려한 현대식 건물들이 즐비하게 줄지어 서 있다. 하늘과 땅과 바다에는 비행기, 자동차, 배 등 탈 것들이 굉음을 내며 여기저기를 누비고 다닌다. 또한 현대화된 사람들의 손에서는 세상의 모든 정보를 실시간 수집할 수 있는 스마트폰이 떠나지 않는다. 그리고 이미 인간들을 장악하고 있는 컴퓨터는 전통적인 세상을 완전히 뒤바꾸어 놓아 버렸다.

현대인들은 이제 문명의 이기利器들이 없는 환경을 상상조차 할 수 없을 정도가 되어 버렸다. 그런 세상을 경험한 인간들은 인간 자신의 능력을 의지하고 드높이게 된다. 그렇게 되면 자기도 모르는 사이 서서히 인간을 찬양하는 태도로 바뀌어져 갈 수밖에 없다. 이를 통해 인간들은 하나님이 아니라 인간의 두뇌와 손끝으로 말미암는 세계를 누리며 인간을 찬양하는 지리에 서게 되는 것이다.

2.5. 전통적 인간성 포기

현대는 인간들이 스스로 인간성을 포기해가고 있는 극도의 위기에 처한 시기라 할 수 있다. 인간들이 내세운 과거에 없던 신인권사상이 그것을 더욱 심하게 부채질하고 있다. 전통적인 인권사상이란 개인의 목적을 위해 타인의 자유와 권리를 침해하지 않는 상태의 사회적 윤리를 배경으로 하는 인권이었다.

하지만 신인권주의 사상은 그와 성격이 전혀 다르다. 그것은 절대적 인권에 가까운 개인의 권리를 의미한다. 타인에게 물리적으로 직접적인 피해를 끼치지 않는다면 어떤 것이라도 용납되어야 하는 것으로 본다. 따라서 개인이 동성애를 하든지 성전환수술을 하든지 그것을 통해 나름대로 행복을 느낀다면 저들의 판단은 고유한 권리로서 인정되어야 마땅하다는 것이다.

그러한 위태로운 사고는 전통적인 인간의 근본 가치를 허무는 독소 역할을 하게 된다. 과거에도 동성애가 없지 않았지만 현대에 들어와서는 그 상황이 완전히 달라졌다. 현대 동성애자들과 저들의 편에 선 자들은 세속국가로부터 동성혼인의 합법성을 이끌어내기 시작한 것이다.

이는 결국 동성부부의 자녀 입양과 상속을 인정하는 끔찍한 결과를 초래할 수밖에 없다. 만일 동성애자들이 한 집에서 부부로 행세하면서 어린 아이를 입양한다면 그에게는 엄청난 고문이 아닐 수 없다. 그것은 결코 있을 수 없는 비윤리적인 행위이지만 우리 시대의 다수 국가들에서는 이미 인정되고 있는 실정이다.

이러한 말세적인 양상은 또한 교회 가운데 동성애 목사를 허용하는 어처구니없는 죄악을 몰고 왔다. 이는 하나님을 경외하는 자라면 상상조차 할 수없는 역겨운 행태의 무서운 죄악이다. 그럼에도 불구하고 사탄의 통치를 받는 자들은 인권이라는 명분을 앞세워 그것을 기독교 가운데 보편화시키려 하고 있다.

2.6. 기계문명의 부속품으로 전락한 현대인

서구화된 현대인들은 이미 기계문명에 충실하게 길들여져 있다. 이제는 인간이 기계를 다스리며 조작하는 것이 아니라 기계가 인간들을 다스리는 형국이 되어 버렸다. 인간들은 첨단 과학의 기계장치 없이는 더 이상 아무 것도 할 수 없는 무능력한 형편에 놓이게 된 것이다.

그런 상황에 처한 인간들은 이제 하나님을 자기 시대에 걸맞게 기계문 명화하려는 시도를 해나가고자 한다. 그들에게는 조물주이신 영원한 하나님이 아니라 과학문명의 결실들이 곧 저들을 인도하고 보호하는 신이 되어 있다. 현대인들은 이미 그에 대한 뚜렷한 수용 자세를 보이고 있다.

현대의 첨단과학은 인간들을 기계문명의 부속품으로 전락시킴으로써 고유한 존재가치를 상실하게 만든다. 이런 과정을 통해 인간들은 과학화된 사회를 일구어낸 인간 자신을 찬양하게 한다. 역시 인간은 대단하다는 판단 착오에 빠져 현대 과학문명을 우상으로 섬기는 자로 전락하게 되는 것이다. 이에 대해서는 불신자들뿐 아니라 하나님의 교회에 속한 교인들에게도 동일한 상황이 닥치게 되는 위험을 동반하게 된다.

2.7. 종교다원주의

말세가 되면 하나님의 진리를 혼탁케 하는 무리들이 득세하게 된다. 우리 시대에 가장 사악한 종교적 양상 가운데 하나는 종교다원주의 사상이다. 그런 위험한 사상은 다른 이방 종교인들이 아닌 기독교의 이름을 내세운 배도자들에 의해 주도되고 있다. 그것은 현대에 일어난 기독교적인 종교혼합주의 양상이다.

그런 사상을 가진 자들은 종교적 관용을 내세워 모든 종교들에는 나름대로의 구원신앙이 존재한다는 이론을 정립하고 있다. 그들은 기독교에만 진리가 있다든지 예수 그리스도를 통하지 않으면 구원이 없다고 주장하는 배타적인 사상은 기독교의 일방적인 독단에 지나지 않는다고 말한다.

그러므로 종교다원주의자들은 종교간의 대화를 적극적으로 시도한다. 기독교만 하나님에 대한 절대적인 신앙을 가진 것이 아니라는 것이다. 그

들은 불교, 유교, 힌두교, 이슬람교, 무속종교 등 각 종교들마다 나름대로
의 독특한 그리스도를 두고 있다는 것이다. 이는 기독교를 빙자한 신흥 혼
합종교의 출현으로써 교회가 민감하게 경계하지 않으면 안 되는 위태로운
사상이다.

2.8. 관념적 재림에 젖은 타락한 교회

우리 시대의 교인들은 전반적으로 관념적인 신앙에 빠진 위험한 환경에
처해 있다. 신앙이 어린 자들은 예수님의 재림을 믿는다고 하면서 실제로
는 믿지 않는 상황적 오류에 빠져 있는 것이다. 관념적인 재림사상에 빠지
게 되면 예수님의 재림이 자기와는 현실적으로 상관이 없는 것으로 여기
게 된다.

즉 예수님이 언젠가 재림하시겠지만 자기와는 거리가 먼 재림이다. 그
런 자들은 생각으로는 예수님의 재림을 인정하지만 멀지 않은 미래에 이
땅에 오시게 된다는 사실을 부정한다. 예수님이 오늘 밤, 이번 주, 이번 달,
금년에는 결코 오시지 않는다는 또 다른 종교적인 관념이 자기의 사고 속
에 깊게 박혀 있기 때문이다.

그러나 예수님의 지상 재림은 우리의 눈앞에 바짝 임박해 있다. 우리가
믿는 주님의 재림은 당장 내일 임할 수도 있다. 많은 사람들이 세상의 욕
망에 취해 결코 그럴 리가 없다고 생각할 때 주님께서 재림하실 수 있는 것
이다.

그러므로 하나님의 자녀들은 예수 그리스도의 재림을 막연히 관념화해
서는 안 된다. 당장 오늘 밤에라도 오실 수 있는 만큼 예수님의 재림이 실
제적으로 지근의 거리에 놓여 있다는 사실을 깨달아야 한다. 이러한 소망
이 성도들로 하여금 이 세상을 올바르게 해석하며 살아갈 수 있도록 진정
한 도움을 주게 된다.

2.9. 예수님의 재림과 종말의 때

우리는 예수께서 언제 재림하실지 알 수는 없다. 이는 그의 심판이 언제 임하게 될지 그 구체적인 시기를 알 수 없음을 말해준다. 그런데 우리는 말세에 일어나는 다양한 징조들을 통해 그에 대한 임박성을 어느 정도 가능할 수 있다. 그렇다고 해서 우리가 그 날짜를 정확하게 안다는 의미는 아니다.

우리는 논리상 예수님의 재림의 때를 알 수 있다. 분명한 점은 세상의 마지막 날이 점차 가까워져 오고 있다는 사실이다. 하나님께서는 우주 만물을 창조하시기 전에 이미 구원할 백성들을 예정하여 선택하셨다. 우리는 그 구체적인 수가 몇 명인지 알 수 없지만 분명히 정해진 수가 있다는 사실은 알고 있다.[62]

인간의 역사 가운데는 어느 시대이든간에 하나님께서 창세전에 선택하신 백성들이 살지 않았던 때는 없었다. 창세전에 예정된 총수에 속한 성도들이 한 사람씩 각기 다른 시대에 태어나 살다가 죽게 되고, 예수님의 재림이 다가올수록 그 수는 점차적으로 채워지게 된다. 하나님께서 타락한 인간들의 역사를 이어가신 것은 그 가운데서 자기 자녀들을 구원하시기 위해서였다.

그러므로 창세전에 선택하신 마지막 한 사람이 구원을 받게 되면 이 세상은 완전히 끝이 나게 된다. 그렇게 되면 타락한 세상이 더 이상 지속될 아무런 이유가 없다. 따라서 우리는 예수님의 재림이 논리상 '언제' 이루어지게 될지 알 수 있다. 하나님께서 창세전에 선택하신 맨 마지막 한 사람이 구원받게 되면 예수님의 재림과 더불어 최종적인 종말이 임하게 되는 것이다.

---

62) 웨스트민스터신앙고백 제3장, 4항; 이광호, 웨스트민스터신앙고백, 서울 : 도서출판 깔뱅, 2010, pp.106-108. 참조.

3. 중간상태에 관한 잘못된 이론들

3.1. 연옥설

로마 가톨릭교에서는 연옥설을 주장하며 믿고 있다. 그것은 물론 성경에 없는 허탄한 종교이론이다. 그들이 말하는 연옥이란 세상에서 지은 죄와 문제를 해결하지 못한 채 죽은 자가 천국으로 들어가기 전에 머무는 특별한 공간이다. 그곳은 천국과 지옥 사이에 있는 특별한 영역을 의미이라고 한다.

가톨릭교의 논리에 의하면 소위 대죄大罪를 지은 사람은 곧바로 지옥으로 떨어지게 된다. 그렇지만 소죄小罪를 지은 사람의 영혼은 그 죄를 연옥에서 정화할 수 있는 기회를 얻는다. 바로 그런 영혼들이 연옥에 머물면서 세상에서 지은 죄를 정화하면 천국으로 들어갈 수 있다는 것이다. 하지만 그런 이론은 성경적인 근거가 전혀 없는 인간들의 허망한 상상에 지나지 않는다.

3.2. 림보(Limbo) 사상

림보 사상은 중세 이후 로마가톨릭 신학에서 생겨났다. 그런 사상을 가진 자들은 비록 심각한 벌을 받지는 않지만 천국에 이르지 못하는 영혼들이 머무는 천국과 지옥 사이의 경계 영역이 있다고 주장한다. 이는 성경에서 교훈한 내용을 근거로 한 것이 아니라 인간의 이성에 기초한 종교사상이다.

림보사상에는 일반적으로 두 가지로 나누어진다. 첫째는 '조상들의 림보' 로서 구약시대의 성도들이 그리스도가 최종적으로 풀어줄 때까지 머물게 되는 곳으로 생각한다. 그리고 둘째는 '유아들의 림보' 로서 실제로 죄를 짓지 않았지만 세례를 통해 원죄를 씻지 못한 채 죽은 유아들이 그곳에 머물게 된다고 여긴다. 그 '유아들의 림보' 에는 세례를 받지 않고 죽은 아기들뿐 아니라 정신지체 장애인들도 그곳에 머문다고 한다.

3.3. 영혼수면설

영혼수면설이란 인간이 죽을 때, 그의 영혼은 육체의 죽음과 종말론적인 부활 사이의 기간에 긴 잠을 자게 된다는 이론이다. 그 기간 동안에는 영혼이 아무런 자각을 할 수 없으며 특별한 감각 없이 수면에 빠진다는 주장이다. 그러나 이런 견해는 올바른 것이라 할 수 없다. 성령에 의해 거듭난 하나님의 자녀는 하나님과의 인격적 교제가 중단되지 않을 것이기 때문이다.

4. 천년왕국설

성경에는 천년왕국에 관한 분명한 기록을 남기고 있다. 그러므로 우리는 천년왕국에 대한 성경의 교훈을 실체적인 의미로 받아들인다. 이는 천년왕국이 존재하느냐 않느냐 하는 문제가 아니라, 어떤 형태로 역사 가운데 존재하느냐 하는 점이 중요하다는 사실을 의미하고 있다. 요한계시록에는 하나님의 자녀들이 천년동안 세상에서 왕 노릇하게 되리라는 사실을 분명하게 언급하고 있다.

"또 내가 보좌들을 보니 거기 앉은 자들이 있어 심판하는 권세를 받았더라 또 내가 보니 예수의 증거와 하나님의 말씀을 인하여 목 베임을 받은 자의 영혼들과 또 짐승과 그의 우상에게 경배하지도 아니하고 이마와 손에 그의 표를 받지도 아니한 자들이 살아서 그리스도로 더불어 천년 동안 왕 노릇하니 그 나머지 죽은 자들은 그 천년이 차기까지 살지 못하더라 이는 첫째 부활이라 이 첫째 부활에 참예하는 자들은 복이 있고 거룩하도다 둘째 사망이 그들을 다스리는 권세가 없고 도리어 그들이 하나님과 그리스도의 제사장이 되어 천년 동안 그리스도로 더불어 왕 노릇하리라"(계 20:4-6)

요한계시록의 본문에는 예수 그리스도의 첫째 부활에 참여한 성도들이 예수 그리스도와 더불어 천년 동안 세상에서 왕 노릇하게 되리라는 사실이 예언되어 있다. 그 사실 자체에 대해서는 추호도 의심의 여지가 없다고 할지라도 역사적 과정 가운데 어느 시기에 어떤 형태로 드러나게 되는가 하는 문제는 별도로 생각해야 한다.

이는 천년왕국설에 있어서 '천년'을 숫자 자체의 문자적으로 볼 것인가 아니면 상징적인 긴 기간으로 보아야 할 것인가 하는 문제와 연관되어 있다. 물론 이를 숫자적 천년 자체가 아니라 상징적인 기간으로 보는 것이 바람직하다. 이를 숫자적으로 받아들이는 자들은 전천년설이나 후천년설로 해석하는 경우가 많은 반면, 상징적인 숫자로 이해하는 자들은 대개 무천년설을 받아들인다.

4.1. 전천년왕국설(premillennialism)

세대주의적 경향이 강한 전천년왕국설은 세상의 마지막 시기가 이르면 성도들이 극심한 환난을 당하게 될 것이라 본다. 그 끝에는 성도들의 공중 휴거가 일어나게 되며 어린양의 잔치가 베풀어진다. 전천년주의자들은 그 기간 동안 이스라엘 민족이 회심하여 성지 예루살렘을 회복하여 그곳으로 돌아오게 되리라고 믿는다.

이렇게 하여 천년왕국이 시작되어 기독교인들은 천년 동안 세상에서 그리스도와 더불어 왕 노릇하게 된다. 그동안 사탄은 묶여 있게 되며, 적그리스도가 패하게 됨으로써 주권을 회복한 유대인들을 중심으로 하는 세력이 천년왕국을 통치하게 된다. 그 천년의 역사가 끝나면 하나님께서는 사탄의 군대와 최종적인 결전을 치르고 나서 사탄을 무저갱에 던져 버리시게 된다.

이러한 전천년주의 사상은 대개 교회가 극심한 박해를 당하거나 혼란기를 거칠 때 강하게 일어났다. 세상에서 당하는 고통으로 인해 별다른 소망이 없을 때 상황의 반전을 기대하는 성도들이 많았기 때문이다. 따라서 AD 313년 콘스탄틴 황제가 기독교를 공인하기 전, 초대교회가 로마제국에 의해 심한 박해를 받는 동안 전천년주의 사상을 가진 자들이 특히 많았다.[63]

중세의 로마교회 시대에는 전천년설이 주춤하다가 종교개혁시대에 박해를 받던 재세례파 가운데 그 사상이 다시 성행하기 시작했으며 17세기 독일의 종교전쟁, 프랑스의 위그노 교도에 대한 박해, 영국의 청교도 혁명이 일어나던 시기에 활발하게 주장되기 시작했다. 그리고 20세기에 들어와 제1, 2차 세계대전을 비롯한 격변의 시기를 거치면서 전천년설이 더욱 급속하게 확산되었다.

4.2. 후천년왕국설(postmillennialism)

후천년설은 인간의 역사 가운데 천년 동안 기독교가 지배하는 왕국이 있은 다음 예수 그리스도의 최종적인 재림이 임하게 된다는 사상이다. 따라서 천년왕국은 성도들이 살아가는 역사적 교회시대 후반 언젠가부터 시작해 천년을 채우게 되며 예수 그리스도는 그 마지막에 오시게 된다는 것이다.

그들의 주장에 따르면 신약교회 시대의 후반기가 되면 예수 그리스도를 믿는 성도들에 의해 의와 평화가 무르익는 황금기가 이르러 천년왕국 시대가 된다는 것이다. 그 천년왕국이 끝난 후에는 온 세상에 대한 하나님의 최종 심판과 승리를 위해 예수 그리스도가 재림하시게 된다. 그런 주장을 하는 자들은 지상 교회가 정치, 경제, 사회, 문화 등 진 분야에 걸쳐 영향력을 행사함으로써 온 세상을 복음으로 변혁시키게 되리라 생각했다.

---

63) 헤르마스(Hermas, 2세기 초엽), 파피아스(Papias, 2세기 초엽), 저스틴(Justin Martyr, 100-165), 이레니우스(Irenaeus, 136-202), 터툴리안(Tertullian, 150-220) 등이 대표적인 학자들이다.

이는 특히 17-18세기의 복음의 확장과 영적 각성운동, 19세기 후반의 세계 선교와 과학문명의 발달, 그리고 서구 기독교 세력이 아시아, 아프리카, 아메리카 대륙에 성공적으로 진출하면서 그에 대한 기대가 한층 커졌다.[64] 그러나 20세기 초반의 제1, 2차 세계대전과 혼란기를 거치면서 그와 같은 주장은 크게 꺾였다.

4.3. 무천년왕국설(amillennialism)

무천년설은 천년왕국이 없다고 주장하는 사상이 아니라 문자적이며 실체적인 권력을 지닌 기독교 왕국이 아닌 상징적 의미의 천년왕국을 받아들인다. 따라서 무천년설은 '천년'이라는 숫자를 문자적으로 받아들이지 않는다. 따라서 천년왕국을 역사적 미래에 도래하게 될 정치적인 실체가 아니라 예수 그리스도의 사역과 더불어 그의 재림 때까지 실현되고 있는 나라로 이해한다. 이를 '실현된 천년왕국'(realized millennium)의 개념과 더불어 이해하는 것도 바로 그런 이유 때문이다.

일반적으로 이에 관한 이론적 기반을 굳건히 닦은 학자는 어거스틴(Augustine, 354-430)이었던 것으로 보인다. 그는 천년왕국을 예수 그리스도의 초림으로부터 재림에 이르는 역사적 교회시대를 가리키는 것으로 보았다. 따라서 그리스도의 왕적인 통치를 교회의 영적인 지배로 이해했던 것이다. 종교개혁자들을 비롯해 많은 개혁주의 신학자들이 이와 같은 신학사상을 가지고 있었다.[65]

역사적 전천년주의나 후천년주의를 성경의 교훈에 조화되는 가르침으로 받아들이기에는 많은 난제가 따른다. 필자는 무천년왕국설이 가장 타

---

64) 휘트비(Daniel Whitby, 1638-1726), 하지(Charles Hodge, 1797-1878), 워필드(B. A. Warfield, 1851-1921) 등의 학자들이 이 학설을 지지했다.

65) 칼빈을 비롯한 종교개혁자들과 벌콥(Louis Berkhof, 1873-1957), 카이퍼(Abraham Kuyper), 바빙크(Herman Bavinck, 1854-1921), 렌스키(Lenski), 영(E. J. Young) 등이 이 견해를 지지했다.

당한 것으로 보며, 그 시기를 AD 70년 로마제국의 군대에 의해 예루살렘 성전이 파괴된 후부터 예수님의 재림까지인 보편교회 시대로 이해한다. 이는 예수님의 십자가 사역이후 사도들이 생존했던 사도교회 시대와 구분된다. 따라서 예루살렘 성전파괴와 더불어 전 세계적인 새로운 그리스도의 왕국이 시작된 것으로 볼 수 있다.

4.4. 세대주의 종말론

세대주의 신학에서는 신약시대의 교회가 원래는 하나님의 구속사적 경륜에 포함되지 않았던 것으로 이해한다. 구약시대 이스라엘 민족은 이땅에 오신 메시아인 예수 그리스도를 받아들이지 않고 거부했다. 그렇게 되자 하나님의 작정에 속해 있지 않았던 교회가 마치 삽입구(parenthesis)처럼 등장하게 되었다는 것이다.

그들은 예수님의 재림 후에 지구상에 천년왕국이 도래하리라고 주장한다. 또한 그리스도께서 재림하시기 전에 7년 동안의 대환난이 임한다고 믿는다. 하나님의 자녀들은 그 환난 직전에 휴거함으로써 극한 환난을 피하게 될 것으로 믿고 있다.

따라서 세대주의자들은 그리스도의 이중 재림을 주장한다. 그것은 곧 공중 재림과 지상 재림이다. 7년 대환난의 도래로 인해 교회가 휴거하는 때가 곧 예수님의 공중 재림의 시기로 본다. 그 기간이 끝날 때 주님은 교회와 더불어 지상에 다시 오시게 되는데 그것이 곧 지상 재림이다. 그들은 주님께서 지상 재림을 하는 목적이 예비적인 심판과 더불어 이땅에 문자적인 천년왕국을 건립하기 위한 것이라 이해한다.

4.5. "왕 노릇"

하나님의 백성들은 천년왕국에서 왕이신 예수 그리스도와 함께 왕 노릇하게 된다. 앞에서 언급한 것처럼 신약시대의 성도들은 이미 그 왕국인 지상 교회에 속해 살아가고 있다. 그렇다면 우리는 과연 어떤 방식으로 타락한 이 세상에서 왕 노릇하고 있는 것인가?

우리가 예수 그리스도와 함께 왕 노릇하는 것은 세상에서 행해지는 일반적인 방식의 권력형 통치나 군림을 의미하지 않는다. 이에 대해서는 예수께서 어린 나귀새끼를 타고 다윗의 왕위를 계승하는 왕으로서 예루살렘에 입성하실 때 이미 보여주셨다. 그는 세상 왕국의 화려한 왕의 위상을 보이지 않고 도리어 겸손한 모습으로 세상을 심판하는 왕으로서 자신의 모습을 드러내셨다.

오늘날 우리는 하나님의 교회에 속한 성도로서 왕이신 예수 그리스도의 심판 사역에 참여하고 있다. 이는 상징적인 것이 아니라 매우 구체적이며 현실적인 의미를 지닌다. 하나님의 백성들은 매주일 시행되는 공예배를 통해 세상을 향한 심판에 참여하고 있으며, 복음전파를 통해 세상에 속한 하나님의 자녀들을 교회로 불러들이고 있다. 이는 곧 예수 그리스도의 왕권에 참여함으로써 우리가 세상에서 왕 노릇하고 있음을 나타낸다.

5. 천국의 상급 문제

5.1. 상급과 보상

타락한 인간들이 하나님 앞에서 내세울 만한 공로는 아무것도 없다. 하나님의 은혜가 무한한 것에 비하면 하나님에 대한 인간의 공로란 아예 존재하지 않는다. 인간이 설령 아무리 대단해 보이는 일을 한다 할지라도 하나님의 크신 은혜에 비하면 아무것도 아니기 때문이다.

그럼에도 불구하고 하나님께서는 자기 자녀들에게 주어질 영원한 상을 약속하고 계신다. 그들에게 상을 주시고자 한 것은 하나님의 자녀로서 이 세상에서 그리스도로 인해 욕을 먹고 환난과 고통을 당했기 때문이다. 그에 대한 가장 분명한 교훈은 산상수훈에서 주어진 예수님의 말씀 가운데 잘 나타나고 있다.

> "나를 인하여 너희를 욕하고 핍박하고 거짓으로 너희를 거스려 모든 악한 말을 할 때에는 너희에게 복이 있나니 기뻐하고 즐거워하라 하늘에서 너희의 상이 큼이라 너희 전에 있던 선지자들을 이같이 핍박하였느니라" (마 5:11,12)

여기에서 언급된 상이란 인간들이 일반적으로 생각하는 공로에 의한 상 (prize)이 아니라 보상(reward)이다. 이처럼 하나님께서는 세상에서 고통당하는 모든 성도들에게 영원한 보상을 예비해 두고 계신다. 하나님의 자녀들은 그 소망으로 인해 세상의 고통 가운데서도 기쁘고 감사한 마음으로 살아갈 수 있게 되는 것이다.

5.2. 차등 상급에 대한 오해

기독교인들 가운데는 종종 차등 상급을 주장하는 자들이 있지만 영원한 천국에서는 하나님의 자녀들에게 차등적인 상급이 주어지지 않는다. 누구에게는 더 큰 훌륭한 상급이 주어지고 다른 누구에게는 보잘것없는 작은 상이 주어지는 것이 아니다. 만일 그렇게 된다면 어떤 사람은 자랑스럽거나 교만해지고 다른 어떤 사람은 서운하거나 불쾌할 수도 있다는 말이 된다.

그렇지만 차등 상급이 아니라 보상의 다양성에 대해서는 생각해 볼 수 있다. 영원한 천국에서의 상급은 획일적이지 않을 것이기 때문이다. 우리는 각 성도들에게 주어질 상급을 교회의 다양한 직분과 은사에 견주어 생각할 수 있다. 분명한 점은 천국에서의 상급은 모든 성도들에게 만족스럽게 주어질 것이라는 사실이다.

또한 천국에서도 개별 성도들이 다양한 성품과 취향을 지닐 것이 분명하다. 예를 들어 사람들마다 취미가 다양하고 좋아하는 꽃이 다르다. 또한 좋아하는 음식과 느끼는 감정에 차이가 난다. 이처럼 하나님께서는 모든 성도들 각자에게 맞는 가장 적절한 상급을 주실 것이다. 그러므로 성도들은 영원한 천국에서 하나님을 찬양하며 누리게 될 만족스런 삶을 소망할 수 있게 된다.

인간들이 남보다 나은 상을 받고자 하는 것은 사랑이 없는 이기적인 욕망에 기인한다. 진정한 사랑을 가진 하나님의 자녀라면 자기가 더 크고 나은 상급을 받고자 하지 않는다. 오히려 이와는 정반대의 현상이 나타난다. 이는 마치 부모가 자식이 자기보다 더 나은 상급을 받기를 원하는 것과 유사하다.

따라서 영원한 천국에는 인간들이 상상하는 식의 일반적인 차등 상급이 존재하지 않는 것으로 이해해야 한다. 천국은 서로간 비교하며 우열을 가리는 곳이 아니라는 점이 분명하기 때문이다. 하나님께서는 자신이 택한 모든 자녀들에게 풍족한 상급을 예비해 두고 계시는 분이다.

6. 종말론 이단

6.1. 왜곡된 재림관

인간들 가운데는 예수님의 재림을 왜곡하는 자들이 많이 있다. 그런 자들은 예수께서 승천하실 때 구름을 타고 올라가셨듯이 그와 동일한 몸으로 재림하신다는 사실을 부인한다. 그리고 지구와 우주의 종말에 있게 될 그의 역사적 재림을 받아들이지 않는다. 그런 주장을 하는 자들은 예수님의 재림을 종교적인 차원에서 설명함으로써 상징적인 의미로 규정짓고 있는 것이다.

6.2. 영혼멸절설

성경의 가르침을 그대로 받아들이지 않는 자들은 성경에 기록된 영원한 지옥을 부인한다. 그들은 소위 영혼멸절설을 주장한다.[66] 하나님의 사랑에 대해 오해하고 있는 자들은 사랑이 충만한 하나님이 인간들을 영원한 불못 가운데 던져 넣음으로써 상상을 초월하는 고통을 받게 하지 않으리라고 생각한다. 이는 지극히 인본적인 사고일 뿐이며 하나님의 궁극적인 뜻과는 아무런 상관이 없는 이단적인 종교사상이다.

6.3. 시한부 종말론

성경은 예수님의 재림이 이루어지게 될 정확한 때가 언제인지 알 수 없다고 말한다. 그럼에도 불구하고 시한부 종말론자들은 예수님이 언제 재림하시는지 그 구체적인 날을 알고 있는 듯이 주장한다.[67] 그런 이단 사상에 현혹이 되면 잘못된 말세론에 빠져 이 세상에서의 삶을 소홀히 하게 된다. 시한부 종말론은 종교와 사회가 타락하여 불안할 때 기승을 부리게 되며, 일반 사회뿐 아니라 가정에서 심각한 문제를 일으키기도 한다.

6.4. 외계인 문제

현대에 와서 외계인 문제는 점차 종교화되어 감으로써 이단 사상을 띠게 된다. 물론 외계인이란 인간들의 상상과 현상적인 사고에 의한 산물이다. 외계인 자체는 결코 존재하지 않으며 존재할 수도 없다. 그럼에도 불

---

66) 1974년 로잔언약을 기초한 John Stott는 오늘날까지 복음주의를 대표하는 인물로 알려져 있지만 그에게는 심각한 이단사상이 있다. 그는 영혼멸절설을 받아들임으로써 영원한 지옥을 부정한다. 이는 개혁주의 교회가 단호히 배격하며 경계해야 할 미성경적인 위험한 사상이다.

67) 근래에도 시한부 종말론자들이 있다. 한국의 '다미선교회'의 이장림씨는 1992년 종말이 온다고 주장하면서 사람들을 미혹했지만 허구였음이 드러났다. 그리고 미국의 헤롤드 캠핑(Harold Camping)과 그의 추종자들은 지난 2011년 5월 21일 예수의 재림과 더불어 세상의 종말이 온다고 주장했으나 아무 일도 발생하지 않았다. 문제는 거짓 선지자들이 그런 주장을 되풀이 하는 동안 진짜 임하게 될 예수님의 재림에 대한 신앙이 점차 희석되어 간다는 사실이다.

구하고 외계인의 존재를 강력하게 주장하는 자들은 점차 많아지고 있는 실정이다.

하지만 그들 스스로 그것이 허구임을 끊임없이 입증해가고 있다. 그동안 인간들이 만났거나 보았다는 외계인의 모습만 해도 수백 수천 가지 종류가 된다. 설령 그들의 주장을 백번 이해하려 한다고 하더라도 그렇게 다양한 종류의 외계인들이 인간들이 살고 있는 지구와 근거리에 공존한다는 것 자체가 말이 되지 않는다.

그럼에도 불구하고 어리석은 자들은 마치 그것이 실제로 존재하는 양 받아들이고 있다. 그런 자들은 외계인이 도래하게 되면 인간들이 살고 있는 지구가 멸망당하거나 상상할 수 없는 큰 문제가 발생하리라 생각한다. 첨단과학문명이 발달해 가면서 외계인의 존재를 믿는 자들이 점차 많아져 가는 것은 안타까운 일이다. 하지만 수많은 인간들이 목격했다는 다양한 종류의 외계인들이란 과학의 옷을 입은 귀신에 지나지 않는다.

[에필로그]

보편교회에는 하나님의 계시로서 완성된 성경이 주어져 있다. 그러므로 교회는 항상 그 말씀을 통해 영원한 진리를 알아가게 되며 그것으로써 교회를 이루어 하나님을 섬기게 된다. 그러나 눈이 지나치게 밝아진 우리 시대 인간들은 동일한 성경을 펴놓고 각기 다른 주장들을 펼치는 것이 일상화되어 있다. 그렇게 된 것은 성경을 소유한 자들이 그에 대한 진지한 경외감을 버렸기 때문이다.

앞에서 언급한 것처럼 조직신학이란 성경의 교훈을 일목요연一目瞭然하게 정리하는 성격을 지니고 있다. 다양한 시대 다양한 저자들을 통해 기록된 성경을 전체적으로 이해하고 간결하게 정리하지 않으면 안 된다. 더욱이 현대의 혼란한 상황에서는 교회와 그에 속한 성도들이 그에 대한 분명한 이해가 있어야만 한다.

하지만 우리는 어느 누구도 하나님의 말씀을 완벽하게 해석할 수 없다는 사실을 기억해야 한다. 단지 하나님을 경외함으로써 그의 교훈에 근거한 원리에 신실하게 접근해 가고자 할 따름이다. 이를 올바르게 깨닫고 있는 인산이라면 하나님 앞에 완전히 낮아질 수밖에 없다. 따라서 우리의 연약함을 잘 아시는 하나님께서 우리 시대의 교회에 은혜 베푸시기를 바라는 마음 간절하다.

이런 현실적인 어려움에도 불구하고 교회에 속한 성도들은 변천하는 세상 가운데서 끊임없이 성경적인 답변을 요구한다. 과거 혹은 현재의 고정된 신학적 답변만으로 미래의 답변까지 만족시킬 수 없다. 인간들은 세상의 변천과 더불어 항상 새로운 문제들을 야기해 가고 있기 때문이다. 교회는 그런 것들에 대해 지속적으로 답해야 할 책임과 의무가 있다. 교회가 그에 대한 분명한 답변을 제시하지 않는다면 어린 성도들은 엄청난 혼란들에 직면하게 될 것이기 때문이다.

[부록]

실로암교회 고백 진술문
The Statements of Siloam Presbyterian Church

실로암교회 고백 진술문
The Statements of Siloam Presbyterian Church

1. 우리는 신구약 성경 66권이 유일한 계시된 말씀인 것으로 고백하며, 사도 교회 시대 이후 계시가 종결되었음을 믿고 고백한다;

1. We confess that the 66 books of the Bible are the only revealed God's Word, we believe and confess that revelation was concluded after apostle church age.

2. 우리는 사도신경, 니케아 신조, 칼케돈 신조, 아타나시우스 신조 그리고 벨직 신앙고백서, 하이델베르크 요리문답, 도르트 신조, 웨스트민스터 신앙고백 및 대소요리문답을 성경과 가장 조화되는 고백으로 받아들인다 : 교회는 건전한 고백정신과 더불어 이에 대한 교육을 소홀히 하지 말아야 함을 확인한다;

2. We receive that Apostles' Creed, Nicene Creed, Chalcedon Creed, Athanasius' Creed, and Belgic Confession, Heidelberg Catechism, Canons of Dort, Westminster Confession of Faith and Larger and Shorter Catechisms are most well comporting with Bible : Church has to hold true profess in mind and must educate it.

3. 우리는 오직 하나님 한 분만이 교회의 유일한 주인이심을 실질적으로 고백하며 신앙적인 삶 가운데 실천한다 : 하나님의 몸된 교회에서 특별히 더 많은 권세를 가지고 있는 자가 없음을 믿는다;

3. We confess that God is the only master of the church and receive it in daily life : Every saint equals in the church of God and nobody has hold special power.

4. 우리는 전통적인 교회의 직분관을 계승한다. 항존직인 목사, 장로, 집사를
   교회의 직분으로 받아들이며 여성목사제도를 수용하지 않는다;

4. We succeed to traditional biblical office of the church. We recognize that
   Preaching Elder(Pastor), Ruling Elders, Deacons are office of the church,
   and don't accept women pastor system.

5. 우리는 자유주의, 신비주의, 은사주의, 세속주의, 기복주의, 혼합주의, 종교
   다원주의 신학사상을 철저히 배격한다. 아울러 타락한 교권주의와 인본적
   인 교회 민주주의도 거부한다;

5. We reject liberalism, mysticism, secularism, syncretism, religious pluralism
   of theology, humanistic church democracy.

6. 우리는 이혼 경력이 있는 성도를 직분자로 세우지 않는다. 이는 저들을 개
   인적으로 심판하고자 하는 것이 아니라 교회의 순결과 자녀들의 올바른 성
   장과 교육을 위해서이다;

6. We don't elect saint who get divorced as a officer. It isn't to judge them
   personally, it is for purity of church, and children's right growth and their
   education.

7. 우리는 사도교회로부터 이어받은 역사적 건전한 교회의 상속과 보존을 위
   해 성도의 임무를 다한다 : 교회는 역사적 과거와 미래에 연결되어 있음을
   믿는다;

7. We have to do duty of saint for inheritance and preservation of sound
   historical church which received from apostolic church : Present church
   believes connection of historical past and future.

8. 우리는 세례의 남발과 의미없는 성찬이 무분별하게 시행되는 것을 경계한
   다. 특히, 군에서의 집단 세례는 교회를 어지럽히는 행위임을 지적한다;

8. We take precautions against baptism and Lord's Supper which is practiced
   senseless. Specially, group baptism without proper process in army is a

behavior of disarranging church.

9. 우리는 동성애가 교회 안에 용납되어서는 안 될 죄악임을 밝힌다. 거룩한 하나님의 교회가 동성애를 받아들이는 것은 있을 수 없는 악행이다 : 그에 대해 회개함으로써 과거의 죄악을 청산한 자들을 성도로 받아들이는 것은 당연한 일이다;

9. We point out homosexual is sin that shouldn't be accepted in the church. It is dangerous that Holy Church of God receives homosexual : Of course we receive them as saint who completely stop their sin of past with repentance about it.

10. 우리는 자살이 하나님 앞에 죄악임을 분명히 한다. 구원의 은혜를 아는 성 도는 스스로 자신의 목숨을 끊는 행위를 저지르지 않는다;

10. We clarify that suicide is sin in front of God. Saint who realize the grace of salvation doesn't commit kill themselves.

11. 우리는 어떤 경우라 할지라도 인위적인 낙태행위는 살인 행위라는 사실 을 인정한다 : 태아의 장애상태 여부와 강간 혹은 근친상간에 의해 생겨난 태아라 할지라도 낙태할 수 있는 권리가 없다;

11. We recognize the fact that artificial abortion is to commit murder in any case : We don't have right that can abort embryo though disability state and rape or incest.

12. 우리는 모든 인위적인 인간생명 제작행위는 하나님께 저항하는 행위임을 분명히 밝힌다 : 체세포를 통한 인간복제 등은 위험한 현대 과학의 산물로 서 명백한 비윤리적 행위로 간주한다;

12. We evidently point out that every act making artificial human-being is to resist God : We regard it as clearly immoral act that clone human-being through somatic cells as production of modern science.

13. 우리는 어떤 형태의 진화론일지라도 거부하며, 외계인의 존재를 받아들이지 않는다;

13. We don't accept any theory of evolution and not receive being of extraterrestrial.

14. 우리는 교회 안의 성도들 사이에 어떠한 빈부귀천의 차이도 없음을 천명한다. 교회 안에서는 어떤 경우에도 직업과 학벌자체가 존경과 경시의 기준이 되어서는 안 된다;

14. We clarify that there is no difference between rich and poor, high and low among saint in the church. Occupation and education level can't be reliable criterion of respect and contempt in the church.

15. 우리는 교회 내부에 기독교적인 모습을 띠고 침투하는 세속적인 유행에 대해 민감하게 경계하는 자세를 가진다 : 무분별한 종교적 음악, 악기, 춤, 연극 등이 예배 가운데 도입되는 것을 용납하지 않는다;

15. We take precautions against worldly fashions infiltrating into church as christianity form : Indiscreet religion music, musical instrument, dance, comedy, drama etc can't be accepted in worship.

16. 우리는 소위, 3S, 즉 스크린(영화, 비디오, TV 등), 스포츠(프로스포츠, 격투기 등), 섹스(관련 담론 포함)에 대해 경계하는 자세를 유지한다 : 이런 것들에 빠지는 것은 경건생활을 해치게 된다는 사실을 항상 인식한다;

16. We take precautions against 3S, Screen(movie, video, television), Sports(professional-sports, fight-game etc), Sex(including sexual discourses) : We must recognize those 3S injures our piety lives.

17. 우리는 자녀들이 세속 학교교육에 물들지 않도록 최대한의 노력을 기울여 교육에 임하고자 노력한다 : 자녀들이 학교공부에 충실하도록 지도하기에 앞서 교회를 통한 말씀과 교리교육에 충실해야 함을 기억한다;

17. We educate children not to be imbued in secular school education : We

have to teach them with the Word of God and genuine doctrine of Christian in the church, prior to guide them secular education.

18. 우리는 기록된 성경과 역사적 전통을 띤 고백을 주의 깊게 살피지 않은 채 시도되는 무분별한 교회연합운동은 영적인 간음행위로 본다 : 참된 교회 연합은 마땅히 지향해야 할 바이지만 성령 하나님의 도우심과 성경을 통해 이루어져야 함을 분명히 인식한다;

18. We know that indiscreet unity movement of modern church neglecting message of Bible and reformed confession is spiritual adultery : We clearly recognize that true unity of church has to be made through Bible and Holy Spirit.

(대한예수교 장로회 실로암교회, 2012년 현재)

인명 색인

주제별 색인

〈인명 색인〉

〈주제별 색인〉